文化中国

天地日新

中国人的思想历程

林庆彰 主编

总序

林载爵

这一套“文化中国”丛书原来是以“中国文化新论”之名，于1982年10月在台湾由联经出版公司出版，总共12册，将近4000页，约400万字。这套丛书讨论了10个主题，包括：文明的根源、思想、文学、科技、制度、经济、学术、社会、艺术、宗教礼俗。以118个题目全面性的讨论了中国历史与文化的各个层面，组合成一幅比较完整而丰富的中国文化图像。撰写者一共96位，网罗了当时年龄约30到40岁的青年学者，反映了1970年代以来台湾年轻一代对中国文化的反省与思考，构成了中国文化再诠释的新篇章。这些学者在三十年后的今天，几乎都位居台湾学术界与文化界的重要位置，当年所发表的论点今天仍然具有新意，可以提供读者了解中国文化的另一种视角。

我们当时的想法是，在受到西方文化长期的冲击以及连带对传统文化进行无情的批判之后，好不容易终于体认到传统与现代是连续性的整体，不可分割断绝。因此，一部超越传统的论述，适合于当时处境与需要，又有系统的中国文化史论著，显得十分迫切。其次，中国文化在1970年代的华人世界需要重新被检视，而台湾则是一个恰当的地方。台湾的学生从小接受中国文化的教育，在大学又接受了西方式的学术训练，西方汉学家或台湾出身在美国获得博士学位并在美国任教的文史学者，不断在台湾传播新的观念与思维，他们给台湾学生带来了深刻的影响。到1970年代，这样一批受到西方式现代教育熏陶，对传统中国文化又有新见解的年轻学者已经在台湾出现，成为台湾学术界的一股新兴力量，他们对中国传统历史与文化，自然有着不同的视野与不同的解释。我们感觉到有必要将他们集合起来，总体呈现一个全然有别于过去的中国文化的新观点与新解释。

于是，《联合报》的创办人王惕吾先生以他所设立的“文化基金会”资助了这个庞大的出版计划，目的就是要“提供一部丰富新颖、流畅可读的中国文化史丛书”。撰述者之所以以年轻一代的学者为主，最重要的原因是，想借着这次机会呈现二次世界大战以来三十年台湾文史教育的成果，并且深信年轻一代学者以其所吸收的西方知识、所接受的近代治学方法训练，必能对传统文化提出新的解释观点。

从历史背景来看，1975年是台湾思想发展很重要的一年。这一年，林毓生教授首度返台任教，开启了一批想要获得更精密的思想方式的青年学生的视野。他在这一年的5月发表了一篇长文:《五四时代的激烈反传统思想与中国自由主义的前途》，点燃了沉闷气氛下青年学生重探狂飙年代的兴趣，与领会思想问题的不同讨论方式。同年年底，余英时教授发表了《清代思想史的一个新解释》，文章中深入而前所未见的观点，让青年学生发现思想的新世界，这个世界辽阔无边，只要运用理智的思考与分析，加上一些想象力，便可展翅飞翔，一股思想史研究的热潮开始出现。

隔年，1976年，余英时在《联合报》副刊上陆续发表《君尊臣卑下的君权与相权》、《反智论与中国政治传统》、《唐、宋、明三帝老子注中之治术发微》等文，为当时争论不休的“专制”问题提出了中肯而又有说服力的解释。9月，余英时将上述文章及其他论著结集为《历史与思想》，由联经出版，这是余英时在台湾出版的第一本著作，产生极为广泛的影响。

不论林毓生或余英时，在讨论问题时都不时引用当代西方学者的观点，对台湾青年学生带来极大的刺激。此后，翻译现代思想名著成为几家出版社的共同职志，知识青年在这方面所表现的求智渴望，是1970年代末期台湾文化界极为突出的现象，这是一个思想燃烧的年代。在这个年代中，知识青年一方面向西方看，一方面又回望中国传统文化，企图让中国传统文化在长期受到批判之后赋予新的解释，这是一个奇妙的组合，“中国文化新论”就是这个组合的产物。

这套丛书的编撰过程也有其新颖之处。一般丛书的编撰，惯例上都是汇集单篇论文而成，这一次突破了旧有的方法，从开始就采取了以研究讨论为基础的共同参与方式。自丛书的主题、篇目，各篇间的相互关联，以至各篇文章的论旨，都经过每册作者讨论后才决定。初稿完成时，也经过切磋、问难，然后，再次修改定稿。所以，这套丛书并非过去旧有形式的论文集，而是具有主题、结构的集体创作。

有关文化史的研究，不论通史式的概述或断代式的专论，都不可避免的有其缺失。概述易省略其深奥与意涵，专论易疏忽其源流与发展。这套丛书则采取以问题为主的研究，完全根据问题的性质，或通贯而观，或断代而论。这种研究方式，保留了方法上的极大弹性，同时，也更容易彰显问题本身的性质，提出更周全的解释。以关于文学的两册为例，一册从人与自然、人与社会、人与历史、人间情爱的关注、幻想与神话，到智与美的融合，一共设计了六项我们认为能够充分表征中国文学传统的主题，给予系统性的解说，并讨论了文学的形式与意义、抒情精神与抒情传统。另一册则分别就诗经、楚辞、汉赋、唐诗、宋词、宋诗、咏怀、咏物、小说、戏剧等重要的文学类别加以论述。两者配合，相信不但突破了旧有的文学史形式，而且更能深入了解中国文学史的内容。有关学术的一册，问题的选定则侧重每个时期的不同成就，从学术的萌芽到经学、注疏、理学、考据学，一一论列，以见学术的发展。关于制度与艺术的卷册则又注重各个不同的部分或类别。制度的一册里讨论了皇帝、宰相、监察、选举、考试、史官、地方行政、君主教育等官僚体系中的重要制度，并申述中国政治制度的特色与历代政治改革的理想。关于艺术一册的内容包括了美学思想、青铜、玉器、陶瓷、雕塑、书法、绘画、文人生活工艺品、建筑等重要部分。

这套丛书既然是以问题为主的研究，自然而然，提出了不少新的问题。这些问题的提出，一则反映了年轻一代学者的主要关心所在，一则想透过新问题表达新的解释观点。以关于思想的两册为例，讨论了忠、孝、仁、礼、公、私、仕、隐、常、变等传统思想中的重要观念，并作了新的阐释；同时也提出了理想人格、政治权威的合法性、德治与法治、儒家政治理想、法理依据、个体自由与社会秩序、均富理想、管制与放任、道德自主与社会约束、道德与政治、自然秩序与人文秩序、自然观念等新问题，赋予传统思想新的意义。借着尝试提出新解释，中国文化的重要特质更能显现出来。

然而，新的解释观点并非凭空杜撰而来，在这一点上，这套丛书特别强调广泛利用前辈学者的杰出研究成果，以此为根基，再作进一步的发挥。因此，钱穆、萧公权、李济、徐复观、牟宗三、杨联陞、屈万里、全汉昇、刘若愚、陈世骧、李剑农、赵冈、劳榦、张光直、余英时等等许多前辈学者的优异著作，都随时被年轻一代的学者所征引。这种现象除了说明前辈学者的研究成果受到年轻一代学者的绝对肯定与尊敬外，更表示了处于变动之中的中国近代学术生命，在台湾的一脉相传，其意义自是无限深远。

尽管当时两岸隔绝，但各篇文章中，凡是论及根源，都运用了最新的地下考古材料来印证解说，根据最新的地下出土文物，分别从居址、器物、食粮、国家等方面，完整而清晰地描绘了八千年前开始的新石器时代文化的发展。我们对先民活动起居的情形、食米（小米、稻米）吃肉（以猪为主的家畜饲养）的文明、上古社会形态的变迁、国家组织的出现，也就有了比较清楚的了解。特别是提出“满天星斗”

的上古文明的多元发展史观，更是开启了对中国传统文化多样性的了解。其他诸如讨论到地理环境、原始艺术、原始宗教、人文思想、天下观念等问题的文章，也都能参证地下材料。

这套丛书自始即希望能涵盖较为广阔的文化活动层面。不可否认，近代历史教育过于偏重政治史，这使得历史教育的文化内涵，显得极其贫乏。这套丛书除了具备广为熟知的学术、思想、文学、艺术、制度之外，更包含了以往较受忽视的社会、经济、科技、宗教、礼俗等层面。过去，对于中国科技史的了解，总是借助于英国李约瑟或日本薮内清的著作，现在终于有了第一本与科技有关的专著，这也代表着年轻一代的科技史研究者踏出了一大步。在台湾，经济史是当时的一门新兴学问，年轻一代投入这项研究工作的，愈来愈多，相关经济的这本便是这些研究者所展现的成绩，分别从农业的自然环境、农业水利、新耕地的开发、土地分配、生产技术、商业、城市、货币信用、交通、海外贸易、财政税务等十一个方面，建构一部经济发展史。关于传统宗教，也选择了几个重要的问题来讨论。特别要一提的是风尚礼俗。近代以来，在对传统进行批判时，礼俗必定首当其冲，自命新派者，即清末所谓的“文明人”，弃之如敝履。然而，这套丛书中关于礼俗的则本着学术研究的客观立场，探讨了祭祀之仪、婚丧之礼、长幼之伦、以及民间节庆、娱乐的文化意义，赋予这些传统礼俗一个新的文化生命，纳入中国文化的主流之中。

在简述这套丛书的编撰过程与内容特色后，作为当年的执行编辑，我非常高兴这套丛书在李安小姐的主持之下，以新的面目重新出版，期待书中的观点能够对读者了解中国历史文化有所助益。

2011 年 11 月

目录

导 言

林庆彰

我中华民族约有八千年的文化传统，即学术的发展也有三千年以上的历史。这三千余年的学术传统，宛如一浩瀚无垠的大海，海中蕴涵的即是我古圣先贤数千年来为克服自然环境，为解决生活问题，为探求人生奥秘，运用智慧的结晶。

如果将这三千余年的学术传统，作个比较分析，似乎有几点可提出讨论：

其一，历史悠久：当今世界，绝没有一个民族能拥有三千年以上的学术传统而不中断。欧西等几大强国，历史甚浅，姑不论矣，即埃及、巴比伦、印度等文明古国，或已如过眼云烟，或学术统绪早已中断，独我中华民族不但有三千年以上的学术传统，且能将这一悠久的传统用道统的观念来加以贯穿。

其二，含融力强：每当时代变局，或外来文化入侵时，即表现其强大的含融性。春秋战国时代南方学术文化的北移，魏晋六朝佛教的传入，都是如此，即近代西方学术东来，也莫不如此。其先或小有波折，然后经一段时间的涵濡蕴蓄，即与固有的学术融而为一。宛似盐之溶于水，水虽略带咸涩，仍不失其为水。

其三，人文的传统：殷、周之际，人文思想萌芽，至孔子集其大成。此后这一人文的传统，植根于每一思想家的心灵深处。由这传统，遂发展出与西方世界大异其趣的生命哲学。中国哲学所以有其历久常新的价值，端赖这人文传统的血脉贯穿其间。

其四，态度的保守：三千余年学术发展的方向，在先秦几已全部完成。汉代以后的学者，仅将先贤的学说加以推演阐释而已。推演的方法，即以注解经典来表达思想。不但对先秦的经、子书如此，即高僧注解佛典时，也莫不如此。这种保守性，说是传统学术的缺点，倒不如称它是一种特色。

其五，知识的偏枯：传统学者对知识的追求，每每受功名利禄左右，以悬为功令的经书，为终生之志业。遂演成一种错误的观念，以为经书之外的学问，皆一无所用。历代之统治者也以治国之大道尽在经书，其他技艺百工之业，遂不复加以措意。所以传统学术的发展，皆在人文社会科学方面，科技则全凭个人的禀赋和兴趣，任其自生自灭，以致形成学术的偏枯现象。

其六，思辨的缺乏：知识的系统化，有赖条理的思辨能力。传统学者所注重的是成道、成德的内在修养过程，对于思辨能力的培养，一向不太注意。某一思想家提出一概念后，后代学者往往只知因袭引用，很难作进一步的突破。所以一"民本"概念，持续三千年，仍达不到民主的理想。这就是思辨能力不足所致。

因历史的悠久和强大的含融力，使传统学术显得博大精深；因人文的传统构成特有的生命哲学；然也因知识的偏枯，科技未能进一步发展；更因思辨能力的缺乏，使各种著作的内容桩驳杂沓。所以，晚进西风东渐，否定传统学术价值者有之，夸大传统学术功能者亦比比皆是。须知，过分夸大或妄自菲薄，心态虽有不同，其不足以了解传统学术，则并无二致。唯有平心静气地将固有学术作一客观的分析，让国人知所长短，然后汲人之长，补己之短，才是上上之策。本册10篇论文，即基于这个理想，以最浅显的笔法，对传统学术作系统的描述：

传统学术的内容既极为庞杂，典籍也浩若烟海，非沉潜有年者，实不足以明其统系。为让读者执简驭繁，先对其作全面性的巡礼实有必要。王国良先生的《百川汇海——各种学科的兴起与发展》，即因应这个要求撰述的。全文以目录学的观点来展现学术的丰富内涵，将目录学、经学、哲学、史学、地理学、语言文字学、文学批评、数学、天文学、医药学、农学等之起源和发展，作概括之叙述。各学科之经典著作，亦一一举出，让读者投石问路时有所取舍。

传统学术之发展脉络既明，即可由先秦至清末，将各代学术逐次加以论述。宋淑萍女士的《渊源有自——先秦学术的萌芽》指出先秦学术的关键完全操在巫觋、史官和士人手中，及封建瓦解，学术始渐及于民间。当时，数学、天文历法、气象学、地理学、化学、医学等自然或应用科学的知识也已萌芽；然最为发皇的是哲学。殷商时代敬天、祭祖等的观念，就是春秋战国部分哲学家思想的源头。而诸子思想中以儒、墨、道、法四家最具影响力，遂就天人关系、人性论、人生问题、政治思想等，综述各家思想之演变与传承。而法家以最晚出，集春秋战国以来诸家思想之大成，造就了秦始皇大一统的帝国。

秦皇一火，先秦典籍残缺已甚，又因时空的变迁，汉代学者传经的工作也倍感困难。如何在汉初黄老思想的氛围中，拓展儒学的领域？如何将残缺的经典，恢复古来的面貌？如何在今古文之争中取得官方的认定？这都是汉代经学家经典重建工作的重点所在。另一方面，由于时代环境的影响，或以阴阳谶纬思想释经，或为迎合政治利益而曲加附会，此乃复古过程中的歧途，或可称为创新。洪安全先生的《复古与创新——两汉经学的发展》，即在论述这数百年中经学家解释经典的种种历程。在这崎岖的历程中，他们传下了古代经典的香火，也为后代学者以疏解经典来寄托思想的方法立下了典范。

历代学者既以疏解经典来寄托思想，则由汉代至清末这二千余年的古典解释史中，绝大多数学者于注解经典中每每兼有熔旧学、铸新学的愿望。由兼熔新旧的过程来建立思想家自己的思想体系，也成为我国传统学术的一大特色。黄俊杰先生的《旧学新知百贯通——从朱子〈孟子集注〉看中国学术史上的注疏传统》，以为宋代朱熹的《四书集注》最能代表传统注疏因袭和创新的一面。而将其中的《孟子集注》作量化分析，指出其因袭的一面。因袭乃在融旧，融旧又所以创新。朱子创新的一面，即在其“理”、“气”二分观念的提出，和“天理”、“人欲”观念的建立。再由融旧与创新的过程中，证明朱子注解《四书》仅是他表达思想的手段，其真正目的是在建立自己的一套思想体系。

自六朝、隋唐以来，道、释并兴，儒学浸微，读书人陷溺于佛老，民族思想和君臣大义也日渐泯没。如何重振儒家思想，并恢复安定的社会，已成为唐末以来新儒学家的重要课题。陈郁夫先生的《内圣外王之学的复兴——新儒学的发展》，即在阐明新儒学家如何在这种大责重任下建立自己的思想体系。各家思想由南宋的朱子集其大成。同时，陆象山开心学一派，至明代王阳明完成体系。此时，王学末流也因戕害人心，备受攻击。近八百年的新儒学，至清代戴震时，遂没入考据的洪流中。

在晚明反对王学空疏的运动中，读书人逐渐转入知识层面的探讨，由晚明的博杂学风，转入清初的经典辨伪，再变为乾嘉时代文字与典制的考订。最后在西风东渐中，读书人为救亡图存，转而关心时务，考据学遂由盛而衰。拙作《实证精神的寻求——明清考据学的发展》，在历史性的叙述中，举例证明考据家如何发挥“实事求是，不主一家”的精神，并指出其对文献整理的贡献。然也因考据家好古的观念，影响了科学思想的发展；更因执著于“训诂明则义理明”一观念，滞碍了哲学思想的进步。

上述六题略论三千余年来各代主要学术之发展，然学术之统系，固非断代之叙述所能完全涵盖，故另立四题综论学术史上之重要课题，以收相辅相成之效。

历代以来知识的传播，往往由官学推动，然有赖于私学者实多。自孔子开私人讲学之风，至清末的两千余年中，在官学的竞争下，私人讲学也负起了教育下一代，达成传播学术文化的责任。李弘祺先生的《绛帐遗风——私人讲学的传统》，叙述由先秦至清末私人讲学的发展与演变。尽管私人讲学的方式有寺院教学、习业山林、书院教育等不同，然以经书为主的讲学内容，和希望成知成德的教育目标始终不变。这是私人讲学所以伟大的地方。

在学术发展的历程中，某些地域人才鼎盛，有些地区则人才凋零，将这种地域分布的现象，加以分析研究，以探索学风演变的趋向，这是王明荪先生《人杰地灵——历代学风的地理分布》一文的主题。就分析统计的结果，分布的趋向大抵是由北方而长江流域而东南。在几个阶段的转变中，两汉以前的学术重镇在北方，魏晋时期长江流域逐渐走入舞台，唐代时重心南移，宋代以后东南半壁人才辈出，蔚为全国学术文化之重心。而学风所以转变，则因政治、战乱、交通、文化传统等因素之影响。

自东汉末年佛教传入，数百年间，席卷整个中国思想界。传统思想的两大主流，儒、道二家，也由大国沦为附庸。佛教所以能在中国迅速生根，其关键就是佛经的翻译。蓝吉富先生的《贝叶传经——佛书的翻译》，便是在剖析这段翻译事业的过程。并借《般若心经》译本的比较，以彰显翻译大师玄奘伟大的翻译精神。佛经的翻译拓展了我国学术的领域，充实了学术的内容，也影响了国人思考的方式。而且，从这段绵延千年的翻译过程中，不但可以发现佛教徒传教的特色，也可以觉察到中国人对一种异质文化的容受态度和方法。

学术智慧，往往靠书本流传，书本达到某一限度时，就应有整理和收藏的方法，始能保文献于不坠。拙文《知识的水库——历代对图书文献的整理与保藏》，略述由先秦至清末各朝各代整理和庋藏文献的方法和制度。大抵来说，这两千余年图书文献典藏的历程，即是由密闭的藏书楼进化到开放图书馆的过程，在这过程中，某些统治者或视图书为己有，失意时可尽数焚毁；不然，即漠不关心，任遭虫蛀鱼蠹；更有借整理文献以统制思想者。情况尽管不同，其对文献缺乏正确的认识则一。所幸西方文化传入后，图书文献已普遍受重视，且视图书馆为一启迪民智的教育机构。这是损失千万卷文献所换来的代价。

传统学术内涵博大精深，细节又相当繁琐，自非本册10篇论文所能尽其万一，然如能因浅近的叙述和问题的提出，而引起广大中国子民对传统学术的关心，进而涵泳在知识的世界里，借往圣先贤的智慧结晶，提升国人的心灵境界，则本书亦不失抛砖引玉之效了。

百川汇海

各种学科的兴起与发展

王国良

中国的学术，像黄河，像长江，有主流，有支脉，最后汇集成为一道巨流，浩浩荡荡，注入“人本”的大海；更像一棵果树，有主干，有细枝，有花叶，生长在“人本”的土地上。这棵大树，在世界上已经屹立了数千年，而且不断地茁壮生长。在成长的过程里，偶尔有接枝，却更加茂密，结实累累；偶尔有老化，少数枝叶枯萎，随即抽芽更新。近一百多年来，由于欧风美雨的来袭，难免会有叶落枝折的窘态。但经过了这番洗礼与冲击，相信未来会长得更茂盛，结出更甜美的果实。

每一门学问的形成，都有它特殊的背景，也有它个别的意义。但从大处而言，则各门学问之间，又是彼此相关，无法完全孤立的。例如，宗教的勃兴，固是人类敬畏天地，崇拜祖先的心理使然，但也因此衍生出一些伦理与哲学思想。天文历法，起自观察与测量，却要靠算学做基础，才能够精确可靠。我们由近代学术的极趋专精，各立门户，又转而强调科际整合的情形，也多少可以明了此中的道理。

中国向来注重人文与社会学科方面的发展，而对于历算、医药等自然科学，较为忽视。这恐怕与崇尚通才而鄙薄专家的传统观念有关。因为，人文知识可使大家近于“道”，科技之属则是“艺”，若过分重视，难免要有流弊产生[1]。

若以近代学术范畴来划分人文与社会学科，我国历代的发展情况，显然又有不同。语言文字学、哲学、史学、地理学等，已经分科独立，而法律、政治、军事、财政、经济、伦理等部门，不是处于附属地位，就是含混笼统，历史上有不少杰出的政治家，精通财政、军事、法律诸学，但他们的着眼点在于实际应用，而非学理的探讨。因此，撰有专门著作而流传后世的，已是极为难得，遑论建立理论体系，成一家之言了。

基于以上的理由，笔者把我国的学术，粗分为人文学与自然学两大类。接着，再将各重要学科的成立与进展之过程，依时代为经，以

1.《论语·述而》：“子曰：志于道，据于德，依于仁，游于艺。”孔子对于“道”与“艺”的先后高下观念，似乎影响并决定了中国整个学术发展的方向。

名著为纬，作简明扼要的介绍。希望透过一次历史性的回顾，对前人耕耘的成绩，重新正视，并加以肯定。

目录学

人类知识的累积与传递，主要是靠书籍。学术愈发达，图书文献大量出现，自然需要订定一套整理与保存的方法，既能传之久远，又能方便使用，目录学也就应运而生了。

中国文字的起源甚早，夏、商、周三代官方的档案记录，究竟如何收藏管理，后人所知不多。春秋战国时期，教育普及，知识传播迅速，著书立说的情况特别热烈。虽然经过秦始皇的焚烧破坏，只剩下一些断简残编，等到新的王朝建立，大家又开始传抄研读，也附带产生不少解说性的书籍。皇家图书馆的收藏量急遽上升，篇卷残阙或者重复的现象也比比皆是，显然必须加以彻底的整编一番。

汉成帝时，刘向奉命与任宏、尹咸、李柱国等人校订皇家藏书。每一部书都广泛收集异本，互相比对补充，校雠讹文脱简，删除重复，然后安排篇次，写成定本。另外，按照书名、篇目、校雠始末、作者生平、全书旨趣等项，写成一篇提要，跟校定本同时奏上。经过前后21年的时间，到刘向的儿子刘歆手上，整理工作才全部完成。他将所有的书，分类编为“六艺略”、“诸子略”、“诗赋略”、“兵书略”、“数术略”、“方技略”六部，又在书前加上作为总序的“辑略”，命名为《七略》。这是中国历史上第一部正式的国家图书目录[2]。其后，班固据之删订为《汉书·艺文志》，乃是现存最古且最有价值的目录学书，影响后世甚大。

汉代以后，几乎每个朝代也都从事整理图书、编定目录的工作。魏秘书郎郑默编《中经》，晋秘书监荀勖又利用郑氏书，编成《晋中经簿》。荀氏将群籍分为甲、乙、丙、丁四部。这是我国图书目录采用四

2. 见《汉书》，卷三〇，《艺文志》。

分法的开始。东晋初年，典籍混乱，李充奉命删除烦重，以类相从，也分为甲、乙、丙、丁四部[3]。唯一的不同之处，荀氏以诸子类入乙部，史籍类入丙部，李氏则以史籍为乙部，诸子为丙部。嗣后官修目录，大抵沿用李充的办法，甚少更改。等到唐朝初年，《隋书·经籍志》颁行天下，经、史、子、集四部分类法，遂成定制。

四分法盛行的南北朝时期，另有王俭、阮孝绪等人，仍旧模仿刘歆《七略》以编订图书目录。齐王俭撰《今书七志》，六志收书，一志专收图谱，道书、佛书则附见于篇末[4]，实际上是分为九类。梁阮孝绪搜集公藏及私家书目，编成《七录》。他以"经典录"、"记传录"、"子兵录"、"文集录"、"术技录"五种为内篇，"佛录"、"道录"两种为外篇[5]。这才是名符其实的七分法。隋许善心曾仿照《七录》编成《七林》，可惜未曾流传[6]。

唐玄宗开元初年（713年），命儒臣整理旧籍，纂辑书目。九年（721年）十一月，《群书四部录》修成，由元行冲领衔上之。当时毋煚尝参与其事，意有未惬，另行删削增补，定名为《古今书录》奏上[7]。这就是五代所修《旧唐书·经籍志》的蓝本。

宋代以后，官修的正史艺文志中，《新唐书·艺文志》、《宋史·艺文志》两种，古今兼收，属于通代性质；《明史·艺文志》，仅录明代人著述，则为断代体。另外，依四部分类法编成的官方目录，以北宋王尧臣、欧阳修等人所撰《崇文总目》与清乾隆年间纪昀主编的《四库全书总目》，最有价值。《崇文总目》现在只有经过删节的简本传世，我们仍旧能够由此明了北宋中期皇家图书馆的藏书概况[8]。《四库全书总目》的体例周密，叙述精当可取，除了目录学上的价值之外，兼具有指示研究门径的功用，意义更大。

---

3. 见《隋书》，卷三二，《经籍志》。
4. 见《隋书·经籍志》。阮孝绪《七录》序云："……其外，又条《七略》及二汉《艺文志》、《中经簿》所阙之书，并方外之经：佛经、道经，各为一录。虽继七志之后，而不在其数。"说法与《隋书·经籍志》稍有不同。
5. 见阮氏《七录》序、《隋书·经籍志》。
6. 见《隋书》，卷五八，《许善心传》。
7. 见《旧唐书》，卷四六，《经籍志》。
8. 现在所存，有：《四库全书》本，十二卷；《粤雅堂丛书》本，五卷。

私家藏书丰富者，在历史上可谓代不乏人。私自编定书目而能流传至今的，则以南宋尤袤《遂初堂书目》、晁公武《郡斋读书志》、陈振孙《直斋书录解题》三种较早。后世印刷术愈加发达，有名的藏书家不胜枚举，并且几乎是人人编有藏书目录，被大家重视的大抵是附有解题的一类[9]。

时代愈晚，书籍愈繁，学科则分得更细。为了促进学术发达，提供研究参考，有以历史、宗教、语文等学科为对象而编的“专科目录”；有集合若干性质特殊而不限于一种学科的“特种目录”，如丛书目录、个人著作目录等。目录的编制与学术的发展，可说是关系愈形密切了。

经 学

古人织布，上下垂直不动的线叫做“经”，左右来回穿梭的横线叫做“纬”[10]。同样地，称天文上783座恒星为“经”，土、木、火、金、水五座行星为“纬”[11]。“经”字显然有静止不改变的意义。因此，后人把孔子编订过的《易》、《书》、《诗》、《礼》、《春秋》等旧籍，称为“经”，表示它们所记载的，都是垂教万世，永远不变的道理[12]。

秦始皇焚书，儒家的经典遭到严重破坏。汉兴以后，学者凭记忆讲授，并以通行的隶书传写，后世称之为“今文学派”。他们的特色是治章句、遵师法，专守一家之说。西汉末，又有以古文字书写的典籍出现，内容与通行本互有出入，研究这些古经的人，被称为“古文学派”。他们治训诂，学无师受而尚兼通[13]。

哀帝、平帝以后，图谶渐起，王莽、刘秀二人皆笃信不疑。今文学经师为投帝王之所好，无不引图谶以解经；稍后，古文学家贾逵，

---

9. 清代藏书家，如钱曾，《读书敏求记》；杨绍和，《楹书隅录》；瞿镛，《铁琴铜剑楼藏书目录》；陆心源，《皕宋楼藏书志》；朱绪曾，《开有益斋读书志》；丁丙，《善本书室藏书志》等，并有参考价值。

10.《说文解字》，十三系部云：“经，织从丝也。”又云：“纬，织横丝也。”

11. 见《汉书》，卷二六，《天文志》。

12. 刘熙，《释名》，卷六，《释典艺》云：“经，径也。如径路无所不通，可常用也。”郑玄《孝经注》云：“经者，不易之称。”

13. 今文学、古文学，是清代学者的讲法。其实汉代只有今学、古学之分，争议的重点也不在经文之古字今字上。说详钱穆《两汉博士家法考》一文，《中大文史哲季刊》二卷一期；又载《两汉经学今古文平议》中。

为了争取设立《左传》于官学，也只好附会图谶。郑玄精通各经，曾为《易》、《书》、《诗》、《三礼》、《论语》、《孟子》、《孝经》作注；同时也注解《易纬》、《尚书纬》、《尚书中候》、《礼纬》、《礼记默房》等纬书多种[14]。

南北朝时期，南方经师传授的统绪断绝，北地则沿袭东汉之旧。唯南北学者之致力于经书笺疏工作，情况却无两样[15]。这些成绩，在唐贞观年间，由孔颖达等人编纂《五经正义》[16]，做了一次总结。义疏之学兴起，在经学史上乃一大转变；隋及初唐的经学，则大体上只是南北朝学风的延长而已。

唐代中叶，啖助撰《春秋集传》，陆淳撰《春秋集传纂例》、《春秋集传辨疑》、《春秋微旨》等书，对旧有的传注，已抱持怀疑的态度。北宋庆历以后，刘敞撰《七经小传》、王安石作《三经新义》等，每爱发挥己见，而不墨守注疏。从此，更形成一种喜好横生议论的习气；愈演愈烈，则变为疑经，甚至删改移易经文以迁就己说。如：朱熹撰《大学章句》，更动旧文，并离析经传；王柏作《书疑》，将《尚书》任意增删，又作《诗疑》，大削“郑风”、“卫风”，其他部分也随意舍弃；吴澄《礼记纂言》，将四十九篇原文颠倒割裂，几乎是体无完肤。这种风气一直延续到明末清初，才算完全结束。

宋代儒者大都曾潜研注疏，学有根柢，故虽摒弃古义，犹能自成一家。朱熹撰有《易本义》、《书说》、《诗集传》、《仪礼经传通解》等书，尤其杰出。元人则株守宋儒之书，于注疏所得甚浅；明人又仅读元儒经说，不能穷本溯源。明永乐年间，胡广等奉敕修《五经大全》，皆取元人旧书，割裂剿袭而成[17]。颁行天下之后，则成为科举考试的

14. 郑氏所注诸书，并见《隋书·经籍志》经部著录。

15. 根据徐崇《补南北史艺文志》的统计，南北学者所撰经学注疏为：《易经》类25种、《尚书》类14种、《诗经》类24种、《三礼》类66种、《春秋》类35种、《孝经》类27种、《论语》类17种。

16. 孔颖达、颜师古等人所纂，有《周易正义》、《尚书正义》、《毛诗正义》、《礼记正义》、《春秋左传正义》五种；后来加上贾公彦的《周礼疏》、《仪礼疏》，以及徐彦的《春秋公羊传疏》、杨士勋的《春秋谷梁传疏》。诸经的疏释，在唐代算是有了定本。

17.《周易大全》割裂董楷、董真卿、胡一桂、胡炳文四家之书；《书传大全》袭取陈栎《尚书集传纂疏》与陈师凯《书蔡传旁通》；《诗经大全》本于刘瑾《诗传通释》而稍有增删；《礼记大全》以陈澔《礼记集说》为主，并采掇他书数十种，稍见用心；《春秋大全》大抵因袭汪克宽《春秋纂疏》而略加改动。说详《四库全书总目》卷五、卷一二、卷一六、卷二一、卷二八。

标准本。影响所及，经学遂达到极衰微的地步，难怪顾炎武要发出“《大全》出而经说亡”[18]的感叹了。

明末，“阳明派”心学大为风行，士子都束书不观。他们满口圣人之道，而举止放荡怪异，言行不一致的弊病极为严重。此时，虽有焦竑、陈第、胡应麟、方以智等笃学之士，用心钻研古籍，走考证的路子，但影响到底不大。直到清人入主中原，才促使一些知识分子深切反省，开始提倡经史实用之学，欲借以改造时代风气。像顾炎武、黄宗羲、王夫之、颜元，都是颇具影响力的一代宗师。从此学风丕变，考据证实成为治学的最高准则，并开启了经学中兴的机运。

顾炎武大倡“舍经学无理学”之说，而且建立一套研究方法；胡渭、阎若璩等人继起，各有专著，奠定经学研究的规模。乾、嘉以后，经学名家辈出，其中以惠栋领导的“吴派”与戴震领导的“皖派”，声势最浩大。他们的研究成果，最后几乎都被收入《皇清经解》(图一)、《皇清经解续编》两部丛书之内[19]，极为壮观。

在古文派经学全盛的时期，今文派也跟着复活了。庄存与专讲公羊家的微言大义，著有《春秋正辞》。他的弟子刘逢禄精研《公羊传》，著《公羊何氏释例》、《公羊何氏解诂笺》等书，又怀疑《左传》的凡例、书法，当皆出自汉刘歆之手，乃撰《左氏春秋考证》。其后宋翔凤、龚自珍、魏源、戴望、皮锡瑞、王闿运等人，也都是研究今文学的专家。清末，廖平、康有为二人，更有突出的表现。廖氏著《尚书今文新义》、《四益诗说》、《何氏公羊解诂十论》、《公羊春秋经传验推补证》、《今古学考》等书，后来编入《新订六译馆丛书》中。康氏撰《新学伪经考》，总结两汉今古文公案，将刘歆所提倡的《周官》、《左传》、《毛诗》、《逸礼》、《古文尚书》、《尔雅》等，皆定为伪书。他的论证颇多武断之处，但影响极大。

18. 见《日知录》，卷一八，“书传会选”条。

19.《皇清经解》或称《学海堂经解》，阮元主编，收清代考证家解经之书180种；《皇清经解续编》，王先谦主编，收209种。

哲学

春秋战国是中国历史上的剧变时代。周天子的统治权降到最低程度，中央政府只是象征性的存在；诸侯各自为政，相互并吞，战争连年不已。于是维护贵族利益的封建制度崩溃，庶民阶层崛起；农业经济衰落，工商业发达；封闭式的社会逐渐解体，半开放性社会已经形成。这些客观环境的转变，促使诸子百家兴起，而产生“儒”、“道”、“阴阳”、“法”、“名”、“墨”、“纵横”、“杂”、“农”诸种学派。大家各凭所学，提出救世的主张，拟定改革的方案，而且皆能言之成理，持之有故。这是我国学术史上的黄金时代，也是哲学史上的奠基时代[20]。

秦只是一个极短暂的过渡时期。秦亡汉兴，又完全是一个新时代的开始。先秦思想上多元分歧的局面消失，许多思想彼此杂糅或统合，独立而纯粹的学派已不复存在。从表面上看，先有道家的流行，接着儒家定于一尊；而骨子里却是邹衍一派的阴阳五行学说，弥漫充斥，笼罩了整个学术界。我们从武帝时大儒董仲舒《春秋繁露》一书，发挥春秋旨趣，往往涉及阴阳五行[21]；后汉郑玄注《周易》、《尚书》、《三礼》、《孝经》、《论语》等书，多本阴阳五行为说[22]，可见一斑。

经过东汉末年党锢之祸的打击，以及曹操、曹丕父子重才不重德的影响，魏晋南北朝的知识分子，大都尚恬退而不喜进取，行为荒诞，礼教荡然。但在思想上富有怀疑精神，论辩的风气十分兴盛；环绕《易经》、《老子》、《庄子》三部书而产生的形上学——玄学，尤其发达[23]。这种特殊的思想背景，加上政治紊乱、民生困苦，使得来自印度的佛教，在中国快速生根发展，终与儒、道两家成为鼎足而三的局面。

隋唐时代，思想的主流是佛学。代表中国佛教发展最高峰的天台、

---

20. 详《汉书·艺文志·诸子略》。
21. 董氏《春秋繁露》一书，虽经后人重新编辑而成，实非伪造之书。说详徐复观，《增订两汉思想史》（台北，学生，1976年），卷二，“《春秋繁露》的真伪问题”一节，页312－316。
22. 详见李汉三，《先秦两汉阴阳五行学说》（台北，维新，1981年），第四编。
23. 据《隋书·经籍志》，魏晋南北朝学者所撰《易经》类著作84种，《老子》类43种，《庄子》类25种。

华严、禅三个宗派，此时大为盛行。尤其禅宗摄取老庄思想，融入大乘佛学之中，使老庄思想变为禅学的化身，使禅学思想具有老庄的形态。因此，特别受人欢迎。就在佛学思潮淹没全国的时候，儒家开始进行了一次长期的反佛运动。韩愈以儒家正统自居，提出《大学》的治平之道来建设儒学新体系，并且极力辟斥佛、老。可惜他对佛学缺乏深刻理解，本身的思想体系也不够完密，又受到政治因素的干扰，结果失败了。他的弟子李翱，一面接受佛教学说，一面提出《易经》、《大学》、《中庸》，大讲“性命”之学。他的思想，可以《复性书》三篇作为代表。它由佛教蜕化而出，又回过头来反击佛教，遂成为宋明理学的先驱。

宋、元、明三代，在思想上最大的特征，就是儒、释、道三家逐渐趋于一致。佛教、道教固然儒化了，而被视为正统的儒家，也难免有佛、道化的倾向，只是一般儒者不愿公开承认而已。当然，这个时期最引人注目的，便是专谈“理、气、心、性”的新儒学——理学。

“理学”的前期代表，有周敦颐、邵雍、张载、程颢、程颐五人。他们的主要学说，都收进由朱熹、吕祖谦合编的《近思录》一书中。南宋朱熹欲以格物致知的工夫，来达到穷理尽性的目的。他钻研《五经》，注解《四书》、《太极图说》、《通书》、《西铭》等，是一位集大成的学者。同时的陆九渊则主张直接开发本心，读书只是为了实践与验证。其学说散见文集及语录中，并无专书传世。

元、明两朝，朱子的学说被用于科举考试，虽成为官学，却逐渐僵化而遭致生命的枯竭。明代中叶以后，王守仁（世称阳明先生）的“心学”兴起，使当时的思想界呈现出一种活泼生动的气象。王氏主要的学说是“致良知”与“知行合一”。后人经由徐爱、钱洪德等所记的《传习录》（图二），固然能够了解阳明学说的梗概。但王氏既以知行合一教人，必须学问与事功并观，才能看出其全部人格。我们想真正认识阳明先生，恐怕非读《王文成公全书》不可。

晚明诸儒，目睹王学末流弊病丛生，又受时局刺激，颇想由宋明心性之学重返到先秦致用之学。可惜政治腐败，无可挽回，终于尝到亡国的惨痛滋味。清初的学者，为了延续民族命脉，匡正时代风气，在思想上曾有一番挣扎努力。王夫之推尊张载、朱熹两人，而于王学末流则肆加抨击。他既注《正蒙》，又作《思问录》，两书可互相发明。他在注中曾云："天理即在人欲之中，无人欲则天理亦无从发现。"可谓发宋明儒者所未发。同时的颜元，主张以实学代虚学，以活动代静坐；做事即是学问，舍做事之外，别无学问。他一生只著《存学编》、《存性编》、《存治编》、《存人编》四种小册子，反宋儒，反汉儒，驳佛教，篇幅简短而立论精辟。至于乾隆年间的大儒戴震，不仅是一位考据家，更是一位思想家。他的哲学见解，主要载于《原善》、《绪言》、《孟子字义疏证》三书，目的则在祛除"以释混儒"与"舍欲言理"两大弊端。王、颜、戴三氏思想的共同倾向，在于力图恢复先秦儒家的真精神，可惜当时未能获得重视，而日后的学术界，以整理古籍文献为主，偶有义理的阐发，也无法构成完整的思想体系了。

史学

史官的职务，原本包括祭祀、卜筮、星历、策命、记事等项[24]。其中，记事一项跟历史的关系最密切，也最为后世所看重。记述一时一代的政典礼仪与王室世系，当然只是一堆史料。但时代既久，材料也多，古今盛衰的情形，了然于心。试图推寻历代成败兴亡之轨迹，作为后世鉴戒的历史著作，因而产生。为了适应各种不同的时空与目的，历史家创立各类史书的编写方法，并促进了史学的发展。

我国传统的史学，大致可分成四个时期。春秋时代以前，史官专掌史籍撰述，其后，贵族平民阶级紊乱，学术开放，逐渐有私人著述。《尚书》、《春秋》、《左传》、《国语》、《周官》、《仪礼》等，留传至今。它们包含了编年史、纪事史、国别史、典制史诸种体例，并为后代史

24. 说详戴君仁，《释史》，《文史哲学报》，十二期（台北，台大，1963年）。

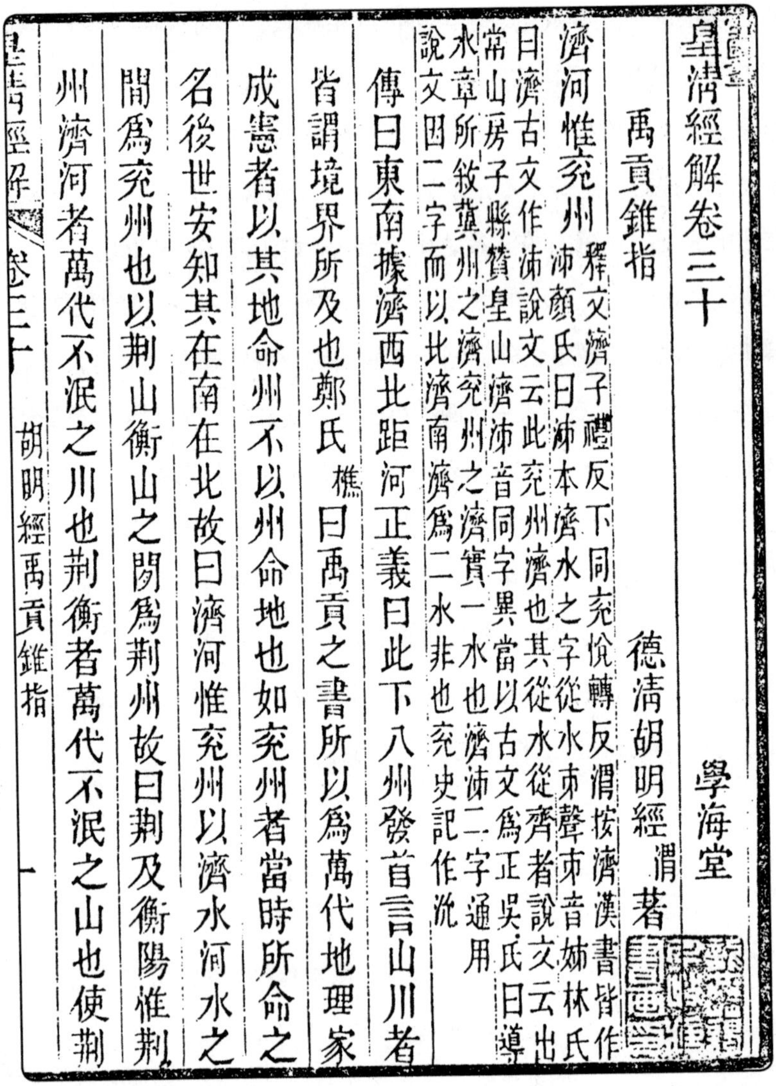

皇清經解卷三十　　學海堂

禹貢錐指　　德清胡明經渭著

濟河惟兖州釋文濟子禮反下同兖悦轉反渭按濟漢書皆作泲顏氏曰泲本濟水之字從水朿聲朿音姊林氏曰濟古文作泲說文云此兖州濟也其從水從齊者說文云出常山房子縣贊皇山濟泲音同字異當以古文爲正吳氏曰導水章所敘冀州之濟兖州之濟實一水也濟泲二字通用說文因二字而以北濟南濟爲二水非也兖史記作沇

傳曰東南據濟西北距河正義曰此下八州發首言山川者皆謂境界所及也鄭氏樵曰禹貢之書所以爲萬代地理家成憲者以其地命州不以州命地也如兖州者當時所命之名後世安知其在南在北故曰濟河惟兖州以濟水河水之閒爲兖州也以荆山衡山之閒爲荆州故曰荆及衡陽惟荆州濟河者萬代不泯之川也荆衡者萬代不泯之山也使荆

皇清經解卷三十　胡明經禹貢錐指　一

1

图一 阮元编《皇清经解》（清道光九年广州学海堂刊本），共收73家、183种著作、凡1，400卷。此书是汇集儒家经学注解之大成，是对乾嘉学术的一次全面总结。

图二《传习录》（明刊黑口八行本），由后人所记，内容乃王阳明的语录和论学书信。

傳習錄下卷三

答周道通書

吴曾兩生至。備道道通懇切爲道之意。殊慰想念。若道通眞可謂篤信好學者矣。憂病中曾不能与兩生細論。然兩生亦自有志向肯用功者。每見輒覺有進在區區誠不能無負於兩生之遠來。在兩生則亦庶幾無負其遠來之意矣。臨书所因袭。所以从上古到汉初，是史学的创始时期。

汉司马迁继承他父亲司马谈的遗志，运用古书与当代的史料，融合各类史籍的体裁，写成了一部包含本纪、世家、列传、书、表，总共130篇的史学巨著——《史记》。他创立了历代正史的典范，并延续两千年而不间断，这是他对我国史学最大的贡献。班固遵用《史记》的形式，专记西汉的历史，编成《汉书》，开后来历朝修断代史的先河。荀悦奉汉献帝之命，依《左传》编年的方法，将《汉书》打散，改编为《汉纪》。此后，历史家编写史书，很少超出“纪传”与“编年”两体。这是史学的成立时期。

魏晋南北朝到唐初，私人撰史的风气很盛。仅国史一类，撰后汉史的有十余家，现存的有袁宏《后汉纪》、范晔《后汉书》两种。撰三国史的也有十余家，仅存者为陈寿《三国志》。修晋史的二十余家，全部亡佚。修十六国史的，约三十家，除了崔鸿《十六国春秋》有后代辑本以外，也全部不存。分撰南北朝各代史事的二十余家，仅李延寿《南史》、《北史》流传后世[25]。另外，杂史、杂传、族谱、家传、职官、礼仪各方面的著述，也是纷然杂陈，各具特色。此时私家作史繁多，显然与史官失常守、经术衰微、君臣的奖掖等因素有关。这是史学的发展时期。

唐代以后，政府开设史馆，纂修国史、实录、会典。私人则因客观环境的限制，大都转移方向，致力于改编前代史书，或者撰辑各种编年史、典制史、学术史等。北宋司马光等，编成了一部贯穿十六朝1,362年的编年巨著——《资治通鉴》（图三），被后代称为史学杰作。南宋袁枢甚喜阅读此书，却苦其事类分散，首尾难寻，因而决定加以改编。他以一事为一篇，各详起讫，并加标题，完成了一部端绪分明，方便阅览的《通鉴纪事本末》。从此，史学上又多出一种兼有编年、纪传长处的新编制法，成为后世依循的典型。

唐刘知几任史官，修实录与国史，与监修者意见不同，乃退而撰

25. 详细的情形，可参考金毓黻，《中国史学史》（上海，商务，民国三十年），第四章。

《史通》。计为：内篇36篇，讨论史家体例，辨别是非；外篇13篇，叙述史官建置与史籍源流，兼评古人得失。他以批判的眼光，对历史学的各种问题，做了一番全盘性的考察。这是中国史学史上第一部史学方法专书。清代章学诚本有意编修国史，因未与翰林之选，遂转而撰修方志。他以为修地方文献，必须“仿纪传正史之体而作‘志’，仿律令典例之体而作‘掌故’，仿《文选》、《文苑》之体而作‘文征’。三者相辅而行，缺一不可，合而为一，尤不可也。”[26]中国的方志学，到章氏手上才算正式成立。此外，他撰有《文史通义》，内篇5卷，外篇3卷。主要的内容在讨论史学，偶尔也谈文学。他是刘知几以后，中国第二个全力建设史学理论的专家。

由唐代到清末，史籍繁多，无体不备；同时，研究史法史例的专书，也先后出现。历史领域日渐开阔，史学愈加进步，已开启了革新的契机。这是史学的蜕变时期[27]。

26. 见《文史通义》，外篇卷一，《方志立三书议》。

27. 有关史学的分期，大抵采用金毓黻，《中国史学史》，第十章“结论”中的意见。

地理学

我国地理之学，又称舆地学，大概是取用《淮南子·原道训》“以地为舆”的说法。因为地理书所记多为山川郡国之事，不仅关系民生，又可作为治理邦国的根据，所以很受重视。但从前学科的划分比较简略，由《隋书·经籍志》到《书目答问》，都将地理类附在史部中。

传统的地理学著作，除了《山海经》、《禹贡》、职贡图、外国图记等原始地理图志之外，主要以地图及地志为大宗。另外，有关河渠水利的图籍，从前也都归入地理类。

- 地图

周朝已有邦国地图存在。战国时期，各大国用兵行政，也各有地图作为依据。秦灭六国，席卷各国的图籍入关中。刘邦打入咸阳，萧何接收秦国图籍，为刘氏奠定统治天下的基础。以后行政区域变更，则另绘新图以供使用。两汉三国时代的地图，不设分率（计里画方），不考正准望（辨方正位），也未备载名山大川，实在有欠精审。这是原始时期。

晋武帝时，司空裴秀博学多闻，有感于古今山川地名多所变易，因此作成《禹贡地域图》18篇，奏上，藏于秘府。当时采用的制图法，有分率、准望、道里、高下、方邪、迂直六种[28]。除了缺少经纬度以外，跟现在的制图方法，原则上并无不同。东晋以后，五胡乱华，图籍大都散失，而偏重文字叙述的图经兴起，地图的绘制反而退化了。中唐时，贾耽好地理之学，尤其注重边疆地理。他曾绘制关中陇右及山南九州图进呈，又制《海内华夷图》，撰《古今郡国道县四夷述》，在地图史上为裴秀之后划时代的制作[29]。宋代绘制的各种舆图，数量不少，因边地丧失，政府常有收复之意，故边裔地图尤其多。元代朱思本崛起，他继承裴秀、贾耽以来一脉相承的制图方法。除了依据原有图籍之外，并博采群言，又尝实地勘察，逐处绘图，最后合并成一幅全国舆地图，叫《广舆图》（图四）。其求真求实的精神，最值得敬佩。明代迄清初，地图界多为朱氏的势力所笼罩。这是奠定时期。

明朝万历初，意大利传教士利玛窦来华，将西洋新地理学及世界地理知识输入中国。他所绘制的《山海舆地全图》（亦称《坤舆万国全图》），对我国新地理知识的贡献，至少有：测量经纬度、外国地名翻译、五大洲观念、地球圆形说、五带分划等项。清圣祖请耶稣会数位神父测制各省全图，经过前后9年才完工，并于康熙五十七年（1718年）绘成进呈，此即第一幅清代《皇舆全图》。当时乃采用三角测量法实地丈量，以补足天文测量法及仪器的限制，因此相当准确。乾隆、嘉庆时，曾命各省绘进详图。道光、同治绘制全国舆图，则恢复中国

28. 详《晋书》，卷一二五，《裴秀传》。

29. 见《旧唐书》，卷一三八，《贾耽传》。

计里开方的旧法，或者与晷图投影法重叠使用，多因袭而少进步。这是发达时期。学者以个人力量绘制的，有杨守敬在光绪年间刊行的《历代舆地沿革图》，至今仍广为学界通用。

- 地志

地理志书，通常依所记载区域的大小，分成总志与地方志两大类；若以地图的有无作标准，则可分为有文无图的地记、图说兼具的图经两种。

《山海经》、《尚书·禹贡》，曾载有简单的地理风土资料。西汉朱赣撰《风俗记》，简述各地的风俗地理，班固因之而作《汉书·地理志》，这是现存最早的总志。东汉卢植撰《冀州风土记》，多载冀州之山川风俗事迹，已稍具地方志的规模。

魏晋南北朝时期，山水图记、各州郡地记、外域记、地理总图志等，都很盛行。山水图记之兴起，跟释、道盛行，寺观多建于山林中，文人学士喜好游山玩水的风气有关。州郡地记以长江流域及南方州郡为主，则透露了汉族逐渐开发南中国的讯息。与南洋及西域诸国交通，有关外国的记传，自然产生。中原士族南渡以后，虽然怀念旧土，却无法亲临其地，只有搜集前代地志，汇编为地理总志。如：南朝陆澄的《地理书》、任昉的《地记》，即为此中的代表作。北朝无名氏撰《周地图记》，开始将地图与地志合而为一。

隋代统一南北，中央政府开始汇辑图经与土俗记，着手编纂总图志。其《区宇图志》一书，历经多位学者详加编修[30]，乃唐以后地理总图志及一统志的始祖。

唐代疆域辽阔，当时学者编写了不少总志。魏王李泰的《括地志》成书最早；李吉甫作《元和郡县图志》（图五），记全国47镇，每镇皆先有地图后有叙述，是早期总志留存较为完整的

---

30. 据《太平御览》卷六〇二引《大业拾遗》之文，《区宇图志》先经窦威、崔赜（祖浚）等人撰集，不合隋炀帝之意，再令虞世基等人重修。《隋书》，卷七七，《崔赜传》亦云："大业五年，受诏与诸儒撰《区宇图志》250卷，奏之。帝不善之，更令虞世基、许善心衍为六百卷。"

資治通鑑卷第七

秦紀二 起閼逢閹茂盡玄黓執徐凡十九年

始皇帝下

二十年甲戌荊軻至咸陽因王寵臣蒙嘉卑辭以求見王大喜朝服設九賓而見之荊軻奉圖以進於王圖窮而匕首見行練切露也因把王袖而揕之未至身王驚起袖絕荊軻逐王王環柱而走羣臣皆愕卒起不意卒音猝盡失其度而秦灋羣臣侍殿上者不得操尺寸之兵操七高切把持左右以手共搏之且曰王負劒負劒王遂拔以擊荊軻斷其左股荊軻廢乃引匕首擿王中桐柱擿直炙切播也與擲通自知事不就罵曰事

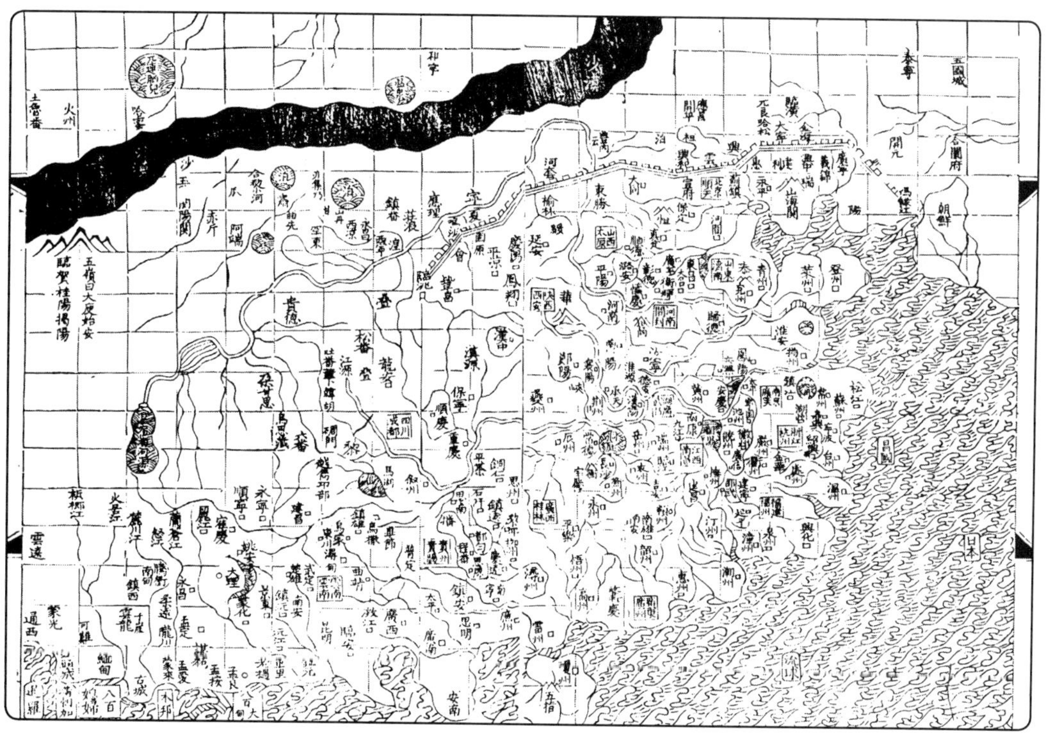

图三 司马光撰《资治通鉴》(南宋初期鄂州覆北宋刊龙爪本),采自中央图书馆善本图书明信片(台北,该馆,1981年)。《资治通鉴》共294卷,三百多万言,历时19年完成,是中国编年史中讲述时间最长的一部巨著。

图四 元朱思本撰,明罗洪先增补《广舆图》(明万历己卯海虞钱岱刊本),计有地图45幅,附图68幅,绘画工整,并首次采用24种地图符号,既丰富了地图内容,也提高了科学性。

第一部。

宋代的地志，大抵上偏重文字记录而忽略地图，可能与当时学者注重历史的风气有关。北宋乐史撰《太平寰宇记》，采摭繁富，历代人物、名家题咏，兼收并录。后来的方志，必列人物志、艺文志，就是受到他的影响。真宗时大事修辑图经，此后各地方志大为发达，或称图经、图志，或仅称为记、志。单是《宋史·艺文志》及《补志》所录，已有二百余种。内容则有城邑、山川、风俗、物产、职官、赋役、学校、人物、古迹、艺文等项，已由地理的范畴转趋人文。元朝国祚短暂，也有七十余种[31]。明代各郡邑莫不有志，其体例门类，则差不多千篇一律，很少特殊之作。清康熙、雍正都曾谕告各郡县修志书，并颁有各省府州县志60年一修的命令，因此邑志编纂的工作，更是代代不辍。

31. 见钱大昕，《补元史艺文志》，史部地理类。

• 水道

《山海经》、《禹贡》，皆兼记河川；而专记水道的地志，则以汉代无名氏所撰《水经》为第一部。北魏郦道元的注释，引证广博，不仅是我国水道旧说的总汇，也是讨论隋代以前地理的重要材料。东晋以后，北人南徙，逐渐开发江南地区，因此各种水道图记皆以描述长江流域为主。隋代江南经济日益发达，已成为关中的补给区域，隋炀帝乃不惜耗费大批的人力物力，开凿了沟通南北的大运河。唐、宋、元、明、清各代，朝廷的税收日用，主要仰赖江南，对水利事业也特别注意，堰陂渠塘的修筑，成为国家重要工程之一。又宋代以后，黄河数度决堤改道，因而治黄河水患，也是当务之急。总之，元、明、清三代的学者，除了《水经注》的校释工作以外，大部分有关水道的著述，重点都放在三吴水利灌溉及黄河水患防治上，其他方面，只有零星的几种而已。

语言文字学

研究有关文字的构造、读音和意义的学问，向来称之为“小学”。班固《汉书·艺文志·六艺略》有小学类，著录《史籀篇》、《苍颉篇》、《凡将篇》、《急就篇》等十种。此后，各目录书均称文字一类书籍为小学。到了南宋，晁公武才正式称它作“文字之学”[32]。

依据文字必具备形、音、义三要素而论，文字学本应包括形体、声韵、训诂三方面。由于近代学术研究日益发达，学术分类日益精密，字音、字义上的研究，已发展成声韵学、训诂学，与专门研究字形的文字学（狭义的）鼎足而三了。

- 文字学

周朝政府在语文教育上，曾令象胥（言语通译官）及瞽史教导民众，使容易分歧的语言文字，得以整齐划一[33]。另外，也建立了造字的理论——“六书”，用之于教学[34]。这是文字学的开创时期。

战国时代，文字相当混乱。秦始皇统一天下，同时也统一了文字。汉高祖灭秦，朝廷仍继续做整理文字的工作，并订定小篆标准字体，用来教授学童。可惜后来文字学日渐废弛。到了东汉中叶，一般知识分子昧于文字源流，只知通俗使用的隶书。根据这种不尽正确的字体，来解释文字的意义；又根据不正确的意义，去解释经书与法律，使得学术非常紊乱。许慎看了十分感慨，便发愤著成《说文解字》，不但廓清了一切文字的谬说，同时也确立了中国文字学的基础。后来所有文字学上的一切工作，一切发现，都是它的延续和补充。这是文字学的确立时期。

六朝时，一般人使用的是由隶书蜕变的行书、真书，结构不定。

32. 见晁公武，《郡斋读书志》（台北，商务，《国学基本丛书》本），卷一下，小学类《尔雅》条。

33.《周礼·秋官·大行人》：“王之所以抚邦国诸侯者，岁遍存，三岁遍頫，五岁遍省，七岁属象胥谕言语、协辞命，九岁属瞽史谕书名、听声音。”

34.《周礼·地官》：“保氏掌谏王恶，而养国子以道，乃教之六艺：一曰五礼，二曰六乐，三曰五射，四曰五驭，五曰六书，六曰九数。”

有许多人注意到这点，开始从事考校异同、辨正笔画的工作，产生不少这方面的著作[35]，可算是俗文字学最盛的时期。

唐代学者致力的是字样之学。他们的著作，都是要设法解决楷书的书写问题，达到推行标准字体的功用[36]。一千两百年来，中国字体获致很稳定的统一，他们的贡献很大。

宋代研究文字学的人，都有意无意地在求革新。王安石、郑樵等人，致力于创立新解说、新理论，可惜徒劳无功；欧阳修、吕大临等人，则努力搜集金石器物方面的新材料，古文字学已有一个好的开始。

元、明两代是文字学的衰颓时期，没有什么重要的著作。清代古学复兴，文字学中的《说文》研究尤其发达。段玉裁、桂馥、王筠、朱骏声四人，号称“说文学”四大家。民国十七年（1928 年），丁福保编印《说文解字诂林》（图六），网罗的著作差不多有两百家，可谓集清代《说文》研究之大成。

清乾隆刊印《西清古鉴》后，钟鼎彝器又为学者所注重，金文研究开始发达。光绪年间，河南安阳殷墟甲骨出土，文字学上增加大批新材料，更形成了研究的新景况。

• 声韵学

汉语是单音节语言，一字一音。每字的读音，皆可用反切来表示。切语上字表“声”，下字表“韵”，而韵中又包含“声调”。不过，这种办法是东汉时梵文拼音学理输入中国以后才盛行的。接着，有人把音切相同的字，按类编集，用宫、商、角、徵、羽五音来分别韵部，成为韵书，这是中国声韵学的创始[37]。

齐、梁之际，平、上、去、入四声的名目确立。沈约撰《四声谱》，开始以四声来分韵部。到了隋代，陆法言综合魏晋南北朝诸家韵

35. 如：服虔《通俗文》、王羲之《小学篇》、阮孝绪《文字集略》等，都是考校异同，辨正笔画的著作。见《隋书·经籍志》经部小学类。

36. 比较重要的，有：颜元孙《干禄字书》、张参《五经文字》、唐玄度《九经字样》等。见《新唐书·艺文志》经部小学类。

37. 早期的韵书，像：魏李登《声类》、晋吕静《韵集》，皆按五音分部，今已失传。

书，撰成《切韵》，在声韵学上占有很重要的地位。唐、宋、元、明大部分的韵书，虽然在编制上略有变更，根本上仍受《切韵》支配，可以叫做“切韵系”的韵书。此外，元代周德清依当时北平一带的语音，编成《中原音韵》，作为北曲押韵的准绳。明、清以下续作者不少，这是“北音系”韵书。切韵系是综合古今南北语音而作，语音系统复杂，后代作诗押韵，一味遵照，与其时口语已有一段距离；北音系则依照当代中原语音所作，语音系统比较单纯，与通行的语言可以符合。

韵书据各字的收韵，分成许多韵部，且有东、冬、钟、江等标目。至于各字的发声，唐以前却无人加以分析归类。唐末守温从梵文字母得到启示，才制定了见、溪、群、疑等三十六字母，为发声的标目。到宋代，有人把韵书中的字，依字母的次第，再配合了开、齐、合、撮四等[38]，绘制成等韵表。从一纵一横的排列对照中，拼切成各个字音，简明方便，因而有了等韵学产生。

宋元以下的学者，觉得以今音读古书，特别是读韵文，总有许多扞格不通的地方。于是有人悟到古音的系统与今音有别，遂抛弃协句、合韵的说法，开始利用《诗经》、《楚辞》等材料，从事古音研究。经过宋代吴棫、郑庠，明代陈第等人的努力，到了清初顾炎武，古音学正式宣告成立。嗣后，江永、戴震、段玉裁、钱大昕、孔广森、王念孙、江有诰等人，陆续钻研修正，建立古音的声类和韵部系统，并利用它来研究经学，贡献良多。

- 训诂学

在先秦诸子中，荀子曾将孔子的正名思想，运用到语言训诂上[39]。墨家对于字义，也往往有精当的界说[40]，对后来的训诂方法，大有影响。

38. 开、齐、合、撮，是开口呼、齐齿呼、合口呼、撮口呼的简称。介音的不同，也就是“呼”的不同。凡是韵母没有介音，而主要元音又不是一、ㄨ、ㄩ的字，都叫开口呼；凡韵母是用介音一，或以一为主要元音的字，称之为齐齿呼；凡韵母是用介音ㄨ，或以ㄨ为主要元音的字，称之为合口呼；凡韵母是用介音ㄩ，或以ㄩ为主要元音的字，称之为撮口呼。

39. 见《荀子·正名篇》。

40. 如《墨子·经上》：“久（宙）、弥异时也；宇、弥异所也；圆、一中同长也；方、柱隅四杂（匝）也。”

元和郡縣圖志卷第一

武陵盧文弨手校

關內道一

京兆府雍州（開元戶三十六萬二千九百九　元和戶二十四萬一千二百二）

禹貢雍州之域舜置十二牧雍其一也周武王都酆鎬平王東遷以岐豐之地賜秦襄公至孝公始都咸陽秦兼天下置內史以領關中項籍滅秦分其地為三以章邯為雍王都廢邱（今興平縣是也）司馬欣為塞王都櫟陽董翳為翟王都高奴（今延州金明縣是也）謂之三秦高祖入關定三秦復併為內史景帝分置左右內史武帝太初元年改內

說文解字詁林 一上 一部 一 二

句讀

六篇新附文二十同孫本刻改作二十一同鮑本十三篇新附文三十七同孫本刻改三十六同鮑本是大徐自增者尚且小有差異豈能使流傳千年之許書無所增損乎敘又曰說解十三萬三千四百四十一字今凡十二萬二千六百九十九字許沖上書亦云十三萬或乃改為十二萬以成其私猶幸敘文未改今留此好隙庶有好學深思者刪之補之

文三十一 新附

一 惟初太始道立於一造分天地化成萬物凡一之屬皆从一 於悉切

弌 古文一

一 惟初太始 玉篇引同繫傳 韻會始作極 道立於一造分天地化成萬物 韻會成作生 凡一之屬皆从一 於悉切 繫傳从竝作從下放此

弌 古文一

校錄

一 太始宋本作大始小徐韵會四質引作太極可隨本皆从

一 小徐从皆作從校从相聽也從隨行也義別檢六朝唐人引說文從某從某無作从者也說文舊有音隱世所不傳引見于六朝唐人之書者尚千許事小徐新易之大徐又易以孫愐音朱翺又為小徐作音實則後世音變以反切讀說文十失三四況許君既言從某聲讀若某不煩反切今姑弗刪其諸本互異置之不議

校議

一 校議云宋本作大始校宋本作太始校議所據或一宋本許書無太篆說解不拘小徐韻會四質引竝作太極許氏揵謂始字長四語乃隔句用韻法校議又云許君既言從某聲讀若某不煩反切余謂許言讀若皆古文假借非擬其音也議詳下文示字條

弌 疑校者所加許書重文皆附見于說解中不出篆體或見于本篆下或見于他部所據之偏旁下校者輒據說解增補篆文而又廣搜古籀今俗雜出皆非許舊李燾謂籀古文皆後人依字林補校議謂亦古文卅一皆出續添尚非定論又校古布古款識石鼓

图五　李吉甫撰《元和郡县图志》（清范品金手钞本），是唐代一部地理总志，对古代政区地理沿革有较系统的叙述。

图六　丁福保编《说文解字诂林》（民国17－21年上海医学书局石印本），汇集182种1，036卷注解及研究许慎《说文解字》之著作，历时30年，使检字顷刻即得，得一字而各说咸备，故为古文字学的重要参考书。

秦始皇焚书，造成了汉代训诂学的勃兴。两汉儒者整理劫后幸存的古籍，注解经书，像毛公、贾逵、许慎、郑玄、服虔等，皆为经学及训诂的大师。毛公的《诗传》，郑玄的《诗笺》及《三礼注》，在建立训诂方法上，贡献很大。另者，《尔雅》、《方言》、《释名》等训诂学专书，也陆续出现。这是训诂学的初兴阶段。

魏晋南北朝是玄学大盛的时代，经学受到影响，训诂学也衰颓不振。有关训诂学的作品，除了张揖《广雅》、郭璞《尔雅注》与《方言注》之外，只有顾野王的《玉篇》较为重要。此期因受佛教疏记的感染，解经的义疏之学大为盛行。唐初，孔颖达等人奉诏撰定《五经正义》，即大量取用南北朝学者所撰的义疏。他们在说明文句结构上，颇值得称道。

《五经正义》之外，唐代最有价值的训诂学著作，首推陆德明的《经典释文》。陆氏广泛地采用各家的音切、训释，并考证版本的异同，加上自己的按语，非常具有实用价值。在佛典解释方面，出现了玄应《一切经音义》、慧琳《一切经音义》。两书搜罗了大量古代字书、词书、韵书及古书上的注解，对解释儒、佛二家的经典极有帮助。

宋、元、明是理学昌明的时代，类似汉唐注释训诂的研究方式，不甚发达。清代重考证，训诂学特别兴盛。戴震、邵晋涵、郝懿行、王念孙、王引之、阮元、陈奂、朱骏声、孙诒让、俞樾等人，都是极有成就的训诂学家。戴震、王念孙父子，长于归纳方法的使用。阮元则更进一步地使用统计方法，在他的《揅经室集》里，有《性命古训》、《论语论仁论》、《孟子论仁论》等，都是使用统计所获得的成果。

文学批评

我国文学批评的发展，大致可分成：文学观念演进期——周秦到南北朝，文学观念复古期——隋唐到北宋，文学批评完成期——南宋到清代，共三个阶段[41]。

41. 见郭绍虞，《中国文学批评史》（台北，明伦，1969年），上卷，第一篇。

42.《论语·先进》:“言语，宰我、子贡；……文学，子游、子夏。”邢昺云：“文章博学，则有子游、子夏二人也。”又自言子夏专长在“经学”一事，亦可为旁证。

43. 见《史记》、《汉书·儒林传》。

44. 明王世贞《艺苑卮言》、清王士祯《渔洋诗话》，对钟嵘所列品次，均表示过不同的看法。

周秦时代，所谓“文学”，兼有文章与博学双重意义[42]，是最广义的文学观念，也是最初期的文学观念。到了两汉，文化逐渐提高，文学作品渐多，一般人对文学的认识也比从前清楚，于是将“文章”和“博学”两种意义分开。不过当时的术语，“文学”指的是经学或史学，而以“文章”来称辞赋、奏议与史传文之属[43]。

由于两汉辞赋的发展，在写作技巧上给当时文人一种新的启发，文学遂渐渐走上骈俪的道路，而一般人也慢慢从文学的形式上认识到文学的本质。另一方面，由于汉末的清议，重在人物的品藻，于是从人的言论风采转移到文学作品上，也就产生了自觉的文学批评。所以到魏晋之际，开始有专门论“文”的作品。像：曹丕《典论·论文》，专谈文体和文气的问题；陆机《文赋》提出才力、情感、想象、灵感等方面的意见，都值得重视。

南北朝时期，产生两部文学批评划时代的著作。刘勰撰《文心雕龙》(图七)，除了《序志》一篇外，共有49篇。前25篇分论各种文体，是论其外形；后24篇评论文章的作法，是论其内在。有大纲，有细则，态度客观而且立论精辟，真不愧为批评圣典。钟嵘的《诗品》专论五言诗。他把历来的诗人，分作上中下三品，并评论其优劣得失。虽然有人对他的品次得当与否表示意见[44]，但由于他采取评选的态度和品第的态度，所以能提高赏鉴的标准，而其单刀直入的批评方式，则下开唐宋以后撰写诗话的风气，影响十分长远。

隋唐五代的文学家，大都看不起专重藻饰而言之无物的文章。从陈子昂、李白、杜甫、韩愈、白居易，一直到皮日休与孙樵，无不强调内容的重要，态度多少是复古的。只有晚唐的司空图，论诗全以神味为主，别开生面。他用象征的方法，总论诗的风格，撰成《诗品》，虽仅二十四则，却颇得诗家三昧，不可小看。

宋代的理学家，主张为道而作文，文须载道。他们把“文章”与

"博学"混为一谈，差不多又回复到了周秦时代的文学观念。即如古文大家欧阳修，也有"道胜者，文不难而自至"[45]，以文章为末务的论调。唯有三苏父子，就文论文，从作风品格衡量文章的价值，不牵扯到内容的问题，见解较为突出。

在诗论方面，欧阳修撰《六一诗话》，将以前对品评、格例、作法与本事各有偏重的体裁融合为一，为论诗开了方便法门。此后，文人写诗话之风大为盛行，并衍为词话、曲话，印象式批评遂成为中国文学批评史上的主流。南宋论诗的著作，比较重要的是严羽的《沧浪诗话》。他主张诗要取法盛唐，以妙悟为主，要不落言筌，不拘于书卷与理趣。他放弃了宋人诗话"闲谈式"的作风，严立宗旨，蔚然成一部有体系的著作。另外，宋末元初，方回撰《瀛奎律髓》，把有宋一代的"诗话之学"和"评点之学"两种体裁，综合起来，颇具规模，而传授师法之详密与真切，更为全书最大特色。

明代的文人多空疏不学，既无定见，也容易为时风众势所左右。大家各立门庭，出主入奴，互相攻击，文学批评中偏胜的理论、极端的主张，也因而兴盛一时。李东阳撰《怀麓堂诗话》，论诗主于法度音调，而反对剽窃模拟，很受时人尊奉。前七子的领袖李梦阳，论诗的意见，散见于《空同集》内。他因受《沧浪诗话》所谓"第一义"的影响[46]，专于诗的各种体制中，选择高格以为标的；主张学者由声音格调上去熟参前人诗作，心领神会，自可出手不凡。后七子的领袖之一——谢榛，撰有《四溟诗话》。他论诗也从格调出发，却带有一些性灵的倾向。另外，王世贞撰《艺苑卮言》，亦以格调说为中心，而朦胧地逗引出一些类似性灵说与神韵说的见解。以上诸人的论点，虽不一致，不过就整体而言，都比较偏向纯艺术一面，则显而可见。

清朝可说是文学批评极发达、极普遍的时代，更是集大成的时代。前人所有有关论诗论文的主张，不管是尚文或尚质、实用或唯美，他

45.《欧阳文忠公全集》，卷四七，《答吴充秀才书》。

46."第一义"本是佛家语。《楞伽经》，卷二云："第一义者，圣智自觉所得，非言语妄想觉境界。"严羽，《沧浪诗话·诗辨》云："论诗如论禅，汉魏晋与盛唐之诗，则第一义也。"

们皆加以演绎并重新申述，或者融化各家的特长而归为已有。前后学者所撰诗文评类著作，多达295部[47]，可谓盛况空前。其中，叶燮的《原诗》一书，不立门户，不囿于一家之说，而却能穷流溯源，独探风雅之本，成为一家言，价值甚高。叶氏的弟子沈德潜，撰《说诗晬语》，既讲格调，又讲温柔敦厚，诗品与诗教并重。这是所谓的“格调”一派。王士祯的论诗主张凡经三变：早年宗唐，中年主宋，晚年复归于唐。一生结穴之论，就是推重盛唐的王维、孟浩然、韦应物等人，以清澄妙远的“神韵”为宗。他晚年所选的《唐贤三昧集》，则是神韵说的具体化。袁枚是性灵说的代表。袁氏诗论，除《随园诗话》外，并散见于《小仓山房诗文集》中。他虽提出“性灵”二字，作诗道的根本，但论诗却是天分与学力，内容与形式，自然与雕琢，平淡与精深，学古与师心并重，不稍偏倚的。翁方纲因受考据学风的影响，拈出偏于质实之“肌理”一词，合经籍性情为一事，冶格调神韵于一炉，实在是清代诗学集大成者[48]。

最后，值得在此一提的是清初的金人瑞和李渔两人。金氏的“才子”见解，表现在他所详细评点的《六才子书》上[49]。李氏的《笠翁一家言》，则指出小说戏曲家用心之隐微。他们能把批评的眼光，转移到通俗文学上，实在难得。

数 学

我国数学的起源甚早。殷商时代的甲骨文中，从一到十各数字完整无缺，而且已使用十进制。周政府则把算术一门，列为教育必修学科[50]。春秋时代，筹算[51]与九九乘法表，已经普遍流传使用。

47. 见彭国栋，《重修清史艺文志》（台北，商务，1968年），卷四，诗文评类。

48. 翁氏所谓“肌理”，有义理之理与文理之理二义。由义理之理着手，可以救神韵之虚；由文理之理着手，可以药格调之袭。一为正本探源之法，一为穷形尽变之法，理论颇为周密。

49. 金人瑞所称的《六才子书》，包括：《庄子》、《离骚》、《史记》、《杜诗》、《水浒传》、《西厢记》六种。他评点的主旨，在将这几部书作者的绝顶才情，指点给人看，庶几读者知难而退，不至于无知妄作。就此观点而论，他并非单纯的文学批评者。

50. 同注34。

51. “筹”亦称“算”。它是一种细长的箸状物，用途广泛。我国古代数学，即由筹算发展起来。

汉代的数学相当发达。汉初，张苍、耿寿昌均以善算出名。两人搜求秦火之后所遗留的算书，整理删补，完成了《九章算术》[52]，研究学习的人很多。像刘歆、张衡、马援、郑玄、徐岳等，都精通此书。还有一部《周髀算经》[53]，大概也在西汉末东汉初完成。

魏晋南北朝的数学，更为进步。赵爽注《周髀》，随文衍义，无大发明；但所撰《勾股圆方图注》[54]，则扩充了勾股算法，价值甚高。刘徽注《九章》，发明出入相补原理[55]，用来核对证明书中一些面积、体积公式的正确性；又创立"割圆术"[56]，求圆周率的近似值为3.14。此外，刘氏还撰有《海岛算经》，应用"重差术"，将测量用的标竿，由一支增为两支，来进行复杂的测量工作。宋、齐之际，祖冲之是一位多才多艺的科学家，在数学方面，撰有《缀术》、《九章术义注》、《重差注》，可惜都失传了。一些有名的算书，如《孙子算经》、《五曹算经》、《五经算术》、《夏侯阳算经》、《张丘建算经》，相继在南北朝间出现。北周甄鸾精通历算，他尝为《周髀算经》、《九章算术》、《数术记遗》、《三等数》、《孙子算经》、《五曹算经》、《五经算术》、《夏侯阳算经》、《张丘建算经》九种算书作注。我国古代的数学著作，经过他的注释，形式才算大致固定下来。

唐太宗贞观年间，李淳风等人奉命注算经十书[57]，正式颁行天下。在国子监设有算学科，科举考试中也有明算一科，因此数学在朝野上下，均很盛行。经由印度天文学家的介绍，希腊人的圆弧量法，印度的大数小数记法、笔算方法，以及三角函数表，都曾传入中国。

宋、元时期，是我国数学史上的黄金时代。南方的秦九韶、杨辉，

52.《九章算术》，分为方田、粟米、衰分、少广、商功、均输、盈不足、方程、勾股九章，共收246个问题。

53. 书的前一部分，假托周公与商高的对话，讲的是勾股定理和测影；后一部分是荣方与陈子的对话，主要在讲天文学上盖天说的理论。

54. 此注列于今传本《周髀算经》，卷上之内。全文仅五百余字，却列出了四个大系统的关于直角三角形三边之关系的命题廿一条。

55. 刘氏用各种图形相互拼凑的方法，来解决各种面积计算问题，相当于现在平面几何学中所用的平移和叠合的方法。在计算体积时，则用若干当时称为"棋"的立体模型来相互拼凑。

56. 即用内接正多边形逐渐增加边数的方法，来计算圆周率。

57. 唐代算经十书，较甄鸾所注，少《数术记遗》、《三等数》两种，另外加入祖冲之《缀数》、王孝通《辑古算经》两种，又将附于《九章算术》的《海岛算经》抽出单行，总计为十种。

北方的李治、朱世杰四人，是最杰出的代表。秦氏著《数书九章》，把《孙子算经》中的“韩信点兵”问题的解法系统化[58]，是“中国剩余定理”的源头。他在正负开方术上的发明，就是把数字系数的高次方程解法，推到了极致。杨辉著有《详解九章算法》、《日用算法》、《杨辉算法》等书。他本人的创见较少，但写得通俗易解，而且搜罗资料颇广，通过他的著作，可以了解当时数学发展的面貌。李治撰有《测圆海镜》、《益古演段》。他的主要贡献是提倡“天元术”[59]，以及提出列方程式的方法。朱世杰是中国第一位职业数学家，在所著的《四元玉鉴》中，把天元术推为四元术，用来求解多元高次联立方程式；另外，则提出“招差”公式[60]，把高阶等差级数的求和问题，一举解决。

明代数学乏善可陈，值得一提的似乎只有程大位所撰的《算法统宗》。此书对珠算的普及，贡献很大；但论其数学知识，则是缺乏创见，也未能将宋、元高度发展的结果纳入，可见中国传统数学，至此已完全走下坡了。接着西学传入，利玛窦与徐光启、李之藻，分别合译《几何原本》（图八）前六卷及《同文指算》[61]，对当时及以后的数学影响甚大。

清初，传教士来华更多，输入代数、三角、对数等知识。王锡阐、梅文鼎两人，是此期曾通中算西算的名家。康熙帝锐意学习西洋历算，并注重数学教育。他曾命令梅瑴成等人编《数理精蕴》，以御纂的名义颁行全国，流传很广。雍正以后，清廷采取闭关政策，西学中断。中国的数学家，把精力贯注到已输入数学知识的消化探讨上面；同时由于《算经十书》及宋、元算书的陆续发掘问世，大家对古算书进行全盘的研究与整理，对中西数学的会通，有很大的贡献[62]。道光、咸丰

58.“韩信点兵”是“孙子问题”的通俗称呼。这个问题的原文是：“今有物不知其数，三三数之剩二，五五数之剩三，七七数之剩二，问物几何？”（《孙子算经》卷下）

59.所谓“天元”，就是问题中的未知数。根据已知条件，可以列出方程的方法，求出未知数，称之为“天元术”。

60.“招差（法）”，也就是现代所谓的“逐差（法）”。

61.当时所译的欧几里德（Euclid）《几何原本》，根据的是德人克拉维斯（Clavius, 1537 - 1612）注释的十五卷拉丁文本。后九卷，直到晚清时，才由李善兰翻译完成。《同文指算》，主要是根据克拉维斯所著《实用算术》一书译出，但也参考了中国传统数学著作，补入一些西方所无的算题和算法。

62.这一时期的数学家，比较著名的有：陈世仁、明安图、李潢、焦循、汪莱、李锐、项名达、沈钦裴、罗士琳、董祐诚、戴煦、李善兰等人。参看阮元等编《畴人传》及《补编》。

慢元作憲宋改

曹能始曰摘其夸誕此愛而知其惡也充和欲扶風雅之切如此

瓌音瑰

耀艷深華四字尤盡二篇妙處故重圖之皮日休評楚辭遊秀古艷亦以此何柏衣重子稍易之云招魂耀艷而深華招隱遊秀而古朗

曹能始曰山水循聲而得貌節候披文而見時此極真之也若漢書詆為戲笑

慢於三代而風雅於戰國乃雅頌之博徒而詞賦之英傑也觀其骨鯁所樹肌膚所樹雖取鎔經意亦自鑄偉辭故騷經九章朗麗以哀志九歌九辯（宋玉作）綺靡以傷情遠遊天問瓌詭而惠巧招魂（宋玉作）招隱（淮南作）耀豔而深華卜居標放言之志漁父寄獨往之才故能氣往轢古辭來切今驚采絕豔難與並能矣自九懷以下遽躡其跡而屈宋逸步莫之能追故其敘情怨則鬱伊而易感述離居則愴怏而難懷論山水則循聲而得貌言節候則披文而見時是以枚（乘）賈（誼）追風以入麗馬（相如）揚（雄）沿波而得奇其衣被詞人

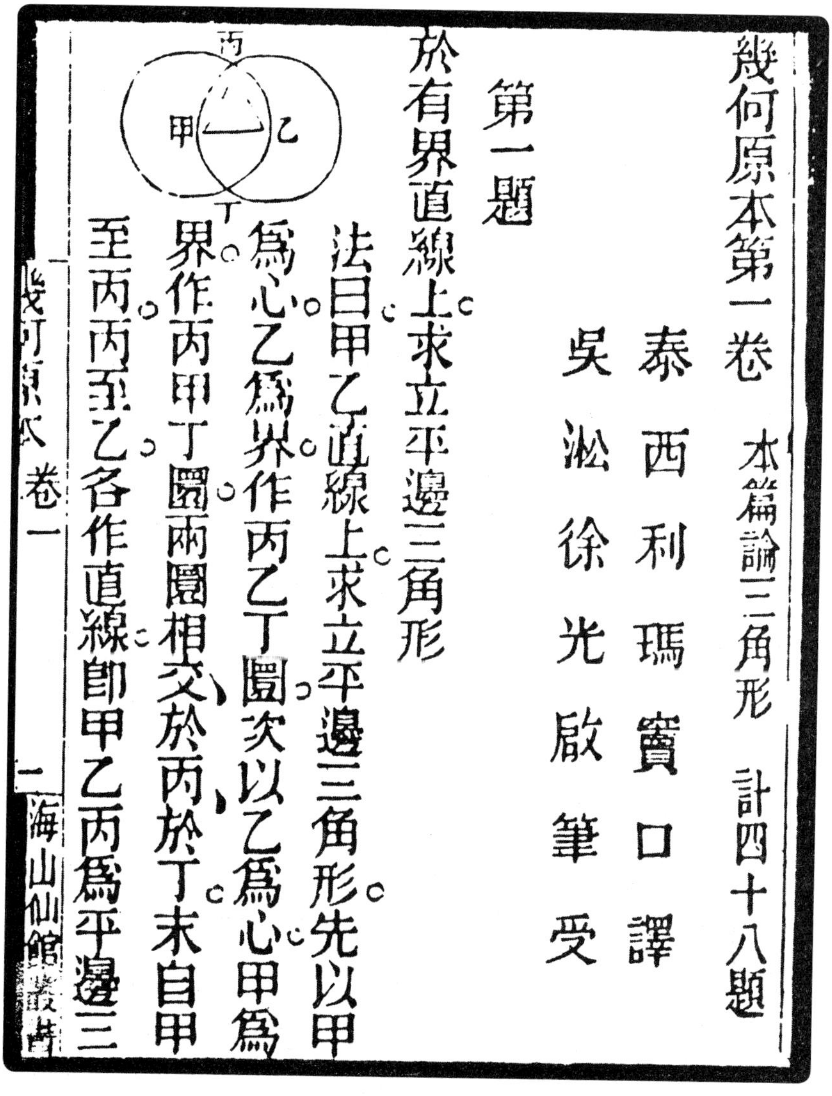

幾何原本第一卷　本篇論三角形　計四十八題

泰西利瑪竇口譯

吳淞徐光啟筆受

第一題

於有界直線上求立平邊三角形

丙

甲　乙

丁

法曰。甲乙直線上求立平邊三角形。先以甲為心。乙為界。作丙乙丁圜。次以乙為心。甲為界。作丙甲丁圜。兩圜相交於丙。於丁。末自甲至丙。丙至乙。各作直線。即甲乙丙為平邊三

幾何原本　卷一　二　海山仙館叢書

8

图七　刘勰撰《文心雕龙》（明吴兴凌云刊朱墨紫蓝绿五色套印本），采自中央图书馆善本图书明信片（台北，该馆，1981年）。《文心雕龙》是中国文学批评划时代的著作，既论文体本身，也论文章作法，立论精辟。

图八　利玛窦、徐光启合译《几何原本》（海山仙馆丛书本）。《几何原本》是古希腊数学家欧几里德的数学著作，被视为现代数学的基础，在西方其流传量仅次于《圣经》。

以后，中国门户洞开，西算再度输入，影响的范围愈来愈广，我国古算则逐渐失色，终成陈迹。

天文学

现在所谓的天文学，包括了一切有关天象的科学，历法只是天文学上不太重要的一个部门。在中国天文学史上，天文与历法则占有对等地位[63]。中国所谓的天文，指的是观测和讨论一般天象，其目的大抵在占候吉凶，为政治服务，实在可以称为“星占学”；而历法的订定修改，才是真实的天文学的一部分，并且迭有进步。

- 天文

我国古代天文的发展，大抵可由宇宙观、观测仪器及天象记录三方面加以察考。后汉时代流行的宇宙观念，主要有“盖天说”、“宣夜说”与“浑天说”三派[64]。盖天派认为：天是一个下覆的半圆形盖子，地像一个方形的棋盘；天带同日月自右向左旋转，而日月本身则由左向右旋转[65]。宣夜派则想象天的空间无限，日月众星存浮虚空之中，靠着气而运行或静止[66]。浑天派形容天地的形状像鸡蛋，天在外如蛋壳，地在内如蛋黄，天地俱乘气而浮，载水而行[67]。盖天说的重要经典《周髀算经》，在观测天象方面，不太准确，东汉以后被弃置不用。宣夜说因为没有师承，观念不很清楚，也不容易被接受，因此埋没在古籍之中，无人过问。浑天说最流行，正史

63.《史记》有《历书》与《天官书》，《汉书》有《天文志》与《律历志》，都是并立的。

64.《太平御览》，卷二引蔡邕《天文志》云：“言天体者有三家：一曰周髀，二曰宣夜，三曰浑天。”

65.《周髀算经》卷下：“天圆如张盖，地方如棋局。天旁转如推磨而左行，日月右行，随天左转。故日月实东行，而天牵之以西没。”

66.《隋书》，卷一九，《天文志》：“汉秘书郎郗萌，记先师相传云：‘天了无质，仰而瞻之，高远无极，眼瞀精绝，故苍苍然也。……日月众星，自然浮生虚空之中，其行其止，皆须气焉。是以七曜或逝或住，或顺或逆，伏见无常，进退不同，由乎无所根系，故各异也。故辰极常居其所，而北斗不与众星西没也。’”

67.《隋书》，卷一九引《浑天仪注》云：“天如鸡子，地如中黄，孤居于天内，天大而地小。天表里有水，天地各乘气而立，载水而行。周天三百六十五度、四分度之一；又中分之，则半覆地上，半绕地下。故二十八宿，半见半隐。天转如车毂之运也。”

中也以它为唯一正确的宇宙观。此后没有进一步的发展，直到清代西洋的天文学传入，才有了改变[68]。

在观测仪器中，最古的是“表”和“圭”。“表”是一支直立的竿子，“圭”是合乎水平的影版。利用它们，在白天测量日影的长度，以定四季的夏至、冬至点；在夜晚则观测星体中天时刻，以定恒星年的周期。另外，“窥管”（也称“望筒”）的使用也很普遍。《周髀算经》中，有利用窥管的观测以决定日径的记载[69]。北宋沈括也曾用窥管作真北极位置、拱极星圆运动的观测[70]。比较进步的仪器是“浑天仪”。它主要是由经纬环，加入赤道、黄道和各种固定的或活动的环，并有能旋转的表所组成，可用来观测星象。这种仪器，最早乃汉武帝时的落下闳所创建[71]，经过历代科学家的改良发展，到宋代是浑天仪制造的最高潮。自此以后，天文学则日落千丈[72]。

中国现存最有价值的天文材料，是历代有关天象的记录。殷商甲骨文上已有日食、月食的记载，《左传》则记录了37次日食。汉代以后的正史，日月食都详加记载；此外，慧星、客星（新星）、流星、陨石、太阳黑子等现象，也记录下来。这是全世界最悠久、最有系统的天象资料，弥足珍贵。

- 历法

历法的主要意义，是将各种时日集合为周期，以适应民间生活和文化宗教上的需要。由于其所依据的几个基本周期，彼此间并无公度性（通约性），使问题显得格外复杂。以太阴为据的历法，不能预测四季；以太阳为据的历法，无法预知朔望。整个历法制定史，就是试图处

68. 明末耶稣会教士来华，介绍的是第谷（Tycho Brahe, 1546 - 1601）派的地球中心体系说。直到清乾隆时，法国传教士蒋友仁（Michael Benoist, 1715 - 1774）献给皇帝一幅《坤舆全图》，地图四周配以天文图和有关哥白尼（Copernicus Nicdaus, 1473 - 1543）学说的说明，太阳中心体系的宇宙观才算正式传入中国。

69. 见《周髀》，卷下。

70. 见《梦溪笔谈》，卷七。

71. 扬雄，《扬子法言》，卷一〇：“或问浑天，曰：落下闳营之，鲜于妄人度之，耿中丞象之。几乎！几乎！莫之能违也。”

72. 此时制造名家为苏颂与郭守敬两人。苏氏制有漏水运转浑仪、浑象（天球仪）；郭氏制有大浑天仪（玲珑仪）、简仪（赤道仪）。

理这种不协调事实的持续过程。中国古代所采用的，是以太阳年为主，太阴月为辅；依四季寒暑定年，日月合朔定月，太阳中天定日，又以干支纪日。在世界古历中，算是非常进步的。

我国古历遗迹，留存比较具体可征的，是所谓的黄帝历、颛顼历、夏历、殷历、周历、鲁历六种，合称“六历”[73]。据史家考证，六历的基本原则，和后汉章帝时使用的“四分历”完全相同。其要点为：

一月，29 $\frac{499}{940}$日；

一年，365 $\frac{1}{4}$日；

一章19年，计235月；

一蔀4章，计76年，940月，27,759日；

一纪20蔀，计1,520年；

一元3纪，计60蔀，4,560年[74]。

这种一年365日以外，还有小数四分之一日的算法，简称“四分”。我国最迟在盘庚迁都到殷以后，便已开始使用了。汉武帝时邓平等人造“三统历”，曾对古历略加修改。此后，一直到清顺治采用西方历法，颁行《时宪历》(图九)为止，一千七百多年之中，改历不下七八十次，规则愈演进愈复杂，似乎与现在历法力求简化的趋势完全相反。但目前世界通行的阳历，是否为理想的历法，恐怕仍然大有商榷的余地呢！

73. 见《汉书》，卷二一，《律历志上》。

74. 见《开元占经》，卷一〇五。

医药学

有人类就有疾病。人类为了克服病痛，四处找寻药物，予以治疗纾解，因而产生医学。传说中，神农曾尝百草，以救人命，然后撰《本草》，是中国药学的起源；黄帝作《内经》，则为中国医学的起源。其实，《神农本草经》与《黄帝内经》都是后人的集体创作，前面的说法当然不可采信。

• 医学

我国上古是由巫祝来施行医术的[75]。周代以后，巫医为士大夫所不齿，势力一蹶不振；医学逐渐步入正轨，医术已成专门职业。春秋战国时代，医疗机构成立，且有分科制度[76]。当时名医辈出，像医缓、医和，论病治病皆有创见[77]，扁鹊尤为此中翘楚[78]。

汉代医学日益进步，著述渐富，《黄帝内经》、《难经》两种重要医典，相继问世[79]，因而民间研习医术的人也愈多。前汉著名的医家淳于意，将诊治的过程与效果，都留下详细记录，作为日后稽核对证的参考，是一位极富研究精神的医家，也是中国医案的创始人[80]。后汉时代，张机根据《黄帝内经》的理论，加以融贯发挥，撰成《伤寒论》及《金匮要略》二书，对后世影响甚大[81]。华佗是我国公认的外科鼻祖。他用麻醉药施行外科手术，用水疗法治虿螫、头眩等病，可惜没有可靠的著作留传下来[82]。

晋朝在针灸、脉学发展上，很有成绩。武帝时，皇甫谧综合各家学说，写成了中国第一部针灸学的专书——《甲乙经》。全书详细叙述针灸疗法的理论、经穴的部位、操作的方法，以及禁忌等，确是针灸学的经典之作。后代有关针灸的要籍，如明朝杨继洲的《针灸大成》、清朝的《针灸集成》，都是以之为基础所编成的。稍后，王叔和将扁鹊、淳于意、华佗等人关于切脉的零散资料，综合起来，配上自己的经验及当时的医学理论，编成了一部专谈脉学的著作——《脉经》。他的脉学理论，建立在玄想的阴阳五行

---

75. 殷商时代的甲骨文，只有“毉”字而无“醫”字，可见当时的医术是由巫术发展而来，巫、医是合一的。

76.《周礼·天官·冢宰》:“医师，掌医之政令，聚毒药以共医事。凡邦之有疾病者、疕疡者造焉，则使医分而治之。……疾医，掌养万民之疾病。……凡民之有疾病者，分而治之。死、终，则各书其所以而入于医师。疡医，掌肿疡、溃疡、金疡、折疡之祝药，劀杀之齐。……凡有疡者，受其药焉。”

77. 医缓见《左传》，成公十年，医和见昭公元年。

78. 见《史记》，卷一〇五，《扁鹊仓公传》。

79.《黄帝内经》包括《素问》、《灵枢》两部。《素问》治病兼用诸法，说理之文多;《灵枢》专重针灸，说数之文多。内容各别，风格亦殊。近人多疑《内经》出自西汉以后。但它确是集西汉以前医学思想之大成。《难经》旧题秦越人（扁鹊）撰，主要是针对《内经》的说法问难质疑，编成的年代更在本经之后。

80. 同注78。

81. 二书在宋以前原为一书，本名《张仲景方》，见《隋书·经籍志》医方类;《旧唐书·经籍志》、《新唐书·艺文志》医术类。

82. 华陀见《后汉书》，卷一一二下，《方术传》;《三国志·魏志》，卷二九，《方技传》。《隋书·经籍志》所载《华佗方》、《华佗观形察色并三部脉经》、《华佗枕中灸刺经》，并为后人所撰集，今皆不传。

上，基础并不坚实。但其方法简易，又能配合当时的社会风气，所以广受欢迎，并且传习不衰。同时，他又将散乱的《伤寒论》重新编次，并加以解释，使之能继续流传，功劳不小。

隋巢元方等奉诏撰集《诸病源候论》。该书融合前代及古埃及、印度与阿拉伯的医学，专论病源及病候，是一部病理学名著。中唐时，王冰著《黄帝内经素问释文》，是解释《内经》的权威著作，后人研究《内经》皆以此为准。北宋在解剖学上相当发达，吴简命画工绘《欧希范五脏图》，杨介编《存真环中图》[83]，都很有名。后者且一再被后世医家所引用。

金元时代，北方民族不断入居中国，新的流行病接连发生。但因文化交流，医学知识得以互换，大大扩充了医家的视野。大家都认为古代的药方，已不能充分治疗当时所发生的各种疾病，加上受到宋代性理之说的影响，于是纷纷另创学说，另用新药以治病。于是产生了：刘完素用凉剂，以降心火益肾水为主的“寒凉派”；张从正用汗、吐、下三法，尽量排出体内之废物与废气的“攻下派”；李杲以脾土为主，发明补中益气、升阳散火之法的“补土派”；朱震亨主张用清滋之品，以养血气的“滋阴派”。

明清以后，名医甚多，著述也很丰富。但以绍述前人医理为主，甚少发明，医学似盛实衰。等到西洋的现代内科、外科医学接踵而至，普遍被大家接受时，国医终于没落了。

• 药学

中国药学著作以西汉正式出现的《神农本草经》为最早[84]。它和《内经》一样，都是上古至汉初间国人知识经验的累积。全书收集药物365种，分成上、中、下三品。

83. 本图亦称《存真图》。宋徽宗崇宁年间，泗州处决一批刑犯，郡守李夷行命医家与画工，把尸体内脏的位置与形态描绘下来。杨介拿图跟古书所绘相校，编成《存真图》。事见晁公武，《郡斋读书志》(台北，广文，1967年)，卷一五，医家类。

84. “本草”一词，首见于《汉书》，卷五《郊祀志》、卷一二《平帝纪》及卷九二《游侠传》。据班固所载，西汉末叶已有精通《本草》的专业人员。似乎不必因同书卷三〇，《艺文志·方技略》不载，遂疑《本草》晚出。

85. 据《隋书·经籍志》子部医方类所录，魏晋南北朝时期以"本草"为名的著作，约有三十部。

魏晋南北朝时期，本草学特别发达，各家著述甚多[85]，其中以陶弘景最为重要。陶氏曾校定《本草经》，并为之作注；又集汉魏以来名医所用药物，凡365种，加入《本草》中，然后依照药物的自然性质，分为玉石、草木、虫鱼、禽兽、果菜、米食和有名无用等七大类，称为《名医别录》。

唐代的本草学也很发达。大部分著作如今都已散失，最有名而且有残迹可寻的是《新修本草》和《本草拾遗》。前者乃高宗时代苏敬等人奉敕编撰，并予颁行。这是中国第一部由政府审定的药典。后者是陈藏器为了补充陶弘景、苏敬的阙漏而作，以精博著称。

宋代很注重药学，政府屡次诏修《本草》。先有刘翰、马志等所修的《开宝本草》，次有掌禹锡、林亿等修《嘉祐补注本草》，终有唐慎微修《经史证类备急本草》。唐氏书，在徽宗时由医官曹孝忠稍作校正，重新刊布，名为《政和新修经史证类备用本草》。这是现存最早的一部完整药典。

明代药学文献，以李时珍的《本草纲目》（图十）最具特色。李氏差不多花了30年，参考近千种医书和经史百家之作，加上采访和亲身经历所得，将药物1,892种，分为16部62类。每种药物标举正名为纲，下列释名、集解、气味、发明、附方等目。此书出版后，有人说这是一部空前巨著，赞不绝口；也有人说他任意窜改《本草》，应予焚毁，真是毁誉参半。

历代有关医方的搜集整理，也是一件要事。较早的《泰始黄帝扁鹊俞拊书》、《张仲景方》、《华陀方》等，已亡佚不存。晋葛洪编《肘后备急方》，是一部平民适用的医方。唐孙思邈编《备急千金方》、《千金翼方》，王焘编《外台秘要》，都是采集前代经方而成。宋代由陈师文校正的《太平惠民和剂局方》，是中国医学史上第一部配方手册。徽宗诏集海内名医，编修《政和圣济总录》，乃前代医方之总汇。元危亦林集其高祖以下五代所藏医方为《世医得效方》。明周定王朱橚编《普

大清順治十五年歲次戊戌時憲曆

都城順天府依新法推算節氣時刻

正月大 戊戌 二日己亥酉初刻十三分立春正月節 十七日甲寅未初二刻八分雨水正月中

二月大 戊辰 二日己巳午正二刻驚蟄二月節 十七日甲申未正二刻春分二月中

三月小 戊戌 二日己亥戌初三刻六分清明三月節 十八日乙卯寅正二刻四分穀雨三月中

四月大 丁卯 四日庚午申正一刻十一分立夏四月節 二十日丙戌辰初初刻九分小滿四月中

五月大 丁酉 五日辛丑夜子初三刻十分芒種五月節 二十一日丁巳酉初三刻十三分夏至五月中

六月小 丁卯 七日癸酉午正一刻十三分小暑六月節 二十三日己丑卯正一刻九分大暑六月中

10

图九　清钦天监编《大清顺治十五年时宪历》（清钦天监刊本），是我国历法史上第五次也是最后一次的大改革，引用了西方历法编成。

图十　李时珍撰《本草纲目》（明万历癸卯江西重刊本），采自《中国历代图书展览目录》（台北，中央图书馆，1981年）。《本草纲目》参考近千种医学和经史百家之作，耗时约三十年而成，共载近二千种药物，是我国药学中之经典。

济方》，更是集历代之大成。至于医家著述所附验方，虽非专书，却是以实用为主，也很有价值。

农 学

中国自古即以农立国。唯传统的农业，向来以自给自足为原则，因此，除了农田耕作以外，蚕桑、园艺、植树、养鱼、养家畜等，也都被列为农业项目。其中，蚕桑与农作并重，为的是要满足“衣食”的基本需求；果菜的栽培，树木的种植，只是业余性质；养牛马以供耕种运输，养猪养鱼则可作副食。我国的农学观念，即是从这种实际的原则发展完成的。

最能够表现出传统农业特点的，莫过于历代之农书。虽然讲求耕作技术，可以提高生产量，但在耕作过程中，难免要受天时影响；因而有关月令、占候的书籍，普遍被大家重视。为了防止水旱灾，并促进农作物生长，必须注意防洪灌溉。蝗虫为害甚大，地方行政人员不得不大量编写捕蝗治蝗的手册。真正遇到荒年，大自然中仍有一部分果菜可以疗饥活命，有关野菜方面的专著，也有其重要性。凡此种种，都是促使农书内容丰富而且著述繁多的主因。

先秦时代讲农耕的《神农》、《野老》等书，后世不存。汉文帝力行重农政策以后，各种教民耕种的专书，相继问世，而《氾胜之书》一种最为特出。其内容有耕种收获的总论，禾、黍、麦、稻、麻、瓜、芋、桑等栽培法，更有提高单位面积生产量的“区田法”，是西汉农业技术的代表作[86]。东汉末崔实撰《四民月令》，以“月令”的格式，列举一个年度内普通人家所从事的经济活动，大部分与农业生产有关[87]。南北朝时期，后魏贾思勰著《齐民要术》，记有华北地区旱地农业的形态，花草、水果之栽培，及豆腐、酱菜、酱油等的制

86. 原书在宋代已经亡佚，现在所见有清代人所辑《问经堂丛书》、《昭代丛书》、《玉函山房辑佚书》三种本子。

87. 原书亡佚，今传皆为清代学者辑本，以唐鸿学所辑《怡兰堂丛书》本较佳。

法，内容全备，讲述详确，是一本有关记述华北农业的经典之作，也是保存到今天的综合性古代农书中，最早又最好的一部。

隋唐以后，大量开发南方土地，农作物以水稻为主。在中国的作物种植上，这是一大改变。此时的主要耕畜是水牛，因此造父编了一部专治水牛病症的《水牛经》。[88]耕犁是水田的主要农具，陆龟蒙撰有《耒耜经》，描述五种农具，其中的犁构造复杂而进步[89]。

唐宋的医学昌明，马政也极为发达，有关牧马、相马、医马的专书甚多。唐穆蠡集伯乐、王良等六家的著作，编成《皇帝医相马经》。北宋朱峭订定《牧马法》、《疗马集验方》，由群牧司付印颁行[90]；无名氏的《司牧安骥集方》，也是很有名的一部兽医专著。

88. 原书有方有论，共列四十五证。《四库全书总目》医家类，列入存目中。

89. 本书只是一篇短文，原收在《笠泽丛书》及《甫里先生文集》内，宋代以后录出单行。

90. 见《宋会要稿》，一八四册，《马政》。

饮茶的风气，自唐朝开始盛行，宋代以后更加普遍。中唐时，陆羽撰《茶经》，对茶的特性、采茶器具、茶叶加工、烹煎、产地等各方面，作了详尽的叙述。宋丁谓《北苑茶录》、周绛《补茶经》、宋子安《东溪试茶录》、黄儒《品茶要录》、赵汝砺《北苑别录》、曾伉《北苑总录》等书，都是记载建安茶。福建茶叶名气之大，由此可见。

南宋初，陈旉撰《农书》，主要内容分为：种田、牛畜和牛医、蚕桑三部分，是一本适用于江南地区的综合性农书。元代司农司编《农桑辑要》、鲁明善编《农桑衣食撮要》，都是很好的农业指导专书。王祯撰《农书》，包括“农桑通诀”、“农器图谱”、“谷谱”三部分，内容极为精彩实用，是农书中的一流著作。

明徐光启致力于农学研究，他曾依当时国家需要，配合西洋科学知识，编撰《农政全书》，体系非常完整，见解深刻独到，不可多得。宋应星撰《天工开物》，叙述明代各部门的产业技术，有关农业之记载约占一半，由此书可推知明代农业技术的进展情形。沈氏《农书》，除了谈水田耕作、蚕务以外，对各种肥料的性质、用法，以及施肥要领，记述颇详，将明代相当完备的肥料体系表露出来，贡献很大。

清乾隆敕撰《授时通考》，汇辑前人农学著述，以供应衣食资料为原则，以农田生产为中心，体裁严谨，征引周详，又附有很多插图，确实具有不少优点。

蚕桑事业兼跨植物生产和动物生产两个领域，性质比较特殊。唐、宋、元、明四代，都曾有专书问世。清朝乾隆嘉庆以后，山东、河北、陕西、江苏、安徽、浙江、四川、贵州等处，由于地方官吏与士绅的提倡，养蚕事业兴盛，有关著作颇多，直到清末，风气犹存。光绪二十四年（1989年），英人傅兰雅氏将《意大利蚕书》译成中文，以供国人参考，亦可见当时对养蚕业兴趣之浓厚了[91]。

91. 该书由江南制造局印行，见中央图书馆编，《近百年来中译西书目录》（台北，中华文化事业委员会，1958年），页88。

结 语

中华文化，除了具有独特的创造力之外，更具有高度的同化力与包容力。邻近的地区，北至西伯利亚，南迄南洋群岛，西抵中亚，东及朝鲜、日本，皆在其文化势力圈内，深受影响。另一方面，印度的宗教、文学、数学，埃及、阿拉伯与印度的医学，希腊的几何学，既经传入中土，则予以吸收消化。因为彼此都站在平等互惠的原则上，所以整个交流的过程，从容而自然。

明末清初，中西海上交通频繁，传教士将欧洲的科技新知引进我国，有识之士也热心学习。可惜到雍正时代，清朝政府采取闭关政策，西学因而中断。等到鸦片战争之后，中国丧权失土，门户跟着洞开，西方文明乃挟列强船坚炮利的余威，再度输入。国人在饱受屈辱的心情下，开始大量汲取新知，力图自强。但由于观念的偏差，只顾追求“强兵”的目标，而忽视了整体建设的重要性。因此，获得的实际效果甚微。中日甲午战役，北洋舰队完全溃败，国人才觉悟到：只求表面的模仿，了无益处，最紧要的是往下扎根的工作。有心的人士，开始积极筹办新式学堂，希望借助教育的改革，达到自立自强的理想。而清廷也一面派遣官员出外考察各国政治措施，一面选拔优秀青少年出国留学，造就并储备人才。整个维新运动的推展，虽未能挽救清朝覆亡的命运，却带来文化更生的契机，学术界也充满蓬勃的朝气。

在求新求变的过程，有的人肯定固有文化的价值，并且撷取欧美文化的精华，试图加以融会贯通。有的人则无视于国情民风之异同，一意主张全盘西化。在他的心目中，炎黄子孙数千年的心血结晶，简直一无是处，弃之唯恐不及。这种弱国无文化的偏颇论调，断断续续喊了数十年，而附和者寡，也是理所当然的。

此刻，我们不必妄自菲薄，也不可妄自尊大，而应冷静地检视文化遗产，过滤掉残渣，让晶莹剔透的宝玉，精光四射，照亮人寰。另一方面，我们也要有计划地吸取国际学术研究新成果，弥补不足，并且迎头赶上。唯有健康的心态，再加上学术界持续不懈的努力，我们的文化生命才能延绵不断，历久常新。

渊源有自

先秦学术的萌芽

宋淑萍

人类生活在大自然中，为了解决生存问题以维持生命的延续，或为了探求自然人生的奥秘以满足心灵的欲求，于是开始运用思想。因此，思想不仅在于满足生活与行为的需要，也在于满足求知欲与好奇心；这种思想的累积，便形成学术。研究自然世界及应用的知识属于近代自然应用科学的范畴，研究人类及社会现象的，在近代称之为人文社会科学。讨论一个时代的学术，应该二者兼顾，不可偏废。

中国哲学中的儒、墨、道、法各家都始于先秦，在中国学术史上先秦是一个重要的时期。先秦指“秦朝之先”的时代[1]，在一般史书中，主要指春秋、战国时期，但中国学术的萌芽则远早于春秋、战国，而中国文化的黎明则更为久远。近代一些学者以为商朝以前的中国历史完全不可靠，这种说法颇值得商榷。历史始于记载——在文字出现以后，由古人自己的记载中去了解古事，当然是最明确可靠的。现今我们所发现最早的文字是殷墟出土的甲骨文，然而中国历史的上限却又不能断自殷商。根据董作宾先生以甲骨文和埃及文、麽些文[2]比较发现：甲骨文已经是符号而不是图画。也就是说我们今天所见于甲骨的文字是经过长期演变来的，它的起源必定更古。我们知道：文化的进程，照例是先缓后急，文字的演变亦不能例外。中国原始的图画文字究竟创于何时？经过多久才演成符号的甲骨文？董先生以为这个演变过程可能要1000至1500年。经过考证：殷墟建都始于盘庚，终于帝辛，前后八世十二王。殷墟的初年是公元前1384年，加1500年，当在公元前2884年，大约距今四千八百多年[3]。而近代在西安半坡所发现的陶文，被证实是公元前4800年至4200年的产物，则距今已六千余年！先秦诸子多以为“仓颉作书”[4]，章太炎在《造字缘起说》便指出：仓颉以前已有文字，仓颉把它“整齐划一”，使成为“约定俗成”的书契[5]。董先生根据文字

1.《汉书·景十三王传》：“献王所得书，皆古文先秦旧书。”注：“先秦犹言秦先。”

2. 麽些族造字的地点，根据李霖灿先生的考定：在云南木里土司所辖的无量河边。

3. 参董作宾，《中国文字的起源》，《大陆杂志》，5卷10期。

4.《说文解字》《自序》、《吕氏春秋·君守》、《韩非子·五蠹》、《淮南子·泰族训》《本经训》，都以为黄帝之史仓颉造字。

5.《荀子·解蔽》：“好书者众矣，而仓颉独传者，壹也。”

演化的规律，比较埃及、麼些（编者按：今纳西）两种文字，而估计中国文字创造当在公元前2800年；而今更发现早在公元前4200年的陶文。黄帝的元年如推断为公元前2665年[6]，则比董先生估计的文字源起晚了两百多年，而较出土的陶文更晚了一千多年；看来太炎先生的说法是不无道理的[7]。因此，我国先秦学术的发展，虽至春秋、战国时代大放异彩，而其源头则极为久远了。

先秦时庄子“列叙古今道术渊源所自”[8]。其后，《史记·儒林传》历述孔门弟子下迄秦汉儒者的师承流别，而其他列传中也时常论及各家学术，如《老子韩非列传》说：“庄子其学无所不窥，然其要本归于老子之言；故其著书十余万言，大抵率寓言也。”又说：“申子之学，本于黄老，而主刑名，著书二篇，号曰申子。”“韩非与李斯俱事荀卿。”虽然这些叙述不免失之过简，仍可看出太史公实为一位极注意学术源流和系统派别的史家。《汉书·艺文志》更依刘歆《七略》分天下图书为六艺、诸子、诗赋、兵书、术数、方技六类，胪列书38种596家，13,269卷，这是中国图书目录的滥觞。这些有关学术发展的记载，在《史记》、《汉书》中所占的篇幅虽不甚多，却有其重大意义。《艺文志》所述似较完备，而《庄子》、《史记》所论每多独到见解。本文就现存的资料加以甄综条理，寻根觅柢，分别讨论先秦学术的渊源与传播，自然应用科学方面的知识，以及人文社会的思想——先秦诸子，以探究中国学术的萌芽。

6. 董作宾讲《中国古代文化的认识》附图据甲骨文及天文历法考定的古史年代。《大陆杂志》，3卷12期。

7.《中国古代文化的认识》：“《竹书纪年》、《世本》、《史记》皆列黄帝为首，古代流传下来的记录，也是不应该轻易一笔抹杀的。”

8. 陆长庚语。

学术的渊源与传播

对于上古社会，由于史料的缺乏，我们很难详知，而关于学术渊源和传播情况的探讨，更是不易下手。我们谨以已有的资料，参以前辈学者研究所得，加以综理，对我国古代知识的承传发展，学术的渊源流变，勾画出一个简单的轮廓。

古人由于对死生、灾祸、收获的惊奇、恐惧、欢乐之情，而产生了宗教意识和巫术。“国之大事，在祀与戎。”（《左传》成公十三年，公元前578年）从甲骨卜辞看，则“祀”比“戎”似乎更重要[9]；而《左传》文公二年（公元前625年）更明言：“祀，国之大事也。”祭祀是鬼神崇拜的反映，而主管祭祀、被认为能与神鬼相沟通的人，则是巫觋。在原始社会中，巫觋是学术的渊源与传播者：

> 古者民神不杂，民之精爽不僬贰者，而又能齐宿衷正，其智能上下比义，其圣能光远宣朗，其明能光照之，其聪能彻之，如是则神降之，在男曰觋，在女曰巫。（《国语·楚语》）

巫觋是鬼神降附的，所以能知鬼神的意思，进而利用这个线索，以求福避祸；这个角色的条件是：聪明圣智，而聪明圣智的人，自然是当时有学问的人。所谓“原始人类的学术多出于宗教，原始社会的学者多属教士术士”[10]的说法，应该是可信的。除了巫觋，代表祭者向鬼神致辞的“祝”，管理祭祀的宗庙坛墠并料理一切有关祭祀杂务的“宗”，都可以归在巫觋一流。

殷相中有巫咸、巫贤[11]，巫可以为相，是政教合一、巫权鼎盛时期。但，《左传》僖公二十一年（公元前639年）：“夏大旱，公欲焚巫尪。”焚巫杀巫，是巫权式微，而时已周代，取代巫觋的是史。

《说文解字》：“史，记事者也。”史既是记事的人，为什么太史公说“文史星历、近乎卜祝之间”（《报任少卿书》）？我们从“史”字来看，《说文》的解释是：“从又，持中，中正也。”对许慎以史为中正的说法，持怀疑态度的学者颇多。劳榦先生以为史“所从的是一种‘弓

9. 见《中国古代文化的认识》。
10. 杨幼炯，《中国文化史》（台北，台湾书店，1968年），第五篇下，页6。
11.《尚书·君奭》：在太戊，巫咸乂王家。在祖乙，时则有若巫贤。

钻'"。[12] 弓钻本是用来钻木取火的，从居延简 [13] 可以得到证明：汉代还有改火之事，并且这事属太史主持，因此弓钻和史之间就有了关联。《庄子·外物》："七十二钻而无遗策。"龟卜的重要工作是先"钻"而后"灼"；那么卜和钻的密切关系也就不容置疑了。从古书的记载中，我们可以见出史和卜的关系是密切的：

巽在床下，用史巫纷若，吉。(《易》巽九二)

初晋献公筮嫁伯姬于秦也，遇归妹之睽。史苏占之曰：不吉。(《左传》僖公十五年，公元前645年)

狄灭卫。狄人囚史华龙滑与礼孔以逐卫人。二人曰：我太史也，实掌其祭；不先国不可得也。(《左传》闵公二年，公元前660年)

戴君仁先生引章太炎和罗振玉的说法，以为史字从中是"象册形"[14]，见解虽然和劳说不同，但戴先生也以为"史是司祭的一员"。看来史就是祭司兼卜人；如果我们把初期的史视为"巫"的流衍也未尝不可。难怪太史公曾受《易》，而史记把《龟策》也专列一传。

周厉王使卫巫监谤者，召公曰："天子听政，瞽献典、史献书……瞽史教诲。"鲁昭公二年（公元前540年）韩宣子来聘，观书于大史氏，见易象及鲁春秋曰："周礼尽在鲁矣。"从这两段记载可以看出：周时史的职掌是：献书、藏书 [15]、教诲，是古代的知识分子。

《左传》昭公二年韩宣子观书于大史氏的记载，反映一个史实：周代是学掌于官的。官师既然合一，书籍典藏在官；教育自然不可能普及，平民自很少受教育的机会。那么一切学术自应渊源于王官，所以

---

12. 劳榦，《史字的结构及史官的原始职务》，《大陆杂志》，14卷3期。

13. 御史大夫吉（丙吉）昧死言，丞相相（魏相）上太常昌书言太史丞定言，"元康五年五月二日壬子夏至，宜寝兵，太官抒井，更水火，进鸣鸡，谒以闻，布当用者。"——臣谨案比原宗御者水衡抒太官御井、中二千石，二千石各抒别火官，先夏至一日以除燧取火，授中二千石，二千石官在长安、云阳者，其民皆受，以日至日易故火，庚戌寝兵，不听事，尽甲寅五日，臣请布，臣昧死以闻。

14. 戴君仁，《释史》，《文史哲学报》，12期。

15.《史记·老子传》："老子，周守藏室之史也。"《索隐》："按：藏室史，周藏书室之史也。"

班固本刘歆《七略》，有“诸子出于王官论”：

> 儒家者流盖出于司徒之官。……道家者流盖出于史。……阴阳家者流盖出于羲和之官。……法家者流盖出于理官。……名家者流盖出于礼官。……墨家者流盖出于清庙之守。……纵横家者流盖出于行人之官。……杂家者流盖出于议官。……农家者流盖出于农稷之官。……小说家者流盖出于稗官。(《汉书·艺文志》)

刘师培有“古学出于史官论”及“补古学出于史官论”[16]，就史官之性质、职守、成因、弊病、反响，各方面加以考察，得到一个结论：史掌一代之学，不但书籍的保存端赖史力，即学术渊源亦在于史。当然，如果一定说某家出于某官，则不免有穿凿之弊，但班固汉志说某家出于某官，都冠“盖”字，可见班氏亦未十分确切明指。刘师培的说法可视为班氏说法的流衍，而刘氏又有“儒学出于司徒之官说”[17]，似亦未脱班氏窠臼。但胡适之先生有“诸子不出于王官论”[18]，以为“诸子之学，皆起于救世之弊，应时而兴。”[19]当然，“任何学说，无论它的创造性如何大，都是顺应时代的需求，反映社会的情况，然后产生的。”[20]胡先生的说法自亦有其道理。但是班固也说“王道既微，诸侯力政，时君世主好恶殊才，是以九家之术蜂出并作。”那么，诸子之兴，受世变刺激这一点，班固也曾见及。当然，如果硬说某家出于某官，不免太泥，但沈刚伯先生曾就已有的历史资料探法家的渊源，得到了“班志所谓诸子出于王官的话，若只是用来说法家，倒似乎并非全无道理”的结论[21]。蒋伯潜《诸子学纂要》也说：“我们说诸子之学滥觞于王官，是因王官保存着许多学术的资料。”设使诸子之学前无所

16.《左盦外集》，卷八。

17.《左盦外集》，卷九。

18.《胡适文存》(台北，远东，1953年)，第一集，卷二。

19. 适之先生本《淮南子·要略》为说，并举四证以证明之：第一，刘歆以前之论周末诸子学派者，皆无出于王官之说。第二，九流无出于王官之理。第三，《艺文志》所分九流，乃汉儒陋说，未得诸家派别之实。第四，章太炎先生之说，亦不能成立。

20. 沈刚伯，《从古代礼刑的运用探讨法家的来历》，《大陆杂志》，47卷2期。

21. 沈刚伯，《法家的渊源、演变及其影响》，《自由中国》，17卷7期。

承，就不可能产生百家争鸣、高妙精熟的哲学思想；设使非世变刺激，中国的哲学思想或将永远停留在殷商西周的静滞状态[22]。另有一种身份的人——士，也和中国学术发生关联，而士身份的转变，是世变的明显事实；这种转变，对中国学术有莫大的影响。

《尚书·尧典》:“汝作士，五刑有服。”士，马融的解释是:“狱官之长。”这个士,《论》、《孟》里称为“士师”；而《牧誓》“是以为大夫卿士”，这个“士”自不同于当狱官的“士”。

天子三公九卿二十七大夫八十一元士。(《礼记·王制》)

天子之元子士也。(《礼记·郊特牲》)

王者之制禄爵，公、侯、伯、子、男凡五等；诸侯之上大夫卿、下大夫、上士、中士、下士凡五等。(《礼记·王制》)

从《礼记》可见“士之位可上达于天子，天子亦可下达于士。”[23]在封建时代士的地位或尊或卑，但士非庶人。在封建宗法的制度下：天子是天下大宗、诸侯是一国大宗、大夫是一家大宗，世子嗣统[24]，庶子于内为公官之守[25]，于外则即戎事[26]。所以士本是武士（“得士者昌，失士者亡”），这种武士，因为出身关系，和世子受相同的教育：

凡学世子及学士必时：春夏学干戈，秋冬

22.《左传》昭公十七年：仲尼曰：“吾闻之，天子失官，官学在四夷。”《论语·微子》：“大师挚适齐、亚饭干适楚”的记载，可以为孔子的话的注脚。这反映王权式微，官学散之四方的事实。而学者的散处民间，使学术下及平民，产生私人讲学著作的风气，哲学思想因而大盛。另一方面，封建制度瓦解、贵族阶级没落，我们看《左传》昭公十八年:“秋，葬曹平公。往者，见周原伯鲁焉。与之语，不说学。归以语闵子马。闵子马曰：周其乱乎？夫必多有是说，而后及其大人。大人患失而惑，又曰：可以无学，无学不害。不害而不学，则苟而可。于是乎下陵上替，能无乱乎？夫学殖也，不学将落。原氏其亡乎！”这是孔子青年时代的事情，这种不知礼的无学问的人高居上位，自然不能给国家带来富强；国君为了国家利益，只好破格用人——举贤任能，以求兴国。于是“管夷吾举于士，孙叔敖举于海，百里奚举于市。”(《孟子·告子下》)学术不再操于贵族手里，平民照样有受教育的机会——这是学术自由化——而且通过学术参与政治。这种现象使思想自由，学问普及。“孔老墨直接间接皆出于史官，而学术思想则远过于其所自出的官守与职业。”见黄建中,《先秦学术与环境》,《大陆杂志》, 16卷10期。

23. 劳榦,《释士与民爵》,《史学年报》, 2卷1期。

24.《礼记·丧服小记》注:“世子，天子、诸侯之嫡子也。”

25.《礼记·文王世子》:“公若有出疆之政，庶子以公族之无事者守于公宫；正室守大庙，诸父守贵宫贵室，诸子诸孙守下宫下室。”

学羽籥，皆于东序。……冬读书。(《礼记·文王世子》)

26.《周礼·大司马》:“大会同则帅士庶子而掌其政令。”

27. 参胡秋原,《释士与民爵》,《古代中国文化与中国知识分子》(台北，亚洲，1978年)，上册。

28. 依郑玄说：五品指父母兄弟子。(见《史记集解》)

这些士虽然身负武士的职责，但却受相当的教育，成为当时的知识分子。这些受过贵族教育的士，在封建制度瓦解的情况下，和庶人发生接触，使学术由上层普及民间，而士也登上政治舞台，扮演重要角色，以一展所长。我们看晋国的士起、士会、士燮、士匄、士蒍，原都是士族，后来都成为卿大夫。从《左传》文公十三年(公元前614年)“晋人谋归士会”的记载看，士会所表现的机智，似不是一介赳赳武夫的形象，倒是足智多谋的文士典型。士在政治上的出色表现自然给好学的庶人很大的鼓舞，而士与庶人的接触，也使贵族学转变为平民学。这种转变造就了一批平民知识分子——这是新的“士”阶层的出现，他们的出身是庶人，而非贵族；他们活化了学术界，为中国学术带来了蓬勃的生机[27]。学校是学术渊源与传播之所，下文略述学校：

《尚书·尧典》虽是“稽古”的文字，但要以述古事为主。“帝曰：契，百姓不亲，五品不逊。汝作司徒，敬敷五教，在宽。”可见中国很早就有人注意到教育的问题。“设为庠序学校以教之；庠者养也，校者教也，序者射也。夏曰校，殷曰序，周曰庠。学则三代共之：皆所以明人伦也。”(《孟子·滕文公上》)是教育在三代各具规模。舜命契为司徒，乃是鉴于“五品不逊”[28]，所以命契“敬敷五教”，五教就是五常之教：父义、母慈、兄友、弟恭、子孝；而孟子也以学校是“皆所以明人伦”的。可见中国的教育自古就重道德伦理教育。我们看三代的基础教育——庠序，除了教射，都重养老，养老是敬老尊贤的具体行为，透过养老的措施，以发扬道德教育，收精神感召之效。至于施较高教育的机关是“学”。学自为公卿大夫子弟而设，但庶民之秀者，也可以进学校就读，但是一方面庶民之秀者究占庶民的少数，而且庶民在学的人数比例恐怕也很小——学仍是为贵族而设的。庶人受教育的机会固然少，而且在校中还有差别待遇：“贵族受治术教育，庶民受技艺教育。”[29] 以养成劳心的治人者和劳力的治于人者[30]。这是西周以前的情形；周室东迁以后，官失守、士失学，因此乃有《子衿》之作，以“刺学校废也”[31]。春秋后，私人讲学之风兴，以取代官学传播学术。而此时已是官师分途、有教无类的局面了。

29. 见《先秦学术与环境》。

30.《孟子·滕文公上》：“或劳心，或劳力——劳心者治人，劳力者治于人；治于人者食人，治人者食于人。”

31. 此《毛诗》说法，屈万里先生《诗经释义》（台北，中华文化出版事业社，1955 年）以为“殊不类”。

32. 此书《汉书·艺文志》未载。原因可能是“《汉书》著作时用的并不是现今名称。”而“书中内容，大部分陈旧，尤其较《九章算术》为甚，又难使人不信它系战国时代，甚或比这更早的作品。”见李约瑟，《中国之科学与文明》（四）（台北，商务，1973 年），页36、37。

33. 见《中国之科学与文明》（四），页39；《中国文化史》，第五篇上，页214—218。

古代自然应用科学知识的发展

孔子曾以“知之为知之，不知为不知”的话，告诫子路，这是孔子对“知”的态度，也是今日我们仍当谨遵的科学精神。先秦时代虽以哲学思想见称于世，但自然科学及应用科学方面的知识，也有可称道的成就：

- 数学

数学在中国渊源颇远，太古时代，已有结绳的应用。《易·系辞》：“上古结绳而治，后世圣人，易之以书契。”《释名》：“契，刻识其数也。”甲骨文中纪数文字颇为齐全，六书意义俱备，自“五”以上，不复用积尽，比如：五、八都是假借，而不是一画一画的重叠。《管子·轻重篇》：“宓戏作九九之数。”刘徽《九章注》：“庖羲始画八卦作九九之术。”大概三代以前已有九九之法。古算术流传至今的，可见于清孔继涵编的《算经十书》，其第一部是《周髀算经》[32]，假托周公和商高问答之语，讨论直角三角形的性质，即所谓的毕达哥拉斯（Pythagoras）定理。第一卷第二节涉及表竿、圆与正方形的使用，以及高与距离的测量[33]。

- 天文历法

由于四季气候的变化对于农业的影响极大，所以人类对于天文历法很早就加以重视了。《尚书·尧典》："乃命羲和，钦若昊天；历象日月星辰，敬授人时。"并命羲仲、羲叔、和仲、和叔分宅东南西北各方，以定仲春、仲夏、仲秋、仲冬，"期三百有六旬有六日，以闰月定四时成岁。"这段文字为三千年来中国官方天文学的宪章[34]。《尧典》中有星鸟、星火、星虚、星昴的名称。而"璇玑玉衡"据马融的说法："璇，美玉也。玑，浑天仪；可转旋。衡，浑天仪之横筒，所以视星宿也。"是先秦已经发明了观测星宿的仪器。而据卜辞的记载可知，殷商时"测侯的工作，已由王朝推行到诸侯方国。"[35]我们看《左传》中对日食、彗星的记载很详细，可见当时的天文知识是颇惊人的。另一方面，甲骨文是我们现在所能见到的最古的文字，由于甲骨文的出土，我们对殷商的文物了解的较多，据董作宾先生的研究报告，殷商历法中颇有可称道的：①殷代以干支纪日，以60甲子为日名，60日一周，此法经三千二百余年，直到现在，毫无错误。②以节气为月建标准，以无节为置闰标准。③以建丑之月为正月。④闰月的安排，在武丁时置于当闰之年的最后，称"十三月"，平年则从"一月"、"二月"以次排至"十二月"。祖甲改闰法，置闰于当闰之月，重一月名，不再置于年尾，不用"十三月"之名。同时把"一月"改称"正月"[36]。《史记·历书》："夏正以正月，殷正以十二月，周正以十一月。盖三王之正，若循环，穷则反本。天下有道，则不失纪序；无道，则正朔不行于诸侯。"这是先秦时代重视历法的缘由。

34. 见《中国之科学与文明》(五)，页31。

35. 见《中国古代文化的认识》。

36. 以上参《中国古代文化的认识》。

- 气象学

《老子》："飘风不终朝，骤雨不终日。"《易》："月晕而风。""云行来，车马通。"这种预测气象的谚语，多未超出农谚时期。《论语·乡党》:"迅雷、风烈，必变。"《淮南子》:"阴阳相薄，感而为雷、激而为霆。"《庄子》与《谷梁传》亦有类似观念；看来，先秦时代人们对雷电的产生，已有相当的认识。此外，《大戴礼记·夏小正》、《吕氏春秋·十二纪》、《礼记·月令》、《淮南子·时则训》、《天文训》、《逸周书·月令》、《时训》等，均曾叙述早期黄河中游豫、陕二省的气候。

• 地理学

相传禹划九州，为中国疆域测量之权舆，而划九州原是禹治洪水的附带收获。根据《孟子》上的记载:"当尧之时，天下犹未平，洪水横流，泛滥于天下；草木畅茂，禽兽繁殖，五谷不登，禽兽逼人，兽蹄鸟迹之道交于中国。"(《滕文公上》)这种环境自然不利于生活，消除水患，就成为当务之急。在禹之前，女娲氏、共工氏、鲧都曾治水[37]，但或言而无征、或劳而无功，一直到大禹时，洪水才被控制住。《孟子·告子下》:"禹之治水，水之道也。"朱注:"顺水之性也。"禹用因势疏导的法子，得以"鸟兽之害人者消，然后人得平土而居之。"(《孟子·滕文公下》)大禹治水使中国人能安居，从而发展农业，产生灿烂的文化，其功厥伟。而禹趁治水之便，又将天下疆域、贡进、沟洫、赋利、土壤及物产等一一厘定，开创了中国疆域的初基。

《禹贡》是中国第一部地理文献[38]，首分天下为九州——九州的界线均为自然界线而非政治疆界。同时，它完全没有神秘、想象甚至传奇的记载，而列举土壤的种类、出产的性质以及河川的流向。在上古历史期中，《禹贡》以土壤学与水力学构成初步的经济地理学，这可说是中国历史上第一部关于自然地理调查的著作。它的著作

37.《淮南子·览冥训》:"女娲时，四极废，九州裂，水浩洋而不息，于是女娲氏断鳌足以立四极，积芦灰以止霪水。"《史记·律书》:"颛顼有共工之陈，以平水害。"《尚书·尧典》:"帝曰:'咨！四岳。汤汤洪水方割，荡荡怀山襄陵，浩浩滔天。下民其咨。有能俾乂？'佥曰:'於！鲧哉！'帝曰:'吁！咈哉！方命圮族。'岳曰:'异哉。试可，乃已。'帝曰:'往，钦哉！'九载，绩用弗成。"

38. 屈万里先生《尚书释义》:"本篇言梁州贡铁、镂。以吾国社会进化之情形言之，此事非西周以前所应有。故知本篇当亦东周时之作品。然篇中不言四岳、五岳，言六府不言五行；且邹衍大九州之说，必当在本篇传世之后。以此证之，本篇之著成时代，疑在春秋之世也。"(台北，中华文化出版事业社，1968年)。

时间与欧洲第一部地图同时，而详细、精密的程度则远过之[39]。

39. 以上参郑肇经，《中国水利史》（台北，商务，1970年）；沈百先、章光彩编著，《中华水利史》（台北，商务，1979年）；张含英，《历代治河方略述要》（上海，商务，1946年）；《中国之科学与文明》（六）。

40.《中国文化史》，第五篇下，页206。

41. 参李济，《中国史前文化》，《大陆杂志》，2卷11期。

• 化学

“中国化学的技术之起始，实为火之应用。”[40]北京人已具有控制“火”的能力[41]。此后历经数十万年的演进发展，中国人的化学知识日益丰富，至先秦时代已是粲然可观：

1. 冶金 《管子》一书虽可能是后人伪托的作品，但大体仍足反映春秋时代的事实。其中记载着：“上有丹砂者，下有黄金；上有慈石者，下有铜、银；上有铅者，下有银；上有赭者，下有铁；此上之见荣者也。”这是先秦的探矿知识。

2. 合金 中国人从事合金之制造，当与铜之发现同时。因为铜性软，不适于制造器皿，所以古来很少用纯铜制器。古代铜合金种类不一，《周礼·考工记》：“金有六齐。六分其金、而锡居一谓之钟鼎之齐；五分其金、而锡居一谓之斧斤之齐；四分其金、而锡居一谓之戈戟之齐；叁分其金、而锡居一谓之大刃之齐；五分其金、而锡居二谓之削杀矢之齐；金锡半谓之鉴燧之齐。”殷周两代，铸造了许多优秀的彝鼎，为后人增加不少考古的资料；其他如：泉、币、镜、武器，也都利用合金制造。

3. 煮盐 盐是人类生活的必需品。《尚书·洪范》：“水曰润下。润下作咸。”这是盐最早见于文献者。相传炎帝或黄帝时的诸侯夙沙氏已知煮海水为盐；而《禹贡》：“青州厥贡盐。”则青州必盛产盐。《周官》有盐人，属天官，宰盐之政事，供苦盐、散盐、形盐、饴盐。《史记》中记载：“太公望封于营丘，地潟卤，人民寡，于是太公劝其女工，极技巧，通鱼盐，则人物归之。”（《货殖列传》）至春秋时，管仲相齐，齐有渠展之盐，乃伐刍薪煮海水为盐，并置税盐官，是为中国盐官之始。

4. 蚕织、色染　蚕桑在中国发生得很早，根据李济先生的考古报告，在山西夏县半坡村发现半个蚕茧，证明新石器时代，蚕桑业已发其端。殷卜辞中桑字凡三见、丝及从丝之字凡八见，可见当时蚕政已颇重要；甲骨文中有帛字，可见殷时已有丝织品。《诗·七月》：“爰求柔桑”“蚕月条桑”“猗彼女桑”“八月载绩，载玄载黄，我朱孔阳，为公子裳。”——所描述的正是随着时序的转换，从采桑、养蚕到色染、绩纺的过程。《荀子·赋篇》特别赋蚕：“功被天下，为万世文。礼乐以成，贵贱以分。”可见其推崇重视。色染在周时已有“染人”专司染丝帛之职。《吕氏春秋·当染》：“墨子见染素丝者而叹曰：染于苍则苍，染于黄则黄；所以入者变，其色亦变。五入而以为五色矣，故染不可不慎也。”因染而悟学之当否及环境入人之深，传为千古“佳话”。

5. 酿造　《战国策·魏策》：“昔者帝女令仪狄作酒而美，进之禹饮而甘之。遂疏仪狄，绝旨酒。”《孟子·离娄下》：“禹恶旨酒而好善言。”可见夏时已知酿酒的技术。《尚书》有《酒诰》，通篇言戒酒之事，而从文句之间，略可窥见殷人嗜酒之一斑，《韩非子·说林》上亦载“纣为长夜之饮”；而殷人器物遗留至今者以爵、尊、罍、斝等酒器最多。想来殷时酿酒业一定很发达。周时，此风仍盛；《周礼·天官》有酒正掌酒之政令、酒人司酒的酿造。当时最好的酒叫酎[42]，另外有甜的醴、苦的醳、薄的醨、浊的醪、白的醙、红的醍、绿的醹。《论语·公冶长》篇有“或乞醯焉”的记载，而《周礼·天官》有醯人，可见周时已能制醋[43]。

除了以上所举各方面的知识外，《庄子·齐物论》：“方生方死，方死方生。”乃类似物质不灭的见解。《墨经》中有关于物理知识的命题，又有关于质量、力、杠杆和天平的一些认识。《墨经》：“景不徙，说在改为。”是关于光的投影现象的见解。而《诗·小雅·大东》：“周道如砥，其直如矢。”也使我们想见周都城临近道路的景观，并从而体会当时道路建筑技术的一斑。

42.《礼记·月令》：“孟夏之月，天子饮酎。”注：“酎之言醇也，谓重酿之酒也。”

43. 以上参李乔苹，《中国化学史》（台北，商务，1975年）；《中国文化史》，第五篇下。

• 医学

医学的中心目标，是为病人解除痛苦。远自太古时代，医学即已产生；经过许多痛苦与摸索，人类逐渐集合许多经验，发现许多疾病的治疗法，而蔚然成为日后医学之萌芽。《左传》僖公二十三年（公元前637年）：“男女同姓，其生不藩。”这种生物界的公律，两千六百年前的中国人就已经知道了。《大戴礼·本命》载“女有五不取”，其中“女有恶疾不取”一条，已含今日择偶重视没有遗传性疾病的意义。

《淮南子·修务训》：“神农乃始教民，尝百草之滋味，当时一日而遇七十毒，由此医方兴焉。”宋刘恕《通鉴外纪》：“民有疾病，未知药名，炎帝始味草木之滋，尝一日而遇七十毒，神而化之，遂作方书，以疗民疾，而医道立矣！”不管医学的创始者是神农、炎帝或其他人；要之，医学是经验的累积！

周武王病了，周公向太王、王季、文王祈祷：愿以身代[44]。孔子病了，子路请祷[45]。在上古或巫医[46]混合的时代，祈祷之风很盛。后来人类的知识渐渐进步，知道生病完全依赖祈祷是无效的，于是巫、医分家。

1. 医事制度 医事制度，在周以前，无可考。《周礼·天官》：“医师；上士二人，下士四人，府二人，史二人，徒二十人。”医师是众医之长，他们掌医之政令，聚药物以供医事。当时王与卿大夫病了，由医师诊治；平民病了，由疾医诊治。还有食医，负责调和王的饮食；疡医专治一切肿疡创伤。到了秦，又有太医令、太医丞、侍医等[47]。

2. 医学演变 商的时候，有这样的说法：“若药弗瞑眩，厥疾不瘳。”[48]可见当时治病用重剂。《礼记·典礼》：“君有疾饮药，臣先尝之；亲有疾饮药，子先尝之。”而《论语·乡党》有“康子馈药”的记载，可见当时药物疗法的盛行。晋皇甫谧《甲乙经序》：“汤液始于伊尹。”

44. 见《尚书·金縢》。

45. 见《论语·述而》。

46.《论语·子路》：“子曰：南人有言曰：人而无恒，不可以作巫医。”

47. 杜佑《通典》：“秦有太医令、丞，主医药。”《史记·扁鹊列传》：“秦太医令李醯。”《史记·刺客列传》：“侍医夏无且。”

48. 见《尚书·说命》；《孟子·滕文公上》。（《说命》乃伪古文。）

依据《吕氏春秋》上所载伊尹答汤问取天下之道的话[49]，可知伊尹很懂养生之道和药物之用。古人治病不全借药物，更有砭石、毒药、灸焫、微针、按跷五种方法。

49. "用其新，弃其陈，腠理遂通，精气日新，邪气尽去，及其天年。"

3. 中国医学最古的派别《礼记·曲礼》："医不三世，不服其药。"《孔疏》引"又说"："三世者：一曰黄帝针灸，二曰神农本草，三曰素女脉诀、又云夫子脉诀。"虽然《孔疏》以为这个说法"于理不当其义非也"，但"又说"所举却是中国医学最古的派别。《灵枢经》就是黄帝针灸的一派；《本草经》就是神农本草的一脉；《难经》就是素女脉诀的一派。虽然所举各书乃后人假托，但都是专门学者所著。

4. 先秦的良医 春秋时最著名的良医，莫如医缓、医和，而二人皆秦医。

> 晋侯疾病。求医于秦，秦使医缓为之。……医至，曰：疾不可为也；在肓之上膏之下，攻之不可，达之不及，药不至焉，不可为也。(《左传》成公十年，公元前532年)
>
> 晋侯求医于秦，秦伯使医和视之，曰："疾不可为也；是谓近女室疾如蛊，非鬼非食，惑以丧志……阴淫寒疾，阳淫热疾，风淫末疾，雨淫腹疾，晦淫惑疾，明淫心疾，女，阳物而晦时，淫则生内热惑蛊之疾。……于文'皿虫'为'蛊'。"(《左传》昭公元年，公元前541年)

从《左传》的记载可知当时治疗法分：攻、达、药。攻就是熨灸，达就是针，药就是药物。医缓、医和二人都能承认晋君的病"不可为"，可见和巫医混合时代不同了。

战国时最有名的医师当推扁鹊，《史记》有《扁鹊列传》。扁鹊姓秦氏，名越人，郑人。传说他少时得异人赐药，服三十日，能"视见垣一方人"，所以他治病能尽见五脏症结。扁鹊还善诊脉，赵简子昏迷五日，扁鹊以为“血脉治也”。“不出三日必闲。”[50]过了两天半，简子果然醒了；他也曾使虢太子起死回生。他能治妇女病、老人病、小儿病，“随俗为变”，是位全能大夫。他经齐、赵，到了秦，秦太医李醯，畏嫉他，就派人刺杀了他。扁鹊活人却不能自救，这真是人世间的一大讽刺。

50. 闲，愈也。

51. 见《尚书·金縢》。《尚书释义》：“本篇文辞平易，不类西周初叶作品。……疑春秋末叶或战国时之鲁人，据传说而为之者也。”

人文社会思想的勃兴

中国人畏天敬祖，在先秦的典籍中已弥漫着这种思想。“天生烝民，有物有则。民之秉彝，好是懿德。天监有周，昭假于下，保兹天子，生仲山甫。”（《诗·大雅·烝民》）是天不但有创造的能力，还有监督的作用。“十月之交，朔月辛卯；日有食之，亦孔之丑。彼月而微，此日而微，今此下民，亦孔之哀。日月告凶，不用其行。四国无政，不用其良。彼月而食，则维其常；此日而食，于何不臧！”（《小雅·十月之交》）天有喜怒、能示警；是天有意志。对于有人格、能主宰的天，自然敬畏有加。《诗·大雅·文王》以文王其神在上、在帝左右；所以武王有疾时，周公就向太王、王季、文王祈祷，愿以身代[51]。以祖先配天、帝，天既可畏，祖自可敬；畏天敬祖就成了中国人思想中最重要的观念。由敬祖衍为孝父母悌兄弟，孝乃成为中国人的美德。《诗·凯风》：“凯风自南，吹彼棘心。棘心夭夭，母氏劬劳。……母氏圣善，我无令人。……有子七人，母氏劳苦。……有子七人，莫慰母心。”孺慕之情，溢于言表。“父兮生我，母兮鞠我。拊我畜我，长我育我，顾我复我，出入腹我。欲报之德，昊天罔极。”这首《蓼莪》诗，更是有名的孝子诗。《诗·螽斯》：“螽斯羽，诜诜兮。宜尔子孙振振兮。”以螽斯羽声的众多，祝福人子孙蕃衍。《诗·斯干》：“乃生男子，载寝之床，载衣之裳，载弄之璋。其泣喤喤，朱芾斯皇，室家君王。乃生女子，载寝之地，载衣之裼，载弄之瓦。无非无仪，唯酒食是议。无父母诒罹。”《螽斯》和《斯干》二诗所反映的是：多子多孙和重男轻女的心态。我们可以说，中国人思想中的重要观念，在先秦时代皆已肇端；先秦是中国思想的萌芽时期。

先秦的学术，降及周代，史料渐丰，文化斑斓。限于篇幅，我们只能择要简述周东迁以后的诸子思想。西周之学，官师合一；至春秋而天子失官、学校不修[52]；私人讲学之风渐兴。在这个学术大变动的时代，各家学说开始形成有系统的宗派。司马谈论六家要旨，以阴阳、儒、墨、名、法、道德合为六家；这个论断成为后世讨论先秦思想的依据，刘歆《七略》增入纵横家、杂家、农家、小说家遂成十家之说。十家中只有儒、墨、道、法四家有可靠的著作传世，故本文谨分宇宙观和历史观、人性论、价值观、人生问题的探讨、政治思想等略述四家思想。

52. 见柳诒徵，《中国文化史》上（台北，正中，1970 年），页283。

53.《尚书·康诰》："天乃大命文王，殪戎殷。"

54.《孟子》引《尚书·泰誓》："天视自我民视，天听自我民听。"

- 天人之际——宇宙观与历史观

天时变迁、地载育化、历史流衍，人类生活在时空的交点上，对宇宙、对历史如何因应？从殷墟发现的甲骨文中可以证明殷人为自然崇拜、上帝崇拜、祖先崇拜。周人替天行道，灭殷继立[53]。但"天命靡常"——周灭殷是"行天之罚"（《尚书·牧誓》），汤伐桀又何尝不是"致天之罚"（《尚书·汤誓》）！天命无常，立之灭之。"天不可信，我道惟文王德延。"（《尚书·君奭》）因为"皇天无亲，惟德是辅。"（《左传》僖公五年）鬼神也是"惟德是依"（《左传》僖公五年，公元前665 年）。"天生烝民、有物有则"而"日月告凶、不用其行"，天有意志能行奖惩，奖惩的标准是德、失德，而民心的向背是德、失德的反映[54]。"国将兴，听于民；将亡，听于神。"（《左传》庄公三十二年，公元前662 年）因为"夫民，神之主也"（《左传》桓公六年，公元前705 年）。神的绝对权威被人取代，所以"圣王先成民而后致力于神”(《左传》桓公六年)。周人一方面说“畏天之威”,一方面体悟“天道远,人道迩。”疾病固然是天“益其疾”,但未尝不是“民有不若德,不听罪。”所以“降年有永、有不永,非天夭民,民中绝命。”(《尚书·高宗肜日》)长寿、夭折,皆自取!“天非虐,惟民自速辜。”这是一种祸福自取、重人轻天的观念。神是“聪明正直而壹者也、依人而行”,人对自己的行为负责,神不再有制人的权威,神只是依人的善恶而决定祸福。周人思想中仍弥漫着人事决于天命的畏天思想,但重人轻天的人本主义显已发萌。诗文中已反映一种承认人力可以创造历史的思想,而其中也飘浮着浓重的祖先崇拜精神[55]。在这一思想氛围中,先秦诸子各持什么态度?

在先秦诸子中,提倡天志、宣言明鬼的只有墨子。

> 天欲人之相爱相利,不欲人之相恶相贼。(《法仪》)
>
> 顺天意者,兼相爱交相利,必得赏;反天意者,别相爱,交相贼,必得罚。(《天志上》)
>
> 吏治官府之不絜廉,男女之为无别者,有鬼神见之。民之为淫暴寇乱盗贼……夺人车马衣裘以自利者,有鬼神见之。(《明鬼下》)

墨子最高的理想是兴天下之利、除天下之害。墨子以为天下扰乱,其因在“不相爱”在“贼人以利其身”,所以提出兼爱说。墨子常以“兼相爱交相利”连讲;兼相爱是利他主义,交相利是互相主义[56]。由于主兼爱的立场,攻战自然不能被容忍,所以墨子非攻;在墨子看来,攻是不义且不利的行为,自然做不得。“天之意不欲大国之攻小国”,“天欲人之相爱相利”,天志就是墨子的意志,平常我们说替天行道,而在墨子的主张下,却是天替墨子行道。“天子为善,天能赏之;天子为暴,天能罚之。”(《天志中》)天是高居天子之上,比天子更“重且

55.《诗·大雅·文王》:“文王在上,于昭于天。……文王陟降,在帝左右。……无念尔祖,聿修厥德。永言配命,自求多福。……仪刑文王,万邦作孚。”

56. 见梁启超,《墨子学案》(台北,中华,1966年),页8。

贵”；而人一切行为都有鬼神见之，所以墨子讲“尊天事鬼”。人只要行天志，则“天鬼赏之”。“顺天之意何若？”“兼爱天下之人。”墨子提倡天志、宣言明鬼，虽然在思想的推衍过程中，似有开倒车之嫌，但墨子对祭的看法是“祭而已矣”，墨子并不以为因豚祭而能求福，祸福是决定于人的行为表现。尚天志、明鬼神，只是为了达到兴利除害的目的。墨子未曾关切天存在否、鬼神有无的问题，所以墨子虽提出天志明鬼的主张，但未下落于迷信的渊薮。

天是赏善罚恶的，祸福乃由人决定；所以墨子虽尚天志，却非命。从另一个角度看，墨子出身微贱[57]，自亦不能甘于命定之说。

> 今也王公大人之所以早朝晏退、听狱治政，终朝均分而不敢怠倦者，何也？曰：彼以为强必治[58]，不强必乱；强必宁，不强必危，故不敢怠倦。……若信有命而致行之，则必怠乎听狱治政矣。……则我以为天下必乱矣。（《非命下》）

命定说使人失去努力的动机，足使社会僵化、天下大乱，所以墨子非命；非命说使人生充满积极的意义和创造的动力。墨子以自苦为极，“食前方丈，侍妾数百人”，“亏夺民衣食之财”以自利的王公，是他所排斥的，身执耒臿、以为民先的夏禹是墨者所崇拜的对象。墨子虽然尊崇夏禹，但并不表示墨子有意“托古”。事实上墨子对历史发展的看法是进步的。墨子以为“古者民始生未有刑政之时，盖其语人异义。……天下之乱若禽兽然。”（《尚同上》）

孔子虽然说“唯天为大”，但也主“敬鬼神而远之”，且不语怪力乱神。子路问事鬼神，孔子答以“未能事人，焉能事鬼。”而“获罪于天，无所祷也。”可见祸福唯人自取。“祭思敬”，祭的仪式只取其精神意义，所以“祭神如神在”、“吾不与祭，如不祭”。在孔子的思想

57.《墨子·贵义篇》谓楚献惠王：“使穆贺见子墨子，子墨子说穆贺；穆贺大说，谓子墨子曰：‘子之言则诚善矣。而君王，天下之大王也，毋乃曰：贱人之所为，而不用乎？’”

58. 强，犹勤也。

中，人的意义在鬼神之上。孟子所认识的天是无可奈何的天、是人力所不及的天，“君子创业垂统，为可继也：若夫成功，则天也。君如彼何哉。”(《梁惠王下》)但“天命靡常”，孟子两次引述《太甲》：“天作孽，犹可违；自作孽，不可活。”意在强调“祸福无不自己求之者”(《公孙丑上》)：

> 尽其心者，知其性也；知其性，则知天矣。存其心，养其性，所以事天也。夭寿不贰，修身以俟之，所以立命也。(《尽心上》)
>
> 心之官则思。思则得之，不思则不得也；此天之所与我者。先立乎其大者，则其小者弗能夺也；此为大人而已矣。(《告子上》)

这是一个哲学意味的天。尽心知性就是知天，所以存心养性就是事天。耳听、目视，各有其职但不能思，所以经常蔽于外物；心能思，凡事能思、能尽心、能发挥心的作用，就是大人。心司思是天赋人者，孟子“直是把天理引入我腔子里。”[59]所以孟子说“万物皆备于我，反身而诚，荣莫大焉。”

孔孟都对人生充满信心，也多少偏于非命论。梁启超以为命定说是儒之信条[60]，值得商榷。孔子说“不知命，无以为君子。”这个谈话见于《尧曰篇》，而鲁论无此篇，这句话似乎和孔子所罕言者相冲突[61]。孔子罕言的命，乃是“死生有命”的“命”，是“非今所能移”“非我所能必”[62]，是生命中无可奈何的部分。而君子所知的命，乃是“天之所以命生”，是“人受命于天，固超然异于群生。”[63]是生命中可以努力、可以创造，以肯定生命价值的部分。死生既有命；伯牛染斯疾，命矣夫[64]！在人生过程中，能摆脱生命中不能移不能必的成分，才能认清生命意义，才能知其不可而为，以发出生

59. 见许倬云，《先秦诸子对天的看法》上，《大陆杂志》，15卷2期。

60. 见《子墨子学说》(台北，中华，1966年)，页13。

61.《子罕》：“子罕言：利，与命，与仁。”

62. 见朱子，《论语集注·颜渊》篇。

63. 见《汉书·董仲舒传》。

64.《论语·雍也》：“伯牛有疾，子问之；自牖执其手，曰：亡之！命矣夫！斯人也而有斯疾也！斯人也而有斯疾也！”

命的光辉。

孔子说“为仁由己而由人乎”，孟子以为“人皆可以为尧舜”。孔孟精神的特点在肯定人的尊严、重视人的努力。孔子提出“亲仁”以为德行修养的一种方法，见之于行事自然比载之空言深切著明，所以孔子说“大哉尧”，又说“巍巍乎舜”，而孟子“言必称尧舜”。孔孟欲以上古贤君为典范，以仪正天下、影响四方。

墨了以为天是赏善罚恶的，老子却持自然主义的宇宙观：

有物混成，先天地生；寂兮寥兮，独立而不改，周行而不殆，可以为天下母。吾不知其名，字之曰道，强为之名曰大。大曰逝，逝曰远，远曰反。……人法地，地法天，天法道，道法自然。

老子提出“道”来代替主宰万物的“天”，以创造万物；道是万物的主宰，而道独立不改、永恒存在，周行不殆[65]、运行不已。道因为周行不已，所以虽永恒存在，却能历久弥新。“道可道，非常道。”道虽不可名状、称道，但，“道之为物，惟恍惟惚。”道虽恍惚，但其中有像、有物、有精、有信，道是真实的存在。

65. 殆，借为怠，止也。（王叔岷先生说）

道生一，一生二，二生三，三生万物。

天下万物生于有，有生于无。

道生天地万物，而天地万物生于“无”；是道即无、无即道。无是超现象界的、形而上的、玄之又玄的“众妙之门”。道是万物生生的总原理，天地万物因道而生。但这种创生，只是“自然”。老子“道法自然”四字，容易引起误会，以为道之外别有自然，但“道之尊”“夫莫云命而常自然”，老子只在表现道之自然义。道生万物其中并无意志，亦无目的，所以《老子》说“长而不宰”、“衣养万物而不为主”。道生万物只是自然，道不予万物任何干涉，但万物皆含“道”的性格。“孔德之容，惟道是从。”道是德之本，人可以从“致虚极、守静笃”以体道，因为道创生人，已赋予虚静之“德”——“无”的性格。

庄子接受老子自然主义的宇宙观，而转趋空灵超脱。“道不可言，言而非也。”(《知北游》)“道者，万物之所由也。”(《渔父》)是道为创生之本，而不可言状。但是，老子以道“惟恍惟惚”，未脱形迹，庄子则说“若有真宰，而特不得其眹”[66](《齐物论》)，是道无迹可寻。老子以物“各复归其根”，庄子则以为万物“莫见其根”(《则阳》)；老子以道“先天地生”，庄子则以为道超言知，不可推其终，亦不能推其始[67]。

《老子》说“圣人后其身而身先，外其身而身存。”后身是为了先身，外身是为了存身。老子观念中之道是“周行不殆”，“大曰逝，逝曰远，远曰反。”[68] 由大而逝、而远、而反，是循环不已的，所以《老子》重“反”，说“反者，道之动。”道所以变化不已，全因能反；道循环不已，所以得其常。在实际人生过程中，老子欲以消极方法得积极效果，其中并无勉强，所以复归自然。

庄子接受老子“反”的观念，从而得万物如一之理。“万物皆种也，以不同形相禅，始卒若环，莫得其伦。”(《寓言》)万物各有种类，而以不同形体更迭变化，始终如环，变化不已。正如“日出于东方，而入于西极。”(《田子方》)万物无不循环变化、推衍不已。庄子明白循环变化的道理，所以论“反”。“无以人灭天，无以故灭命，无以得殉名，谨守而勿失，是谓反其真。”(《秋水》)反本求真，各归自然。“天有历数，地有人据[69]，吾恶乎求之。莫知其所终，若之何其无命也；莫知其所始，若之何其有命也。”(《寓言》)人有死生，正如天有历数，

66. 眹，迹也。

67.《庄子·则阳》：“太公调曰：‘言之所尽，知之所至，极物而已。睹道之人，不随其所废，不原其所起，此议之所止。’”以上所论老子、庄子宇宙观多采王叔岷先生说法。

68.《吕氏春秋·勿躬》：“神合乎大一。”高诱注：“大，通也。”《说文》：“达，行不相遇也。达，达或从大。”《广雅》：“道，大也。达，通也。”《老子》的大即达。二“曰”字，而也。(本王叔岷先生说)反，返也。

69. 钱穆，《庄子纂笺》(香港，东南印务出版社，1957年)，引章炳麟曰：“人借为夷，据借为剧。有急促义，与平夷相对。犹言地有夷险难易耳。”

地有夷险；我们如何揭露死生之谜？如果能够破除死生界限，死生不过一循环变化，死生有别则有命，死生无端则无所谓命。庄子所言命，乃是自然而然，“适来，夫子时也；适去，夫子顺也。安时而处顺，哀乐不能入也。”（《养生主》）顺死生自然，其中不带勉强，更没有无可奈何的认命。《逍遥游》篇，提出“尧让天下于许由”，以尧代表显、廊庙，而许由代表隐、山林，他们各安其分、各适其性，各不相待、各归自然。

老子自然主义的宇宙观对荀子“天论”的形成，影响很大。不过荀子只接受了老子宇宙观中还天以自然的意义，对“不宰”、“不为主”的无为性格，却完全不予理会。这一方面固由于荀子不脱儒家“未事人”、以人为主的立场，另一方面实也由于荀子实利主义的价值观。

荀子以为“天行有常，不为尧存，不为桀亡。应之以治则吉，应之以乱则凶。”（《天论》）荀子不承认超自然力量的存在，而以天为自然现象。天只是依循自然经常不变的法则运行；吉凶、以人事的治乱为准，与天没有直接关系。“天不为人之恶寒也辍冬。”（《天论》）宇宙不因人的好恶而改变，“星队木鸣”只是“天地之变、阴阳之化，物之罕至者也。”（《天论》）少见不免多怪，所以“怪之可也”，但“畏之非也”。自然现象并不可畏，可畏的是“人袄”——不尽人能则可畏。所以荀子说“错人而思天，则失万物之情。”荀子以为“天能生物，不能辨物。地能载人，不能治人也。”（《礼论》）天既不能辨物，又不能治人；天没有意志，天只是自然。治辨的责任就落在人的身上，天只是被治的存在，治的责任在人。“大天而思之”还不如“物畜而制之”。人从为天宰制的桎梏中解脱，尊严地从事自己的本分，发挥人定胜天的信心，造福人群。

荀子天论最大的特色在分离人与自然，使人和自然处于相对的地位，自然是人治的对象。人有五官、情欲，而五官、情欲都得之于天——所以荀子名之为天官、天情——都是人治的对象，“师法之化，礼义之道。”自然是必要的。孟子以为“遵先王之法而过者，未之有也。”（《离娄上》）荀子则主“法后王”。孔子在论夏礼时，已有“文献不足”的感叹。而“先圣后圣其揆一也。”（《孟子·离娄下》）“古今一度也。类不悖，虽久同理。”（《荀子·非相》）只是“传者久则论略，近则论详。”[70]“文久而灭。”（《非相》）所以“欲观圣王之迹则于其粲然者矣，后王是也。”（《非相》）圣王之迹是圣王所制的礼义法度，经过历代累积，自然后来居上，所以荀子主法后王。《荀子·非十二子》篇批评孟子“略法先王而不知其统”，但荀子又说“凡言不合先王、不顺礼义，谓之奸。”（《非相》）而《荀子》全书中称道先王的地方也很多；荀子主张法后王，在精神上和孔孟称尧舜并不相悖，荀子也不以先王不足法，只是先王渺不可及——至少不如后王亲切辨察；而古今如一，就历史而言“虽久同理”，则取法切近的后王，自比高远的先王更易得其详。荀子的批评孟子，批评的重点在“略”和“不知其统”上，不在“法先王”上。法后王和法先王并不是相反的主张，只是荀孟所偏重者不同罢了[71]。

老子提倡自然主义的宇宙论，荀子发为人治主义的天论，到了荀子的学生韩非，多半由于韩非特别重利的观点，所以韩非缺少形上的兴趣，对历史观有特别突出的见解，而对宇宙本体却未曾言及。大体上说，韩非对天的看法，仍停留在天祸天福的观点上[72]。就对天的认识方面，韩非唯一得之于老子者是：“若天若地，孰疏孰亲[73]，能象天地，是谓圣人。”撷取老子“天道无亲”的观念，以为“不避亲贵，法行所爱”思想的哲学基础。

孔孟都言称尧舜，主张恢复古代的制度，孔子言论中每每流露今不如昔的情怀[74]；孟子更说“五霸者，三王之罪人也；今之诸侯，五霸之罪人也。”（《告子下》）荀子以为历史永恒不变、虽久同理。韩非

---

70. 俞樾曰：两论字皆俞字之误。俞读为愈。

71. 参张亨，《荀子法后王解》，《孔孟月刊》，一卷三期。

72.《内储说下》：“越王攻吴王，吴王谢而告服。越王欲许之，范蠡大夫种曰：‘不可。昔天以越与吴，吴不受；今天反夫差，亦天祸也。’……”

73.《老子》：“天遗无亲，常与善人。”亲，私也。

74.《论语·阳货》：子曰：“古者民有三疾；今也或是之亡也！古之狂也肆；今之狂也荡。古之矜也廉；今之矜也忿戾。古之愚也直；今之愚也诈而已矣！”

则以为“世异则事异，事异则备变。”(《五蠹》)而“上古竞于道德，中世逐于智谋，当今争于气力。”(《五蠹》)古今异俗，时过境迁；所以治世不一道，便国不法古。古代物多轻利易让所以有揖让天下之事，当大争之世，行揖让、道仁厚是行不通的。所以韩非以为尧舜不世出、仁义不足多；反对儒家的贤人政治和推爱的仁政。“先圣有言曰：‘规有摩，而水有波，我欲更之，无奈之何！’此通权之言。”(《八说》)通权始能达变，墨守成规、法古循礼都不是强国利民之道。只有照现实来看世界，一切政治、法律都跟着“世异”“事异”变，所谓“治民无常，唯法为治。法与时转则治，治与世宜则有功。”(《心度》)韩非“上古竞于道德”的见解，颇有可议之处；但他对历史的看法，不昧于事实、不贵古贱今，却是通达而进步的。

• 人性论

先秦诸子所重不外在内圣、外王二者；内圣是人生哲学，外王是政治哲学。而诸子对人性的见解，实为其政治哲学的根本前提。

孔子以为人性平等——“性相近也，习相远也。”——除了极小部分的上知和下愚，人在先天上是平等的[75]。人和人有差距，乃是由于后天习染不同而造成的；所以孔子开科授徒、有教无类，以提供学习的环境，把人向上提升以达人格的完成。

孟子主性善[76]，他以为“舜何人也，予何人也，有为者亦若是！”(《滕文公上》)孟子所见的人性是人和其他动物所不同处。当然，人是动物，自有动物性，但是动物性并非人性，只有那人所独特的“几希”[77]处才是人的特质。见孺子将入于井，而生恻隐不忍之心，这恻隐之心的发生，是自然发自内心，不待外求、不受物累，

75.《论语·阳货》：“唯上知与下愚不移。”

76.《孟子·公孙丑上》：“今人乍见孺子将入于井，皆有怵惕恻隐之心；非所以内交于孺子之父母也，非所以要誉于乡党朋友也，非恶其声而然也。由是观之，无恻隐之心、非人也，无羞恶之心、非人也，无辞让之心、非人也，无是非之心、非人也。恻隐之心、仁之端也，羞恶之心、义之端也，辞让之心、礼之端也，是非之心、智之端也。人之有是四端也，犹其有四体也；有是四端而自谓不能者，自贼者也，谓其君不能者，贼其君者也。凡有四端于我者，知皆扩而充之矣，若火之始然，泉之始达。”

而且“随见而发”，这是一种道德的自觉。孟子见于这个事实，所以认定人性为善。恻隐、羞恶、辞让、是非的自觉，在生活中随时显现、人人都有。“恻隐之心、仁之端也”，端只是端绪、始点，必须“扩而充之”才能达到圆满。所以孟子在论养气时特别提出“集义”的功夫（《集注》：“集义，犹言积善。”），四端在我，只要推广四端，使善端充满，就能积善成德、道德圆融。虽然人世间尔虞我诈、盗窃乱贼，但“乃若其情，则可以为善矣，乃所谓善也。”（《告子上》）可以为善，并不等于就是善——所以孟子重视“集”，重视个人的努力——“夫为不善，非才之罪也。”（《告子上》）人的为恶是外在的诱因，所以不能因人为不善而判定人性为恶；人的向善是因为内在的善根，所以一切尽其在我。

77.《离娄》：“人之所以异于禽兽者几希。”

78.《性恶》：“凡古今天下之所谓善者，正理平治也；所谓恶者，偏险悖乱也。”

孟子主性善，荀子却主性恶。善恶虽是表面上意义相反的词语，但由于“性”界说的不同，善恶含义的差异，性善说和性恶说并不具相反的性质。孟子说人性乃从人和禽兽所不同者立论，荀子讲人性却从人和禽兽所共同的一面立说。人和其他动物一样具有动物欲念，“好利”“疾恶”“耳目之欲”“好声色”都是欲念，任性纵欲必出于争夺、必犯分乱理而归于暴。荀子以可经验的偏险悖乱为恶[78]，结果是恶，其所从出亦为恶；荀子以结果的恶判其因是恶，所以人性为恶。荀子天论的特色在以人治自然的观念，因此荀子对自然性所提出的对较是“人为”。“人之性恶，其善者伪也。”（《性恶》）性本是恶，善由伪生；化性起伪，乃趋于善。善既由人为而生，则矫性便成为必要的手段。荀子虽以人性为恶，但“涂之人可以为禹。”（《性恶》）荀子在《性恶》篇提出人可以为禹的意见，意在表白他对人的信念和对人生的乐观态度。人生的希望在“学”在“师法之化、礼义之道”，所以荀子劝学、论礼。虽然孔孟荀对性的见解各不相同，但他们都重视学，他们同以为只要学、只有学，能够提升人生，使人人止于至善。

道墨两家似乎都没有明白讨论人性的言论，但是从他们的著作中仍然可以微闻其义。墨子曾阐明政治的源起，他以为古代民始生未有刑政之时，天下之乱若禽兽然[79]。墨子意在凸现刑政的必要，而同时也呈现了人性的丑恶面。天下的治乱因素在刑政的有无，那么墨子显然不以为人可以自己为善。看来墨子对人性的了解，是接近荀子的论点的。老子以道为创生万物的根源，万物体道而生，万物都具道的性质，所以德以道为本。“夫物芸芸，各复归其根。”人只要复归始生的状态，如“婴儿之未孩”，能常保“自然”，自然可以全德。老子说“复归”，乃然是“有为”；庄子说“顺德之本”、“不离于真”（《天下》），一切顺其自然，自然与道为一。所以庄子的思想是比老子更接近“无为”的境界的。老庄同以为德即在根本，所以他们对人性的认知是接近孟子的。但是孟子以为善端必须扩充始为善，所以重视学、重视教。老子却主“绝圣弃智”，以达“无知”。庄子说“才全而德不形”（《德充符》）是不以德之外现为必要[80]，只要“因自然”，自可“德充于内，应物于外。”[81]一切自自然然，人为扰化则不可救[82]。

韩非虽未明言性恶，但他对人性的看法仍师承荀子。荀韩都以为性乃天生自然[83]。荀子以为人顺性而为必至于争乱，所以人性为恶；韩非以为人性喜乱轻法，好逸恶劳、好利喜名、又好声色[84]；韩非所体认的人性和荀子所认识的“生而有好利焉”“生而有疾恶焉”“生而有耳目之欲、有好声色焉”人性完全相符。通过冷静地、客观地观察，韩非发现，人人自利，君臣、父子、夫妻、佣主间皆以“利害”为计算前提。

荀子所认识的性是人的自然生物欲念，而他所提出的对较是伪；

79.《尚同上》：“子墨子言曰：古者民始生，未有刑政之时，盖其语人异义。是以一人则一义、二人则二义、十人则十义，其人兹众，其所谓义者亦兹众。是以人是其义以非人之义，故交相非也。是以内者父子兄弟作怨恶，离散不能相和合。天下之百姓，皆以水火毒药相亏害。至有余力不能以相劳，腐朽余财不以相分，隐匿良道不以相教，天下之乱若禽兽然。”

80. 见王邦雄，《韩非子的哲学》（台北，东大，1979年），页104。

81. 郭象注。

82.《人间世》：“夫进不欲杂。杂则多，多则扰，扰则忧，忧而不救。”

83.《荀子·性恶》：“凡性者，天之就也；不可学，不可事。”《韩非子·显学》：“性命者，非所学于人也。”

84.《心度》：“夫民之性，喜其乱而不亲其法。……民之性，恶劳而乐佚，佚则荒，荒则不治，不治则乱。”《外储说左上》：“利之所在，民归之；名之所彰，士死之。”《备内》：“丈夫年五十，而好色未解；妇人年三十，而美色衰矣。”

好恶喜怒是天情、耳目鼻口是天官，而心居中虚以治五官。荀子虽主性恶，但性可化[85]，人生的希望在伪，而一切人为必以“心之所可中理”与否来决定。伪和心是荀子人性论中善的由来，透过心的认知，人为的矫化，以全其天功。韩非对人性只看到自私自利的丑恶面，因此只想到因势利导以达富国强兵的目的，至于有关个人的安顿问题，则不是他所关切的。

85.《儒效》：“性也者，吾所不能为也，然而可化也。”

86. 见《韩非子的哲学》，页120。

87. 朱子，《孟子集注》(《尽心下》)语。

88.《老子》：“吾所以有大患者，为吾有身。”

89. 见《大宗师》篇。

- 价值观

人性论是诸子思想的根本，由人性论所衍生的价值观，则是诸子思想的另一根基。“中国哲学的特质，在于生命价值的体现，以求人之情性的安顿。而价值观的确立，实由人性论而来。”[86]

饮食男女，人之大欲，但“人之所以为人之理”[87]，并不在此。孔子说“杀身成仁”，孟子说“舍生取义”，生命的价值，不在生命本身，而在透过生命以凸现生命价值。孔孟所以为的生命价值在仁、在义（仁、义是二而一的德行，孟子常以“仁义”连属），为了成仁、取义，身可杀、生可舍；显然地，仁义的价值是高于生命的。孔子说“为仁由己”，孟子以为仁义礼智四端在我；因此，价值实现的根本在己不在人，所以孔孟重视个人实践，而政治思想也重视个人安顿——发为心治仁政的政治理论。

老庄同以道为万物的根本，人是自然的一体，自具自然之德，人当复其根、全其才，以常保自然。老子以“有身”为大患[88]，所以主“见素抱朴，少私寡欲。”庄子更以忘礼乐、忘仁义的外忘，达“堕肢体、黜聪明、离形去知、同于大道”的“坐忘”[89]。儒家以仁义礼乐为生命价值的体现，庄子却要除去流于形迹的礼乐仁义，而达自然圆融的最高境界。因为“道常无为无不为”，所以老庄都反对人为、主绝圣弃智。生命的意义在顺其自然，保其素朴，以达与天地并生、与万物为一的境界；生命的价值是内在的体道，所以老庄重视个人内心的安顿。政治上以爱民为归结点，忌烦扰，主“无为”“自化”。

墨子所认识的人性是其丑陋的一面，而墨子所处的时代是争乱篡夺的时代，他深思产生这种现象的原因，一切皆起于人的“自利”心作祟[90]，墨子欲把这种“自利”心理推扩提升，因此他建立了另一种人生道德：“仁人之事者，必务求兴天下之利、除天下之害。”（《兼爱下》）孟子眼见“上下交征利”的事实，因此提倡义，视义利为不相容者；墨子不但不讳言利，且以“兴天下之利”为“仁人之事”，后来的墨者更发“义，利也”的言论，调和义利不相容的观念。墨子所重视的利是“天下之利”，是公利，为了公利，私利可以牺牲。“杀己以存天下，是杀己以利天下。”（《大取》）杀己是不利于己的，但存天下是天下之利，牺牲一己以利天下，这是墨子的功利主义的精神。英人边沁倡以最大多数的最大幸福为道德标准的泛功利主义，和墨子的观点有某种程度的相属。墨子既以兴利为人生目标，所以价值实现的根本不在内而在外，而价值实现的目的在天下群体，而不在己身个体。政治上主“择务而从事”，“国家务夺侵凌，则语之兼爱、非攻。”对症下药，务期于治。

《荀子·天论》提出人治天的理论，自然之性必待伪始化，“礼义法度”的重要性于是凸现；在荀子的理论中性中无善，善由伪生，是善由外不由内，生命的价值不在内发而在外铄，生命的意义必待外在因素始克完成；所以荀子重视礼。荀子心目中的礼和绳墨规矩等量[91]，绳墨规矩是客观标准，是荀子的礼与法家视法为客观标准者无异。荀子虽以性为恶，但别有“形之君”的“心”，以为善之由来，以强调人自己的理智能力。人行为的善恶，以心的中理、失理来决定，所以

90.《兼爱上》：“当察乱何自起：起不相爱。臣子之不孝君父，所谓乱也。子自爱，不爱父，故亏父而自利；弟自爱，不爱兄，故亏兄而自利；臣自爱，不爱君，故亏君而自利：此所谓乱也。虽父之不慈子，兄之不慈弟，君之不慈臣，此亦天下之所谓乱也。父自爱也，不爱子，故亏子而自利；兄自爱也，不爱弟，故亏弟而自利；君自爱，不爱臣，故亏臣而自利。是何也？皆起不相爱。”

91.《儒效》：“礼者，人主之所以为群臣寸尺寻丈检式也。”《礼论》：“故绳墨诚陈矣，则不可欺以曲直；衡诚县矣，则不可欺以轻重；规矩诚设矣，则不可欺以方圆；君子审于礼，则不可欺以诈伪。故绳者直之至，衡者平之至，规矩者方圆之至，礼者人道之极也。”

荀子所说的心是“知道”心、认知心，和孟子的道德心不同。荀子所说的道，不同于道家形而上的道，而是实实在在的人道[92]，也就是礼义之道[93]。荀子真是“有辨合、有符验”的思想家，心的所使，都以外悬、客观的理、道、礼义为决定标准，这是荀子的特色。所以他以为“凡事行，有益于理者立之；无益于理者废之。”(《儒效》)在荀子思想中没有形上的成分存在，一切以客观标准、以理为取舍标准。《荀子·天论》说“唯圣人为不求知天”，但是又说“夫是之谓知天”；荀子以为玄妙世界对平治并无贡献，所以不求知，至于天时、地财乃是人治的对象。荀子的主张“知天”，完全以功用为出发点，至于没有直接的功用的“天”，则当弃而不治。荀子虽然重视功利，但所重之利非私利，且利之外别有义，故与韩非之唯利是视者不同。荀子以为汤武是“兴天下同利，除天下同害”(《王霸》)，而“义与利者，人之所两有也。”(《大略》)义利之分就是荣辱所由生[94]。荀子正视人重利的事实，接受墨子功利主义的意见，调和义利，而强调义的价值。荀子以为“行一不义、杀一无罪，而得天下，仁者不为也。”(《王霸》)孟子以为孔子是“行一不义、杀一不辜，而得天下，皆不为也。”(《公孙丑上》)为了“得天下”而抹杀或牺牲个人，这是儒家思想中所不许的事情。荀子虽然重可见的利，但仍能把握儒家重要的精神；虽然荀子的学生有李斯、韩非之徒，但荀子仍为大儒。

韩非对人性的深刻体察是人性的自私自利，这种极端丑陋的人性使父子、夫妇、君臣、佣主的伦常关系失常，而在人间世情、爱、忠义亦不存在；“言行者，以功用为之的彀者也。”(《问辩》)人类一切言行都以实际的功用为取舍标准。人都自私自利，而韩非认定凡是公的都有价值、都是好的，凡私都没价值、都是坏的；君利就是国家公利，凡有助于国家公利的，就有价值[95]。因此君国之利，是人生唯一奋斗

92.《儒效》:“道者，非天之道，非地之道；人之所以道也，君子之所道也。”

93.《儒效》:“先王之道，仁之隆也，比中而行之，曷谓中？曰：礼义是也。”

94.《荣辱》:“荣辱之大分，安危利害之常体。先义而后利者荣，先利而后义者辱。荣者常通，辱者常穷。”

95.《外储说右下》:“田鲔教其子田章曰：‘欲利而身，先利而君；欲富而家，先富而国。’”

的目标，个人只是达到此一目标的工具，至于个体的尊严与价值，则完全被抹杀。

• 人生问题的探讨

人所必然遭遇的是个人修身、处世的人生问题。先秦诸子由于人性论价值观的差异，对这个问题亦有各自不同的见解。

孔子既体认了祸福唯人自取，因此对人事特别地重视。孔子以为人所以有贤、不肖的差异，关键在“习”。孔子特别重视学，孔子说“我非生而知之者；好古、敏以求之者也。”(《述而》)学习过程中当黾敏向学[96]，举一反三[97]，择善固执[98]，“知之为知之、不知为不知”(《为政》)的态度，学思并用[99]，温故知新。孔子由于体认学的重要，所以发下“有教无类”的宏愿。孔子以为作为一个学生当：孝、悌、谨、信、爱众、亲仁，并用功于书本上的知识[100]。孝悌是仁之本，仁是一切行为的最高表现，生命过程中最有价值、最值得努力以赴的就是仁德的实践。仁是“克己复礼”，是“非礼勿视、非礼勿听、非礼勿言、非礼勿动”，是“己所不欲、勿施于人”(《颜渊》)。仁是克制自我、放弃私心，而遵循中节中矩的行为规范。人有时因为私心为祟、情感冲动，而违离正道，这就是违礼；一个人能时时控制自己的感情，避免越矩的情事，就是克己复礼，也就达到了仁。这是孔子对修身、处世最明白、平易的指示。

孟子以为人性善，人有时因为外界事物的陷溺，有时因为没有尽心培养、扩充已存的善端，所以有不善的人、事，所以孟子提出“学问之道无他，求其放心而已。”(《告子上》)“对已放之心约之”[101]，就要从“不动心”“寡欲”着手，以养“浩然之气”，“集义”成德，

96.《泰伯》:“子曰:‘学如不及，犹恐失之！’”

97.《述而》:“子曰:‘不愤，不启；不悱，不发。举一隅而示之、不以三隅反，则不复也。’”“举一隅而示之”依皇本、正平本，朱注本没有“而示之”三字。

98.《述而》:“子曰:‘三人行，必有我师焉。择其善者而从之；其不善者而改之。’”

99.《为政》:“子曰:‘学而不思则罔，思而不学则殆。’”

100.《学而》:“子曰:‘弟子，入则孝，出则弟；谨而信；泛爱众而亲仁：行有余力，则以学文。’”

101.《孟子集注》引程子曰。

达于至善。荀子虽主性恶，但性非不可移，所以荀子“劝学”，人性本恶，学则去恶就善；一个人的善恶，完全决定在学、不学，所以不可不劝。在学习过程中，必须以“不已”的态度，用心坚固、锲而不舍，积善成德、圣心备焉。孟荀虽然对人性的见解有出入，但都主张以学成德。颜渊问仁，孔子答以“非礼勿视”，孔门最“好学”的学生，问最高的德行，孔子却只给他四句最粗浅的答话，从这一点我们可以了解，圣人教人养心修德，只在日常行为上用力。只要时时刻刻，即使“造次”、“颠沛”，都能注意自己的行为，没有丝毫的苟且、含糊，这就是“为仁由己”的真功夫！孟子说“集义”，荀子说“积善”，意在强调德行的修养，是积累一点一点的善德，从自己的行为一点一点修养而成的[102]。揠苗助长，非徒无益而又害之！

老子以为道生天地万物，而天地万物各具道的性质，所以德以道为本。道“周行不殆”，其关键在“反”，所以老子说“反者道之动”。能“反”才能“周行不殆”，才能“常”。基于此，老子的人生哲学是：无知无欲、谦下不争。时代愈进步，人情愈复杂。“天下皆知美之为美，斯恶已。”美丑是对待的名词，有美斯有丑，无美也无丑；如果去了这些对待名词、比较关系，回到混沌素朴的无名无知世界，那么人情自然趋于淳朴，欲念也无由产生[103]。“知足者富”，“知足之足常足”，知足才能常乐，但知足不易，知识越开人越不易知足，所以老子主张无知。柔弱胜刚强，所以老子的处世之道是谦，是柔，是不争。老子虽主无知无欲、谦下不争，但老子并不消极。他的主张“不争”，目的在使“天下莫能与之争”，弱胜强、柔胜刚，“爱国之垢”“受国之不祥”目的在为“社稷主”“天下王”。老子主“复归其根”，庄子却说“顺德之本”；复归犹有所为，顺德却只是顺其自然，除去一切人为扰化。耳是感官知识，心是思维知识，气则通达无碍、“虚而待物”，人当除去感官知识、思维知识，无听之以耳、无听

102. 参毛子水,《论语今注今译》(台北，商务，1979年)，页185。

103.《老子》:“五色令人目盲，五音令人耳聋，五味令人口爽，驰骋畋猎令人心发狂，难得之货令人行妨。”

之以心，而听之以气，虚而待物，唯道集虚，通过心斋以达坐忘；“坠肢体，黜聪明，离形去知，同于大道，此谓坐忘。”(《大宗师》) 褪去一切形我，达于大通无碍、与道为一的境界。庄子虽处乱世，但并不主避世，《外物》：“唯至人乃能游于世而不僻，顺人而不失己。”这是庄子的处世之道。顺人往往失己，不失己往往不能顺人。庄子的修身功夫是从心斋达坐忘；同样地，处世态度也是从心斋达“虚室生白”，心境空灵，如明镜、止水般鉴物、容物进而化物的境界[104]。

墨子以为人生一切罪恶都起于人的自利心，而墨子的人生道德是“兴天下之利，除天下之害”，为了“天下之利”，“杀己”都在所不惜。孟子说“墨子兼爱，摩顶放踵利天下为之。”真是一语道尽了墨子的人生哲学。墨子对人有最真挚的爱，楚国要打宋国，墨子得到消息，从齐国走了十天十夜，到了楚都郢，以他的胆识和雄辩，阻止了那场战争[105]。有人以天下人都不肯行义，劝墨子罢手。墨子却说：“譬如一个人有十个儿子，九个好吃懒做，只有一个儿子尽力耕田。吃饭的多耕田的少，那一个耕田的便该格外努力。如今天下人都不肯行义，你正该劝我努力才是，为什么反劝我罢手！”这就是墨子的人生态度。墨子主张节用、非乐、薄葬，过素朴简单的生活，以自苦为极，墨者甚至“赴火蹈刃，死不旋踵”。墨家当是诸子中最具宗教精神的实行家。

在诸子中，儒道都尊重个人，肯定个人，以成德在己为中心思想。墨家以自苦为极，主牺牲私我，以成就天下，把个人安顿在大我之中。法家思想的特色则在否定一切——个人的价值也是在否定之中。韩非认识的人性，既自私又可怕，每一个人是一个单独的个体，人人自危，环系人人的是“利”，但是个人利益是没有价值的，只有发展君国之利，才有意义，所以任何人的言行都要符合君主的主张、君主的利益[106]。

104.《庄子·天道》：“圣人之静也，非曰静也善，故静也。万物无足以铙心者，故静也。水静，则明烛须眉，平中准，大匠取法焉。水静犹明，而况精神，圣人之心静乎。天地之鉴也、万物之镜也。夫虚静恬淡、寂漠无为者，天地之平而道德之至。”《应帝王》：“至人之用心若镜，不将不迎，应而不藏，故能胜物而不伤。”

105. 见《墨子·公输》。

106.《韩非子·有度》:“顺上之为,从主之法,虚心以待令,而无是非也。故有口不以私言,有目不以私视,而上尽制之。”《南面》:“人臣莫敢妄言矣,又不敢默然矣。言默则皆有责也。”

107.《颜渊》:“哀公问于有若曰:‘年饥,用不足。如之何?’有若对曰:‘盍彻乎!’曰:‘二,吾犹不足;如之何其彻也!’对曰:‘百姓足,君孰与不足!百姓不足,君孰与足!’”

个人只是君国之利——富强——的工具,个人既不需思想,也没有好恶。

- 政治思想

儒道墨法诸子由于人性论与价值观的差异,政治思想各异其趣。

孔子体认人性平等;但人的表现各异,原因在“习”,所以孔子重视学。孔子再三赞美颜渊好学,而颜渊以德行见称,可见孔子重视德行修养。子路问君子。孔子答以:“修己以敬。”“修己以安人。”“修己以安百姓。”(《宪问》)《大学》:“自天子以至于庶人,壹是皆以修身为本。”是儒家的政治原理在修身。孔子说“为政以德”,至德的表现是泰伯的“三以天下让”,以天下让,就是不敢为天下先。道家的政治理想是无为而治。孔子也说:“无为而治者,其舜也与。”无为是不以自己的私意治民、不以强制的手段治民;国君只是屋其所、率以正,则风行草偃,人民“自为”正。无为是要求国君能在政治体系中否定一己,不以自我为中心,而不是一事不做。为政以德包含两层意义:为政以修己为主;为政以百姓为主;而修己就是要超越个人的好恶,以达成百姓好恶的政治目的。

> 子适卫,冉有仆。子曰:“庶矣哉!”冉有曰:“既庶矣,又何加焉?”曰:“富之!”曰:“既富矣,又何加焉?”曰:“教之!”(《论语·子路》)

儒家先富后教的治国政策,最早见于这段谈话。政治上一个很重要的原理:藏富于民,也就是所谓“百姓足,君孰与不足!”[107]政府如果与民争利,多事搜刮聚敛,必至民贫国乱的地步;所以孔子要声讨为季氏聚敛的冉求。孔子“富之”“教之”的谈话,使我们体会孔子对维持生存的权利是加以维护的，孔子的政治思想是平实的，他并不发无穷的高论。

仁是孔子心目中最高的德行，孔子说“夫仁者，己欲立而立人，己欲达而达人。”（《雍也》）仁者不但独善其身，而且兼善天下。孔子虽然重视仁，但孔子说“为政以德”，孟子却说“仁政”“仁术”“仁者无敌”。孟子以为人性善，人只要扩充善端，就能集义成德；基于此，孟子主张国君“推恩”[108]。孔子以“仁”为“己所不欲，勿施于人”。“推恩”正是“善推其心好恶以安四海”[109]。“推恩”的话，正是儒家在政治上主张行仁政的意见。《大学》：“为人君止于仁。”显然和孟子的思想一脉相承。在孟子的思想中特别强调政治以民为主的观念，“民为贵，社稷次之，君为轻。”（《尽心下》）是有名的宣言。国君行政以民意——人民的好恶为依归[110]，所以推行政治首重“推恩”。孟子以为推行仁政，首先要“制民之产”，使人民能够仰事、俯畜，免于死亡，然后驱而之善。孟子不但把握住孔子“富之、教之”的治国政策，而且对实行细目也都加缜密思考。国君当以民意为先，以养民为主，“君之视臣如土芥，则臣视君如寇雠。”（《离娄下》）贼仁、贼义的君是残贼之人，是一夫，是可以诛杀的。

《荀子·礼论》篇论礼之源起，在“先王恶其乱”，为什么会乱？因为人生而有欲，有欲就有求，求而不得就争，争就乱。乱的原因在人生有欲，礼是为了解决争乱而产生的，所以礼是应欲而生的。荀子对人性的看法，是礼产生的理论根据。礼既应欲而生，则礼所要解决的问题也是欲。欲既是与生俱来的，所以荀子并不主张节欲、去欲。在“物不能赡”的情况下，荀子一方面发挥人定胜天的信念，利用天时、地财以养欲、给求；另一方面发挥“分”辨与“和”一的作用，达到分配合理，群体和一，团结一致，增加生产，以满足欲求。人“力不

108.《梁惠王上》：“老吾老，以及人之老，幼吾幼，以及人之幼：天下可运于掌。诗云：‘刑于寡妻，至于兄弟，以御于家邦。’言：举斯心，加诸彼而已。故推恩足以保四海，不推恩无以保妻子。古之人所以大过人者无他焉，善推其所为而已矣。”

109. 见赵岐，《孟子注》。

110.《梁惠王下》：“齐人伐燕，胜之。宣王问曰：‘或谓寡人勿取。或谓寡人取之。……’孟子对曰：‘取之而燕民悦，则取之。古之人有行之者，武王是也。取之而燕民不悦，则勿取。古之人有行之者，文王是也。’”

若牛、走不若马”，但牛马为人所用，因为“人能群”。群性是人的一种特质，但“群而无分则争”，可见“分”的重要，而先王“制礼义以分之”，没有礼就不能分，不能分就不能群，就不能发挥群力以造福人生，由此可见礼的重要，所以荀子的政治思想最重礼；而荀子理论中的礼和法几乎没有差别，同时荀子以为人性分之中并无礼义[111]，所以“强”学、“劝”学，“强”“劝”都含有强制、约束的意味，但这种约制的目的，并不在消极的“使人不得为非”，而在积极的“学为圣人”，目标是勉人为善，通过“化性起伪”而生“礼义”，以达人格的提升。“不富无以养民情，不教无以理民性。”(《大略》) 在荀子的思想中，国君“得百姓之力者富”，但求富是为了养民情，是为了满足人的欲念，不是为了裕君，教是为了理民性，不是为了尊君；荀子理论中的人性为恶，所以不得不强调约制力的重要，但荀子的政治思想仍以民为本，这是荀韩政治思想大不同处。荀子因“君者，仪也；仪正则景正”(《君道》) 的认知，所以尊君，但荀子以为“君道”仍以“修身”为先，“圣人也者，本仁义，当是非，齐言行，不失毫厘。”(《儒效》)“上之于下，如保赤子。”“下之亲上，欢如父母。”(《王霸》) 如果国君不如理想，臣子则“从道不从君”。为了“兴天下之同利、除天下之同害”，暴国之君可以诛。在政治思想中，对君臣关系的态度，孟荀是完全一致的。

老庄同以道为万物的根本，人应当复其根、全其才，以保自然，所以老庄都反对智巧。老子自己说他是愚人之心，所以在政治上主张愚民，使民除去智巧，恢复、保持浑厚的本性[112]。老子说“人之所畏，不可不畏”，又说“爱民治国”。老子“愚民”的政治主张，为法家所利用，但法重严刑，老子为维护人性，反对刑法[113]，甚至圣、智、仁、义、巧、利，都在弃绝之列[114]。老子所认知的道是“无为无不

111.《性恶》:“今人之性，固无礼义，故强学而求有之也。”

112.《老子》:“民之难治，以其智多。”“圣人在天下，歙歙为天下浑其心。”

113.《老子》:“民不畏死，奈何以死惧之。”“常有司杀者杀，夫代司杀者杀，是谓代大匠斲；夫代大匠斲者，希有不伤其手矣。”

114.《老子》:“绝圣弃智，民利百倍。绝仁弃义，民复孝慈。绝巧弃利，盗贼无有。此三者以为文不足，故令有所属：见素抱朴，少私寡欲。”

为”，所以老子亦以“无为而无不为”为其政治理想，老子反对有为、反对干扰，政治的理想是使民“自化”、“自正”、“自朴”。他要达到的是“小国寡民”，是“安其居、乐其俗”，是“有”舟舆无所乘之，“有”甲兵无所陈之，老子希望人在那多干扰的时代，不受干扰，在进步的社会中享受甘、美、安乐的生活，这是老子对人的爱心。以当时纷乱的客观环境看，老子的理想恐怕是很难实现的，但仍无妨其为理想。而老子的政治理想也不自限于“小国寡民”，因为老子也说“治大国若烹小鲜”！只是老子身处烦扰时代，所以主张无为自化。庄子重内圣、老子重外王，庄子《应帝王》篇，也谈外王之道，但所言大体不出老子的思想范畴，庄子把老子的理想国用上古时的十二帝来证实，这些人物虽都出于假托，但可见庄子的思想是“归于老子之言”[115]的。

墨子以为乱起于人的自利而不相爱，因此提出“兴天下之利、除天下之害”的人生道德。人类因自利、自爱，以致亏人自利，是天下大乱、大害的根源，于是墨子提倡兼爱，他说“兼相爱交相利”；兼相爱是利他主义，交相利是互助主义[116]，如果人人持利他的心理、互助的态度，那么一切战乱攻伐都自然消弭。“子自爱，不爱父，故亏父，而自利。”“父自爱，不爱子，故亏子而自利。”墨子既从子、弟、臣的立场设想，同时也从父、兄、君的处境立说；父子、兄弟、君臣都有必须遵行的共同道德规范，这就是墨子的“兼”爱。墨子的兼爱和儒家的泛爱精神上是一致的。至于孟子说“兼爱无父”的误谬，清人已倡孟子“枉墨”“诬墨”之说，近人为文辨论这个问题甚详[117]，兹不赘述。

攻战是“伤义而不得”的行为，攻战是亏人自利的行为，所以“伤义”[118]；攻战是得不偿失的行为，所以“不得”[119]，从功利的观点，墨子“非攻”。“墨子以为人类之欲望，当以维持生命所必需之最低限

115. 见《史记·老子韩非列传》。

116. 见梁启超，《墨子学案》，页8。

117. 杜正胜，《墨子兼爱非无父辨》，《史原》，3期。

118.《墨子·非攻上》：“今有一人，入人园圃，窃其桃李，众闻则非之，上为政者得则罚之，此何也，以亏人自利也。……苟亏人愈多，其不仁兹甚矣，罪益厚。当此天下之君子，皆知而非之，谓之不义。今至大为攻国，则弗知非，从而誉之，谓之义，此可谓知义与不义之别乎。”

度为标准。”[120] 所以墨子要“去其无用之费”，“凡足以奉给民用则止，诸加费不加于民利者，圣王弗为。”从功利的观点，墨子主“节用”、“节葬”、“非乐”。墨子主张“兴天下之利”，但是在封建体制的世禄制度下，“王公大人”“其所富、其所贵，皆王公大人骨肉之亲。”所以墨子主“尚贤”以取代世禄制度。要做到“官无常贵，而民无终贱，有能则举之，无能则下之。”举贤之后，必须高其爵，厚其禄，重其权，这就是“三本”，“选天下之贤可者，立以为天子。”天子又内选三公，外选诸侯，分层负责，上同于天子，所以墨子倡“尚同”，为免于君主专制，所以倡“天志”，使天子上同于天，免得天子“恣己而为政”。

孔子主德政、孟子主仁政、荀子主礼治、老子说爱民，都以民为政治的依归；墨子倡尚贤，意欲使人人的政治机会平等。荀子讲礼明分，“由士以上，则必以礼乐节之；众庶百姓，则必以法数制之。”（《富国》）以使有“贵贱之等、长幼之差、知愚能不能之分。”但“分”以“知”为准，也不限制上下的移动[121]，精神仍然是平等的。墨子倡“三本”乃“欲其事之成”，唯恐落为君主专制，所以主上同于天。韩非以法为治，法的精神在平等，但法家的政治思想却落入君主专制的窠臼。

韩非认识的人性是自利自为，而人人为利害计算，但是真正的利害，人却未必能够认识；民智如婴儿[122]，所以“圣人不行推政”——“行揖让高慈惠而道仁厚，皆推政也。”（《八说》）虽然古时有尧舜禅让，但“世异则事异，事异则备变。”（《五蠹》）在“大争之世而循揖让之轨”，是做不到、行不通的。儒家主仁政讲推恩，韩非却以为推恩全无是处、仁义实不足多[123]。“严家无悍虏而慈母有败子”，只有

119.《非攻中》：“计其所自胜，无所可用也；计其所得，反不如所丧者之多。”《耕柱》：“今大国之攻小国也，（被）攻者，农夫不得耕，妇人不得织，以守为事。攻人者，亦农夫不得耕，妇人不得织，以攻为事。”

120. 见《墨子学案》，页20。

121. 参张亨，《荀子对人的认知及其问题》，《台大文史哲学报》，二十期。《王制》：“虽王公士大夫之子孙，不能属于礼义，则归之庶人；虽庶人之子孙也，积文学、正身行，能属于礼义，则归之卿相士大夫。”

122.《显学》：“民智之不可用，犹婴儿之心也。夫婴儿不剔首则腹痛，不揊痤则浸益。剔首揊痤，必一人抱之，慈母治之，然犹啼呼不止。婴儿不知犯其小苦，致其所大利也。……昔禹决江浚河，而民聚瓦石；子产开亩树桑，郑人谤訾。禹利天下，子产存郑，皆以受谤，夫民智之不足用亦明矣。”

123.《六反》：“母厚爱处，子多败，推爱也。父薄爱教笞，子多善，用严也。”

"操官兵，推公法"则"推功而爵禄"。儒墨都主贤人政治。老子主不尚贤，其意在排除干扰，使民自化。韩非对人治主义极端反对，反对的理由是：贤知不易求、尧舜不世出[124]。比肩接踵的是中主、中人，才虽不及尧舜，但"抱法处势则治"(《难势》)。韩非认定人性的自利自为，人君日为群臣环伺，而"君臣之利异"，国君自不能不以"术"保护自己。人主能处处执要、以静制动，则天下皆为我耳目，而达无为无不为[125]。法、势、术在韩非的政治思想中乃成鼎足。韩非重法，以法具公平、公开、适时、固定、简易、强制等特性[126]，旨在维护"法不阿贵、绳不挠曲"(《有度》)的精神。但韩非却把立法权归之于君[127]，所以韩非的法治主义只是专制主义。韩非重势用术，目的是巩固君位、潜御群臣，是韩非的政治思想完全以君主为依归。韩非身处"务力"的时代，所以他的政治理想是富国强兵，富强之道在兵、农[128]，百姓乃成为富强的工具。在韩非的政治思想中，臣民都是被驾驭的对象，"君有其功，臣任其过。""冠虽穿弊，必戴于头；履虽五采，必践于地。""人主虽不肖，臣不敢侵也。"儒墨虽然都尊君，但尊君德而非尊君位。孟荀以为不理想的君，可以诛，诛以去暴，虽然不是理想的办法，但总是个办法。墨子尚贤，"官无常贵，而民无终贱。"思想是进步的，贤怎么举法？天下之贤者怎么样能成为天子？墨子没有说明，这不能不说是墨子思想的缺点，但这也是先秦诸子的共同缺点，他们只重视目标，而不研究方法[129]。韩非尊君，对不肖的人主都不敢侵，简直是君主崇拜、君权至上。韩非只想到利用人趋利避害的心理，设为赏罚二柄，把人趋入利害的深渊，使人成为机作的工具。韩非反儒，却取墨荀家重利的思想而大加利用，

124.《五蠹》："今贞信之士不盈于十，而境内之官以百数；必任贞信之士，则人不足官。人不足官则治者寡而乱者众矣。"

125.《喻老》："制在己曰重，不离位曰静。重则能使轻，静则能使躁。故曰：重为轻根，静为躁君。"《扬榷》："事在四方，要在中央。圣人执要，四方来效。虚而待之，彼自以之。……夫物者有所宜，材者有所施，各处其宜，故上下无为。"

126. 参拙著，《韩非子与荀子思想之比较》，《书目季刊》，12卷1、2期。

127.《说疑》："法也者，官之所师也。"《五蠹》："故明主之国，无书简之文，以法为教。"则臣民皆无立法权。立法权既不在民，则必在君。

128.《五蠹》："富国以农，距敌恃卒。"

129. 参萨孟武，《中国政治思想史》(台北，三民，1972年)，页81。

又撷取部分的老子思想，作为法家思想的哲学基础。但是，墨荀讲公利、天下利，韩非却只讲君利；老子讲无为，是为了去干扰以顺其自然，韩非却利用无为的手段，以御群臣。韩非是诸子中最晚出的思想家，各家思想都对韩非有某种程度的影响；但是，韩非能巧妙地各取所需，经融通转化，而为自身给养。

结 语

先秦学术在中国学术史上有着崇高的地位。自然应用知识方面，固有其成就；而人文社会思想方面，尤其成果辉煌。在先秦时代“中国人把对人生的理想和信念确定下来。”[130]我们看中国人讲尊天、敬祖，讲忠、孝、仁、爱、信、义、和、平，讲求以柔克刚的功夫，讲天下为公的理想；这些思想都在先秦时成立，并且充实了中国人的思想。

太史公说“世异变，成功大。”春秋战国是中国历史上大变动的时代，那种变动不只是表面的由合而分、由分而合，其中更是有一股巨大的动力，发而为灿烂的成果。在一个大变动的时代中，思想自由、好恶分殊，于是知识分子因各人性习、观感的不同而产生各种学说[131]。《汉书·艺文志·诸子略》十家中以儒、墨、道、法四家声势最大。墨家以“自苦为极”（《庄子·天下》），“墨子服役者百八十人，皆赴火蹈刃，死不旋踵。”（《淮南子·泰族训》）此为后人所难为，所以墨家思想对后世影响不大。而儒、道、法三家，对后世政治、学术、文学、人生各方面影响都非常深。

先秦时代在学术上的成绩粲然可观，但为什么现在我们说科学——尤其是自然应用科学，总是说迎头赶上西方？甚至谈哲学，也唯西方是尚？是什么原因造成今天这种现象？“西人常学、术并重，学愈进而术愈精；中国则虽谙其术而忽其学，故少进步与改良。此中西

130. 见钱穆，《中国文化史导论》（台北，正中，1954年），页180。

131.《庄子·天下》：“天下大乱，圣贤不明，道德不一。天下多得一察焉以自好。……皆有所长，时有所用。”

学术不同之点，亦中国前此科学不发达之原因也。”[132] 胡适之先生论儒墨的根本不同在：“孔子所说是一种理想的目的，墨子所要的是一个‘所以为之若之何’的进行方法。”[133] 事实上，只重目标而不重进行方法的哲学思想，乃是先秦诸子的共同缺点：墨子倡尚贤，但怎么样选贤？贤者如何一跃而为天子？却未加关切。中国人在春秋时代已经体认“夫民，神之主也。”但中国的政治思想却始终没有发展为“民主”的思想。孟荀重视君德，君德的显现全赖国君一己的自律自觉，对不能合乎理想的国君，只好“诛”；君位的传递以武力解决，遂形成中国“打天下”的政治形态。当然任何事物的本身都有其优点与缺点，学术思想，何独不然。“故家乔木，终有令人可以式仰者。”[134] 自卑媚外的心态，实是障蔽我们对传统文化的正确认识。但是妄自尊大、尊古贱今实亦不足取。

132. 见《中国化学史》，页4。

133. 见《中国古代哲学史》，第二册，第六篇。

134. 见陈登原，《中国文化史》（台北，世界，1966年），页39。

复古与创新

两汉经学的发展

洪安全

中华文化发展到西周时，已经非常灿烂。但是当时的学术，为贵族所掌握，到了春秋末期，孔子讲学，才将本属于贵族的王官学，转移到平民手里。这些王官学，由孔子所开宗的儒家承传，视之为经，其他各家也由研读这些古籍，启发他们的新知，建立他们的新学术。战国时代，七雄相争，六国在文化水准上远比秦国为高，但是终为秦国所灭。秦国实行法家治术，有反对知识的倾向。秦始皇听从李斯的建议，下令焚书，这些周代所留下的经典都被焚毁。秦国灭亡，项羽入关，又焚烧咸阳，把秦朝博士机构的藏书也烧毁了。到了汉初，才有一些老师宿儒出来讲学，有的凭记忆背诵出经文，有的从当初藏有经书的墙壁中挖出部分已经朽烂的简册，整理讲授，经过代代的努力，他们终于讲通了这些先秦遗留下的古典。如果没有汉代人士的努力讲经，恐怕这些古代的学术宝藏，就要因秦火而永远散失了。所以两汉学者在书籍的复古工作上，有他们不可磨灭的功劳。随着书籍的复古工作，在政治方面，也有变更秦制，恢复古制。古制代表汉代学者心目中的理想制度，虽然是历史上的制度，但对当时所习用的秦制而言，又是一种新制。所以，复古与创新，有时是一体的两面。政治上，是这样；学术上，更是这样。汉代经学于复古之外，也从事创作，论其成就，远超过先秦，这只要熟读先秦两汉学术史的，就可以知道。当然，先秦学术有它另一方面的成就，但两汉人士以其时所继承的诸子学来讲周代王官所留下的古籍，造成两汉的新学术——经学，而这经学又为两汉人士利用以创造他们的政治、社会、经济事业，其事迹留于《史记》、《两汉书》，还有其他文集著作，也深深影响着后代社会。后人动辄说：“两汉去古未远”，可见后人欲取法古圣先哲，不能不找汉代人士引导。所以两汉的经学是很值得研究的。

本文为叙述方便，分成今文经学与古文经学。今文经学，大部分都列在太学里由博士讲授，它们最早的来源出于汉初经师的口头解释，写在书本上的已是汉代通行的文字隶书。古文经学的书籍大部分是得自壁藏，这些书籍，原本是用先秦古文字写的。研究古文书籍的人已借助今文经典，在讲解史实方面要比今文经师正确多了。在文字的解释方面，大部分亦比今文经学正确，由于他们不主一家，多能成为通儒，为今文学家所不如。但由于今文经学先立于学官，古文经学受排挤，始终难得久立。但最后能集两汉学术之大成者，还是古文经学。可见学术的发展，在于学者的自觉，不在政治势力的扶持。

今文经学的发展

- 汉初经学的复兴运动

秦始皇三十四年（公元前213年）下令民间不能私藏诗、书、百家语，凡有收藏的都要烧掉，但是中央的博士机构，还是可以保管。到了汉高祖元年（公元前206年）十二月，项羽进入咸阳，烧秦宫室后，秦朝博士机构中所藏的书也烧光了。

汉高祖五年（公元前202年）二月，刘邦即皇帝位，天下统一，朝野开始留意复兴文化。高祖没有读过多少书，不喜欢儒生，曾有摘下人家的儒冠来解小便的记录，和人家谈话时，一提到儒生就破口大骂[1]。不过他身边有位客卿陆贾，能言善道，人称有口辩士，常在他面前谈论《诗》、《书》，使高祖了解到天下虽可于马背上得到，但不能在马背上治理。陆贾之外，还有两位有学问的人，常在高祖身边。一位是他的异母弟楚元王交，少时曾和申公一同学诗于浮丘伯[2]。另一位是叔孙通，他在秦二世时就当过博士。他是一位很识时务的人，所以高祖很喜欢他，拜他为博士，叫他制定朝仪。他制定朝仪是杂采古礼和秦仪糅合的，帮他忙的，除身边的一百多位弟子外，还有鲁地的三十多位儒生。司马迁说他："希世度物，制礼进退，与时变化，卒为汉家儒宗。"[3]应该是很公允的批评。

汉五年，高祖已杀了项羽，包围鲁城曲阜，城中的儒生还是依然

---

1. 司马迁，《史记》（台北，明伦，1972年），《陆贾列传》，页2699。
2. 班固，《汉书》（台北，明伦，1972年），《楚元王交传》，页1921。
3.《史记·叔孙通列传》，页2720－2726。

讲诵，依然学习礼乐，弦歌之音不绝[4]。高祖入城之后，就以太牢祭孔子。从此诸侯卿相到曲阜，都要先来拜谒孔子庙堂，然后从政。高祖从一位摘人儒冠小便的老粗进步到晓得以太牢祭孔子，应该是受陆贾、刘交、叔孙通等人的影响的。后来，司马迁到鲁地游历，也曾去参观孔子庙堂的车服礼器，看到儒生们按时在孔家习礼[5]。由这些事看来，孔子所传下的礼乐，到汉初还是活生生地存在的。

虽然高祖对儒生已有好感，但他并不记起应该取消秦始皇所定下的挟书律，直到惠帝四年（公元前191年）才取消。汉初萧何为相国，沿用秦朝的法律制度，曹参接任，一切继承萧何所定的旧规，让人民从休息中得到安宁，这一套办法，是他担任齐国丞相时，学自盖公的。以后执掌最高权力的帝、后如吕后、文帝、景帝、窦太后，以及丞相如王陵、陈平、周勃，都遵循曹参无为的政策。但是也不能一概而论，如《史记·儒林列传》说："孝文时颇征用，然孝文帝本好刑名之言。""刑名之言"，就是法家学说，但法家学说以黄老思想为本。这句话是说，孝文帝虽喜欢法家道家的学说，但已稍稍征用儒生。征用谁呢？应该是指文帝想任命贾谊为公卿，但是这件事情并没有成功。贾谊的表现，很像一位纯儒，但他被任命为博士，却是因为他"颇通诸子百家之书"[6]。

文帝时的博士，应该是沿袭秦的制度，有经学博士，有诸子博士。诸子博士比较多，经学博士，刚设立《诗经》一经[7]。诗经博士，有申公及韩婴。申公是第一个为《诗》作传注的人，他所注的称为《鲁诗》[8]。韩婴则推出诗的意思作《内外传》[9]。赵岐则说文帝时，《论语》、《孝经》、《孟子》、《尔雅》，都曾立博士[10]。赵岐精研《孟子》，所说或有根据。刘歆所写的《七略》，《论语》、《孝经》、《尔雅》在《六艺略》中，《孟子》则在《诸子略》儒家类中[11]，《孟子》为诸子之一，

4.《史记·叔孙通列传》,《儒林传》，页3117。

5. 同上,《孔子世家》，页1945－1947。

6. 同上,《屈原贾生列传》，页2491－2503；《汉书·贾谊传》，页2230－2265。

7. 王先谦,《后汉书集解》，卷四八，页6－7。

8.《汉书·楚元王传》，页1922。

9.《史记·儒林列传》，页3124。

10. 赵岐,《孟子赵注》（台北，商务，四部丛刊三编），页四上"孟子题辞"。

11.《汉书·艺文志》，页1917、1718、1725。

立诸子博士，本沿秦规，不足为奇。

到景帝时，齐人辕固生，也以善治《诗》，为博士。“生”是“先生”的意思[12]。

景帝时，新为博士的经学家尚有广川（河北枣强县）人董仲舒，以及齐人胡毋生，二人皆以研究《公羊春秋》闻名[13]。

《书经》的欧阳氏学出于伏生。伏生是济南人，原为秦博士。文帝时，想找研究《尚书》的，只听说伏生能，当时已九十多岁，就派掌故晁错去听受[14]。秦朝焚书之后，其他经书如《诗经》是韵文可以背诵传授，礼可以演习，不靠书本，《易经》是卜筮书不禁，《春秋》的文字少，不难背诵传授，只有《尚书》，文字、文法古奥，不易背诵，没有书籍，就传不下去。秦始皇下令焚书，伏生就将《尚书》的简册藏到墙壁内。以后兵乱大起，他只好流亡。汉朝定天下后，伏生回去找书，有几十篇朽了，只剩下29篇，伏生就以这几篇教于齐鲁之间[15]。

伏生29篇之中，有一篇是《泰誓》，这一篇又分上中下，后来也不见了，只有司马迁《史记》中还保存着一些片段[16]。不过在元朔五年（公元前124年），民间又上了一篇《泰誓》，但是这一篇是伪书[17]。

礼经只有《士礼》17篇，汉初有高堂生能传。文帝时，有徐生善为仪容表演[18]。后来有一位萧奋因为懂得礼做到太守，传孟卿，孟卿传后仓，仓说礼数万言，称为《后氏曲台记》。萧奋之学当出自高堂生，但不知其能否兼传徐氏仪容表演之学。

汉兴传《易》的有齐人田何，何传王同，同传杨何，杨何在元光年间（公元前134—前129年）征为太中大夫。所以《易》杨氏之学本于田何[19]。

12.《史记·儒林列传》，页3123—3124；王先谦，《汉书补注·儒林传》补注引周寿昌，卷八八，页18。

13.《史记·儒林列传》，页3127—3128。

14.《史记·儒林列传》，页3124—3125。

15. 同上；又见刘歆，《让太常博士书》，载于《汉书·楚元王传》，页1968—1969。

16. 或说伏生二十九篇本无《太誓》，而《顾命》、《康王之诰》，本分为二，《太誓》后得，乃合《顾命》、《康王之诰》为一。至于《史记》及伏生《大传》有《泰誓》文字，乃因《泰誓》先秦已有，伏生、司马迁时犹及见其断简残编，其后伪《泰誓》之成，亦主要取材于《泰誓》。参见拙著，《司马迁之尚书学》，《政治大学学报》，33期（1977年6月），页102—104。

17. 黄彰健，《经今古文学问题新论》（上），《大陆杂志》，58卷2期（1979年2月），页9。

18.《史记·儒林列传》，页3126；《汉书·儒林传》，页3614。

《公羊春秋》之独立于学官，则是因为董仲舒、公孙弘的影响。董仲舒在景帝时已为博士，到了武帝时成为学术界的精神领袖。

19.《汉书·儒林传》，页3597、3615。

从汉初至景帝时，黄老、法家的思想最盛行，但儒家的学者已在不断地发扬儒术以及争取地位。从纯学术的立场来讲，从汉兴至武帝之初，有几位高龄的经学大师，在民间传经，后来朝廷甚至找他们去担任博士。如伏生，至文帝时年已九十多，他是汉初最早传《尚书》的。申公传《鲁诗》，至武帝时已八十多岁。辕固生，传《齐诗》，景帝末年时亦已九十多岁。胡毋生，传《公羊春秋》，景帝时以年龄大，辞去博士，回齐地教书，公孙弘也跟过他念书。另外，传礼的高堂生，似乎年龄也活得不小。他们大多在始皇焚书前就接受古典教育，或者亲受教于始皇焚书前已受教育的经师。他们的学问很受朝野的重视。

景帝时，在野的经典教育，正在各地展开，朝中也立《诗经》三博士;《春秋公羊传》博士;《尚书》，在朝中早已有人能读，还有几部儒家的书，《论语》、《孝经》、《尔雅》、《孟子》，也有博士在研究。可见汉廷已在走向儒家化的道路。

• 五经博士与太学的建立

武帝即位的次年，建立年号，称建元元年（公元前140年）。这一年，诏举贤良方正直言极谏之士，丞相卫绾就建议，所举贤良中，有的治申不害、商鞅、韩非、苏秦、张仪之言，乱国政，请都罢去，申、商、韩是法家，苏、张是纵横家。又议立明堂，遣使者征鲁申公。次年，因御史大夫赵绾请不要向太皇太后窦氏奏事，太皇太后发怒，赵绾和郎中令王臧都下狱，自杀。丞相窦婴、太尉田蚡皆免职。这件事虽和遣列侯就国，受到列侯的谤毁有关，但赵氏等人想加速儒家化运动，不惜和太皇太后作对，也是触怒太皇太后的主要原因。但这一次挫折，并未令年轻的皇帝灰心，建元五年（公元前136年）春，他还是立五经博士，次年五月，这一位力挽狂澜的高龄老祖母就死了。武帝就更积极地去开展他久蓄欲行的儒家化运动计划。建元二年（公元前139年）因窦氏发怒免职的太尉田蚡，于窦氏去世后，又被任命为丞相。可以想见他担任丞相后必更积极协助武帝推进朝野的儒家化运动。元光元年（公元前134年），初次下令郡国举孝廉各一人。即每郡或国举孝和廉各一人[20]。而自建元元年（公元前140年）以来，常下令举贤良，于是大儒董仲舒和公孙弘出头了。

董仲舒在景帝时已为博士，武帝时又参加贤良对策。他把当时很流行的阴阳学说拿来解释《公羊春秋》，建立"天人相与"的哲学，成为一代儒宗[21]。他的著作传至现在的有《春秋繁露》。这部书近人以为只有残缺，并无杂伪[22]。武帝即位以后曾经多次诏举各地方的贤良文学来对策，董仲舒的对策，称为"天人三策"。在这三策中，他建议"兴太学，置明师，以养天下之士"，"诸不在六艺之科孔子之术者，皆绝其道，勿使并进。"

董仲舒建议凡不在六艺之科孔子之术的都绝其道，不使并进，遭到近人的攻击，以为是垄断思想，甚至将我国近代学术不发达的原因归罪于独尊儒术，其实这是一种误解。董仲舒的建议只是就朝廷不为立博士而言，并不是不准百家思想流通、不准研究[23]。而独尊儒术的局面也是慢慢形成的，在仲舒对策前已在做[24]。

公孙弘做了丞相之后，在元朔五年（公元前124年），建议替博士官设置50名弟子，不要他们纳税服役。由太常选择年龄在18岁以上仪容端庄的补博士弟子。另外，县、侯国的治下如果有品学兼优的人，就要报上郡守和王相，然后上奏朝廷。朝廷答应之后，就送学生到太常，可以受业如弟子，也就是可以做旁听生。所以博士弟子虽有定员，但旁听生却无定员。满一年则加以考试，能通一经以上的，就补文学掌故缺，成绩好的可以做郎中。至于正科生和旁听生在任官方面，待

20.《汉书补注·武帝纪》，卷6，页4。

21.《汉书·五行志上》，页1317。

22. 徐复观，《先秦儒家思想的转折及天的哲学的完成——董仲舒春秋繁露的研究》，《两汉思想史》（台北，学生，1976年），卷2，页316。

23. 同上，页427。

24. 可参考戴君仁，《汉武帝抑黜百家非发自董仲舒考》，《梅园论学集》（台北，开明，1970年），页335－344。

遇有否不同，公孙弘的建议中，似乎看不出来。公孙弘的建议，可说是董仲舒对策的付诸行动。

武帝于建元五年（公元前136年），立五经博士，这五经，实际上有七家，《诗》立齐、鲁、韩三家，《书》立欧阳，《礼》立后氏，《易》立杨氏，《春秋》立公羊氏。元朔五年（公元前124年），为博士置弟子员50名，又选地方上的优秀子弟为旁听生，这是汉代立太学的开始。此后凡立博士的经学，都在太学里面讲，是今文经学的主要内容。

地方之设立学校，也是从武帝时开始。《汉书·循吏传》说，景帝末年，文翁为蜀郡太守。文翁本人通春秋，是一位循吏，他派十几个小吏到京师去跟博士学习，学成回来，用为高级官吏。他又修起学官于成都市中，招四郊之县的子弟为学官弟子，除其徭役，成绩高的补郡县吏，次等的为孝弟力田。常选学官童子，使在便坐受事。每出行县，多从学官诸生明经整行者，使传教令，出入闺合。县邑吏民见而荣之，争欲为学官弟子，于是教化大行，蜀地学于京师者可以比美齐鲁。至武帝时，乃令天下郡国皆立学校官。到元帝时，更规定郡国要设置五经百石卒史，五经百石卒史，是乡学教官[25]。

• 石渠会议

西汉中期，最值得注意的学术大事，除武帝建立太学外，就属宣帝的招开石渠会议。石渠是当时京城的一个阁名。石渠会议的举行始于甘露三年（公元前51年）。宣帝诏诸儒讲五经同异，由太子太傅萧望之等平奏其议，宣帝亲自称制临决。这次会议有相当大的收获，首先是完成了155篇的《石渠议奏》，《尚书议奏》42篇、《礼议奏》38篇、《春秋议奏》39[26]。《论语议奏》18篇、《五经杂议》18篇。《易》、《诗》二经独无议奏，原因不太清楚。石渠《礼议奏》，唐时尚存，杜佑《通典·礼门》中有引，而《诗·既醉》疏、《礼记·王制》疏亦均有引石渠论[27]。其次，石渠会议，有了结果之后，宣

25.《汉书补注·儒林传》，卷八八，页6。

26.《汉书·艺文志》，页1705、1710、1714、1716、1718。

27.《汉书补注》引沈钦韩曰，卷三〇，页12。

帝就在黄龙元年（公元前49年）下令增立梁丘易，大、小夏侯尚书，谷梁春秋博士[28]。而在石渠会议之前，又已立了施氏易、孟氏易[29]。宣帝黄龙元年时，博士的名额共有12位：《易》为施、孟、梁丘氏，《书》为欧阳、大、小夏侯氏，《诗》为鲁、齐、韩，《礼》为后氏，《春秋》为公羊、谷梁氏[30]。

《易》施氏即施雠、孟即孟喜、梁丘即梁丘贺。三人皆从田王孙受《易》。大夏侯，是夏侯胜；小夏侯是夏侯建[31]。《谷梁春秋》则是宣帝所处心积虑要立的经学。《汉书·儒林传》说：武帝尊公羊家，诏太子受《公羊春秋》，由是公羊大兴。太子既通，复私问谷梁而善之。宣帝即位，闻卫太子好《谷梁春秋》，以问丞相韦贤，长信少府夏侯胜及侍中乐陵侯史高，皆为鲁人，言谷梁子本鲁学，公羊氏乃齐学，宜兴谷梁。乃选郎10人从蔡千秋学。千秋病死，征江公孙为博士。刘向以故谏大夫通达，待诏受谷梁，欲令助之。江博士复死，乃征周庆、丁姓，使终授10人。自元康中始讲，至甘露元年，积十余岁，皆明习，乃召五位名儒，太子太傅萧望之等大议殿中，平公羊谷梁同异，各以经处是非。公羊家多不见从。议三十余事，各以经义对，多从谷梁，由是谷梁之学大盛。由这一件事看来，当时立博士的权，已经操在旧博士的手里，虽以帝王之尊，也不敢轻举妄动。

28. 黄彰健，《经今古文学问题新论》（中篇之一），《大陆杂志》，60卷1期，页1。

29.《汉书·儒林传》，页3621。

30. 王国维，《汉魏博士考》，《定本观堂集林》（台北，世界，1961年），卷四，页9下。

31.《汉书·儒林传》，页3598－3600；同上，《夏侯胜传》，页3155－3159；同上，《夏侯建传》，页3159。

- 师法与家法

西汉中期，学术界产生一种现象，很值得注意，就是“师法”和“家法”的分衍发展。“师法”和“家法”之所以分衍和太学讲授经学重师法、家法有关。因为太学讲授经学，重视师法、家法，学者们就想成立一家之言来争取自己的家学在太学中立博士。

从《汉书》、《后汉书》看来，前汉多言师法，后汉多言家法。实际上，这两词有时应严格区别，有时也可通用。从区别上说，应先有师法，后有家法。师法是溯其源，家法是衍其流。以《汉书·儒林传》为例，凡说到某侯有某氏之学的，大抵都指师法，凡说到某家有某氏之学的，大抵都指家法[32]。如言《易》有施、孟、梁丘之学，施、孟、梁丘是易学的师法。但三人皆从田王孙受《易》，田王孙亦应为三人的师法，孟喜且因改师法，不为宣帝所用。可见师法之上有师法。而师法之下的师法即可称家法。《汉书·儒林传》说施家有张、彭之学，张彭是家法，以此可以类推。当时的家法很盛。如鲁诗有韦氏学，有张、唐、褚氏之学，而张家又有许氏学；齐诗有翼、匡、师、伏之学；韩诗有王、食、长孙之学。欧阳有平、陈之学；大夏侯有孔、许之学，小夏侯有郑、张、秦、假、李氏之学；《礼》有大戴、小戴、庆氏之学，而大戴有徐氏，小戴有桥、杨氏之学；《易》则施家外，孟家有白、翟之学；梁丘有士孙、邓、衡之学。《易》又有京氏学、高氏学、费氏学。高氏易、费氏易，都无章句，未曾立于学官。《公羊春秋》有颜、严之学，颜氏有冷、任之学，复有筦、冥之学。《谷梁春秋》有尹、胡、申、章、房氏之学。

32. 马宗霍，《中国经学史》（台北，商务，1976年），页38－39。

33. 钱穆，《两汉博士家法考》，《两汉经学今古文平议》（台北，东大，1978年），页201－204。

家法大体都有章句。家法的特征，也大体表现在章句，章句成为家学的重要条件，这也是风气使然。汉初传经，最质朴的是“训故”，如鲁申公；其次是作“传”，如齐辕固生、燕韩婴。“训故”是通其大义，“传”则采取故事来说明。如韩婴作内外传数万言，今外传还在，翻看可以明白。这书亦仅举大谊，并不循章逐句去解说[33]。

“章句”的说经方式则较后起，是循章逐句去解说，本来不可解的也硬要解。不过汉代前期的作品，后来也有改称章句的例子。如丁宽作《易说》三万言，训故举大谊而已。《汉书·儒林传》说：“今小章句是也。”大夏侯曾讥小夏侯为章句小儒，小夏侯也批评大夏侯为学疏略，不足以应付敌人。是当小夏侯有章句时，大夏侯尚无。大夏侯有《尚书说》、《论语说》。“说”，如丁宽《易说》，只是训故举大谊而已。而据夏侯建传，章句的特点是“具文饰说”，“具文”就是上述的循章逐句为说，这当然是“饰说”，未必是经文的原意，所以夏侯胜要批评夏侯建为“章句小儒，破碎大道”。但时代趋势如此，不如此，则“为学疏略，难以应敌”。

西汉的章句，据《汉书·艺文志》，易有施、孟、梁丘氏各二篇。书有《欧阳章句》31卷、《大、小夏侯章句》各29卷。《欧阳章句》、《大、小夏侯章句》，卷数甚多，不似改名，应是后成。春秋有《公羊章句》38篇、《谷梁章句》33篇。《经典释文·序录》有汉更始《谷梁章句》15卷[34]，更始即尹更始，《汉书·儒林传》载尹更始为《左氏传》作章句。

鲁、齐、韩三家章句不见于艺文志，但实亦有。据汉“武荣碑”，鲁诗有韦君章句[35]；据《陈留风俗传》，鲁诗又有许氏章句[36]。《汉书·儒林传》说王式事许生，仅传师说，不肯多言，其弟子试诵说有法，疑者则不言，诸博士惊问何师？韦贤治《诗》，亦事许生，与王式略同时，传子玄成，父子皆官至丞相。韦氏世传家学。申公传《诗》只为训故，王式亦仅传师说，而末流仍有韦氏章句、许氏章句。又据《后汉书·马援传》，援少有大志，曾受《齐诗》，意不能守章句，是《齐诗》有章句。《后汉书·儒林传》说，伏黯，以明齐诗，改定章句，作解说9篇，章句繁多，其子恭乃省减浮辞，定为20万言。《伏湛传》言伏黯之父伏理，以《诗》授成帝，在西汉时，《汉书·儒林传》齐诗有伏氏之学，伏指伏理。其子伏黯，已著章句，孙恭减省为20万言。《后汉书·儒林传》也提到，薛汉也习《韩诗》，父子以章句著名。汉少传父业，建武初，为博士。可见西汉末韩诗已有章句。又属于古文经学系统的《左氏传》从贾谊始为训故，至刘歆而有章句，尹更始亦曾为《左氏传》

34. 陆德明，《经典释文·序录》（台北，商务，四部丛刊初编经部），卷一，页14。

35.《汉书补注·儒林传》，补注引沈钦韩曰，卷八八，页16。

36. 李昉，《太平御览》（台北，新兴，1959年），卷四九六，页2。

作章句[37]。《艺文志》说："礼以明体，明者著见，故无训也。"似乎《礼》没有训故，遑论章句，但王莽时省五经章句，皆为20万言，又似礼经后来也有章句[38]。

37.《汉书·儒林传》，页3618、3620；同上，《楚元王传》，页1967。

38. 王充，《论衡·效力篇》（台北，中华，四部备要本），卷一三，页2下。

39.《汉书·京房传》，页3160－3167；《汉书补注·儒林传》，卷八八，页10。

40.《隋书·经籍志》（台北，史学出版社，1974年），页912。

41. 黄彰健，《经今古文学问题新论》（中篇之一），页3。

• 西汉后期的今文经学

西汉后期，有几件经学史上的重要事件。

首先是元帝设立易京氏博士。京氏指京房，事焦延寿。延寿自言曾从孟喜问《易》，故京房以为延寿易即孟氏学。孟喜的学生不同意。成帝时，刘向校书，考易说，以为各易家说都祖述田何、杨何、丁宽，大义略同，只有京氏易为不同类，是焦延寿独得隐士之说而托之孟氏的。京房于元帝时官至太守，为石显所谮诛[39]。《后汉书·范升传》记范升在光武帝时上奏说，京氏没有本师，而多反异，先帝前世有疑于此，故京氏虽立，不久又废。《隋书·经籍志》也说，京氏易，曾立后罢[40]。京氏易的立而复废，可能与京房的被杀有关。但京氏易被废的事《汉书·儒林传》失载，《儒林传》又记京房授殷嘉、姚平、乘弘，皆为郎、博士，由是易有京氏之学。看来京氏易在成帝即位，石显罢免死掉后，又复立于学官。所以东汉援例立京氏易[41]。

其次，成帝河平三年（公元前26年），命光禄大夫刘向校中秘书，谒者陈农求遗书于天下。哀帝时，刘歆得皇帝的信任，想立古文经，但因博士们反对没有成功。宣帝喜欢《谷梁传》，想立谷梁传博士，费了很多年的准备才达到目的。这是宣帝尊重博士官的意见，哀帝也是这样，从此也可见，当时立新博士的权，几乎全操在旧博士手里。

最后是王莽的教育改革。平帝元始三年（3年），他奏立学官，郡、国设"学"，县、侯国等设校，各置经师一人；乡设庠，聚设序，各置孝经师一人。明年奏立辟雍，为学者筑舍万区。立乐经，益博士员额，每经各5人。

王莽对于经学的另一措施，是整理经说。《汉书·儒林传赞》说，自武帝立五经博士，直到元始年间，一百多年，传业的人渐多，一经说到一百多万言，大师多到一千多人，都是受禄利之路引诱的关系。桓谭"新论"说，秦近君说"曰若稽古"至3万言[42]，又注《尧典》光篇目两字之说就多达十余万字[43]。经学发展到这种地步，也就不得不改革了。于是王莽命省五经章句皆为20万言。

42.《汉书·艺文志》引师古说，页1724。

43. 又见刘勰，《文心雕龙·论说篇》，载于《文心雕龙注》(台北，开明，1970年)，卷四，页30。

44.《后汉书·儒林传》，页2545；同上，《百官志》，页3572；同上，《章帝纪》，页137－138。

45.《后汉书·曹褒传》，页1201－1205。

46. 同上，《儒林传》，页2545；《光武帝纪》，页40。

- 东汉中兴建立十四博士与发布图谶

王莽末年，天下大乱，光武中兴，定都洛阳，一切政治设施都得从头做起，教育设施方面亦然。

光武帝少时曾到长安学《尚书》，略通大义。所以他爱好经术，未及下车而先访儒雅，四方学士云会京师洛阳，名气大的有范升、陈元、郑兴、杜林、卫宏、刘昆、桓荣等。范升、刘昆、桓荣治今文，其余治古文。于是设立五经博士十四人。《易》有施、孟、梁丘、京氏，《尚书》有欧阳、大、小夏侯，《诗》有齐、鲁、韩，《礼》有大、小戴，《春秋》有严、颜[44]。其中，值得注意的是西汉宣帝所立的《谷梁春秋》未立，而将《公羊春秋》分立为严、颜二家，又新立大、小戴《礼》。

后汉时，《礼》除大、小戴立博士外，庆氏礼，也因曹充、曹褒父子的传承，行于世。曹充在建武中为博士，曹褒是他儿子，父子都想为汉朝制礼。曹褒作成《汉礼》150篇，因为遭人反对，没有实行。他作《通义》12篇、《演经杂论》120篇，又传《礼记》49篇，教授诸生千余人[45]。

建武五年（29年）建立太学，光武亲自幸太学[46]，这是皇帝亲幸太学的开始。中元元年（56年），又建明堂、灵台、辟雍，宣布图谶于天下。从此，汉代的高等教育机构，除太学外，又有辟雍。明堂、灵台、辟雍，都是模仿经典中的周制建立的，王莽在元始四年（4年）也奏建过。光武在王莽主政时代曾游学长安，由于王莽想借符瑞来转移政权，图谶之风一时称盛，光武当受影响，《后汉书·光武帝纪》论，说光武生时，有赤光照室中；刚起兵，回乡的时候，看到屋南火光连天，一下又不见了。而早年时，常有人说："刘秀当为天子。"《光武帝纪》又说，地皇三年（22年），李通以图谶说光武："刘氏复起，李氏为辅。"建武元年（25年），有一位光武的同学从关中带来赤伏符，提到："刘秀发兵捕不道"，光武便根据这赤伏符即帝位。最后在中平元年并宣布图谶于天下。光武信谶，常以谶决定嫌疑，对经学亦有影响。桓谭因为批评谶不合经，光武大怒，说他"非圣无法"，要杀他。桓谭叩头流血，过了好久，才使光武消了怒气。郑兴也因说"臣不为谶"，触怒了光武帝，又因不善谶而不得光武重用。光武之好谶，有时近于着迷，据《东观汉记》的记载，建武十七年（41年），因为日食，他避正殿读图谶，在庑下坐久了，受了风寒，以至于患病，感到头晕目眩[47]。由于光武帝的提倡，东汉的今文经学，充满图谶的色彩。

47.《东观汉记》（台北，中华，四部备要本），卷一，页9。

• 明帝之尊经与章帝之召开白虎观会议

自光武帝亲幸太学后，明帝继承此种传统，而尤表现尊师重道的心态。所重之道即指经书。明帝十岁通《春秋》，又拜博士桓荣为师，学通《尚书》。永平二年（59年），辟雍落成，他曾二度亲临，行大射礼、养老礼。这两种礼也是古代经典中所记的周代礼节。在行养老礼的时候，他拜李躬为三老，桓荣为五更。每次大射礼、养老礼结束后，他都请桓荣上座，自己和学生们一起执经请教。后来桓荣病重的时候，他去探病也是一到桓荣所住的街口就下车，手上抱着经书，表示问道即将无人的意思。见了桓荣时，抚着荣的身体流泪不止。桓荣去世时，他又亲自变服临丧送葬。

章帝时又招开了一次学术会议。建初元年（76年），校书郎杨终上书说：宣帝曾经博征群儒，论定五经于石渠阁。当今天下少事，学者可以完成学业，而章句之徒，破坏大体，应该仿效石渠阁会议，论定经说，永为后世法则[48]。建初四年（79年）十一月乃下诏召开白虎观会议，讲议五经同异，连月乃罢。这次会议，由太常主持，参加的有将、大夫、博士、议郎、郎官、诸生、诸儒。使五官中郎将魏应专掌难问，侍中淳于恭上奏，明帝亲临裁决，一如宣帝甘露三年（公元前51年）所召开的石渠阁会议的情形一样，作《白虎议奏》。这部《白虎议奏》，今天还在，称为《白虎通义》或《白虎通》[49]。

48. 同上，《杨终传》，页1597－1601。

49. 同上，《肃宗孝章帝纪》，页137－138；《儒林传上》，页2546。一说：《白虎议奏》，体例如《石渠议奏》，今不传，传者唯班固所撰《白虎通义》，或称《白虎通》。见黄彰健，《经今古文学问题新论》（中篇之一），《大陆杂志》，60卷1期，页18。

50.《后汉书·翟酺传》，页1602－1606。

- 今文经学之由盛而衰

东汉今文经学之由盛而衰，有政治因素，有社会因素，也有经学本身的因素。

在政治方面，光武、明、章皆为英主，很重视经术，殇帝以后，皇帝多冲龄即位，演变成外戚、宦官之争。政治坏，则和政治有关的今文经学，当然受影响。如安帝即位时年十三，由邓太后临朝，邓太后自延平元年（106年）至建光元年（121年），凡当政十五六年，《后汉书·儒林传》称其时学者颇懈怠，担任儒职的多不得其人，于是诏公卿精选。《儒林传》又称，自安帝亲政后，轻视艺文，博士倚席不讲，学者相顾懒散，校舍颓坏，变成菜园、牧场、樵夫砍柴刈薪的地方。安帝于延光元年（122年）亲政，至其去世，不过4年，则太学之坏，学者之懒散，乃是长久以来积成的。到顺帝继位后，大匠翟酺始上奏说：光武初兴，起太学，明帝时，辟雍落成，想废太学，太尉赵熹以为太学、辟雍都应兼存，所以并传至今。而最近太学颓废，应重新修缮，以诱进后学[50]。从这一段话也可以知道太学的荒废，是因为新建了辟雍，有意不再修缮的关系，不能全归罪于安帝。永建六年（131

年），顺帝感翟酺之言，乃重新修缮校舍，凡所修建的有240房，1,850室。

太学既修复，收容的学生也越来越多，到了质帝时达到三万多学生。但绝大部分的读书人，还是没有机会到太学就学的。如质帝本初元年（146年），令郡国举明经，年五十以上、七十以下到太学。可见到太学就学之不易。而据《后汉书·儒林传》的记载，这时太学学生虽多，但章句渐疏，多以浮华相尚，儒风衰微。

自武帝为博士置弟子员50名，昭帝时增一倍满百人，宣帝末又增至200人，成帝时一度增至3,000人。到质帝时，增至3万名。太学生日多，自也代表学习经术的人日多。

经生一多，相对地，仕进的机会也日少，顺帝阳嘉元年（132年）十一月，由于尚书令左雄的建议，令郡国举孝廉，必须年龄超过40岁以上，诸生通章句，文吏能牋奏，方可应选[51]。阳嘉二年，举京师耆儒48人；熹平五年（176年），举太学生百余人，各补郎、舍人等官，都在60岁以上方有资格。由此可知当时学习经术者之多，以及出路之困难。

51. 同上，《孝顺孝冲孝质帝纪》，页261；同上，《左雄传》，页2020。

东汉自光武帝表章气节以来，士大夫类能以气节相尚，如：袁安于和帝初年，官至司徒，其时天子幼弱，外戚窦氏专政，袁安勇敢地与之相抗，天子及大臣都依赖他。杨震，为人廉洁，亢直不屈，曾有人送金十斤给他，说：暮夜不会有人晓得。杨震说：天知、神知、我知、你知，怎能说是没有人晓得？安帝时官至太尉，也与宦官相抗，以至牺牲性命。袁氏四世为三公，杨氏四世为太尉，累世经学造成世家。这种士大夫重视气节的传统势必要和专权的宦官发生冲突，于是发生了党锢之祸。

党锢之祸既起，高名善士，或杀或废，剩下的至互相忿争，互相攻讦，有的甚至私行贿赂，请改定兰台漆书经字，以求合其私藏经书的文字。在这种情形下，经书的标准本势所必需。灵帝熹平四年（175

年），由于议郎蔡邕等的建议，诏诸儒正《五经》文字，蔡邕亲自书丹于碑，使工镌刻。这些石经文字成为后儒晚学取正的对象。碑立好后，来观看摹写的，每日有上千辆的车子，填塞街道[52]。

今文经学之由盛而衰，也有它本身的因素。讲今文经学者必须讲究家法，不易有创新。后汉的今文经学继承前汉的传统，颇嫌冗长，光武时已有意删减，白虎观会议，也是如此。桓荣，少习欧阳《尚书》，事博士朱普，朱氏章句有40万言，浮辞很多，桓荣入授明帝时，减为23万言。其子桓郁，又为章帝、和帝师，复删为12万言。于是尚书欧阳氏学有《桓君大小太常章句》[53]。桓氏父子于经学只是删减浮辞并无创新。而后汉在古文经学的影响之下，学习今文经学的人也渐不愿死守家法。《后汉书·徐防传》说：防于和帝永元十四年（102年），拜司空，曾上疏言，伏见太学试博士弟子，皆以意说，不修家法，私相容隐，开生奸路。每有策试，辄兴诤讼，论议纷错，互相是非。又说：今不依章句，妄生穿凿，以尊师为非义，意说为得理，轻侮道术，浸以成俗。主张博士及甲乙策试，宜从其家章句，开五十难以试之。和帝之时已如此，其后政治日坏，家法章句之无法遵守，也是可想象的。

52. 同上，《蔡邕传》，页1990。

53. 同上，《桓荣传》，页1256。

古文经学的发展

- 古文书经的发现和流传

经学上的今古文之争，是从刘歆时候开始。但其中的古文经书如《左氏春秋》、《毛诗》、《逸礼》、《古文尚书》、《周官》，也各有它们的历史。

《左氏春秋》即《春秋左氏传》，相传为孔子友人左丘明所著，是以本事来传孔子《春秋》的。这书在战国后期已很流行。汉初即有人修《春秋左氏传》，如张苍、贾谊、张敞、刘公子等，贾谊更为《左氏传训故》，传赵人贯公为河间献王博士[54]。

河间献王，以景帝前二年（公元前155年）立，修学好古，实事求是，所得书籍，都是古文先秦旧书，如《周官》、《尚书》、《礼》、《礼记》、《孟子》、《老子》等。他喜讲求六艺之学，立《毛氏诗》、《左氏春秋》博士。他修礼乐，视儒术为安身立命之处。但武帝对诸侯王甚猜忌，献王所搜集既多属古文，又特为《毛诗》及《左氏传》立博士，于是这些书成为当时的大讳，播下了以后经学今古文之争的种子[55]。

《毛诗》，为毛公之学，自谓子夏所传[56]。毛公，赵人，为河间献王博士[57]。

《逸礼》和《古文尚书》又出于孔壁。鲁恭王余以景帝前三年（公元前154年）徙王鲁。他早年好治宫室，坏孔子旧宅，以广其宫，于其壁中得古文经传。其时应在景帝末或武帝初年[58]。所得的古文经传有《古文尚书》、《礼记》、《论语》、《孝经》等，都是用古字书写的[59]。孔安国卒于《史记》成书前，《史记》记事讫于天汉（公元前100年至前97年），此后孔安国家献《古文尚书》，因巫蛊之难，未列于学官[60]。《古文尚书》，原是孔安国以伏生《今文尚书》对读而得的。孔安国《古文尚书》虽未立于学官，但在西汉已自成一家[61]，《汉书·艺文志》九家《尚书》中，即有《尚书古文经》46卷。

河间献王所得的古书中即有《周官》，但此后《周官》的传授无闻，刘歆亲近哀帝，所欲立者并无《周官》。平帝元始元年正月，王莽为安汉公；二月，置羲和官、外史、闾师，以刘歆为羲和官[62]。羲和、

54.《汉书·儒林传》，页3620。

55. 同上，《景十三王传》，页2410；又《史记·五宗世家》，页2093－2095；又《史记·五宗世家》引裴骃，《集解》，页2094；又刘歆，《让太常博士书》，见《汉书·楚元王传》，页1969；徐复观，《汉代专制政治下的封建问题》，《周秦汉政治社会结构之研究》（台北，学生，1975年），页186－188。

56.《汉书·艺文志》，页1708。

57.《汉书·儒林传》，页3614。

58. 王先谦，《汉书补注·楚元王传》，卷三六，页33。

59.《汉书·楚元王传》，页1969；同上，《艺文志》，页1706。

60.《史记·孔子世家》，页1947；《汉书·司马迁传》，页2737；同上，《武帝纪》，页208－209；荀悦，《前汉纪》（台北，商务，人人文库），页245－246。阎若璩，《尚书古文疏证》（《皇清经解续编》本，卷二，页4）。王先谦，《汉书补注·楚元王传》，卷三六，页33。

61.《史记·儒林列传》卷一二一，页9；何焯，《义门读书记》（台北，商务，四库全书珍本二集），卷二〇，页4下；王引之，《读书杂志》（台北，商务，国学基本丛书），第三册，页44。

62.《汉书·平帝纪》，页349－351；同上，《楚元王传》，页1972。

外史、闾师，均《周礼》(即《周官》)官名。据《周礼》设官始见于此。有人说《周礼》为刘歆伪撰以作为王莽变法的根据，但歆为太中大夫，至此时不到半年，如何凭空伪撰《周官》[63]。居摄三年(11年)九月，少阿羲和刘歆等说："圣心周悉，卓尔独见，发得《周礼》，以明因监，则天稽古，而损益焉[64]。"所称《周礼》即《周官》，而言王莽发现《周官》，要根据《周官》做部分制度的改革。《汉书·艺文志》说，《周官经》6篇，王莽时，刘歆置博士。《艺文志》又有《周官传》4篇。由于《周礼》的发现，出于王莽，遂有人怀疑为刘歆伪造。而信之者以为出于周公制作，疑者又有以为六国时书。近人不再相信此书出于周公，钱穆先生以为乃战国末年时所作[65]，而徐复观先生，则以为"《周官》乃王莽刘歆们用官制以表达他们政治理想之书"，重新为刘歆伪作说作新解[66]。徐氏之说尚待学术界论定。笔者目前以为仍当暂从钱氏之说。

63. 钱穆，《刘向歆父子年谱》，收入其《两汉经学今古文平议》，页80。

64.《汉书·王莽传》，页4091。

65. 钱穆，《周官著作时代考》，《两汉经学今古文平议》，页285－434。

66. 徐复观，《周官成立之时代及其思想性格》(台北，学生，1980年)。

67.《汉书·楚元王传》，页1967－1972；钱穆，《刘向歆父子年谱》，《两汉经学今古文平议》，页54；《汉书·儒林传》，页3620；同上，《翟方进传》，页3421。

• 刘歆王莽的提倡和建立古文经学

哀帝时发生了经学史上的一件最大事件，就是刘歆的争立古文经书。这一次事件，下开近两千年的今古文之争。成帝河平三年(公元前26年)，刘歆受诏与父向领校秘书。刘歆看到秘书中有古文《春秋左氏传》，非常爱好。当时，丞相史尹咸，因为能治《左氏》，和刘歆共校经传。刘歆从尹咸和翟方进受《左氏春秋》而治之，乃引传文以解经，转相发明，于是章句义理具备。刘歆以为左丘明好恶与圣人同，亲见孔子，而公羊谷梁在七十子后。传闻和亲见，详略不同，歆常以此非难向，向不能说歆的话不对，但是还是自己坚持他的谷梁义[67]。

哀帝即位(绥和二年，公元前7年)四月，歆欲建立《左氏春秋》及《毛诗》、《逸礼》、《古文尚书》，皆列于学官。哀帝令歆与五经博士讲论其义。诸博士或不肯置辞以对。歆因移书太常博士，以责让之。歆指出其在秘藏中发现《逸礼》、《古文尚书》、《左氏春秋》之后，拿来对照学官所传的，学官所藏的只有残缺，并非没有。传问民间，则有鲁国桓公、赵国贯公、胶东庸生之遗学与此同。贯公传《左氏》，受之贾谊，桓公即桓生传礼容，受之徐氏，庸生传《古文尚书》，受之都尉朝，都尉朝受之孔安国。歆又批评博士们“信口说而背传记，是末师而非往古”，“以《尚书》为备，谓《左氏》为不传《春秋》。”“深闭固距而不肯试，猥以不诵绝之，欲以杜塞余道，绝灭微学。”而歆以为“其古文旧书，皆有征验，外内相应。”刘歆的书信，写得太切直，遂为诸儒所怨恨，于是出为太守等职[68]。

刘歆想立《左氏春秋》时，曾求助于丞相孔光，没有求助于王莽，当是正在王莽罢大将军就第后。莽因得罪傅太后，于绥和二年七月初一日罢就第，所以“让太常博士书”，必在七月一日之后，当然其提出立《左氏》等仍可能在七月一日王莽罢大司马之前。此后，歆求助孔光不肯，乃与侍中房凤等共移书让太常博士。是刘歆之立古文经学不能指为欲助王莽篡位，因为莽的前途亦尚不可知[69]。

哀帝去世，王莽持政，莽少与歆同为黄门郎，很尊重歆，乃荐歆为右曹太中大夫，迁中垒校尉、羲和、京兆尹，使治明堂、辟雍，封红休侯。

《汉书·王莽传》说：平帝元始四年（4年），王莽征天下通一艺教授11人以上，及有《逸礼》、《古书》、《毛诗》、《周官》、《尔雅》、天文、图谶、钟律、月令、兵法、史篇文字，通知其意者，皆诣公车。网罗天下异能之士，至者前后千数，皆令记说廷中，将令正乖缪，壹异说。《平帝纪》说：元始五年（5年）正月，征天下通知逸经、古记、天文、历算、钟律、小学、史篇、方术、本草及以《五经》、《论语》、《孝经》、《尔雅》教授者，至者数千人。当是四年征，五年初至。

---

68. 同上，《楚元王传》，页1967－1972。

69.《汉书·儒林传》，页3619；黄彰健，《经今古文学问题新论》（上），《大陆杂志》，58卷2期，（1979年2月），页5－6。

《汉书·儒林传赞》说，平帝时，又立《左氏春秋》、《毛诗》、《逸礼》、《古文尚书》，则其立学官或在元始五年（5年）正月[70]。居摄以后又立《周官》[71]。

王莽的这些措施，打破了博士官长久以来只重口说的传统，先秦时代已有一部分专心研究经书，传授经学的学者，如有一部分学者研究《春秋》，后来结集为《公羊传》和《谷梁传》，只重义理的解释和论断，也就是只有口说[72]，和《左氏传》不以空言说经，其材料是采取自史官竹帛的记录不同。汉初承秦焚书，一二老学者就自己保存的经典，或甚至就自己记得的经典，做训故、传注式的传授。由于缺乏参考书，错误是难免的。久而久之，书籍发现愈多，有人便发现博士们的口说有问题了。他们宁愿相信新发现的古典记载，而不相信博士们的口说。于是进一步要求把这些古典立于博士官来讲，刘歆便是其中的代表人物。由口说进而就书本本身的比较研究并参考其他资料，有了新发现，便不相信口说，这是学问发展中一条很自然的道路。博士们对于已立的经书的研究本也有这种趋势，故《书》分欧阳、大小夏侯，《易》分施、孟、梁丘、京氏等，但这些博士所传的今文经和新发现的古文经，一为口说，一为传记，相异很多，即使博士们不想独占利禄，也要考虑维持自己的立场，所以极力反对，因此，刘歆寻求立《左氏》的失败，有他基本的背景。而王莽的立古文经书及征召通各门学问的学者数千人，必然对于原来的博士官造成极大的震撼。王莽与刘歆，少时同为黄门郎，很尊重刘歆，他的复古癖恐怕也受到刘歆的影响不少。

70. 黄彰健，《经今古文学问题新论》（上），页23。

71.《汉书·艺文志》："《周官经》六篇，王莽时，刘歆置博士。"（页1709）言"王莽时"，当指居摄以后。

72. "口说"，是指经师传经只重口头解释和论断，并不等于"口传"。参看徐复观，《两汉思想史》卷二，页319—322。

- 东汉中兴时的古文经学

光武中兴，设立十四博士。《后汉书·范升传》说：建武二年（26年）尚书令韩歆上疏想为《费氏易》、《左氏春秋》立博士。四年正月，朝公卿、大夫、博士，见于云台。范升反对立《左氏春秋》，认为“《左氏》不祖孔子，而出于丘明，师徒相传，又无其人，且非先帝所存，无因得立。”后又上奏，认为《京氏易》原不该设立博士，而无人能据正。京氏既立，费氏怨望，《左氏春秋》复以比类。京、费已行，次复高氏；春秋之家，又有驺、夹。如令《左氏》、《费氏》得置博士，高氏、驺、夹，五经奇异，并复求立，各有所执，乖戾分争。从之则失道，不从则失人。又言今费、左二学，无有本师，而多反异，先帝前世，有疑于此。认为奏立左、费，非政急务。又言五经之本，自孔子始，谨奏《左氏》之失凡十四事。时难者以太史公多引《左氏》，范升又上太史公违戾五经，谬孔子言，及《左氏春秋》不可录三十一事。

值得注意的是，范升及见刘歆争立《左氏》事，但他并未说刘歆篡改《左氏》，也未说刘歆篡改《史记》，只说《左氏》不祖孔子，无有本师。

《后汉书·陈元传》说：建武初，议欲立《左氏传》博士，范升奏以为《左氏》浅末，不宜立。陈元以为丘明至贤，亲受孔子，而公羊、谷梁，传闻于后世。博士范升等所议奏《左氏春秋》不可立，及太史公违戾凡四十五事，前后相违。范升又与陈元做十余次辩难，光武帝终从陈元建议立左氏学。太常选博士4人，陈元为第一。光武以元新忿争，乃用李封。《左氏》既立，诸儒论议讙哗，自公卿以下屡次还争。适逢李封死，乃复废《左氏》。

光武中兴，著名的古文经学家有陈元、郑兴、杜林、卫宏等[73]。

陈元，父钦，习《左氏春秋》，事贾护，与刘歆同时而别自名家。王莽从钦受左氏学。元少传父业，为之训诂。建武初，元与桓谭、杜林、郑兴俱为学者所宗。光武从陈元的议论，暂立《左氏》。

郑兴，少学《公羊春秋》，晚善《左氏传》。新莽天凤年间（14—19年），将门人从刘歆讲正大义，歆美兴才，使撰条例、章句、传诂及

73.《后汉书·儒林传》，页2545。

校三统历。兴好古学，尤明《左氏》、《周官》，长于历数，自杜林、桓谭、卫宏之属，莫不斟酌焉。世言左氏者多祖于兴，而贾逵自传其父业，故有郑、贾之学[74]。

杜林，少好学，家多书，又从外氏张竦受学，时称通儒。林曾于西州得漆书《古文尚书》一卷，出以示卫宏等说：林流离兵乱，常恐此经将绝。想不到现在卫宏、徐巡又能传它，此道竟不致坠地。古文虽不合时务，然愿诸生无悔所学。卫宏、徐巡益重之，于是古文遂行。林后官至大司空[75]。

卫宏，少与郑兴俱好古学。宏从谢曼卿受《毛诗》，曼卿曾为《毛诗》作训，宏作《毛诗序》。后从杜林受《古文尚书》，为作训旨。时济南徐巡师事宏，后从林受学，亦以儒显，由是古学大兴[76]。

值得注意的是杜林所得的漆书《古文尚书》，只有一卷，并非孔安国当年所得的比《今文尚书》多16篇的《古文尚书》。这一卷的漆书《古文尚书》，恐怕在内容上也只占伏生《今文尚书》的一部分。不过它既是用古文写的，正好拿来研究伏生28篇《尚书》中的文字，古文是如何写法[77]。

- 贾逵、郑众

章帝建初四年（79年）十一月，召开白虎观会议，会期一连数月，命史臣班固著《白虎通义》。这一次会议的参加者多为今文学者，但班固、贾逵通古文经学，杨终通《公羊春秋》，为班固、贾逵所知，言其“深晓春秋，学多异闻”，似杨终亦通《左氏》。而贾逵尤为古文大家，故《白虎通》中亦引有不少古文经说。如《白虎通》，引有《书逸篇》、《谷梁传》、《周礼》、《左传》等，《谷梁传》东汉不立博士，贾逵

74. 同上，《郑兴传》，页1217－1223。

75. 同上，《杜林传》，页934－939。

76. 陆德明，《经典释文》引有《诗卫氏传》，卷五，页52，知卫宏作《毛诗序》乃其《毛诗传·序》，非《毛诗》“小序”。见黄彰健，《经今古文学问题新论》（中篇之三上），《大陆杂志》，61卷1期，页5－6。

77. 据钱穆先生说，东汉的古文《尚书》与伏生今文《尚书》的不同，仅是文字上有七百多个不同，是刘向以中古文校三家《尚书》来的，当时古文家并不传逸书十五篇。见其《两汉博士家法考》，收入其《两汉经学今古文平议》，页226－227。

通晓谷梁五家师说，《白虎通》之采取谷梁说当是受贾逵影响。亦可见贾逵对于这次会议的影响之大[78]。

参加白虎观会议的经学家中，今文学者李育，古文学者贾逵，应该是最针锋相对的。李育，少习《公羊春秋》，尝读《左氏传》，以为不得圣人深意，而前人论难多引图谶，不据理体，于是作《难左氏义四十一事》。建初四年，章帝诏与诸儒论五经于白虎观，育以公羊义难贾逵，往返皆有理证，最为通儒[79]。

贾逵，父徽，从刘歆受《左氏春秋》，兼习《国语》、《周官》，又受《古文尚书》于涂恽，学《毛诗》于谢曼卿，作《左氏条例》21篇。逵悉传父业，弱冠能诵《左氏传》及《五经》本文，以《大夏侯尚书》教授，虽为古学，兼通五家谷梁之说。自为儿童，常在太学。尤明《左氏传》、《国语》，为之《解诂》51篇。永平中，上疏献之，明帝重其书，写藏秘馆。章帝立，特好《古文尚书》、《左氏传》。建初元年（76年），诏逵入讲北宫白虎观、南宫云台，章帝善逵说，使发出《左氏传》大义长于二传者，逵于是具条奏之，擿出左氏三十事尤著明者，都是关于君臣之正义，父子之纪纲。以为《左氏》义深于君父，《公羊》多任于权变。《左氏》崇君父，卑臣子，强干弱枝，劝善戒恶，至明至切，至直至顺。贾逵又晓得前贤郑兴、桓谭之徒，为古学名家，所以不能兴《左氏》，乃因不屑讲图谶。因此，他为兴《左氏》，不惜附会图谶。他说：五经家皆无以证图谶明刘氏为尧后者，而《左氏》独有明文。五经家皆言颛顼代黄帝，而尧不得为火德。《左氏》以为少昊代黄帝，即图谶所谓帝宣。如令尧不得为火，则汉不得为赤。认为《左传》所发明，补益实多。

章帝看到贾逵这些议论后，很高兴，就令逵自选《公羊》严、颜诸生高才者20人，教以《左氏》，与简纸经传各一通。逵数为章帝言《古文尚书》与经传《尔雅》诂训相应，诏令撰欧阳、大小夏侯《尚

---

78. 黄彰健，《经今古文学问题新论》（中篇之一），《大陆杂志》，60卷1期，页18－22。

79.《后汉书·儒林传下》，页2582。

书》古文同异。逵集为三卷，章帝善之。复令撰《齐》、《鲁》、《韩诗》与《毛氏》异同，并作《周官解故》。建初八年（83年），乃诏诸儒各选高才生，受《左氏》、《谷梁春秋》、《古文尚书》、《毛诗》，由是四经遂行于世。皆拜逵所选弟子及门生为千乘王国郎，朝夕受业黄门署，学者皆欣欣羡慕焉。和帝永元八年（96年）官至侍中，领骑都尉。逵所著经传义诂及论难百余万言[80]。

从建初元年(76年)贾逵擿出左氏所长三十事及附会图谶看来，李育要想在白虎观辩赢贾逵是很难的。再看建初八年，章帝诏诸儒各选高才生，受《左氏》、《谷梁春秋》、《古文尚书》、《毛诗》看来，古文经学已获得章帝重视。

而从何休《春秋公羊传序》看，公羊先师与贾逵辩难，是败绩失据的[81]。

和帝永元十三年（101年）以五经义异，书传意殊，和帝亲幸东观，览书林，阅篇籍[82]，又命侍中逵修理旧文，殊艺异术，王教一端，苟有可以加于国者，靡不悉集[83]。惜逵即卒于是年。由上所述，可知章帝、和帝对于古学，更加爱好，这也可以说是受贾逵的影响。

安帝永初四年（110年），邓太后诏谒者刘珍及五经博士，校定东观五经、诸子、传记、百家艺术，整齐脱误，订正文字。这可以说是完成了贾逵未完成的工作。安帝亲政后，于延光二年（123年），诏选三署郎及吏人能通《古文尚书》、《毛诗》、《谷梁春秋》各一人。灵帝光和三年（180年）六月，诏公卿举能通《古文尚书》、《毛诗》、《左氏》、《谷梁春秋》各一人，悉除议郎。自汉中兴，古文学家争取立博士失败后，虽以章帝之爱好古文经学，仍不敢再立古文经，但古文经学家愈来愈多，势力愈来愈大，东汉政府，亦不能不适时给他们一条出仕的路。

章帝时，著名的古文经学家还有郑众。《后汉书·郑兴传》说：众

80.《后汉书·贾逵传》，页1234—1241。

81. 黄彰健,《经今古文学问题新论》(中篇之一),《大陆杂志》，60卷1期，页19。

82.《后汉书·孝和帝纪》，页188。《东观汉记》(台北，中华，四部备要本)，卷二，页6下。

83. 见许冲《上说文表》,《说文解字注》，卷一五下，页8。

年十二，从父兴受《左氏春秋》，精力于学，明三统历，作《春秋难记条例》，兼通《易》、《诗》，知名于世。章帝建初六年（81年），官至大司农。其后受诏作《春秋删》19篇。《后汉书·儒林传》又记其传《周官经》、《毛诗》、《费氏易》。《马融传》又记其注《左氏春秋》。

- 马融、许慎、卢植

贾逵、郑众之后的古文经学大家有马融。融从挚恂受学，博通经籍。融才高博洽，为世通儒，教养诸生，常有千数。融达生任性，不拘儒者之节，常坐高堂，施绛纱帐，前授生徒，后列女乐，弟子以次相传，鲜有入其室者。曾欲训《左氏春秋》，见贾逵注精而不博，郑众注博而不精，以为二注合观，则既精既博，自己无能再加，因此但著《三传异同说》。融注《孝经》、《论语》、《诗》、《易》、《三礼》、《尚书》、《列女传》、《老子》、《淮南子》、《离骚》等。年八十八[84]。

又有许慎。慎少博学经籍，马融常推敬之，时人为之语曰："五经无双许叔重。"慎撰《五经异义》、《说文解字》14篇[85]。

马融的学生有卢植、郑玄。卢植，少与郑玄俱事马融，能通古今学，好研精而不守章句。作《尚书章句》、《三礼解诂》。植有政治、军事才能。中平元年（184年），黄巾贼起，以植讨之，连战皆胜，后以受宦官陷害去职，皇甫嵩讨平黄巾，盛称其行师方略[86]。

84.《后汉书·马融传》，页1953－1973。
85. 同上，《儒林传》，页2588。
86. 同上，《卢植传》，页2113－2120。

- 郑玄之集大成

郑玄，少造太学受业，师事第五元先，始通《京氏易》、《公羊春秋》、《三统历》、《九章算术》。又从张恭祖受《周官》、《礼记》、《左氏春秋》、《韩诗》、《古文尚书》。以山东无足问者，乃西入关，因卢植，事扶风马融。融门徒四百余人，升堂进者五十余生。融素骄贵，玄在门下，三年不得见，乃使高业弟子传授于玄。玄日夜寻诵，未尝怠倦。

会融集诸生考论谶纬，闻玄善算，乃召见于楼上，玄因从质诸疑义，问毕辞归。融喟然谓门人曰：“郑生今去，吾道东矣。”

玄自游学，十余年乃归乡里（北海高密，今山东高密县西南）。家贫，客耕东莱（山东黄县东南），学徒相随已数百千人。及党事起，遭禁锢，遂隐修经业，杜门不出。时何休好公羊学，遂著《公羊墨守》、《左氏膏肓》、《谷梁废疾》，玄乃发墨守、针膏肓，起废疾。休见而叹曰：“康成（玄之字）入吾室操吾矛，以伐我乎！”

光武中兴之后，范升、陈元、李育、贾逵之徒争论古今学，后马融答北地太守刘瑰及玄答何休，义据通深，由是古学遂明。灵帝末，党禁虽解，玄仍不仕。后弟子益众，自远方至者数千。建安元年（196年），遇黄巾贼数万人，见玄皆拜，相约不敢入县境，年七十四。

门人相与撰玄答诸弟子问五经，依《论语》作《郑志》八篇。凡玄所注《周易》、《尚书》、《毛诗》、《周礼》、《仪礼》、《礼记》、《论语》、《孝经》、《尚书大传》、《中候》、《乾象历》，又著《天文七政论》、《鲁礼禘祫义》、《六艺论》、《毛诗谱》、《驳许慎五经异义》、《答临孝存周礼难》，凡百余万言。玄质于辞训，通人颇讥其繁，至于经传洽熟，称为纯儒，齐鲁间宗之[87]。

郑玄，少造太学，师事第五元先，始通《京氏易》。然《后汉书·儒林传》说：建武中，范升传《孟氏易》，以授杨政，而陈元、郑众皆传《费氏易》，其后马融亦为之传。融授郑玄，玄作《易注》，荀爽又作《易传》，自是费氏兴，而京氏遂衰[88]。是玄所注《周易》即《费氏易》。《汉书·儒林传》，费直，治《易》，长于卦筮，亡章句，徒以《彖》《象》《系辞》《文言》10篇解说上下经。以《易传》10篇解说上下经，郑玄、荀爽、王弼皆如此[89]。汉代古文经师之注释经典，并不唯古文或古文先师所说是崇，如贾逵、马融、许慎、郑玄，都是兼采今文经说，无门户之见的学者[90]。

87. 王先谦，《后汉书集解》，卷三五，页10－15。

88.《后汉书·儒林传》，页2254。

89.《汉书·儒林传》，页3602；陈澧，《东塾读书记》（中华书局，四部备要本），卷四，页3。

郑玄之外，又有服虔。虔，少入太学受业，作《春秋左氏传解》。又以《左传》驳何休之所驳汉事六十条。虔，灵帝中平末（189年）拜九江太守[91]。

郑玄对《春秋左氏传》据说原亦有注解，后来于旅舍见服虔，知服氏在注《左传》，有许多和他相同的，就把自己已注的部分送服虔[92]。不过郑氏对《左传》的解说有许多是和服注不同的[93]。

郑玄于经学上号称集汉代经学之大成，也有人责其混淆今古文，使两汉家法亡不可考[94]。其实两汉的家学全靠中央政府建立太学来维持，太学还有吸引力的时候，家法尚可勉强维持，一旦太学对知识分子缺乏吸引力的时候，家法就无法存在了。

前曾言郑玄曾发墨守，针膏肓，起废疾。何休坚守公羊家法，郑玄则古今兼治，何休的学问才智未必不及郑玄，但学问本不能严格画一条界线！此线以内要，以外不要。何况今古文经学，原可有互相补足的地方，郑玄等古文学家的兼治今古文正可满足当时学者的需要。西汉宣帝时，夏侯建转事多师，左右采获，又从五经诸儒问与《尚书》相出入者，牵引以次章句，具文饰说，夏侯胜批评他“章句小儒，破碎大道”。夏侯建已不能守师说，而转益多师，自创家法。古文经学既兴，受到博士们的压抑，只好在民间发展，他们没有家法的限制，不必故步自封，乃一并治今文经学，这是理之当然。但是像郑玄那样，用“章句”的注解方式，遍注五经，会通古今文学，一写百余万言，两汉四百年中无人出其右。所以郑玄允为两汉经学的集大成者。

90. 黄彰健，《经今古文学问题新论》（中篇之一），《大陆杂志》，60卷1期，页15；（中篇之二），同上，2期，页65、70；（中篇之三上），同上，61卷1期，页1。

91.《后汉书·儒林传》，页2583。

92. 刘义庆，《世说新语·文学门》，见杨勇，《世说新语校笺》（台北，明伦，1971年），页148。

93. 黄彰健，《经今古文学问题新论》（中篇之三下），《大陆杂志》，61卷2期，页66。

94. 皮锡瑞，《经学历史》（台北，河洛，1974年），页149。

结语

经学是汉代的显学，其时任何人要想在政治上有出身，必须依附经术。但汉代初兴时，政府提倡黄老之术，儒术的独尊，是今文经学家的奋斗之功居多。西汉一朝，今文经学始终强盛，刘歆的争立古文经学博士要到王莽主政后才成功。东汉中兴，政府还是循西汉成例，只设立今文经学博士，古文经学虽在光武帝时一度设立有左氏博士，但不久即废。东汉因为光武帝的表章气节，经典中的道德教训很受人重视，所以出现了很多有气节的学者和官员。

东汉中期以后，学习经学求出身的人越来越多，经生的出路日窄，学者乃借相互标榜以争取名誉，许多善士因此死于党祸。今文经学家因国家设立博士官及太学，许多人乃由太学出身为吏，由博士官而历至公卿。所以今文经学的兴衰，始终和两汉的政局的隆替息息相关。

古文经学因不得立博士，所以和政治的关系比较浅。在党祸起后，许多学者更专心从事于学术事业。今文经学因政治之败坏而衰，古文经学者因而更专心经业，所以古文经学家终能集两汉今古文经学之大成。今文经学虽随着汉代的灭亡，而逐渐衰微，但古文学家也吸收有今文学之长，所以今文经学对后世仍有他的贡献。

郑玄生于汉末，集两汉经学之大成，曹魏时王肃不好郑氏学，喜贾逵、马融之学，贾、马亦皆为汉代古文学家，是王肃仍脱不了汉代经学的影响。魏晋南北朝以下，虽有许多新经学家兴起，但他们在名物制度的解释方面，仍不能不受有两汉经学的影响。从两汉以后，历代取士既皆不能废经学而学问上也是以经学为主，这些都是受汉人的影响。如果汉人仍循秦人的老路，不重视《诗》《书》等旧籍，后代恐怕就连五经这几部古典也难得看到了，遑论有经学这门学问。

旧学新知百贯通

从朱子《孟子集注》看注疏传统

黄俊杰

旧学商量加邃密，新知培养转深沉，
却愁说到无言处，不信人间有古今。

——朱子[1]

在中国历史的发展过程里，知识的追求是一个相当重要的工作。几千年来，中国文化人对许多永恒性的大问题如“人是什么？”“什么是完美的人格？”“如何才能完成完美的人格？”等问题的思考，常与其对知识的界定与追求有很密切的关系。就其大体来说，在中国文化脉络里，追求知识的目的乃是为了成就道德的理想，知识是达到道德的一个必要手段，而道德是知识系统所赖以建构的根本基础。早在春秋时代（公元前722—前464年），中国即有所谓“三不朽”之说，而其顺序是“立德”在先，“立功”次之，“立言”又次之[2]。孔子继承周文化中这个重德行的传统，他认为德行的建立比知识更重要，他说：“知及之，仁不能守之，虽得之，必失之。”[3]道德是建立知识不可或缺的基础。自孔子以下，这个立场大致为儒学传统所接受。从道德立场来谈知识问题，乃因此成为中国文化传统的一大特色。

既然如此，知识问题在中国文化传统中是否就不足轻重了呢？答案显然是否定的。在西方的哲学传统中，自柏拉图（Plato，公元前429—前347年）的对话录 *Theaetetus* 以降，知识论一直是西方思想史的一个重大问题。和西方的情形比较起来，中国文化显然有一个注重德行的优先性的传统。但这并不等于意味着中国文化不重知识的追求。事实上，自孔子以降，知识的追求（所谓“道问学”）与道德的挺立（所谓“尊德性”）永远是儒学传统中儒者思考问题的两个起点，也是儒学历经其他思想系统的挑战而得以不断丰富其生命的内在富源。中

1. 朱子，《鹅湖寺和陆子寿》，收入《朱文公文集》（四部丛刊初编缩本），以下简称《文集》，卷四，页103下半页。据王懋竑，《朱子年谱》（台北，商务，1977年台一版，人人文库特127），页74—75所载，朱子此诗成于淳熙六年己亥，1178年，朱子时年五十岁。秦家懿氏对朱陆鹅湖之会曾有详细研究，参见Julia Ching, “The Goose La-ke Monastery Debate (1175),” *Journal of Chinese Philosophy* 1(1974), pp. 161-178。

2.《左传》（十三经注疏本）襄公二十四年，卷三五，页20上。

3.《论语集注》（四部备要本），卷八，《卫灵公第十五》，页6下。

国儒学史上，汉宋学术的差别、程朱陆王的异同乃至清代学术的兴起等重大问题，都可以从这个角度赋予圆融的解释。

中国文化对知识的追求付予这样的重视，那么，我们深感兴趣的是：中国人在知识的探讨追求上，有何特殊的方法与成就？这种特殊的方法的发展历经哪些阶段？中国学术史这种特殊的传统在整个中国文化史上有什么历史意义？这篇论文的写作就是环绕着这些问题而展开，企图针对以上几个问题提出初步的解答，以作为我们进一步思考的参考。

注疏传统的发展及其特质

从思想史的立场来看，传统中国思想家表达其思想系统有一个很特别的方式，这就是：以注解及诠释经典的方式来建立自己的思想体系。这种表达思想的方式与西方思想传统有很大的出入，一般说来，西方思想家很少以注解经典的方式来提出他们自己的哲学体系。我们固然可以说整个欧洲哲学传统就是柏拉图思想的注脚，但是西方思想家对柏拉图哲学是“抽象的继承”，而不是“具体的继承”。他们在思辨路数上从柏拉图汲取灵感，但注解柏拉图并不是他们建立思想体系的根本方式。反观中国的学术传统，我们立刻可以发现，先秦时代所形成的几部经典一直是中国思想家思考宇宙、国家、社会、人生诸般问题的一套基本文献，而历代许多大思想家、大学问家也常常通过对这些基本文献的注解诠释，来提出他们的思想体系。由于中国传统中有这种特殊的表达思想的方式，所以中国学术史上就有一个极为发达也极有光辉的注疏传统。

从中国学术史上注疏传统的发展历程来看，大致可以划分为两个明显的阶段。第一个阶段是以五经为中心的时期。《五经》包括《诗》、《书》、《易》、《礼》、《春秋》五部经典，自秦汉代以后，儒者毕生治学多以《五经》为中心而展开，他们所注释诠解的典籍也以《五经》为主；第二个阶段是以《四书》为中心的时期，《四书》就是《论语》、《孟子》、《大学》、《中庸》四部经典。这两个阶段的转变关键大约是在10世纪左右，也就是从北宋（960－1126年）开始，由于新儒学大师如二程等的提倡，《四书》地位逐渐上升，到了朱子出而集结《四书》，并为之作注，《四书》的经典地位已完全确立。因此，我们可以说，朱子在中国学术史上实居于关键性的历史地位，-因为《四书章句集注》的完成，不仅完成了他所持进《四书》而退《五经》的理想，使中国注疏传统的发展由以《五经》为中心转而以《四书》为中心[4]；而且，从元仁宗皇庆二年（1313年）起，朱子的《四书集注》成为科举考试的官定本。通过考试制度的实施，朱子学成为官学，亦对元代以后中国儒者的思想产生深刻的影响[5]。此后七百年间，整个东亚地区儒学思潮的发展均与朱子学有密切关系。阐朱释朱之作品固如雨后春笋，而诤朱攻朱之论著亦接踵而至，构成思想史上极可注意的历史现象[6]。

接着，我们再从学术史上注疏内容的发展来看。如从这个角度观察，我们可以把中国的注疏传统区分为三个时期：第一个时期是所谓“汉唐训诂之学”的时期，大约起自汉武帝置五经博士，而终于唐代初年《五经正义》的写定。在这个时期里，学者对先秦经典的诠释特别侧重在语言文字的训释，换句话说，也就是以文献资料的整理、古制的重建为其特色。

第二个时期是所谓“宋明性理之学”的时

4. 关于朱子在中国儒学史上承先启后的历史地位，参看钱穆，《朱子新学案》（台北，三民，1971年），第一册，《朱子学提纲》，页23－35。关于朱子四书集注的完成在儒学史上的意义，参考Wing-tsit Chan, “Chu Hsi's Completion of Neo-Confucianism,” in *Etudes Song in Momoriam Etienne Balaze*, éditées par Francoise Aubin, Séries II, Civilization I (Paris: Mouton & Company and Ecole Pratique des Haute Etudes, 1973), pp. 73-80。陈荣捷著，万先法译，《朱熹集新儒学之大成》，《中华文化复兴月刊》，7卷12期（1974年12月），页46－59；关于四书之取代五经而为经典的原因的分析，参看宇野精一，《五经から四书へ——经学史觉书》，《东洋の文化と社会》（京都，支那哲学史研究室，1952年3月），第1辑，页1－14。

5. 关于朱子学在元代之兴起，参考Wm. Theodore de Bary, “The Rise of Neo Confucian Orthodoxy in Yüan China”（未刊稿），此文将收入狄百瑞氏著新书：*Neo-Confucian Orthodoxy and the Learning of the Mind-and-Heart* 之中，此书不日将由哥伦比亚大学印行。此文之日译本，见籾山明抄译，《元代における道学兴隆》，《东洋史研究》，38卷3号（昭和五十四年十二月），页52－105。此文最后三节之中文译文，见狄百瑞著，侯健译，《元代朱熹正统思想的兴起》，《中外文学》，8卷3期（1979年8月），页66－67。承狄百瑞氏以其论文初稿相赠，笔者尝就狄氏之主要论点，试作讨论。另详黄俊杰，《儒学价值系统中的两难式——〈元代朱熹正统思想

>>

期，大约起自中唐，中间经过宋元时代的发展，而以明代初年《四书五经大全》的编纂为其终止之期。从某一个角度而言，第二个时期注疏之学的发展可以视为对第一个时期所累积而成的烦琐的义疏训诂的再批判与再出发。这个时期的学者所关注的焦点从过去的文字训诂制度问题转到经书内在理念的探讨。从第一期到第二期的转变过程，韩愈（退之，769－824年）可以视为一个重要的分水岭式的历史人物。韩愈送友人卢仝（？－835年）诗云："春秋三传束高阁，独抱遗经究终始。"[7] 这首诗中的意境最能透露中唐以下学者挣脱汉唐训诂之学的旧传统，而另外建立一个以经书的思想为探讨焦点的新局面的努力[8]。

第三个时期是所谓"清代考据之学"的时期，它所涵盖的时间大约从明朝末年起至"五四"时代为止。清代注疏之学以"实事求是"的精神为基础，企求上复古学的真面目，其具体的研究途径是从经典的考证训诂入手[9]。但从思想史的立场来看，则清代考证学的兴起必须远溯到晚明程、朱和陆、王两派的义理之争。由义理之争折入文献考证，逐渐引导出清代全面整理儒家经典的运动。这种转变，代表儒学由"尊德性"转入"道问学"的层次，可以视为"儒家知识主义"（Confucian Intellectualism）的兴起[10]。

在以上的讨论中，我们指出传统中国学者在探索知识的时候多出之以注解经典的方式，这是中国文化传统一个很值得注意的现象。我们在上文中也很粗略地就数千年来中国学术的历史经验对这种注疏传统的发展做了若干分期观察。

之兴起〉读后》,《中外文学》，8卷9期（1980年2月），页100－106，收入黄俊杰,《历史的探索》（台北，东升，1981年），页167－175。

6. 关于17世纪以后，东亚反朱思潮的展开，另详黄俊杰,《戴东原、伊藤仁斋、丁茶山的孟学解释——中日韩近世儒学史比较研究》,《韩国学报》，1期（台北，中华民国韩国研究学会，1981年4月），页1－23。

7. 韩愈,《致卢仝》，收入《朱文公校昌黎先生文集》（四部丛刊初编缩本），卷五，页50下。

8. 关于韩愈在儒学史上之历史地位，参考陈寅恪,《论韩愈》,《历史研究》，1954年，2期，页105－114。

9. 以上关于三个时期的讨论，大致参考加贺荣治,《中国古典解释史——魏晋篇》（东京，劲草书房，1964），第一章，页1－49。

10. 余英时先生对这一点有精审之分析，参考余英时,《从宋明儒学的发展论清代思想史——宋明儒学中知识主义的传统》，收入余英时,《历史与思想》（台北，联经，1976年），页87－121；余英时,《论戴震与章学诚——清代中期学术思想史研究》（香港，龙门书店，1976）; Ying-shih Yü, "Some Preliminary Observations on the Rise of Ching Confucian Intellectualism, "《清华学报》，新11卷1、2期合刊（1975年12月）（中国思想史专号），页105－136；Ying-shih Yü,"Intellectualism and Anti-intellectualism in Chinese Intellectual History," 同上，页137－144。

那么，我们接着必须面对的一个问题是：在以上所述中国注疏传统几个阶段的转折变化中，是否有某种通贯不变的基本特质？

中国学术史上注疏传统的基本特质，一言以蔽之，乃在于：历代学者疏解经典之时皆寓维新于守旧之中。他们阐释经典的基本态度都是守先以待后，寓开来于继往。他们一方面上承先贤心智耕耘的成果，一方面又予以综合融化，再下开此后思想的新局面，故历代学者对经典之注解皆同时蕴涵旧学与新知这两种不同的成分。大部分对经典的疏证都是熔新旧于一炉而冶之，对前此之旧学言为熔旧，就此下之新学言则为铸新。

关于中国注疏传统中这一个突出的特质，我们在学术史上可以找到很多例子。今仅举一例以概其余。前文说过，唐代初年《五经正义》（图一）的撰写结束了中国经学解释发展史上的第一个阶段。所谓《五经》是指:《易》、《诗》、《书》、《礼记》、《春秋左传》五部经典，由孔颖达（574－648年）、颜师古（581－645年）、司马才章、王恭、王琰等人合撰。《周易正义》用王弼、韩康伯注，《尚书正义》用伪孔传，《毛诗正义》用毛传郑笺，《礼记正义》用郑玄注，《春秋左传正义》用杜预注。从以上这份书单，我们不仅可以看出《五经正义》在思想系统上是兼采魏晋以来南学及北学不同的传统，而且也总结了唐代以前学者疏解经书的成果。但更值得我们注意的是，《五经正义》不仅总结前人解经的成果，而且也下开思想的新境界。例如：通贯《五经正义》，我们可以发现“道”与“气”这两个观念常结合在一起讨论，这个事实本身代表道家与儒家思想的结合，也是“正义”之学的新发展，为后来宋代的理学系统做了思想上的铺路工作[11]。其实，除了唐初的《五经正义》之外，历代学者所撰有关经典的注释都在不同的程度上具备了这个特殊性格——新旧融合，古今一体。唐初孔颖达等人的《五经正义》如此，后汉（25－220年）赵岐（约108－210年）的《孟子注》如此，南宋

11. 参考杨向奎，《唐宋时代的经学思想——经典释文、十三经正义等书所表现的思想体系》，收入何冠彪编，《隋唐史研究论集——学术文化篇》（香港，香港史学研究会，1979），页9－19。

（1127－1279年）朱子的《四书章句集注》更是如此。

为什么中国学术的注疏传统具有这种融旧铸新的特质？关于这个问题，可以从两个角度加以思考。一是注解经典的学者所处的时代背景所使然。举例言之，赵岐注解《孟子》（图二），特重具体的政治问题，他也从政治角度解释孟学思想体系，这种特殊取向和他所处的时代中政治问题之严重化，知识分子心神之所关注莫不与政治这一个客观事实有相当密切的关系。赵岐注孟于东汉桓（146－167年在位）灵（168－188年在位）之际政治极端杌陧的时代，赵注虽系"述己所闻，证以经传，为之章句"[12]，以校辑古义，考核故训为其主要目的，但是赵氏于各章之末为之章旨，发挥义理良多。通观赵氏注孟，解析义理多取政治之观点，这种观点与汉儒讲求通经致用，注重经国济民之一般取向相合。如孟子曰："大人者不失其赤子之心"，赵注云："大人谓国君，国君视民，当如赤子，不失其民心之谓也。"[13]孟子大人之学取其普遍义，故"大人者，言不必信，行不必果，惟义所在"[14]，赵氏则专就特殊义言。再如孟子特尊孔子，许为"圣之时者也"，重其德业，赵氏注孟则以孔子为"素王"，重其事功。不仅如此，赵氏更以周公为历史之分界线，"古者，谓周公以前。"[15]"中古，谓周公制礼以来"[16]，特重周公在政治上之功业。因为赵氏注孟特重政治，所以多就具体问题发挥。从赵岐注孟这个历史经验，我们最可以看出时代因素在经典注疏上的投影。

第二个可能的因素是由于注疏者个人的思想倾向所导致的。关于这一点，我们可以举唐初陆德明（556－627年）为例加以说明。陆德明著《经典释文》（图三），内容包括：《周易》、《古文尚书》、《毛诗》、《三礼》、《春秋》、《孝经》、《论语》、《老子》、《庄子》、《尔雅》等书。老庄这些道家的书籍与儒家典籍并列，合称为"经典"，这真是石破

12.《孟子》（四部丛刊初编缩本），卷八，《离娄章句下》，页65上。

13.《孟子》，卷八，《离娄章句下》，页65上。

14. 同上。

15.《孟子》，卷四，《公孙丑章句下》，页36下。

16.《孟子》，卷四，《公孙丑章句下》，页34上。

天惊的一举！何以会有这种情况出现？这一方面固然由于南朝以及王弼一派的作风，一方面更是由于陆德明个人思想上的倾向所有以致之。陆德明一向“善言玄理”，对老庄一系思想有很深的修养，所以当他疏解儒家经典的时候，也就不免以老庄之学入儒学了[17]。

总结以上的讨论，我们可以说，中国学术史上的注疏传统有因袭旧学的一面，也有培养新知的一面。南宋孝宗（1162－1189年在位）淳熙六年（1179年），朱子赋诗和陆九龄（1132－1180年），有“旧学商量加邃密，新知培养转深沉”之句，这首诗固然是朱子称颂鹅湖之会（1175年）以来二陆兄弟之进境而作。但是，商量旧学、培养新知实在也是中国注疏传统的最佳写照。

17. 参考杨向奎，《唐宋时代的经学思想——经典释文、十三经正义等书所表现的思想体系》，页10。

18. 朱子，《文集》，卷七五，页1390下。

朱子《孟子集注》的因袭面与创新面

从学术思想史的角度来看，朱子著《四书章句集注》就南宋以前之儒学言为融旧铸新，综罗汉魏前儒以迄北宋诸老先生之训诂经义于一炉而冶之；然就南宋以后之儒学传统言则为开宗立范，朱子注释《四书》之同时；随时出之以新义新说，为此下学者开宗风、立矩矱。《四书章句集注》最能具体显示朱子学因袭面与创新面之二大特质。我们欲一窥中国注疏传统的特质与朱子学问的藩篱，《四书章句集注》实在是一个重要的依据。

我们先就其因袭面来看。朱子是12世纪中国儒学之集大成的人物。这种集大成的历史性格于其《四书章句集注》中最能透露其消息。朱子《语孟集义序》尝云：“汉魏诸儒，正音读，通训诂，考制度，辨名物，其功博矣。学者苟不先涉其流，则亦何以用力于此。”[18]朱子为学极为重视前儒注疏，从《朱子语类》中，我们也可以发现朱子随处指示学者汉注唐疏不可偏废；他自己为《四书》作集注也随时征引前儒

附釋文尚書註疏卷第一

國子祭酒上護軍曲阜縣開國子臣孔 穎達 奉 勑撰

唐國子博士兼太子中允贈齊州刺史吳縣開國男陸 德明 釋文附

尚書序

（釋文）此孔氏所作述尚書起之時代并敘爲注之由故相承講之今依舊爲音

（疏）正義曰道本沖寂非有名言既形以道生物由名舉則凡諸經史因物立名物有本形形從事著聖賢闡教事顯於言言愜羣心書而示法既書有法因號曰書後人見其久遠自於上世尚者上也言此上代以來之書故曰尚書且言者意之聲書者言之記是故存言以聲意立書以記言故易曰書不盡言言不盡意是言者意之筌蹄書言相生者也書者舒也書緯璿璣鈐云書者如也則書者寫其言如其意情得展舒也又劉熙釋名云書者庶也以記庶物又爲著言事得彰著五經六籍皆是筆書此獨稱書者以彼五經者非是君口出言即書爲法所書之事各有云爲

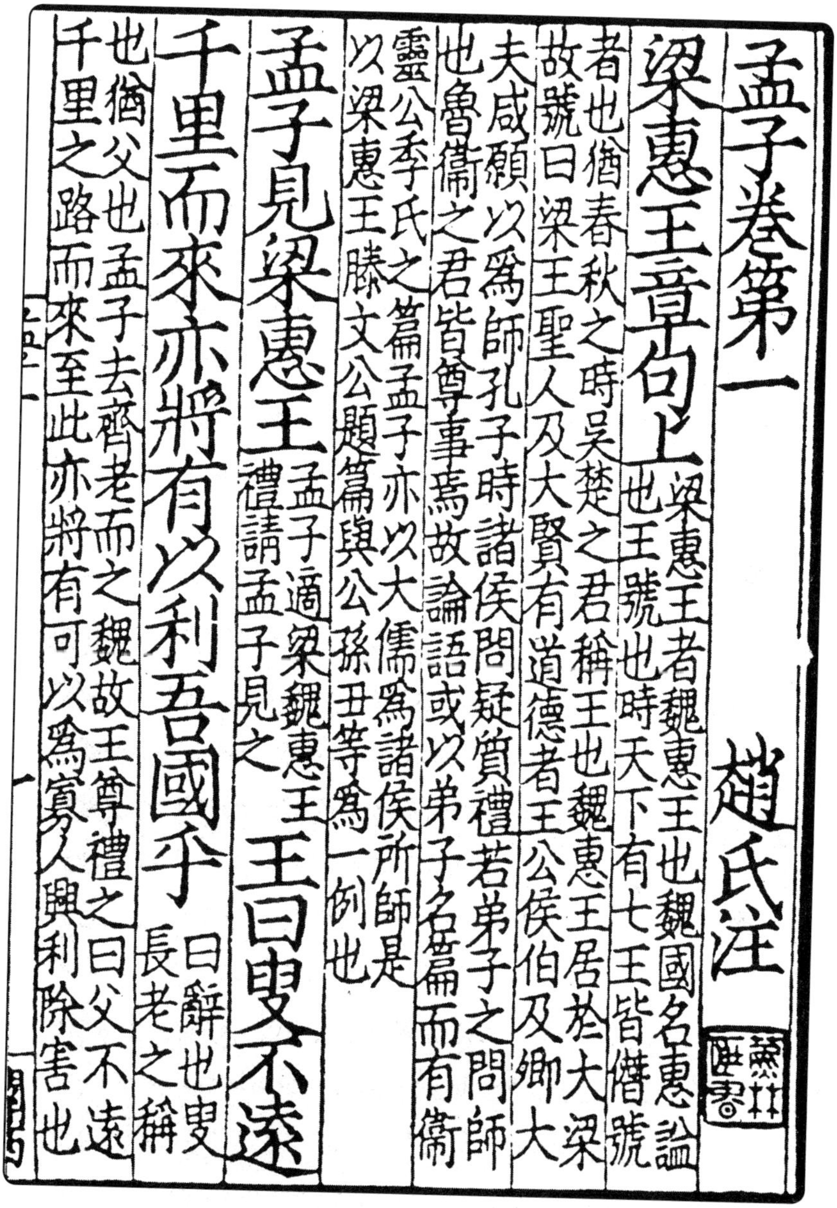

孟子卷第一　　趙氏注

梁惠王章句上　梁惠王者魏惠王也魏國名惠謚也王號也時天下有七王皆僭號者也猶春秋之時吳楚之君稱王也魏惠王居於大梁故號曰梁王聖人及大賢有道德者王公侯伯及卿大夫咸願以爲師孔子時諸侯問疑質禮若弟子之問師也魯衞之君皆尊事焉故論語或以弟子名篇而有衞靈公季氏之篇孟子亦以大儒爲諸侯所師是以梁惠王滕文公題篇與公孫丑等爲一例也

孟子見梁惠王　孟子適梁魏惠王禮請孟子見之　王曰叟不遠千里而來亦將有以利吾國乎　曰辭也叟長老之稱也猶父也孟子去齊老而之魏故王尊禮之曰父不遠千里之路而來至此亦將有可以爲寡人興利除害也

2

图一　孔颖达撰《尚书注疏》（宋庆元间建安魏县尉宅刊本）。唐太宗下令孔颖达为首主持《诗》、《书》《礼》、《易》、《春秋》的编纂工作，对经学的统一和汉学的总结，贡献良多。

图二　赵岐注《孟子》（清内府藏宋刊大字本），采自《四部丛刊初编》（上海，商务，民国十一年）。赵岐乃东汉经学家，其《孟子章句》是目前仅存最早的一部两汉章句之学的著作，被评为“精密而条畅”。

旧说，并予以折中消化，构成一圆融无碍的思想体系。我们欲探讨汉魏及北宋儒学如何在朱子学中呈现，则最有效之方法殆在于对《四书章句集注》作一个思想史的分析。

再就其创新面来看，我们可以发现朱子的《四书章句集注》最能体现中国学术传统特质之所在。在前文的讨论中，我们已经指出，西洋史上所见的思想家多自出心裁，建构自己的哲学体系，经典注疏或眉批虽时或有之，但终究不是思想家表出其思想之根本方式。西洋思想家多各自著书立说以申己见，其所关心之问题或与古哲有一脉相通或隐然相应之处，然绝少以注疏经典之方式寄托一己之哲思。中国的情形与西洋之传统颇不相同，中国历代大哲多在阐释疏解经典之中提出自己的哲学新见，两汉经师之注解《五经》，魏晋新道家之注老庄如此，宋明诸老之疏通《四书》更是如此。此种寓一己哲思之新见于经书的训解之中的传统，为中国学术思想发展史的一个重要现象，为我们所当注意。这一个思想传统乍见之下，或以为中国思想历经二千年而未尝变动，但细按其实则思潮伏流互相激荡，学者在注经解经的同时申之以己意，以新酒装旧瓶，所以经书之外表仍旧，而其思想之内容已变。就这个特质而言，历代解经家所行者实系拔汉帜立赵赤帜之工作。

朱子是集宋代新儒学大成的思想家，他结集《四书》以代《五经》，固系不朽之伟业，影响于后世者至深且巨。朱子之纳子思、曾子于孔孟道统之中，尤寓其哲学之新见，而更重要的则是朱子以他自己的哲学立场批导孔孟旧说，于孔孟格局之外另创一新天地。我们如纯就哲学立场来说，朱子注孔孟颇多违失先秦孔孟学说宗旨者。但就历史的角度来看，则从朱子注孟违失之处正可以看出他的宋儒立场及其哲学新见，在思想史上极具意义。

关于《论语集注》（图四、图五）中朱子与先秦儒学歧出之处，钱宾四先生已有精审研究[19]。本节专以《孟子集注》（图六）一书为中心，分析朱子所撰集注之因袭义及其创新义[20]，并就其思想史上的含义略作讨论。

朱子注《孟》之因袭面综罗汉魏诸儒解经之成果，充寓“经学”之精神；这一点和他注《孟》的创新面中自出心裁，充满“理学”之作风构成有趣的对比。在《孟子集注》中，朱子引用有宋一代以前典籍之次数共404次，包括属于经部的典籍155次；属于史部的典籍64次；属于子部的典籍30次；其他各种字书则共引用155次[21]。我们再细查朱子引用各类典籍之总数，则可以发现属于经部者有15种；属于史部者有6种；属于子部者有21种；各种字书则有8种。朱子不仅引用经籍以阐释《孟子》，更引用宋以前儒者各种注疏，其次数共323次：包括经部典籍的注疏引用193次；史部典籍的注疏引用9次；子部书籍的注疏引用17次；集部书籍的注疏引用4次[22]。从以上有关朱子《孟子集注》中引用书籍次数的统计中，我们显然可以发现朱子引用典籍及前贤注疏以阐释《孟子》，结合了诸桥辙次所谓“直接法”与“间接法”以解释经典[23]。在引用诸书中，经部典籍所占比例独高。这一点最可以显示出朱子在经学传统内阐释先秦孟学之基本立场。史部、子部及集部诸书多系被征引来阐明此一基本立场，作为经部诸书论点之附注而已。

但是，我们以上所做的两个统计尚不足以穷尽朱子对孟学解释之因袭面。朱子注《孟》除泛引经、史、子、集各典籍及其注疏之外，袭用后汉赵岐之旧说的次数亦甚为可观，这是《孟子集注》中最可注意的一个现象。朱子尝云：“解书难得分晓。赵岐《孟子》拙而不明，王弼《周易》巧而不明。”[24]他对《孟子》赵氏注评价甚低，但据我们统计，通贯《孟子集注》全书各章，朱子引用或因袭赵氏注者共高达

---

19. 钱穆，《从朱子论语集注论程朱孔孟思想之异同》，《清华学报》，新四卷二期（1964年2月），页50—75。

20. 关于朱子对孟学本身之解释，另详黄俊杰，“The Rise of the *Mencius*: Historical Interpretations of Mencian Morality, ca. A. D. 200 - 120,” Unpublished Ph.D. Dissertation, University of Washington, Seattle, 1980, Chapter V。

21. 引用次数之统计依据大槻信良，《四书章句集注に现れた朱子の态度》，《日本中国学会报》，5期（1953年），页85—86。以下简称为《态度》。中译文见黄俊杰，《从四书章句集注论朱子为学的态度》，《大陆杂志》，60卷第6期（1980年6月），页278—279。

22. 大槻信良，《态度》，页87；中译文，页280。

23. 参考诸桥辙次，《经学研究序说》（东京，目黑书店，1941年），页339—372。

24. 黎靖德编，《朱子语类》（台北，正中，1962年）卷五一，页1991。

經典釋文卷第八

周禮音義上 起天官盡春官下

唐國子博士兼太子中允贈齊州刺史吳縣開國男陸德明撰

天官冢宰第一 本或作冢宰上非餘卷放此

惟王 如字干寶云王天子之號三代所稱 雒 音洛水名也本作洛後漢都洛陽改爲雒 之景 京領反下皆同 辨 本亦作辯徐邈劉昌宗皆方免反別也一音平勉反 別也 彼列反下同 以縣 音玄下同 槷 魚列反下同 召誥 上詔反下古報反 大保 音泰 汭 人銳反 體國 鄭云體猶分也干寶云體形體 面朝 直遙反 令天 力呈反 冢宰 鄭云宰主也干云濟其清濁和其剛柔而納之中和曰宰 掌邦治 直吏反注邦治下治官皆同 大宰 音泰注及後放此 副貳 徐音二 府藏 才浪反下同 官長 丁丈反下皆同 自辟 必亦反徐方狄反 胥 鄭徐劉思敘反戚思餘反下皆同 徭役

4

图三　陆德明撰《经典释文》（清乾隆五十六年卢氏抱经堂重刊本），是古人读经时用的字典，内容以考证古音为主，兼辨训义。

图四　朱熹和《论语集注》手稿。《论语集注》是朱熹经过四十多年的用心“理会”，并“逐字称等”后才最终写定的经典之作，是解释《论语》最有影响的一部著作。

論語卷第一　朱熹集注

學而第一　此爲書之首篇。故所記多務本之意，乃入道之門，積德之基，學者之先務也。凡十六章。

子曰：學而時習之，不亦說乎？說，悅同。○學之爲言效也。人性皆善，而覺有先後，後覺者必效先覺之所爲，乃可以明善而復其初也。習，鳥數飛也。學之不已，如鳥數飛也。說，喜意也。既學而又時習之，則所學者熟，而中心喜說，其進自不能已矣。程子曰：習，重習也。時復思繹，浹洽於中，則

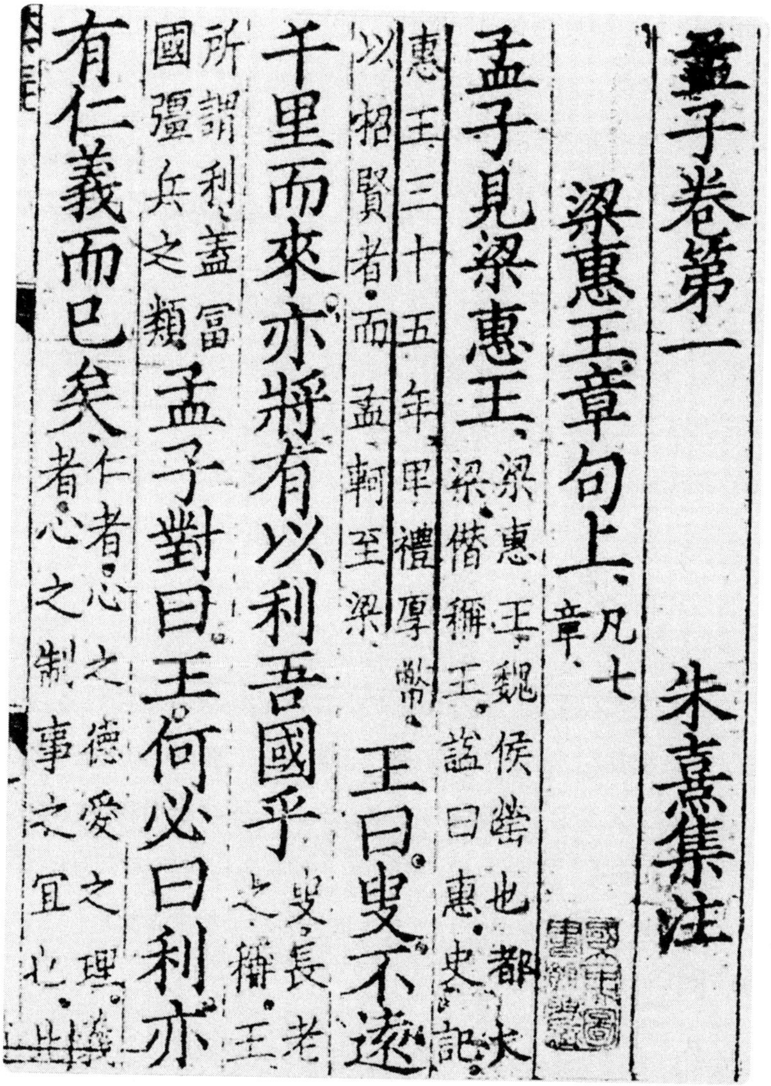

孟子卷第一　朱熹集注

梁惠王章句上　凡七章

孟子見梁惠王　梁惠王，魏侯罃也。都大梁，僭稱王，謚曰惠。史記惠王三十五年，卑禮厚幣以招賢者，而孟軻至梁。　王曰：叟不遠千里而來，亦將有以利吾國乎？　叟，長老之稱。王所謂利，蓋富國彊兵之類。　孟子對曰：王何必曰利？亦有仁義而已矣。　仁者，心之德、愛之理；義者，心之制、事之宜也。

图五　朱熹撰《论语集注》，采自《中国历史图说（八）——宋代》（台北，新新，1979 年）。

图六　朱熹撰《孟子集注》（宋刊七行十五字本）。朱熹引程子的话，语为“学者当以《论语》、《孟子》为本”，故撰《孟子集注》时同样用功最勤。

580次[25]，包括有关文字训诂者共317次；有关史实人名者共121次；有关章旨文义者共84次；有关国名地望者共30次；有关经典出处者共15次；有关古代制度者共13次。

就以上统计所见，朱子袭用赵氏注者以有关文字训诂者为最多，史实人名次之，两者共计438次，占总数之绝大多数。由此可见，就朱子观之，赵注之长处在文字训诂及史实人名之考证上。其次，有关国名地名、经典出处、古代制度之训解，朱子之从赵氏者共58次，盖以赵氏近古，所论古制及地望之考证较为可信，故朱子多从之。

朱子在章旨文义的阐释上从赵氏者共计84次，为数不少。但我们进一步细究其实，则可发现朱子在章旨文义上袭用赵氏注者多属于训诂之范畴，如《孟子见梁惠王》章，赵氏注曰："所谓利，盖富国强兵之类"，朱子从之曰："赵岐注云，孟子知王欲以富国强兵为利。"至于有关重要哲学概念如"仁"、"义"等之训释，则朱子多出自一己之心裁，极少盲从汉魏先贤的说法。

从上文对朱子《孟子集注》的因袭面所作的讨论中，我们可以看出朱子对先秦经典以及汉注唐疏均以自己的哲学立场加以取舍裁成，因革损益，而非完全承袭旧学之矩矱，这一点最可以显示出朱子为学的集大成性格，也可以反映出宋儒以主观的立场追求知识的统一，并进而以批判的态度折中融会传统学问的做法[26]。

但是，朱子的《孟子集注》并不以因袭旧学为唯一鹄的。朱子在承继旧学的同时也随时追求新知，提出自己的哲学新见。这种创新面就思想史的流变而言，尤其值得我们注意。因为朱注的因袭面代表旧传统的延续；在这种承继之中朱子只是汉魏隋唐诸儒的注脚；而朱注的创新面则代表新格局的开展，在这种开展之中朱子为此下七百年间

25. 大槻信良氏之统计为494次（见《态度》，页87），此与笔者统计略有出入，然此并不意味两者有重大歧异。因大槻氏系以朱子引用赵氏之说一次计一点，笔者则分六类计算，朱子引用赵注之同一条中可能分属于一种以上之范畴，故应分别计算，故笔者所统计之次数较大槻氏所统计者为多。

26. 武内义雄认为这一点是宋儒为学最大的特色，其说甚是。见武内义雄，《宋学の由来及ひその特殊性》，收入《武内义雄全集》（东京，角川书店，1979年），第四卷（《儒教篇三》），页307。

的儒学思潮立宗范定规模。朱子在中国儒学史上的历史地位正在这种新旧递嬗之中透露无遗，而朱子思想的重要特质正在于他能在旧传统的延续与新思潮的展开之间维持一个稳定的平衡关系。

我们再进一步来考察《孟子集注》中朱子思想的创新面。通读《孟子集注》，我们可以发现，朱子注孟之中所显示的哲学新见与立场至少有以下几个方面：

一是：理的观念的创发。陈荣捷先生已指出，“理”作为一个哲学观念在宋儒以前并未获得充分的发展，先秦时代对理的哲学观念有大贡献者在法家及道家。而在古代儒家中，具有道理意义的“理”之广泛发展，不在孟而在荀[27]。《孟子》书中，“理”字做义理、道理解者仅二次，此即《告子篇》所云：“心之所同然者何也？谓理也，义也。圣人先得我心之所同然耳。故理义之悦我心，犹刍豚之悦我口。”[28]我们可以说，通贯《孟子》全书，“理”作为抽象哲学观念之用法尚不普遍。

朱子注《孟》则自出心裁，完全站在“理”学的立场阐释孟学。这一点不仅可以显示朱子的宋儒观点，也可以体现朱子学要义乃在于“理”这一个观念之通贯其哲学体系。朱子取以“理”为中心的哲学立场释《孟》，故集注全书处处所显示者乃朱学而非孟学之精神，我们于朱注最能获得朱子以新酒入旧瓶消息。这种消息在以下两个例子中表现得尤其明显：

第一，朱子取“理”之立场阐释孟子的“仁”“义”“礼”“智”等观念。孟子屡言，“仁”“义”“礼”“智”根于心。在孟学体系中人心具有此四善端。孟子言此四端，多就具体之行为立论，从未指涉抽象的原理[29]。然朱子阐释“仁”“义”则云：“仁者，心之德，爱之理也。义者，心之制，事之宜也。”[30]朱子以“理”为宇宙万物所共有的

27. 陈荣捷，《新儒学“理”之思想之演进》，收入陈荣捷，《王阳明与禅》（台北，无隐精舍，1973），页20—68，特别是页24。并参考 Wing-tsit Chan, “The Evolution of the Neo-Confucian Concept *li* as Principle,” *Tsing-hua Journal of Chinese Studies*, n.s. 2 (1964), pp. 123-149。

28.《孟子集注》（四部备要本，下同此），卷六，《告子章句上》，页6。

29. 参考钱穆，《从朱子论语集注论孔孟程朱之异同》，页55。

30.《孟子集注》，卷一，《梁惠王章句上》，页1上。

普遍原则，这个哲学立场于其注“仁”“义”二观念中透露无遗，从朱子注中，孟子原义中特殊的指涉范围已经上提而指一般普通之行为原理了。朱子继于“孟子见梁惠王”章以“天理”与“人欲”对立之观念进一步释孟子的“仁”“义”这两个观念。根据朱子的解释，仁义根于人心，是人之所固有，是“天理之公也”；而好利之心是生于物我之相形，是“人欲之私也”。人依循天理而行，则不求利，而自无不利；如徇人欲而行，则求利未得，而害又随之[31]。

朱子在这里提出“天理”的观念最值得我们注意，因为从这里最可以看出朱子以“理”为中心的哲学观念。朱子于“齐宣王问曰交邻国有道乎”章注云：“天者，理而已矣。大之字小，小之事大，皆理之当然也。自然合理，故曰乐天。不敢违理，故曰畏天。”[32]他又认为“天”就是“理势之当然”[33]。朱子又解释孟子“仁，人之安宅也。义，人之正路也”一句说：“义者，宜也。乃天理之当行，无人欲之邪曲，故曰正路。”[34]我们可以说，“理”是朱子全部哲学的中心观念，故朱子注《孟》处处均透过“理”这个基本立场来解释孟学，所以认为整个宇宙就是一个客观的理则秩序。因此，人类必须努力来穷究这个客观的“理”。孟子说：“舜明于庶物，察于人伦。”朱子作这样的阐释：“明，则有以识其理。……察，则有以尽其理之详也。物理固非度外，而人伦尤切于身。故其知之，有详细之异。”[35]

第二，朱子以“理”的观念解释孟子之“性”，并以“性”等同于“理”。这一点在朱子注《告子上》“告子曰生之谓性”章最能见其意旨[36]：

愚按，性者，人之所得于天之理也。生者，人之所得于天之气

31.《孟子集注》，卷一，《梁惠王章句上》，页1下。

32.《孟子集注》，卷一，《梁惠王章句下》，页15上。

33.《孟子集注》，卷四，《离娄章句上》，页4下。

34.《孟子集注》，卷四，《离娄章句上》，页7下。

35.《孟子集注》，卷四，《离娄章句下》，页18下。

36.《孟子集注》，卷六，《告子章句上》，页2上。

也。性，形而上者也。气，性而下者也。人物之生，莫不有是性，亦莫不有是气。然以气言之，则知觉运动人与物莫不异也。以理言之，则仁义礼智之禀，岂物之所得而全哉。此人之性，所以无不善、而为万物之灵也。告子不知性之为理，而以所谓气者当之。是以杞柳湍水之喻，食色无善无不善之说，纵横缪戾，纷纭舛错。而此章之误，乃其本根所以然者。盖徒知知觉运动之蠢然者，人与物同，而不知仁义礼智之粹然者，人与物异也。孟子以是折之，其义精矣。

《孟子》此章共62字，朱子除于各句加以分疏之外，并在全章之末写了这篇长达207字的疏解。我们细按其说，则可见朱子所阐释者并非孟学之原意，而是借孟学以抒其一己之哲学主张。伊川、朱子一系宋儒力持“性即理”之哲学主张，朱子取之以注《孟》，故朱子之见解乃时时呈现。朱子以“理”释孟子之性，其例不胜枚举。如朱子注“滕文公为世子”章时，就认为，《孟子》书中所一再出现的“性”这个概念，就是“人所禀于天以生之理”，它浑然至善，未尝有恶。一般人与圣人尧舜并无丝毫差异，但众人因汩于私欲而失其本然之善，而尧舜则无私欲之蔽而能充分发挥其善性，如此而已[37]。根据朱子这样的解释，则孟学中以“性”为德性主体的意义变成晦而不彰，朱子以“理”释孟子之“性”则“性”乃一转而成为客观存在的外在秩序了。孟子性善论所欲肯定者乃是价值意识内在于自觉心这一个观点，孟子所谓“性”乃就本质立场而言，其含义略近于亚里士多德所谓的“essence”[38]。朱子以客观外在的秩序来解释“性”，其哲学立场与孟子相悖反。因此，纯粹就孟学之哲学传统来看，则牟宗三先生说朱子于孔孟乃“别子为宗”实为确切不移之论[39]。

但我们必须在此附带说明，朱子注《孟》所取以作为中心意旨的“理”这一个观念实指外在于人心之客观秩序而言。就朱子的系统而

37.《孟子集注》，卷三，《滕文公章句上》，页1上。

38. 参考劳思光，《中国哲学史》（香港，香港中文大学，1968），页96－97。

39. 牟宗三，《心体与性体》（台北，正中，1968－1973），第一册，第一部，“综论”，页49－51。

言，“思维”与“存在”已析而为二，“理”即是内在于一切客观存在之中之自然秩序或法则。“理”本身是只“存有”而不“活动”（merely being but not at the same time activity）[40]。就这一个思想特质来说，朱子学系统实与孟子根本不相契。孟子将人类之思维与宇宙之客观存在合而为一，故有知心知性知天，乃至上下与天地同流之说。如就朱子所持的“理”的哲学而言，我们可以说朱子是采取“理性主义者”（rationalist）的心态来疏解孟子的“浪漫主义者”（romanticist）的哲学，因此，朱子的疏解与孟学不相契实有其哲学背景上的原因。

朱子取“理”这个观念以贯通《孟子》，所以他以为《孟子》7篇所言均是性善之“理”。朱子注“滕文公为世子”章时[41]，曾特别指出，孟子之言性善，始见于此章，而详具于《告子》篇。但作者默识而旁通之，则《孟子》全书7篇之中可说无非这个道理。朱子认为，程子之所以称赞孟子扩前圣之未发而有功于圣人之门，就是因为孟子性善这个“理”。朱了从“理”这个角度来解释孟子的思想体系，这一种做法最能体现朱子以理学释孟学之大体倾向。

二是：二元论（dualism）的建立。除了以上所述“理”的哲学观念的创发之外，朱子注《孟》所显示者皆为二元论之哲学立场。关于这个创新面，又可分为三节疏解如下：

第一，“理”“气”二分：朱子注“孟子曰：人之所以异于禽兽者几希”章，认为所有动物、人类都同时得到天地之理以为性，同得天地之气以为形。人与动物所不同的是，人在所有的动物之中得形气之正道，所以能保全他们天赋的本性，这种差别非常微妙。虽然细微，但这种差别已是人类与一般动物最大的不同之处[42]。朱子在此所说的这一段话很能体现朱子学中“理”“气”对蹠的宇宙观。在朱子的系统中，“理”即是本体，“气”即为现象。此一“理”“气”二分之观念与下文所言“天理”“人欲”二分及“性”“情”（或才）二分之观念相呼应。

40. 同上，页58。

41.《孟子集注》，卷三，《滕文公章句上》，页1上。

42.《孟子集注》，卷四，《离娄章句下》，页17下—18上。

第二，“天理”“人欲”二分。朱子阐释《孟子》首章中孟子以“仁义”对梁惠王之问的要旨时，就接触到这个问题，朱子认为：“仁义根于人心之固有、天理之公也。利心生于物我之相形，人欲之私也。循天理，则不求利，徇人私，则求利未得，而害已随之。”[43]如果我们通读朱子《孟子集注》，就可发现朱子主张“天理”及“人欲”皆内在于人性之中，人必须去“人欲”存“天理”，所以朱子特别重视后天的工夫。朱子曾以179字释《梁惠王下》“齐宣王问曰：人皆谓我毁明堂”章云[44]：

愚谓：此篇自首章至此，大意皆同。盖钟鼓苑囿游观之乐，与夫好勇好货好色之心，皆天理之所有，而人情之所不能无者。然天理人欲，同行异情。循理而公于天下者，圣人之所以尽其性也。纵欲而私于一己者，众人之所以灭其天也。二者之间，不能以发，而其是非得失之归，相去远矣。故孟子因时君之问，而剖析于几微之际。皆所以遏人欲而存天理。其法似疏而实密，其事似易而实难。学者以身体之，则有以识其非曲学阿世之言，而知所以克己复礼之端矣。

朱子又解释“孟子曰：矢人岂不仁于函人哉”章中孟子言“夫仁，天之尊爵也，人之安宅也”这一段话的含义，认为人如能保有本心全体之德，则有天理自然之安，而无人欲陷溺之危。人必须常在其中而不可离。他认为孟子所谓“安宅”就是指“天理自然之安”而言[45]，这种说法显然以“天理”与“人欲”为相对立的敌体。

第三，“性”“情”（“才”）二分。这个二分法的观念与以上“人欲”“天理”二分之观念密切相关。在孟子的用法中“心”“性”“情”“才”皆是一事，孟子所谓之“性”乃系指性体之实或人之本性之实而言[46]。但朱子《集注》则赋“才”及“情”以独立之

43.《孟子集注》，卷一，《梁惠王章句上》，页1下—2上。

44.《孟子集注》，卷一，《梁惠王章句下》，页19下—20上。

45.《孟子集注》，卷二，《公孙丑章句上》，页13上。

46. 牟宗三，《心体与性体》，第三册，页416—417。

含义，并以“才”“情”对“性”而言。朱子注解“公都子曰：‘告子曰：性无善无不善也’”章，认为相对于“性”来说，“情”是“性”的运动状态。就人类的原初状态来说，人可以为善而不可以为恶，人性本来就是善的[47]。关于“才”这个观念，朱子曾说：“才，犹材质，人之能也。”[48]依照朱子以上的说法，我们可以发现，朱子认为，性之本体是善，“发出来是情，会或能这样去发的是才”[49]。朱子又引程伊川之言进一步提出“性即理”的主张，认为圣人尧舜和一般愚夫愚妇都天生而具有“理”；但各人的“才”则是由“气”所赋予，而因为“气”有清浊之别，得“气”之清者就成为圣人，得“气”之浊者就成为愚人。但不论贤人或愚人都可以达到善的境界而回归到“性”的本然状态[50]。朱子十分赞同程子有关“性”“才”“气”的哲学见解，认为程子的说法比孟子缜密。他说：“程子此说才字，与孟子本文小异。盖孟子专指其发于性者言之。故以为才无不善。程子兼指其禀于气者言之，则人之才，固有昏明强弱之不同矣。张子所谓气质之性是也。二说虽殊，各有所当。然以事理考之，程子为密。盖气质所禀，虽有不善，而不害性之本善。性虽本善，而不可以无省察矫揉之功。学者所当深玩也。”[51]在朱子这样的解释之下，“性”与“才”或“情”皆二分，而根据朱子的体系，“性”即“理”，“才”出于“气”，故“性”“才”（或“情”）二分实即为“理”“气”二分的必然结果。

三是：认识心的显著。朱子注《孟》所显示的这个哲学倾向和他思想中“理”的中心观念甚有关系。在前文的讨论中我们曾指出，朱子注《孟》所采取者实为理性主义者的立场，所以朱子以为物理人伦皆有可循可按的客观理则。朱子解释“舜明于庶物，察于人伦”章，认为所谓“明”就是指舜以其认识心来识解宇宙的理则；而所谓“察”，是指舜“有以尽其理之详”这个事实而言。因为“物理固非度外，而

47.《孟子集注》，卷六，《告子章句上》，页4上。

48. 同上，页4。

49. 牟宗三，《心体与性体》，第三册，页420。

50.《孟子集注》，卷六，《告子章句上》，页5上。

51. 同上。

人伦尤切于身。故其知之，有详略之异。”[52] 顺此疏释，则孟子原文中“人之所以异于禽兽者几希”中所涵蕴之“性善”之超越意义乃晦而不彰。从哲学立场而言，朱子实将“存在”与“思维”析而为二，力求以人之“思维”穷究“存在”之理则。此一特殊倾向于其疏解孟子“尽心知性知天”一章最能窥其消息。朱子云[53]：

52.《孟子集注》，卷四，《离娄章句下》，页18上。

53.《孟子集注》，卷七，《尽心章句上》，页1上。

54.《孟子集注》，卷七，《尽心章句上》，页1下。

55.《孟子集注》，卷七，《尽心章句上》，页2上。

> 心者，人之神明所以具众理而应万事者也。性则心之所具之理，而天又理之所从出者也。

孟子所谓尽心知性知天乃一纵贯之系统。就人的无限超越性而言，孟子以为人的思维可与外在的客观存在通体为一。故就孟子之体系言，此心是超越心，亦是直觉心。然依朱子之集注，则“思维”既与“存在”析而为二，故此心乃成为相对于客观秩序之认识心。朱子此一思路在其总结本章大旨时表露无遗[54]：

> 愚谓：尽心知性而知天。所以造其理也。存心养性以事天。所以履其事也。不知其理，固不能履其事。然徒造其理，而不履其事，则亦无以有诸己矣。知天而不以夭寿贰其心，智之尽也。事天而能修身以俟死，仁之至也。知有不尽，固不知所以为仁。然智而不仁，则亦将流荡不法，而不足以为智矣。

朱子注《孟》既将直觉心一转而为认识心，故必特重后天之工夫之累积及修治，而不重先天禀赋之扩充。所以，朱子解释孟子曰“万物皆备于我矣”这一句话时，就认为这句话是指所谓“理之本然”而说。因为大则君臣父子，小则事物细微，都有其当然的“理”，而这种“理”则无一不具于性分之内[55]。在朱子看来，“物”“我”是通过“理”始能合一，所以人须努力探求研究此“理”，去其私意，因为如有“私意之隔”，则理即不纯。反之，“心公”则“理得”[56]。所以我们可以说，朱子的道德论特重后天的工夫，这点实与他对心的认识有必然之关系。

在以上的讨论中，我们对朱子的《孟子集注》做了比较细部的分析。在这种分析中，我们可以很明显地发现，朱子的《孟子集注》是中国学术史上一部很能代表注疏传统的作品。从《孟子集注》中，至少反映了中国注疏传统两个特点：

一是寓创新于因袭之中：从浮面观察，朱子注《孟》貌似阐释孟学旧义，其实朱子多提出一己之新见，如“理”之观念之运用，“理”“气”二分观念之提出，“天理”“人欲”二分观念之建立等皆可谓以新酒入旧瓶。这一点最可显示传统中国思想家表出其哲学见解的典型方式，这是中国注疏传统最大的特点之一。这一项事实就其表面看则中国思想史数千年之发展似呈现一种停滞状态，因大哲如朱子尚以延续经典为其要务；但我们如再就深一层思考，则朱子实系寓创新于因袭之中，偷天换日，《四书集注》中所见之器虽仍旧观，然道则已非原貌矣。所以，我们如专就朱子注《孟》移商换羽这个事实而言，传统中国思想史之演进实可称之为“传统中之变迁”（changes within tradition）[57]。

二是融旧乃所以铸新：传统中国学者在追求知识的过程中，不断地努力于消化旧学，表面上看，这是一项消极性的工作。但是，我们再往深一层看则可以发现，在消极性的表面工夫的里层实在是一股积极性的动机，这就是铸造新学的企望。唐代的《五经正义》具有这项特质，朱子的《四书集注》更表现出这种特殊精神。我们就以朱子为例来作进一步讨论。

朱子在《礼记》中特别抽出《大学》《中庸》二篇，取之以配论孟，

---

56. 同上。

57. 刘子健先生尝谓宋代中国之变迁乃“传统中之变迁”，今略师其意而借用其名词。参考 James T. C. Liu, “The Neo-traditional Period in Chinese History,” *Journal of Asian Studies*, 24 (1964), pp. 105 - 107。

合为《四书》，以《四书》取代《五经》。朱子不仅在形式上对经书之构成作改变，而且也在其《四书章句集注》中作各种努力将四书之思想内容加以融会贯通，以形成一个新的思想体系。

朱子这种融四书为一体系的努力，我们可以从两方面观察：一是朱子建立孔子—曾子—子思—孟子的道统顺序[58]；二是引《四书》之内容以交互阐释《四书》本身的含义。我们在此仅就其《孟子集注》作一考察。通贯《孟子集注》全书，朱子欲融汇《四书》于一炉而冶之的意图极其明显。据近人统计，《孟子集注》中引《论语》13次，引《孟子》10次，引《大学》及《中庸》各2次[59]。我们再作进一步分析，则可以发现朱子实欲以《大学》通贯《孟子》，前引朱子释孟子“尽心知性知天”之意云：“以大学序言之，知性则物格之谓。尽心，则知至之谓也。”[60]朱子欲以《大学》“格物致知”解释孟学重要观念如“心”“性”“天”之意图甚是明显。就上文所见，朱子注《孟子》此章时，其《大学章句序》已完成，故其时必在孝宗淳熙十六年（1189年）之后。朱子是年60岁，完成《大学》及《中庸》两章句序，这两篇序文所展示者是朱子学问最成熟时代的哲学见解[61]。这一项哲学见解是以“理”一观念为中心的，朱子在“中庸小序”中，对《中庸》一书称赞备至，他说：“其书始言一理，中散为万事，末复合为一理。放之则弥六合，卷之则退藏于密，其味无穷，皆实学也。”[62]如就朱子学即物穷理不事玄思的性格看，我们可以说，朱子思想系以“实学”为其基本特征。故朱子释孟子所云“诚者，天之道也。思诚者，人之道也”一句云[63]：

诚者，理之在我者。皆实而无伪。天道之本然也。思诚者，欲此理之在我者，皆实而无伪，人道之当然也。

---

58. 参考陈荣捷，《朱子道统观之哲学性》，《东西文化》，15期（1968年9月），页25－32。

59. 大槻信良，《态度》。

60. 同注49。

61. 参考市川安司，《朱子——学问とその展开》（东京，评论社，昭和四十九年），页134－138。

62.《中庸章句》（四部备要本），页1上。

63.《孟子集注》，卷四，《离娄章句上》，页8上。

这种讲法是以“理”贯通孟学中极富于超越意义的“诚”这个观念。朱子又说[64]：

> 此章述《中庸》孔子之言。见思诚为修身之本。而明善又为思诚之本，乃子思所闻于曾子。而孟子所受乎子思者，亦与《大学》相表里，学者宜潜心焉。

朱子在此注中力言《中庸》与《大学》相表里，并取之以释《孟子》，凡此皆可以看出朱子要在四书求其汇通的努力。

从以上这项观察引申来说，我们可以认为，朱子注解四书是他表达思想的一个手段，而不是他的目的。他的目的是在于建立一套他自己的思想体系。这种以疏解经典的方式来建构自己哲学系统的做法不仅朱子一人为然，中国学术史上绝大部分的学者也都是如此。

结 语

在人类的文明史上，人类曾经经历过许多次具有重大历史意义的革命。如果我们说新石器时代的“农业革命”使人类由采集食物走向生产食物，是人类控制生活环境的一大革命的话，那么，公元前1000年之内，希腊、以色列、印度、中国等古文明所经历的所谓“哲学的突破”（philosophic breakthrough）则是人类以理性来解释其所处的宇宙自然环境的思想上的大革命。在这场大革命之中，中国文化表现得最为温和。这一项特点已为许多当代学者所指出[65]。但何以中国文化传统在其“哲学的突破”的过程表现得较其他世界古文明为温和？

这是一个河汉无极而不易有简易答案的问题。但我们从本文所讨论的中国学术史上的注疏传统中，可以觅得若干具有启示性的消息，作为我们思考这个大问题的张本。正如我们在本文开始时所指出的，

64. 同上。

65. 社会学家帕森斯（Talcolt Parsons）首发此论，余英时先生近来亦有详细分析。参看余英时，《中国知识阶层史论——古代篇》（台北，联经，1980年），页30－38。

中国的文化及学术传统寄托在先秦时代的几部经典之中。几千年来中国学术的发展就表现在对这一套经典（《五经》或《四书》）的训解诠释之上。传统中国学者在表达他们的哲学思维的时候，在探索知识上的未知世界的时候，极少拆碎先贤思维的七宝楼台而自己搭建一个崭新的建筑。相反地，他们都在古圣先贤的余荫之下来从事思考。他们一方面通过经典旧籍，一方面从对经典旧籍的解释中开创一个思想上的新局面。中国文化传统中这种特质早已具体地呈现在孔子的身上。正如余英时先生所指出的，“孔子一方面‘述而不作’，承继了《诗》、《书》、《礼》、《乐》的传统，而另一方面则赋予《诗》、《书》、《礼》、《乐》以新的精神与意义。”[66]孔子之所以为中国文化传统中伟大的导师，其原因正在于此。

中国传统这种守旧以开新，寓开来于继往的文化特征，不仅使得早期中国文明在经历“哲学的突破”的时候表现得特别温和；而且也使中国文明的发展显示出一种极其强烈的“历史延续性”（Historical continuity）。中国学术与文化的发展，数千年来一脉相承，缺少戏剧性的、里程碑式的大变化。绝大多数学术思想上的变局是在风平浪静的经典诠释之中完成。在这种经典诠释之中，新与旧之间、古与今之间乃至传统与现代之间不是对立的，而是通过一个辩证性的方式结合在一起。这种在新旧两个极端维持创造性的稳定与平衡，正是传统中国学术与中国文化的一项伟大成就。

66. 见余英时，《中国知识阶层史论——古代篇》，页33。

内圣外王之学的复兴

新儒学的发展

陈郁夫

新儒学的兴起可以说是中国知识分子的自觉。中国知识分子再度自觉人的庄严，再度体认到对国家、民族、社会、文化的使命，于是注重品德修养，以期成为圣人；提倡经世实学，改革社会风气，以挽回魏晋以后，人心陷溺的积弊。因此为着对抗佛、老，新儒学者建立的理论固然十分重要，但不是新儒学者精神所在。新儒学者的精神在这自觉上，他们严格要求自己，无非是在造就自己，使自己有能力担当起时代的命运。他们无不讲学，讲学的目的无非也让学生有此自觉，培养出能够支撑国家、社会的人格。虽然他们在这上面的体悟有高有低，甚至新儒学在南宋以后还被利用成为士大夫猎取功名及政府统治思想的工具，但没有这种自觉的人，便算不得新儒的学者。

这种自觉的具体实践，便是"内圣外王"的工夫。这套工夫透过《大学》格物、致知、诚意、正心、修身、齐家、治国、平天下的形式表现出来。修身以前是"内圣"，修身以下是"外王"，内外一贯，不分两截，不离人伦日用而具鸢飞鱼跃之机，极高明而道中庸，确实能上接孔、孟的精神。但是新儒学在禅佛弥漫的时代产生，"内圣"工夫自然而然受禅佛的影响；其中如阐明心性的道理，运用静养的方法，都是孔、孟时所没有。新儒学又产生于中国长期战乱之后，所以"外王"的工作偏重社会伦理的重建，像孔、孟那种积极参与现实政治而希望借政治实践理想的热忱，新儒的学者也都缺乏。因而宋、明新儒和孔、孟虽然同是"内圣外王"之学，但已有很大的不同。

中国知识分子的腐败，早在魏、晋干宝《晋纪》论西晋之事[1]，葛洪《抱朴子》外篇谈士大夫恶德[2]，已说得十分痛切。而其中以民族思想丧失和君臣大义沦亡最为严重。这种恶风到隋、唐仍未消戢，安禄山之乱等于另一个五胡乱华；董邵南、李益等人的思想，何异于王猛[3]？当时人却腼然安之，不以为怪。降至五代，于是有冯道、郑韬光之流，历事沙陀、契丹，自命长乐老

1. 见《文选》，卷四九，《干宝晋纪总论》。
2. 见《抱朴子·外篇》，卷二五，《疾谬》。
3.《旧唐书·李益传》，言益登进士第，久不迁，而流辈皆居显位。益不得意，北游河朔。幽州刘济辟为从事。尝与济诗有"不上望京楼"之句。

人。面对这种社会风气与知识分子的堕落，如何恢复民族主义，建立君臣上下关系，使社会恢复安定，便成为新儒学者的第一课题。

知识分子的腐败是表面现象，必有使之腐败的思想因素。这思想因素前有老庄，后有禅佛。所以如何在思想上战胜佛、老，用一种健康、积极的思想挽救民族生命，便成为新儒学者最基本的问题。

新儒学一般人称为“理学”或“性理学”，又称为“道学”或“宋学”。称为“理学”或“性理学”，是因为新儒讲学的内容专重义理，以性、命、天理为问题的中心。称为“道学”是因新儒自认承继尧、舜、禹、汤、文、武、周、孔的道统，讲的是“内圣外王”之学，与秦、汉以后专重章句训诂的儒者有别，宋史因而别立“道学传”以别于传统的“儒林传”。清代乾、嘉年间，考据之学大兴，研究典籍，推尊汉儒，精于名物制度的考证，别立徽帜，号称“汉学”，攻击宋代新儒解经有空疏的弊病。对“汉学”而言，新儒学又有“宋学”之称。新儒学发展到明朝，王守仁为首的一派学者，以为“心即理”，不待外求，天理自足，因此新儒学又有“心学”的名目。我们把兴起于11世纪中期北宋仁、英、神三朝，主宰中国思想八九百年，直到满清灭亡，影响力才迅速减退的学术称为“新儒学”，主要在避免名目上的误解。新儒学中陆、王一派我们也依照传统称之为“心学”。

并不是直到北宋中国知识分子才有此种自觉。早在9世纪初年，唐代的韩愈、李翱便已做了北宋新儒学者的一部分工作。韩愈站在民族立场，指斥佛教为外来异端，站在国家立场，指斥佛教破坏伦理、无益生产，同时他又提出道统观念，推尊《大学》一文，并作《师说》，希望恢复师道尊严。李翱则依傍《中庸》作《复性论》，打算充实儒学心性方面的道理，以对抗禅佛。但是他们并没有得到回响，努力落空了，主要原因除了学说还不够精密外，第一，当时唐朝已在藩镇割据和宦官专权相当严重的时候，一个步入衰亡的时代，要重新提振人心不容易。第二，那时禅门正盛而净土方兴，足以吸引绝大部分知识分子。韩愈、李翱虽走对了路径，但是本身在修养或学识上，并不能超越佛教界的大德高僧。第三，那时的政府十分拥戴佛、老。韩愈《谏迎佛骨》差一点被处死，政治环境之不利由此可见。

北宋的新儒学

宋朝的建立，结束了中国自安史之乱以后，长达二百多年的战乱。这个政府经过五六十年的安定，民族的生命力慢慢恢复了。这个政府对读书人礼遇之优、待遇之厚，可以说空前绝后。知识分子在优裕的环境下大量培植出来，而那份对民族、社会、国家、文化的使命感，也逐渐落实在知识分子心中，范仲淹“先天下之忧而忧，后天下之乐而乐”的感慨，便是同时代的知识分子像欧阳修、富弼、韩琦、司马光等人的共同心声。

但论者都以为北宋新儒学由胡瑗（安定）、孙复（泰山）、石介（徂徕）开始。胡瑗对教育最有贡献，任湖州（在今浙江省）教授时，分经义、治事两斋因材施教，为宋人讲纯粹的儒学的开始，后来主持太学，学生极多，影响极大，程颐便是学生之一。孙复作《春秋尊王发微》，重纲纪，严名分，从事伦理建设，以匡正魏晋以下君臣之义不明的弊端。石介是孙复的学生，作《怪说》、《中国论》，站在民族文化立场排斥佛教。三人都注重修养，提倡儒学，以师道自任，学术虽然未入精微，但已树立了新儒的典型。

孔孟思想用以指导政治、社会，不仅理论颇完备，而且理想十分崇高，但在心性分析与修养方法上，比起佛家实在有大大不如的感觉。一个人固然可以用佛家的方法修身，用儒家的方法治国，但佛家不遗世，不入空寂便不能有成就，更何况佛家修养所得的同体悲、般若智也不很适合于从事政治。儒家必须充实自己的心性论和修养论，不仅用来与禅佛相抗，也才能借以培养出适合“外王”的人格。北宋时期的新儒学者，主要的贡献便是在这两方面（特别在心性论方面）。

• 周敦颐——新儒学的正宗

首先对新儒学理论有重大贡献的学者为周敦颐（1017－1073年）。他是湖南道州人（今湖南省道县），字茂叔，学者称他濂溪先生。一生没做过大官，当时也很少人了解他，只有程珦令两个儿子（颢、颐）跟他学。他教程氏兄弟“寻孔颜乐处”，很有点儿禅门参公案的味道。黄庭坚说他如“光风霁月”，人格之高洁，由此可见。

他的贡献有下列三点：

第一，著《太极图说》，利用道教的图式，融会自古相传的阴阳、五行、动静等观念，将宇宙、万物的生成及人如何安顿自己作个非常简明的解说。其中“圣人定之以中正仁义而主静（自注：无欲故静）”一语，替新儒学奠定了方向，以后新儒学在修养论上从没有离开“主静、窒欲”这条路，剩下的只是如何才能静和无欲而已。后来程颐将“静”改为“敬”，使境界变成工夫，并且避免流于空寂。

第二，著《通书》，以“诚”为万有的本体。就本体的不生不灭，《通书》说“静无”；就本体的生生变化，《通书》说“动有”；就本体的昭昭灵明，《通书》说“明达”；就本体的独立无对，《通书》说“至正”。这些都与佛家无异。但《通书》显然强调本体“纯粹至善”、“五常之本、百行之原”的道德本原，以及“大哉乾元，万物资始，诚之源也。乾道变化，各正性命，诚斯立焉”[4]生生变化。这两点便是儒佛不同所在。佛家的本体着重在“寂静”，所以带有出世、枯寂的性质；新儒强调其德性之原与生生之理，成己顺而成物，进而“赞天地之化育”（《中庸》），由内圣而外王，便是自然而然性分内事，不须像佛家要回向大乘以后，大悲心才流出来。他以“诚”为本体，系根据《易》与《中庸》之论，真能上接先秦儒家心传。他被推为新儒学的正宗，十分合宜。

第三，他说：“圣希天，贤希圣，士希贤。伊尹、颜回大贤也。伊尹耻其君不为尧舜，一夫不得其所，若挞于市；颜回不迁怒，不贰过，

4. 见《宋元学案》（台北，河洛，1975年），卷一一，《濂溪学案上·通书》，页96。

5. 同上，页100。

6. 见《宋元学案》，卷一〇，《百源学案上·观物外篇》，页112。

三月不违仁。志伊尹之所志，学颜子之所学，过则圣，及则贤，不及则不失于令名。”[5] 很明显地说出“内圣外王”的内容。只可惜后世学者偏重于“学颜子之所学”而忽略“志伊尹之所志”，以致发生种种偏差。

• 邵雍——数术大家

邵雍字尧夫，“康节”是谥号。早年曾在河南共城（辉县）西北的苏门山百源之地读书，后人遂用“百源”称他的学派。他一生没做过官，38岁左右迁居到洛阳，45岁才娶妻，当时一些住在洛阳的政府退休官员像富弼、司马光都是他的好朋友，程氏兄弟算是晚辈。他称自己住处为“安乐窠”，喜欢饮酒赋诗，《伊川击壤集》是他吟咏性情所得，为新儒学者诗的代表作。卒于1077年，享年67岁。

数术是邵学的特色。他认为宇宙无非是物质和时空，物质的运动和时空的长短，都可以用数目表现出来，数与数之间的关系，便代表宇宙间的关系，天理存在其间。利用“数”加以推算（术），可知未来和未知的事物。于是他以元会运世和日月星辰相配，而成一个宇宙年表，将中国历史配入年表中。他又利用这个形式架构把律吕、声音、天地万物都包含进去。这便是《皇极经世书》的主要内容。我们现在看起来，不免觉得他的架构太死板，推论也不科学，但他的用意在借数明理，他说：“天下之数出于理。违乎理则入于术。世人以数入术，则失于理。”[6] 可见他也明白数术的缺点。也因邵学重数术，后人不视为新儒的正统。但他反成为修仙、占卜、算命的宗师，在这三方面都有重要地位。

邵雍对新儒的主要贡献在形上学方面。他根据陈抟、种放、穆修、李之才一系传下来的先天易学，使整个易学理论有了重大的创新，而易是新儒形上学的根本。

自来研究《易经》的学者，对太极生两仪，两仪生四象，四象生八卦，八卦衍为六十四卦，没有异论。但如何衍化而成，从未有比较合理的解说，直到邵雍作《伏羲八卦次序图》后，这问题才得到合理的解决。

他的理论很简单，太极以后，每一衍化过程都各自分阴阳，如此以二的乘积衍化下去，在2^3时便是八卦，2^6时便是六十四卦。因为这种衍化，合乎自然理则，所以有"先天"之称。生成的卦在八卦时次序为乾、兑、离、震、巽、坎、艮、坤与以前的八卦顺序不同，在六十四卦时，顺序为乾、夬、大有、大壮……也与《易经》的顺序不同。邵雍又根据自然衍化的八卦及六十四卦顺序，重订八卦方位图及六十四卦"圆图"和"方图"，每一个图都对易理有些阐发。朱熹把这些易图都收到他的《周易本义》中。邵雍也因此在新儒学中占一席地位。

• 张载——事功派之祖

张载字子厚，世称"横渠先生"，后人称呼他的学派为关学。与邵雍同年去世，享年58岁，他为人极严毅，做学问极努力，往往整天坐在房里，苦思冥索，一有心得，立刻取笔写下。《正蒙》、《理窟》都是这样写出来的。他以为知人而不知天，求为贤人而不求为圣人，为秦汉以来学者的大病。"为天地立心，为生民立命，为往圣继绝学，为万世开太平。"[7]是他标举出来的儒者的使命，可与大乘佛教"四宏愿"[8]相媲美。他见人有善便喜形于色，见有饿殍便整天吃不下饭，真是个"伊尹之志"的人。曾以为欲天下太平，一定从整理田界着手，又深信井田制度可以实行，打算买一块田试行他的主张，可惜没结果就去世了。北宋新儒没有一个像他这样规模宏大又尚实行。

他的著作以《西铭》最为学者所推崇，程氏兄弟专以此开示后学。《西铭》最能发挥仁者天地万物为一体的思想。程颐称赞这篇文章说：

7. 见《宋元学案》，卷一七，《横渠学案下·理窟》，页99。

8. 四宏愿为"众生无边誓愿度，烦恼无尽誓愿断，法门无量誓愿学，佛道无上誓愿成"。

9. 同注7《附录》，页100－101。

“孟子以来，未有人及此。得此文字，省多少言语。要之，仁孝之理，备于此。”[9]

《西铭》的天地万物一体思想，建立于他的以“气”为原质的一元论上。他认为宇宙间只有“气”而已，“气”凝而为物，“气”散则为空。万物的生灭，便是此“气”的聚散。因此人与物本来一体，人虽死而实未尝亡。至于鬼神，则为此气之“良能”；往而屈者为鬼，来而伸者为神。

除了形上学外，张载还提出“变化气质”这个重要观念。宇宙间既然只有“气”而已，照理无所谓“恶”存在。但因气清的灵通，气浊的壅塞，人具有形质，因而“至善之性”不能不受形质的限制。教育的功用便在“变化气质”，使限制“天地之性”的气质变清变灵，亦即良心作得主宰。“为天地立心”，与“去人欲，存天理”便是同一回事。

- 程颢——心学的始祖
- 程颐——理学的正统

新儒学的真正成立，应从程氏兄弟开始。他们是周敦颐的学生，邵雍的晚辈，张载的姻亲，居住洛阳，后人便以“洛学”称呼他们这一学派。

大程才活54岁（1032－1086年），小程则活了75岁（1034－1108年）。二人在思想上没有什么不同，不过大程说得圆融，小程说得方毅，圆融则多活活泼泼的生机，方毅则有板有眼易于循遵，这与他们的个性不同有关。大程为人随和亲切，与他相处，如沐春风；小程则严肃方正，后世所谓“道学脸孔”便由他而来。

新儒学发展到南宋，经朱熹集大成，而以小程为正统，这是件十分不幸的事，但也有一些必然的因素在。我们试看周敦颐、邵雍、大程的生命是何等活泼自然，即令张载虽也严肃，但也不至于不通人情到如小程，也不致如小程般整日板起脸孔，端坐如木头人，一副神圣不可侵犯的样子。更不至于视一切欲望为邪恶，反对一切艺术、享受和情趣。小程有很明显的架式在，不像周、邵等人无框框，等到新儒成了显学以后，一些二三流的学者，没有真正的自觉，只在形迹上模仿，小程便是最好的对象。却不知小程的过分严肃，正是“未化”的迹象，“道不远人，可远非道也。”（《中庸》）人固然指人伦日用，何尝不也指人情？由于不通人情，生命越锻炼得紧，便越僵化。如果进一步地把要求于己的种种也强求于社会一般人身上，“吃人的礼教”便形成了。

程氏兄弟最重要的贡献在“天理”的发现。“天理”两字在“乐记”已提到，张载、邵雍的著作中也说及，但到程氏兄弟，“天理”才成为超离现象的纯粹世界。大程说：“吾学虽有授受，天理二字，却是自家体会出来。”[10]也是指这点而言。

任何事物的形成都有所依的“理”，譬如汽车依汽车之理而成。此理不因事物之有无而增损，所以尧尽了君道，只为君道添个实例，并没有在君道上增加一点。此理既超越实体自然存在，所以称“天理”。人秉人之理而生，此理即人之性，所以说“性即理”。但天理不能自己表现出来，必借适当的物质和形式，但也因此而使本来具备的天理受形质的限制无法全部表现出来，所以小程说：“论性不论气不备，论气不论性不明。”[11]气质限制天理主要表现在人的情欲，于是“惩忿窒欲”便成为“变化气质”的重要工作。

大程的《识仁篇》和《定性书》是新儒两篇极重要的论文，前者说：“仁者浑然与物同体，义礼智信皆仁也。识得此理，以诚敬存之而已，不须防检，不须穷索。”[12]后者说：“夫天地之常，以其心普万物而无心，圣人之常，以其情顺万物而无情。故君子之学，莫若廓然大公，物来顺应。”[13]朱熹认为前一篇说得太高，其实“以诚敬存之”是彻上彻下的工夫，程朱一派大体在“防检”、“穷索”上下手，有失圣人宽和气象。南宋陆九渊虽说读《孟子》自得，但心印大程则无疑。

---

10. 见《宋元学案》，卷一三，《明道学案上》，页31。

11. 见《宋元学案》，卷一五，《伊川学案上》，页68。

12. 同注10，页6。

13. 同注12，页11。

小程的贡献在提出“涵养须用敬，进学在致知”[14]作为修养的要领。他说：“敬以直内。有主于内则虚，自然无非僻之心，如是则安得不虚。必有事焉，须把敬来做件事著。此道最是简，最是易，又省工夫。为此语虽近似常人所论，然持久必别。”[15]这种敬的工夫，有类于佛家的定学。“敬”是什么？小程又用“主一”作解释。“主一则既不之东，又不之西，如是只是中。既不之此，又不之彼，如是则只是内存。此则自然天理明白。”[16]主敬所明白的天理，便是有时不假见闻的德性之知。

光守一个敬而不知集义也不行。集义便是致知，致知而后能思，能思久而有觉。学有觉悟，才有益处。须是真知，才能泰然行去。“致知在格物”，格物即穷理，他说：“穷理亦多端，或读书讲明义理；或论古今人物，别其是非；或应接事物而处其当然。”[17]看来像是专事外在物理的研究，但是他又说：“致知在格物，非由外铄我也，我固有之也。因物而迁，则天理灭矣，故圣人欲格之。”[18]则格物又指穷究内在之理。综合而言，小程主张“性即理”，则不能单穷理于外，必内外兼顾，才是穷理的究竟。但是小程后学，很明显地偏于向外穷理，到南宋才有陆九渊一派心学起来对治[19]。

14. 同注11，页59。

15. 见《二程遗书》，卷一五，页7。

16. 见注11，页54、79。

17. 同注11，页63。

18. 同注11，页62。

19. 黄宗羲在《宋元学案》有段话讨论程氏兄弟说：“明道、伊川大旨虽同，而其所以接人，伊川已大变其说，故朱子曰：‘明道宏大，伊川亲切。’大程夫子当识其明快中和处，小程夫子当识其初年之严毅，晚年又济以宽平处。是以自周元公（敦颐）主静立人极开宗，明道以静字稍偏，不若专主于敬，然亦恐以把持为敬，有伤于静，故时时提起。伊川以敬字未尽，益之以穷理之说，而曰：‘涵养须用敬，进学在致知。’又曰：‘只守一个敬字，不知集义，却是都无事也。’然随曰：‘敬以直内，义以方外，合内外之道。’盖恐学者作两项工夫用也。舍敬无以为义，义是敬之用，敬是义之体，实非有二。自此旨一立，至朱子又加详焉。于是穷理主敬，若水火相济，非是则只轮孤翼，有一偏之义矣，后之学者，不得其要，从专于零星补凑，而支离之患生。故使明道而在，必不为此言也。两程子接人异，学者不可不致审焉。”这段话可谓知言，新儒学到小程提出“主敬致知”以教人，在修养上理论才臻完密，但也因此歧分内外，引发陆九渊、王守仁一派心学的兴起。

以上五人号称北宋五子，新儒学的理论基础在他们努力下大致完成了。不过在北宋期间，新儒学除了在师弟朋友间互相传授外，尚未在社会造成大影响。相反地，倒在这时就遭到一次重大打击，这次打击来自以苏轼为首的文士派，结果程颐外放，学生遣散。苏轼一派攻击程颐“假道学”，根据我们前面所论，除了两派涉及意气之争外，也不全无道理。五年后程颐卒，又十九年（1126年）北宋亡。

北宋五子中，周敦颐之学传程氏兄弟，“主静立人极”，大程改为“主敬”，小程又加以“致知”，后世成为新儒正统。邵雍的学术偏于数术，不被认为正统，传他学术的人很少，到儿子邵伯温已无可观。张载的门下多豪杰之士，而三吕（吕大忠、吕大均、吕大临）尤详于礼制，他们对于军事、政治、社会都努力奉献心力，风格确与其他家不同。南宋后关学中断，倒是浙东永康、永嘉学派也讲事功，与张载的学脉相呼应。五子中，只有程氏兄弟门庭最盛，但程颢早卒，因此元祐以后，便是程颐一系独盛的局面。

程氏兄弟的学生以游酢（荐山）、杨时（龟山）、谢良佐（上蔡）、尹焞（和靖）最出色。游、杨、谢三人同时游于程颢、程颐门下，大程喜欢杨时，小程喜欢谢良佐。游酢书不传，弟子也不多。杨时传道于南方，年岁最长，弟子最多，对洛学的弘扬，功劳最大。弟子以罗从彦（豫章）和张九成（横浦）最重要。罗从彦传李侗（延平）。朱熹便是李延平的学生。谢良佐在程门才气最高，似觉言仁，已开陆九渊心学的先河。以上三人晚年都好佛，只有尹焞最晚出，最严守师说，门人也相当多[20]。

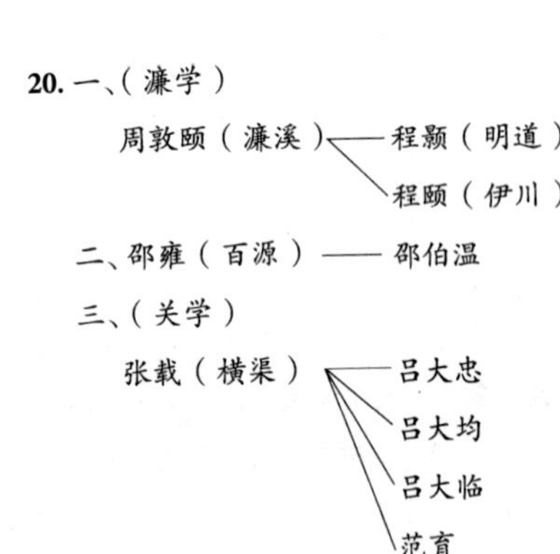

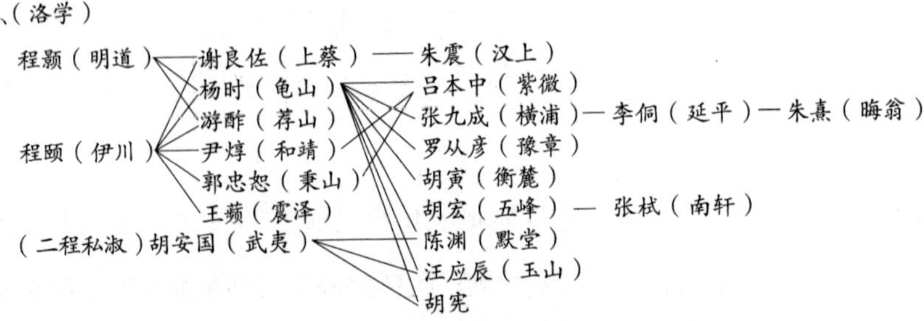

表中括号内为《宋元学案》列有专案者。又陈渊、罗从彦同时受学于程颐和杨时，均列杨时门下。

南宋的新儒学

宋室南渡后，将新儒学的香火延续到南方最有贡献的为杨时（龟山）和胡安国（武夷）两人。杨时亲炙于程氏兄弟，而学说则兼采周、张。他著述颇勤，在风格上，和朱熹很相似。胡安国私淑程氏兄弟，讲学于湖南，朱熹（晦翁）、张栻（南轩）、吕祖谦（东莱）都是他的再传弟子。

到了孝宗（1162－1189年在位）年间，南宋的政局稳定下来，社会再度繁荣，这时新儒学又发展到另一个高峰。那时并世的学者主要有新安朱熹（晦翁）、金溪陆九渊（象山）、绵竹张栻（南轩）和金华吕祖谦（东莱），此外浙东尚有永嘉学派的薛季宣（艮斋）、陈傅良（止斋）、叶适（水心）和永康学派的陈亮（龙川）。其中以朱、陆两人影响后世最大。

- 朱熹——新儒学的集大成

朱熹字元晦，安徽（今江西）婺源人，婺源古属新安郡，所以他常自己署名“新安朱熹”，又因他寓居福建，所以他的学术有“闽学”之称，学者称他晦庵先生。

早年他遵从父朱松之嘱，从刘勉之（白水）、胡宪（籍溪）、刘子翚（屏山）学，到27岁又师事李侗（延平），从此得儒学之正，而后悔早年泛滥佛老之非。其后与张栻、吕祖谦为友，与陆九渊相切磋，于是形成极博大又精微的思想体系。生前他早已名动朝野，死后他的学说更成为科举的标准。他的思想笼罩中国长达七百年之久，更传播到朝鲜、越南、日本等地。自孔子以后，中国再也没有一个学者像他这样受尊敬和有影响力。

在学说上，他并没有什么创新，却把北宋五子的学说加以融会贯通，使之更精密、更有组织。靠他的努力，新儒的思想延伸到经学、史学、文学、艺术各方面，甚至于广大社会群众的礼仪风俗也受他影响。新儒在朱熹以后，成为学术思想的正统，在对佛老的争衡上，得到压倒式的胜利。

他一生致力于著述和讲学两样工作。据说有人劝他少著书，他回答说："在世间吃了饭后，全做不得些子事，无道理。"[21] 临死前还改定《大学·诚意》章。他的学生黄榦在《朱先生行状》说他一日不讲学，便"惕然常以为忧"[22]。自19岁登进士第后，五十多年间，做官不过9年而已，其余时间精力全放在这两样工作上，所以成就极为惊人。

21. 见《朱子语类》，页105。

22. 见《宋元学案》，卷四九，《晦翁学案下》，页86。

23. "不先乎大学则无以提纲挈领而尽语、孟之精微，不参以语、孟则无以融会贯通而极中庸之旨趣；然不会其极于中庸则又何以建立大本、经论大经，而读天下之书、论天下之事哉！"同注22。

他讲学最重循序渐进，用《大学》、《中庸》、《论语》、《孟子》做基本教材，而后再进一步研读经书[23]。四书经他这样认定，地位遂在五经之上。

教学时他一定先让学生把字音、字义弄清楚，然后玩味文义，探讨义理，最后要让学生自己有心得。儒门修养上的一些重要观念，如为己务实、辨别义利、慎独、勿自欺等，总一再提醒学生注意。他希望学生能立定成圣的志向，明白心性修养的道理，在"主敬"与"穷理"两方面下工夫，而实际践履在日常生活之中。他看到学生用功学习便喜形于色，看到学生在学习上遇到困难便为之担忧，即使在大病当中，有学生问他问题，他便振起精神，有如大病脱离身体一般。他这种伟大的教育精神和优良的教法，终使学生遍居各地，而后世私淑者更不计其数。

朱熹的著作一大部分为配合讲学之用，另一部分则顺着自己兴趣而作。从30岁校订《谢良佐语录》以后，编了《程氏遗书》、《程氏外书》、《伊洛渊源录》、《近思录》（与吕祖谦合编），注解过《西铭》、《太极图说》、《通书》。这些对新儒学的整理、解说工作，对后世贡献不小。像程氏兄弟距朱熹已近百年，中间经过学禁与战乱，如果没有他的整理，可能早已散失光了。而《近思录》一书，更是新儒学说的大综合，成为后代最重要的典籍。

有关经书的著作，他有《周易本义》、《易学启蒙》、《诗集传》、《书集传》、《仪礼经传通解》(上二种由学生续成)、《论语要义》、《论语训蒙口义》、《论孟精义》、《论孟集注》、《论孟或问》、《孟子要略》等书，一扫汉儒阴阳五行种种迷信，认为《易》本是卜筮之书；《诗》则为文学作品。他怀疑古文《尚书》何以反比今文平易，反对《春秋》以一字定褒贬的说法。上述都可以看出他的理智清明，极有见地。但他一生精力大多放在四书上，《论》、《孟》经他注解，“使读而味之者，如亲见圣贤而面命之。”[24]《大学》分经传二部分，又补了“格物致知”的传。《中庸》则分章分节。这些工作对后代影响极大。他不满司马光的《资治通鉴》以魏为正统，另作《资治通鉴纲目》，以蜀汉为正统。他替《楚辞》作注，甚至于也替《参同契》作“考异”。总之，他的见解极超越，兴趣又广大，举凡史实、天文、历法、地理、民俗、卜筮、修炼等都有极精详的考据。他的学术工作，笼罩了当代，除了集新儒学之大成、奠新儒学于一尊外，并且也替明清考据学开了先河。

比著作和讲学更重要的事，在他使新儒学“生活化”和“宗教化”。新儒学能生活化，才能在民众生根落实，才不是少数高级知识分子的事；新儒学“宗教化”，才能满足人类的宗教情绪，而由禅佛手中夺回教席。他本人言语、行动、居家、处事都有规矩，存心于“斋庄静一”之中，穷理于“学问思辨”之际；“以一心而穷造化之原，尽性情之妙，达圣贤之蕴；以一身而体天地之运，备事物之理，任纲常之责。”[25]遂成为新的师表或“教主”。

朱熹晚年受了韩侂胄的迫害，他的学术被政府宣布为“伪学”而严加禁止。士人应科举，文章稍涉经训，立刻被罢黜。门人中意志坚强的隐居不出；意志薄弱的更名他师，过门不入；甚至于有人狎游市肆，以自别为非新儒。在忧疑危惧中，终于庆元六年(1200年)卒，

24. 同注22，页85。
25. 同注22，页84。

享年71岁。8年后韩侂胄伐金失败被诛，伪学除禁。又后一年，宋宁宗赐谥“文”。

• 陆九渊——心学的开创者

陆九渊字子静，江西金溪人，学者称象山先生。他小朱熹九岁，又早朱熹八年卒（1192），享年54岁。学术无渊源可寻，可算他们兄弟自为师友。四兄九韶，学者称梭山先生，曾与朱熹辩论太极图；五兄九龄，学者称复斋先生。都是有名的新儒学者。九渊自称“因读《孟子》而自得之”，这话倒很合陆学的精神。《孟子》一书确也是他最得力的地方。

在鹅湖会时[26]，他和五兄九龄的诗有“易简工夫终久大”的句子。的确，简易直截是陆学的特色。他认为天地间充满了理，天地之所以为天地，便是顺此理而无私。天地之理发露在人心上，故理即心；人只要恢复本心，便与理不隔，故心即理。理为人所固有，不假外求，故学问之道无他，把固有的理发露出来而已。要发露固有的理，很简单，只要把蒙蔽于本心上的私欲意见去掉就行，这工作便是孟子的“求放心”。

他常常这样告诉学生：“汝耳自聪，目自明，事父自能孝，事兄自能弟，本无欠阙，不必他求，在自立而已。”[27]自立便是让心做得了主。他曾以“先立其大”自诩为唯一伎俩，“其大”也是指心。

九渊认为人之所以会失去本心而与天理乖隔，普通人因为陷溺于利欲，聪明人则陷溺于意见。陷溺于利欲，遂使读书与资寇兵赍盗粮无异，参加科举和仕宦都成为猎取富贵的手段。陷溺于意见指宋朝士大夫的浮议，一旦养成浮议习气，便习于说空话、争意气，个人只剩下一个空架子。他要人从利欲和意见中超拔出来，成为一个能担当、撑得住的人。

他提出一个“减”字诀作为恢复本心的方法[28]。他说：“人心有

26. 吕祖谦为调和朱陆两家，发起鹅湖之会，时在宋孝宗淳熙二年（1175年）。但两家终不能会同。

27. 见《宋元学案》，卷五八，《象山学案》，页34。

病，须是剥落，剥落一番，即一番清明；后随起，又剥落，又清明，须是剥落得净尽方是。”[29]剥落净了，本心自然恢复；本心恢复了，尚须加以涵养。他用“取日虞渊，洗光咸池”八字作譬喻，以说明剥落与涵养不可缺一。

如何剥落利欲和意见呢？他提出“辨志”这一个要领。一切云为语默都从动机上先审查过，凡是为私便是利，为公便是义。为利成小人，为义成君子。譬如参加科举如果打算升官发财便是小人，如果为了要服务国家社会便成为君子。辨志换句话说即是“义利之辨”。因为动机在一瞬间即会改变，所以他常引《书经》“惟圣罔念作狂，惟狂克念作圣”两句话，叫人随时提醒自己。

本心既然万理具足，读书便不过是一种印证的工夫而已，所以他有“六经皆我注脚”[30]的话。同时读书也不是进学的唯一方法，有一天九龄问他：“吾弟现在何处做工夫？”他答：“在人情事势物理上做工夫。”[31]这种从实际生活上做学问的态度，确和高谈心性无真本领的新儒末流有很大不同。他常说：“道外无事，事外无道。”[32]可知他如何注重在事上磨炼。

九渊的学术以开发本心为主，又认为“心即理”，后人因此有“心学”之称。明代王守仁便顺着他的路发展得更精密。心是否具备万理，那是另一个值得讨论的问题。不过凡是能内心有自觉的人，做人便有落脚处，不至于成为小人。他常说：“大人不做，却要去为小儿态，可惜！”[33]后世我们读到他一言一语，常常如受棒喝。他与朱熹在思想上的异同，后人争论了七八百年，成为新儒学最大公案[34]。

---

28. 见《象山先生全集》，卷三四，《语录》，页39，“今之论学者，只务添人底。自家只是减他底，此所以不同。”

29 同注28，卷三五，页463。

30 同注27，页11。

31 见《宋元学案》，卷五七，《梭山复斋学案·附录》，页127。

32 同注30。

33 同注30。

34 朱陆二人同样推专孔子，发明儒学，对文化及社会有很强烈的使命感。两人同样关心国事，并且都有处理实际事务的才能。但是朱拼命著书；陆除几封书牍外，只留一些语录。朱要人博览；在书堆中大做学问；陆则只要发明本心，读不读书没重大关系。朱讥陆为禅，陆说朱支离。两人确实有很大不同。

朱陆的许多争论，其实都起于彼此对心性的看法不同。陆认为“心即理”，生命与天理不二，理气为一，“万物森然方寸间，满心而发，充塞宇宙，无非此理。”他谈心，很少谈性。性、情、

>>

• 张栻、吕祖谦和浙东学者——朱陆并时学者

张栻（南轩）和朱熹一样，同是程氏兄弟的三传弟子。张栻像大程，朱熹像小程。他也同大程一样早卒，年仅48岁（1180年）。在学说上，以主一居敬为要领，并没有特殊创见，不过他的修养深厚，言论平正，很为朱熹推崇。他的学生很多，在湖南一带影响力很大。

吕祖谦（东莱）则家学渊远，在乾、淳后期，几与朱陆鼎足而三。为人谦和，调停于朱、陆之间，功不可没。学说不如朱、陆精微，容易被人忽略。主要成就在利用新儒的学说对经典重加探讨，常以锐利的眼光，分析出历史人物的心理状况，借以提倡民族思想、伦理大义，《东莱博议》便是他的成就之一。他年仅45岁，卒于淳熙八年（1181年）。

浙东永嘉学派薛季宣（艮斋）也是程氏兄弟的后学，不过薛喜谈礼乐兵农，倒与关学的气味相近。薛季宣传陈傅良（止斋），比薛更平实。叶适（水心）较陈稍晚，学说才开始大变，提倡经世实学，绾合学术和政治，与朱、陆两家争衡。他以为圣人之言平实，凡幽深玄远之说，都非圣人之言。对曾子以下诸儒，凡程朱所指以为道统的，都一一加以指责。他的立论与新儒有根本不同的地方。新儒强调“内圣外王”一贯，而实际上偏重“内圣”，认为尧舜事业也不过是太空中一片浮云；他则强调“外王”，必是经世的实学才是真学问。他说的有相当道理，可以补救高

心、才四者在他看来并没有什么不同，只是圣人急于救人，偶尔用语不同而已。他甚至认为乐记天理人欲之分很有毛病。朱则承继张载、程颐之说，把心分人心道心。道心纯善，为天理；人心得其正为天理，不得其正为人欲。顺此，性有义理之性和气质之性之分。义理之性圣凡相同，人物相同；气质之性则圣人气清而凡人气浊。人得气之正，物得气之偏。陆九渊的心一方面是宇宙的本体，另一方面又是主宰的义理心，所以此心一明，便与天地同流。朱熹的心偏于明觉，他承张载之说，以为“心统性情”。心若有理，也是多半由外面收集而来的。因此陆教人“复本心”一切具足，朱便要人“即物穷理”，希望透过穷理的工夫，而有豁然贯通的一日。陆由于认为理在内，故可以不读书，读书不过是一种印证罢了。朱认为理在外，所以一定要一本一本读，少读一句，便少一理。陆说朱“支离”、“无基筑室”，朱说陆为禅、有首无尾，便是因为双方对心性看法不同以致教法上也有异。陆的意思是应“先立其大”，否则东读西读，只得一些支离破碎的道理，好比没有基础盖房子，终究不成。朱则指责陆明心的工夫为禅，而一明心后不读书，等于有首无尾。

朱熹所以不要人只守此心，是考虑到气质不能无杂，觉得光守此心，往往陷于狂妄而不自知。陆九渊也不是没注意到气质的不同，而是觉得物欲之私正赖此心来振拔，“此道之明，如太阳当空，群阴毕伏。”朱熹时时顾虑气质，不能不觉得辛苦。陆九渊本心一复，一切提振起来，所以多悦乐。朱熹也晓得自己在“道学问”上多了些，陆则偏于“尊德性”。陆的学生持守可观，但道理全不仔细。而他自觉在义理不乱说，

但在紧要事上多不得力。今后宜取长补短，才不致堕入二边。可谓持平之论。

谈心性的偏失。因为他偏于经世，所以被人看作“事功派”。

永康之学虽源于吕祖谦，但吕祖谦只关心历史和典章制度，到陈亮（龙川）才专言经济事功。他的主张与叶适大略相同，但比叶适粗略。经世才能也比叶适差很多。永嘉如称“事功派”，永康只能称“功利派”。

- 朱陆以后的学者及元代新儒学

朱熹的学生很多，其中能卓然自立，《宋元学案》立有专案的有蔡元定（西山蔡氏）、黄榦（勉斋）、辅广（潜庵）、陈埴（木钟）、杜煜兄弟（南湖）、蔡沈（九峰）、陈淳（北溪），其余百余人都列入《沧州诸儒学案》内，真可谓盛极一时。蔡氏父子（元定、沈）的律吕象数之学，走的是邵雍的路子，得自家学，与朱熹无关。不过元定是朱门的大弟子，辅佐师门，贡献不少。辅广一生潦倒，书也不传。陈埴和杜氏兄弟（煜、知仁）在浙江，声势被浙东学派所淹。陈淳则从学朱门只三个月，卫护师门出了不少力气，但有门户之见，终是不好。只有黄榦——朱熹的爱婿，朱熹临终时以深衣和所著的书相授，并亲作书与之诀别，以道术相托。黄榦确也不负所托，致力弘扬师说，调和师门，即令对于陆学也不加排斥。他为人毅力坚强，对师说也不盲目信仰，并且在实际政务上也颇有表现，确是朱熹门下最出色的人才。他的学术一传何基（子恭）、饶鲁（双峰），再传王柏（会之）、金履祥（吉父），三传而得许谦（益之）、吴澄（草庐）。朱学的光大，他实在是个关键人物。

陆九渊的学生最出色的为傅梦泉、傅子云、黄叔丰、邓约礼等，他们都是江西人，也都早卒。倒是浙东杨简（慈湖）、袁燮（絜斋）、舒璘（广平）、沈焕（定川）号称甬上四先生反盛。陆九渊的其他学生，《宋元学案》都记在“槐堂诸儒”中。真能代表陆学的只有杨简一人。杨简专就复本心一旨著《己易》一文发明陆学，但太过简易，流弊也就不免。然杨简本人生平践履，无一瑕玷，年登耄耋，还兢兢敬谨，未曾须臾放逸，就是朱熹本人也不过如此。

南宋的新儒者在杨简死后（1226年），最著名的有魏了翁（鹤山）和真德秀（西山真氏）两人。魏为朱熹私淑弟子，兼吸收了永嘉经典制度的长处，卓然成家。真为朱熹再传弟子，在当时名重一时，对南宋末年新儒学的声势，颇有振兴作用。魏、真两人之后，以黄震（东发）和王应麟（深宁）两人最重要，他们都注重史实和典章，偏于考据训诂，气味反与清代考据家相投。宋亡时，新儒学界产生两个气节壮烈的人物：一是文天祥，一是谢枋得。宋代新儒学产生这两人为殿军，也算无憾了。

元代统治中国90年间，儒者的地位极低，儒学也十分衰微，其间值得一提的有吴澄（草庐）、陈苑（静明）、赵偕（宝峰）、郑玉（师山）数人而已。陈苑和赵偕中兴陆学，吴澄和郑玉则调和朱陆，而吴澄偏向陆学，郑玉偏向朱学。

自从五代燕云十六州失守后，由于境遇隔绝，新儒学直到1236年（宋理宗宝庆二年）蒙古攻陷德安（在湖北省），俘虏朱熹续传弟子赵复（江汉），才得北传。姚枢挟赵复至燕，教授北方学子，其后许衡（鲁斋）、刘因（静修）继起，北方才有纯粹的新儒学。许衡最重四书和小学，践履端实，对元代建国的典章制度颇有贡献[35]。

---

35. 南宋至元末新儒学的重要传授情形表列如下：

一、朱熹学派

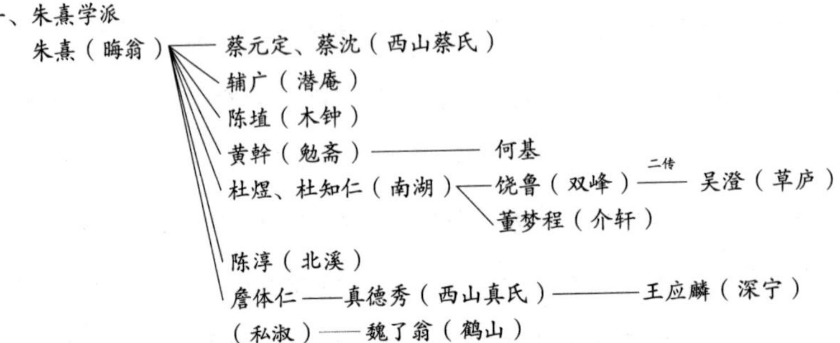

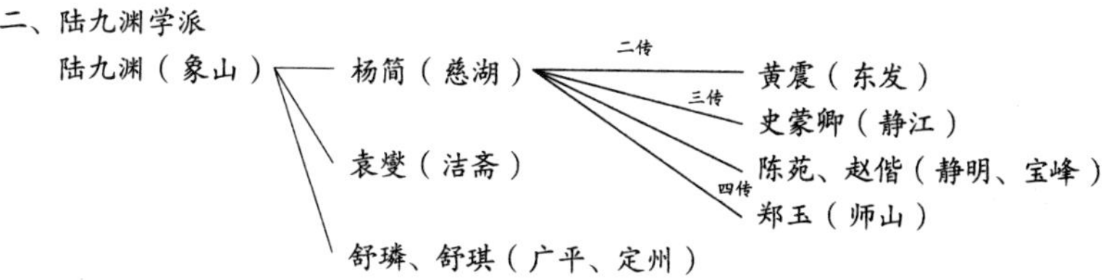

明代的新儒学

明代学者所遭遇的环境和问题，与宋代不一样，因此他们的学说和言行也和宋代有很大不同。

宋代对读书人礼遇之优，待遇之厚，绝非明代所能相比，加上职务轻松，言论也自由，所以宋代读书人无不出仕，即令不能当朝，也可如朱熹一样请求一份祠禄，以著作讲学来达成教育文化的使命。明代政治十分黑暗，昏君代作，奸臣当国，宦官弄权，加上政府有意用八股文、廷杖、特务来钳制言论思想，摧折士气，因而明代的读书人，不是俯首听命，成为专制御用奴才，便是高蹈隐遁，尽量不涉身现实政治当中。另有一些人则放浪形骸，追求声色，以求眼前之欢；还有一些人实在看不惯宦官、奸臣的狼狈为奸，组织结社，以与黑暗势力相抗。此外尚有一批读书人，他们努力冲破政府的思想统治，追求心灵上的大解放、大自由。这些人是明代读书人中最有气力、最具建设性的一群，这些人便是以王守仁为中心的新儒心学学派的学者。他们的努力，使新儒学又出现一个光辉灿烂的时期。

南宋的新儒学在朱熹死后不久，“伪学”弛禁（1208 年），便取得了学术思想的正统地位。元代仁宗年间开科举（1313 年），以朱熹注的四书及经书命题，程朱一派新儒学进一步受到政府的提倡。到了明太祖，规定八股文的写作须根据朱注，成祖令胡广等编《性理大全》、《四书大全》等书，程朱一派的学说有了标准本，再度被筛过，而成为明朝统治思想的工具。

程朱一派的新儒学到朱熹手中，体系已十分完备，后人很难加进些什么，只有照着实践而已。“居敬穷理”为主要修养方法，照这方法，学者要摒除声色之娱，排除艺术爱好，在日常生活中，一举一动都有规矩，以作为家人和社会大众的模范。真正有自觉的人，对自己这样严格要求，的确在修养和学问上会有相当成就。但是一般读书人，对于历史文化和国家社会并没有真正的使命感，只不过借新儒的学说博取功名利禄而已。这些利欲其里道学其表的读书人，便成为僵化了的假人，毫无真性情。元、明以后，中国社会的领导阶层，到处是这类“假道学”。由于他们大力推行绝对的伦理关系，助长了中国的专制独裁，也使中国社会僵化起来，成为改革、进步的很大障碍。如何使自己表里一致，知行合一，不落于“伪”的窠臼之中，便成为明代新儒的最重要课题。

明代新儒学者首推方孝孺（正学），其后为曹端（月川）。稍后，薛瑄（河东）在北方，吴与弼（康斋）在南方。吴与弼的门人有胡居仁（敬斋）、娄谅（一斋）。他们都是程朱的信徒。他们遵守程朱的教训，力行实践，品德确也可观。但都没有面对这问题，提出解决的办法，直到陈献章出现，才使它真正成为一个问题，明代新儒学从此进入一个新境界。

- 陈献章——心学再现

陈献章的成就可以说始于一念之诚，终于一念之诚，证明了《中庸》“诚之者人之道”的理论。他字公甫，广东新会人，学者称白沙先生。卒于弘治十三年（1500年），年73岁。

早年也和一般读书人一样，读《四书大全》一类书参加科举，21岁中副榜后，开始有志于圣贤之学，这一念之转，已不同于一般士子了。

立志成圣贤后，首先令他困扰的是圣贤的教训无法真正与内心相契合。圣贤教训只止于见闻，知行之间便有一道鸿沟，如果勉强自己照圣贤样子做，结果必只得一个空架子，甚至于弄得痛苦非凡，精神分裂。这时吴与弼正讲濂洛诸子之学，他便往江西从学。吴与弼在当时可以说是个相当了不起的老师了，学问都从五更枕上汗流泪下中得来，对陈献章又十分照顾，但他次年便回广东。他说在吴与弼处也“未知入处”。

回到家里，为解答他的疑惑，遍读诸子百家以及佛道稗官野史诸书，但“卒未得焉”。他自己解释说：“所谓未得，谓吾此心与此理，未有凑泊吻合处也。”“于是舍彼之繁，求吾之约，惟在静坐。久之，然后见吾此心之体，隐然呈露，常若有物。日用间种种应酬，随吾所欲，如马之御衔勒也。体认物理，稽诸圣训，各有头绪来历，如水之有源委也。于是涣然自信曰：作圣之功，其在兹乎。”这是在“复赵提学书”中的一段自白[36]。黄宗羲在《明儒学案》肯定说：“作圣之功，至先生而始明。”[37]便是指这一段亲身体验的结论。

从来没有学者像他那么真诚，感觉到内心与外理有那么一道间隙。一般人都以耳食为饱，以为知道要仁要义，知道仁义的内涵，便好像自己已有了仁义一样。纵然感觉到这内心与外理的间隙，也没有人像他那样花十多年工夫去寻答案。更进一步说，即使有人找到了答案，也不肯像他那样一口道破，招来许多必然的误解。陈献章的真诚在今天仍令我们为之感动。

其实新儒学者没有不教人静坐的，程颐每见人静坐便说善学，朱熹主张半日读书半日静坐，陆九渊更不用说，教学生静坐以开发本心。只是静坐一法，孔孟不曾讲过，于是改说“敬”、“主一”，以免被误为禅。陈献章只不过再度肯定它是一门有效的办法而已。

陈献章没有说他与陆九渊有何关系，但在不知不觉间却走到与陆九渊“先立其大”同一条路上去。他说：“为学者当求诸心，必得所谓虚明静一者为之主，徐取古人紧要文字读之，庶能有所契合，不为影响依附，以陷于徇外自欺之蔽，此心学法门也。”[38]他只说做主的“虚

---

36. 见《白沙子全集》(台北，河洛，1974年)，卷三，《书》，页420－421。

37. 见《明儒学案》(台北，河洛，1974年)，卷五，《白沙学案》，页49。

38. 见《白沙子全集》，卷二，《书自题大塘书屋诗后》，页435。

明静一”之心，没有说“心即理”，但不大读书、著述，与九渊相同。

他的学问以“自得”为验，以“自然”为宗，以“虚静”为门。“虚静”前面已说过，“自得”则不累于物，不累于耳目，不累于颠沛，自在自由。“自然”便即孟子“在勿忘勿助”之间，不安排，不造作。他年龄比陆九渊大，造道更深，风格上接近邵雍，但比邵雍更纯，确是新儒中极出色的人物。

他的门人多半清苦自立，不以富贵为意。其中以李承箕（大崖）、张诩（东所）、湛若水（甘泉）最重要。湛若水与王守仁一起提倡圣学，到处宣扬白沙学说，年龄高，官也大，因而使“江门”一派，几乎与王守仁“姚江”平分天下。但陈献章之学在湛甘泉手中已有变化，不再主静，又回到主敬上去。

- 王守仁——心学的光大

明代新儒学到王守仁时，才声光万丈，压过朱熹学派。他是浙江余姚人，死于嘉靖七年（1528年），享年57岁，学者称他阳明先生。

他的学问得力于36岁时贵州龙场一悟——“吾性自足，不假外求”——这一悟又接上陆九渊的路子。早年泛滥于词章，其后循朱熹的教训，末了出入佛老，到此才找到门户。他说：“在物为理，处物为义，在性为善，因其所指而异其名，实皆吾之心也。心外无物，心外无事，心外无理，心外无义，心外无善，吾心之处事物，纯乎理而无人伪之杂谓之善，非在事物有定可求也。处物为义，是吾心之得其宜也，义非在外可袭而取也。格者格此也，致者致此也。必曰事之物之上求个至善，是离而二之也。”[39]把心学推到极处。不过他的基本问题仍与陈献章一样，如何跨过知与行的鸿沟。龙场一悟解决了他内外不一的问题，此后所讲的“知行合一”和“致良知”，不过是更进一步地解决这问题而已。

龙场一悟后不久，他已讲“知行合一”。他说：“知是行的主意，

39. 见《明儒学案·姚江学案一》，页58。

行是知的工夫。知是行之始，行是知之成。若会得时，只说一个知，已自有行在，只说一个行，已自有知在。”[40]《大学》中“如好好色，如恶恶臭”，见好色属知，好好色属行，只见好色时，已自好了，不是见后又立个心去好。可见知行是一，不是二。世人知父而不孝，知兄而不弟，那是因为被私欲间断。他的“知行合一”之说，为救朱学末流之弊而出，是非常明显的。

既然“知行合一”，真知必能行，那么只要得此真知，就是彻上彻下工夫。他称此真知为“良知”，所以50岁以后，专以“致良知”教学生。良知是什么？他解释：“良知即天理”[41]，“良知之虚，便是天之太虚；良知之无便是太虚之无形。日月风雷、山川民物，凡有貌象形色，皆在太虚无形中发用流行，未曾作得天的障碍。圣人只是顺其良知之发用，天地万物俱在我良知发用流行中，何尝又有一物超于良知之外，能作得障碍？”[42]王守仁的“良知”，不仅将内心与外理打成一片，并且把心与物打成一片，真是最彻底的“心学”[43][44]。

- 王门弟子

王守仁的教学，简截明白，本人事功大，官位又高，所以号召力极强，从学的人很多。他的学生很多资质很高的，学有自得，虽受守仁的启迪，但自有主张，表现生龙活虎般的精神，这点确与朱学学者有很大不同。

《明儒学案》依照地域把王门弟子分为浙中、江右（江西）、南中（江南）、楚中、北方、粤闽、泰州几派，这些学生几占了《明儒学案》

40. 同注39，《传习录》，页69。

41. 同注39，页66。

42. 同注39，页78。

43. 黄宗羲在《明儒学案》说：“先生悯宋儒之后，学者以知识为知，谓人心所有者，不过明觉，而理为天地万物之所公共，故必穷尽天地万物之理而后吾心之明觉与之混合而无间，说是无内外，其实全靠外来闻见，以填补其灵明者也。先生以圣人之学，心学也，心即理也，故于致知格物之训，不得不言致吾心之天理于事之物。以知识为知，则轻浮而不实，故必以力行为工夫。良知感应神速，无有等待，本心之明即知，不欺本心之明即行，不得不言知行合一。此其立言之大旨。”这段话虽把王守仁说“知行合一”和“致良知”的因果颠倒了，但很能掌握王学的重心。

44. 黄宗羲尚有一段肯定王学价值的话，说得真透彻。“而或者以释氏本心立说，颇近于心学。不知儒释界限只一‘理’字，释氏于天地万物之理，一切置之度外，更不复讲，而只守此明觉；世儒则不恃此明觉而求理于天地万物之间，所谓绝异，然其归理于天地万物，归明觉于吾心，则一也。向外寻理，终是无源之水，无根之木，纵使合得本体上，已费转手。故沿门乞火，与合眼见暗，相去不远。点出心之所以为心，不在明觉，而在天理。金镜已坠而复收，遂使儒释疆界，渺若山河。此有目者所睹也。”

的一半。其中以浙中和江右学生最多，那是因为浙中是他的故乡，而江右为他事业所在。而泰州一派气象最雄伟，流弊也最大。

1. 浙中门人：浙中门人以徐爱（横山）、钱德洪（绪山）、王畿（龙谿）三人最重要。徐爱有王门颜回之称，可惜也和颜回一样早死（31岁），他入王门最早，有《传习录》记王守仁之言，为研究王学最重要书籍。

钱德洪字洪甫，学者称绪山先生，卒于明神宗万历二年（1574年），享年79岁。在野30年，无日不讲学，江浙楚广各地，都有讲舍，宣扬王学，贡献很大。他认为良知不能无间断，善恶念头杂发难制，因此注重戒惧，偏于事上磨炼。

王畿字汝中，号龙谿，卒于万历11年，享年86岁。在林下讲学四十余年，各地皆有讲舍，宣扬王学也贡献很大。他与钱德洪亲炙王守仁最久，但两人学说有很大差异。《明儒学案》说钱之彻悟不如王，但王的修持则不如钱[45]。

2. 江右门人：江右门人以邹守益（东廓）、罗洪先（念庵）最重要，论者大都以为江右最得王学真传[46]。邹守益主戒惧，而得力于敬。他认为敬是良知之精明而不杂以尘俗者。罗洪先为守仁私淑弟子，以为良知是心之本体，即天理，即至善。本体湛然，有感必有应，不学而能，不虑而知，顺之而已。他也主张静坐收敛。邹守益卒于嘉靖四十一年（1562年），享年72岁。罗洪先卒于四十三年，享年61岁。

江右学者在浙中王畿挟师说以杜学者之口时，颇能破之，王学之正赖护持不坠。此派再传王时槐（塘南）、万廷言（思默），都能继续发扬王守仁未尽之意。

3. 泰州学派：泰州王艮字汝止，号心斋，嘉靖十九年（1540年）卒，享年58岁。守仁门下辩才属王畿最高，但有人相信，有人不相信，至于王艮则在交接瞬间，很多人都因而省觉。但他的行为十分怪异，

45. 见《明儒学案·浙中王门学案一》，页89。

46. 见《明儒学案·江右王门学案》，页52。

连王守仁对他也颇不谅解。他以身与天下国家为物，身为本，天下国家为末。“行有不得，反求诸己”为格物。这便是他的格物说。他的门下很盛，所以《明儒学案》特开“泰州学案”。

王艮的弟子以王栋（一庵）、徐樾（波石）最重要。王栋以为诚意即慎独，颇精；徐樾言现成良知以不犯手为妙，则离开王学相当远了。徐樾传颜钧（山农）、赵贞吉（大洲）。颜钧好侠，主张率性而行；赵贞吉认为禅不害人，已经不是名教拘束得住。颜钧传何汝元（心隐）、罗汝芳（近溪）。何汝元曾用计除去严嵩，可算豪杰之士；罗汝芳则与禅学无异。此后愈加猖狂，王学终至大坏。

王学末流之弊更甚于清谈，脱略职业，歇睡名庵，还算是好的；差的则沉迷酒色、名利之间，以挟妓夜饮为高致，以抗官不逊为气节，难怪清初学者深恶痛绝，而把亡国之责归之[47]。王学的要领在开发本心，心灵一有悟解，便自信得过，自信得过往往突破先圣教条和社会习俗，倾向于兴革开创。可是明代不仅保守，而且黑暗腐败，在一颗灵明的心烛照下，种种不平和黑暗面格外清楚，在无法排遣下产生种种矫激的言行，也不能纯粹归咎于学术内在因素。我们反看王学传到日本，成为明治维新的动力。一兴一弊之间，真可深思。

47. 张烈有《王学质疑》专攻王学；陆稼书则以为“明元天下不亡于流寇，不亡于朋党，而亡于学术。”

• 湛若水与王学以外的学者

明代自弘治以后到万历一百多年间，为学术最发达的时期。在此之前的学者，恪守程朱遗训，注重身体力行，并无什么创见。在此之后，王守仁号令天下，王学如日中天。在这期间，不与王学同调的有罗钦顺（整庵）、汪俊（石潭）、何塘（柏斋）、黄佐（泰泉）、张邦奇等人，他们力主程朱之说，与王学对抗，《明儒学案》把他们还收在“诸儒学案”之中与下，他们的学说也没有什么建树，声光为王学所掩。只有湛若水例外，当时的学者有的先入王门而卒业于湛，有的先入湛门而卒业于王，声势十分不凡外，并且源远流长，至明末犹有光彩。

湛若水字元明，号甘泉，卒于嘉靖三十九年（1560年），年95岁。他教人“随处体认天理”，认为王守仁解释“格物”为“正念头”不对，因为不经学问思辨的工夫，则念头是否正确很难确定。他以为心体万物而无遗，王守仁只指腔子里的为心，那不等于分了内外。事实上，湛若水又回到朱熹的路上，随处体认天理虽不差，但有体认于感觉的毛病，同时也比不上“致良知”简捷明白。湛若水虽是陈献章的学生，并且到处建陈献章的祠堂为纪念，但已改变老师的说法。他甚至于说“以静为言的人都是禅学”[48]，明明也把献章攻击在内。

48. 见《明儒学案·甘泉学案一》，页83。

湛若水是朱学，其学说也有支离的毛病，所以他的学生大都用直截来补救，如吕怀（巾石）以为天理和良知本来宗旨相同；何迁（吉阳）以“知止”为要领，此心感应之几为“止”，与王学江右主静归寂大略相同；洪垣（觉山）说体认天理是“不离根”的体认，补救师门“随处”之失；唐枢（一庵）标举“讨真心”，以为苟明得真心在我，不二不杂，则王湛两家之学，俱无弊失。吕怀的门下有唐伯元（曙台）、杨乔（止庵）。唐枢门下有许孚远（敬庵），许孚远再传冯从吾（少墟）。“江门”一系传到明末犹未绝。刘宗周（蕺山）便是许孚远门下。

- 晚明的新儒学

晚明70年间，学术又是一变，这与学术本身固然有关，可是晚明宦官专权、政治黑暗为更重要原因，特别以东林学派中人为然。

东林是晚明一群爱国书生，由于不满宦官弄权，政治黑暗，清议沦亡，以顾宪成（泾阳）、高攀龙（景逸）为首领，讲学于江苏无锡东林书院，他们议论朝政，裁量人物，结果遭到宦官与小人的残酷报复，形成晚明有名的政治风潮。他们学术主张不尽相同，但关心国家安危，以为学术要与世道结合才有价值，则为共同认识。顾宪成说：“官辇毂，念头不在君父上，官封爵，念头不在百姓上；至于水间林下，三三两两，相与讲求性命，切磨德义，念头不在世道上；即有他美，君子不齿。”[49]便是他们的宣言。

高攀龙精于学术流变的分析，曾说：“除却圣人全知，一彻俱彻，以下便分两路，一者在人伦庶物，实知实践去。一者在灵明知觉，默识默成去。此两者之分，孟子于夫子微见朕兆，陆子于朱子遂成异同。本朝文清（薛瑄）、文成（王守仁）便是两样。宇内之学，百年前是前一路，百年来是后一路，两者递传之后，各有所弊。”[50]三言两语间，把儒学发展的脉络，交代得清清楚楚。他的悟道经过，说得极为详细，但在“学必须悟，悟后方知痛痒”之后，立刻接着说：“知痛痒后，直事事放过不得。”[51]显然要互取朱、陆两家的长处。但在当时空疏的王学末流学风下，他宁取朱学的笃实[52]。

东林除顾宪成、高攀龙外，钱一本（启新）和孙慎行（淇澳）也颇重要。钱一本以工夫为主，认为尽才始可得本体，不可以石光电火便作家当，很切中当时学者的弊病。孙慎行最初学禅，却不以禅学为足。他认为君子终日学问思辨行，便是终日戒惧慎独，无暇再去求一漠然无心的光景[53]。很能道出儒释根本不同。他对心性颇有创见，因而刘宗周说：“东林之学，泾阳导其源，景逸始入细，至先生而另辟一见解。”[54]

由于东林引起激烈的党争，与明朝相始终，竟有人把明亡的责任，归咎于东林党。即使对东林有了解的人，也批评东林人物过激，黄宗羲在“东林学案”之前因而有一段很沉痛的话。他说：“熹宗之时，龟鼎将移，其以血肉撑拒，没虞渊而取坠日者，东林也。毅宗之变，攀龙髯而蓐蝼蚁者，属之东林乎？属之攻东林者乎？数十年来，勇者燔妻子，弱者埋土室，忠义之盛，度越前代，犹是东林之流风余韵也。一堂师友，冷风热血，洗涤乾坤，无智之徒，窃窃然而议之，可悲也夫。”[55]

---

49. 见《明儒学案·东林学案一》，页50。
50. 同注49，页91。
51. 同注49，页81。
52. 同注51。
53. 见《明儒学案·东林学案二》，页113－114。
54. 同注53，页105。
55. 同注49，页47。

新儒学得东林诸君子的热血，也可一洗只重心性修养不关心国家社会的批评了。

晚明学术除东林之外，以刘宗周最重要。宗周号念台，学者称“蕺山先生”。在思宗朝，由于忠直敢言，三次被革职。清顺治二年（1645年）杭州陷落，绝食二十余日殉国。他一生躬行实践，对学生感召力极大，黄宗羲便是他的学生。明亡之际，他的学生章正诚、祁彪佳、祝开美等都见危授命，慷慨成仁，真不负所学。

宗周以“慎独”为学问宗旨。王守仁倡“致良知”，末学流于作弄光景；宗周主“慎独”，只在主宰上觉有主，亦即在意念精微处用功，确有救王学末流之功。黄宗羲称其学醇乎其醇，虽对师门，但不算过誉。明代新儒学当以他为殿军。

• 明以后的新儒学

清代学术发展的大势，大致走着反对新儒学的道路，但是由于程朱学派的新儒学，足以束缚人心，所以满清政府承袭明朝政策，加以大力提倡，继续以“八股文”取士，考试的内容也和明代没有不同。于是新儒的思想观念，依旧是中国社会的正统。

清初遗老目睹国破家亡的悲剧。儒者守节不屈、壮烈成仁的人虽很多，但是“平时空谈心性，临危一死以报”，对于时局毫无补助。在痛切的反省下，转而提倡经世实学，希望学者有真本领，能担当起国家大事。这种学风，东林、刘宗周已开其端，而黄宗羲（梨洲）、王夫之（船山）、顾炎武（亭林）、颜元（习斋）、李塨（恕谷）等学者更提出具体主张，在理论上矫正明学的失误，如王夫之提倡“尊生”、“崇有”，顾炎武主张“舍经学没有理学”，都极有价值，而其中北方的颜、李，对宋、明的新儒学，更有基本上完全不同的主张。

颜元和李塨根本扬弃宋明新儒“主静”之说，力矫新儒学者谈心、谈性的毛病，专心致力于实用学术。他们认为尧、舜相传的道统在水火金木土谷六府、正德利用厚生三事、知仁圣义忠和六德、孝友睦姻任恤六行、礼乐射御书数六艺上，“格物”即习此。后儒主张静坐，已掺杂异端邪谈。他们习礼、习射、习乐，讨论兵农水利，日夜不息。这种实践实用精神，确实宋元以来所未有。但是他们所攻击的仍只是宋明新儒学的末流，特别是明儒王学的末流。主动习勤，很接近现代西洋的观念，也确可收到身体健康的效果，但于心性锻炼上则不如静养有效，全然否定静养之益，正是今人外驰物化之弊，与专事静坐而遗弃事务，弄得身体虚弱不堪，同样不对。至于偏于读书，不讲经世实务，新儒初起，胡瑗已分经义治事两斋，其后张载打算正经界，吕大钧立“乡约”，凡宋代新儒谈农田水利赋役的著作不下数十百家，也可以看出遗弃经世实务的，也只是末流的弊病。

康熙以后，清廷屡兴文字狱，使得刚刚兴起的经世实征之学转变方向，而专心致力于古籍的考据工作，以避免政治迫害。乾隆、嘉靖年间，考据之学大兴，文字、声韵、训诂、校对、名物、制度的研究，超越前贤，成为学术正统，号称“汉学”，以别于宋代以后重义理、讲“内圣外王”的“宋学”。这时在学理上大力攻击“宋学”的为戴震。

戴震字东原，安徽人，死于乾隆四十二年（1777年），享年55岁。他著有《原善》、《孟子字义疏证》以攻宋儒，认为理气不二，并非别有一理在气之上。人心只有知情欲，因为有知，所以能知理，并非理原来就在心中。同时宋儒讲“去人欲、存天理”根本错误，因为欲与血气俱有，没有欲望，也等于没有生命。他认为宋儒对欲的偏见，因而把饥寒号呼、男女怨慕、垂死求生都看作罪恶，失去了人情之正，造成“吃人礼教”的可怕局面。同时在上有权有势的人，又借着宋儒提倡阶级与绝对性的伦理，以理杀人。理欲分而为二，使得君子无完行，弄得天下皆伪。

在戴震手中，宋明新儒学的流弊被揭发无遗，但这些弊病固然有学说本身已隐伏的缺陷，但大部分则是专制政权利用新儒学说束缚人心思想的结果。有关戴震学说之误，可参看吕思勉《理学纲要·订戴》篇。

有清一代，兢兢业业，遵守程朱遗训，躬行实践的学者，仍然不乏其人，像孙奇逢、李光地、陆陇其、唐鉴等都是，但在学说上没什么创见，躬行之笃厚，也比不上明初，并且多半不是纯粹的新儒学者，这当然与一代的学风有莫大关系。

咸、同以后，西洋势力大量侵入，国人在英、法的船坚炮利下，丧失了自信心，加上西方民主思想的传入，新儒思想笼罩下的传统开始迅速崩溃。等到中国不得不随世界潮流而变，废科举，建立民主政府，新儒学更成了攻击的对象，似乎中国积弱都是新儒学者之过。

新儒学经清末民初西化的涤荡后，最近又重露生机。这生机的来临，一方面因为中国在民主、工业化的过程中，西化的种种弊病逐渐露出来，使人反省而转回头，再度体认固有文化的种种优点，而事实上，固有文化中的重视人伦，不仅不会妨碍工业化和民主政治的建立，反而能补救工业社会的危机，使民主政治的基础更稳定。另一方面则熊十力、马一浮、唐君毅等人，二三十年来致力于固有学术的宣扬。熊、唐等人偏重于理论的阐述和厘清的工作，与宋儒重修养有差，但经他们的努力，固有学术重新被肯定，新儒学也因此有复兴的契机。

结 语

新儒学兴起于北宋知识分子的自觉，知识分子自觉人的庄严与对社会文化的使命，以上续民族慧命、重振“内圣外王”之学为己任，外辟佛老而建立起民族的真正文化。他们讲明心性与天道，使人生理想有个深远的源头；主静主敬，以收敛翕聚生命而有力外抗物欲；注重道德修养，作为人群的表率和模范；四处讲学，鼓舞民族生命；建立“家规”、“乡约”、“学规”等，使中国人小而日常生活，大而进德修业，都有宗旨和途径可循。他们努力的结果，儒家思想成为社会的正统思想，“良心”、“天理”超越法律习俗成为人心的主宰，伦理纲常成为维系社会秩序的中心力量。他们的工作确是“为天地立心，为生民立命，为往圣继绝学，为万世开太平”的工作，理想极崇高，成果也极伟大。我们如果说，北宋以后的中国社会是以新儒学为思想基础的社会，一点也不过分。

新儒学的人物也极精彩动人。有光风霁月的周濂溪，有隐逸深远的邵尧夫，有物来顺应的程明道，有严毅不苟的程伊川，有民胞物与的张横渠，有博大精深的朱晦翁，有专提本心的陆象山，有自然自得的陈白沙，有功德不朽的王阳明。他们无不尽自己的性情，成就一种典型，使后人每一思之，振奋不已。我们很难想象，中国历史上没有这些人物，会失去多少光彩。即令次要的人物，如赤手搏鲸的王门弟子，冷风热血的东林君子，也莫不特立独行，他们虽近狂近侠，但皆有气概，为中国历史添了不少声光。如果产生怎样的人物是评论一派学术思想的重要参考，则新儒学人物之盛，品质之高，真可算是中国文化的最佳结晶。

当然，新儒学也不是没有缺失，笔者认为第一失之于隘，第二失之于迂。

新儒学者专宗孔孟，抵斥佛老，然而在修养方法上得之于禅佛不少，在形上学上得之于道家也多，新儒学者阴纳而阳攻之，在争法席、免流弊上，或有不得不然之势，然在态度上大可光明磊落，在学理上深入研究后，明指其失。可是新儒学者攻击禅佛，只及皮相，倒反自己在“某人是禅”下纠缠不已，尤其不该墨守孔孟，把荀子与先秦诸子一概摒弃在外，这样自隘自限的结果，使新儒学纯净似乎纯净了，但吸收异学以滋养加厚变为不可能。这与中华文化素有包容力大的特质相违背，也忘了先秦诸子也是“六经之支与流裔”[56]。而程朱一派的末学尤甚，连文学、艺术、音乐等也排斥，生命得不到滋润，此思想观念得不到扩充更易僵化。

狭隘的结果是故步自封，迂阔的结果则是忽略实际、不通人情。这点正是清儒颜元、戴东原等人指责新儒学的地方。虽然新儒学者旨

56. 见《汉书·艺文志》，诸子略序。

在提升民族生命，建立民族文化，不能以照顾现实社会人生为满足，但学术思想过分重理想，忽略现实社会人生，终是弊病。有人问程颐："学者志于大何如？"他答："志无大小，且莫说道将第一等让于别人，且做第二等。才如此说，便是自弃。"[57]这样自励勉人没有错，错在程朱末流把人的最高理想和成就，强求于人人，忽略人人气质有异，环境有别，闻道有先后，术业有专攻。必导致苛责贤者，使天下无好人，君子无完行；导致有权有势的人"以理杀人"，无真学问的人作伪自饰[58]。其实，成圣成贤固然是人的最高理想，但社会上惇一行、守一节的人，也有他的地位，甚至于守一业、敏一事的人也该受到敬重，如此整个世界才宽平起来，人人才有以自立自守。新儒学者泥古太甚，把现实看得太简单，也是迂阔的表现，像张载说："井田至易行，但朝廷出一令，可以不笞一人而定。"[59]便是很好的例子。

今天我们反省一千年来新儒学的发展历史，我们觉得当初北宋诸子对民族文化的使命感与人的庄严的自觉，仍然在今日有极重大的意义。今天我们要建立民主政治，吸收西方的科学技术，如果没有人的庄严的觉悟，自觉与周围的人痛痒相关，民主政治很难脱出庸俗、物欲、盲从的陷阱。如果没有民族文化做基础，则随科技而来的种种弊害也必弄得人人无法生存。做一个知识分子，尤其不可忽略宋明新儒学者重道德心的自觉，从而化解个人生命中非理性与反理性的成分，以仁心覆育群伦的努力，这样的知识分子，不论从事哪门哪业，都将是民族文化复兴的动力[60]。

57. 见《宋元学案·伊川学案》，页78。

58.《胡适文存》，第三集，卷一，《几个反理学的思想家》，对新儒学这些弊端有相当详细的叙述，可参考。

59. 见《宋元学案·横渠学案》，页86。

60. 唐君毅《人文精神之重建》一书（香港，新亚研究所，1954年），对这些问题有很深入的探讨。

实证精神的寻求

明清考据学的发展

林庆彰

胡适之先生说考据好像侦探访案，法官断狱，很具有科学精神，他自己更有“考据癖”；但是有些人对考据却大为反感，认为考据妨害了科学和哲学的进步，曾斲伤了民族的心灵。“考据”到底是什么？似乎有先说明的必要。

“考据”又称“考证”或“考订”，历来学者的解释各有不同。或以为考据是“考历代之名物、象数、典章、制度，实有据者也。”[1] 这是把考据认为是有特定对象的学问。或以为考据仅是一种治学方法，某些学问在需要求真时，就得考据一番，所以说：“考据仅为从事学问之一方法，学问已入门，遇有疑难，必通考据。”[2] 可见考据的内涵，每因学者的认定标准而有不同。我个人则较赞同后一种说法。

既然以考据为一种治学方法，何以又有“考据学”之称呢？是又有说者，如果把研究某一问题的过程分成好几个层次，则文献资料的考据，或仅研究过程的第一层次而已；在这第一层次的过程中，本有其一贯的辩证方法，这种方法实已具有构成学问的条件了。要是有某一个时代，某一部分学者的治学精神，都仅着力于这第一层次，而形成一种风气，当然可以把这种共同的治学精神方向称为一种学问。这就是“考据”可以成为“考据学”的原因。

照上面所说，某些学问在需要求真时，大都要用到考据，如此说来，考据的源流就相当长了。从汉代以来的某些著作里，多少都有考据的现象在。宋朝时，零星的考据工作多了起来；笔记之书，如：沈括的《梦溪笔谈》、洪迈的《容斋随笔》、陆游的《老学庵笔记》、王应麟的《困学纪闻》；考史的书，如：吴缜的《新唐书纠缪》、《五代史纂误》，刘攽的《两汉书刊误》，司马光的《资治通鉴考异》；都是考据学的名著。大儒朱熹更表现了笃实的考据精神[3]。但考据真正成为一种风气，是明代中期以后的事；直到清中叶乃演成一种全面性的运动。本文的讨论，也由明代中期开始。讨论的重点放在考据学的形

1. 江藩，《经解入门》（台北，广文，1977年），页135。

2. 钱穆，《新亚学报发刊辞》，《新亚学报》，第1期（1955年8月）。

3. 有关朱熹考据的成就，可参考钱穆，《朱子新学案》（台北，三民，1971年），第5册，《朱子的考据学》。

成、演变、考据方法的得失、考据的成果和影响等方面。

晚明博杂的考据学风

明代中叶起，社会上弥漫着一股不重经书的风气。这种风气主要导因于理学家以六经为“糟粕”[4]的观念。随后，王阳明的弟子更以心性相标榜，人人废学，经书自更无人去读了。其次，当时读书人专以诵习时文为应举的捷径，不但不读经书传注，即经书中的名言名句也不屑一顾。詹景凤曾提到这种现象说：“或教以诵五经诸名言，曰：经语可用者，时文中自有之。”[5]这是当时废弃经书的明证。有志之士，如：王鏊、杨慎、陈耀文、郑晓、归有光、朱睦㮮、朱谋㙔等人，为了挽救时弊，都曾提出重经或重汉唐注疏的话。

余英时先生在追溯清代考据学之起因时，认为理学家由于朱、陆之学的对立，观点之异同，也有必要寻根究柢，取证于古代经典[6]。所以，王阳明早年在龙场驿时写《五经臆说》，晚年更作《古本大学旁释》，显然是要把自己所悟得的道理和经书的记载相印证。而朱学的罗钦顺对于“心即理”、“性即理”的争辩，也要“取证于经书”[7]。这就是明代中叶以后考据学兴起的内在原因。

但余先生的这种说法，或仅能说明经书考据的兴起而已；而明代的经典考证，就整个考据学的发展来说，并不是一条主流。因此，以读书人反废学而提倡经书，以理学家取证于经典等原因，来解释明代考据学的兴起，还不是最令人满意的答案。如果要寻找这个博杂考据风气的源头，似乎要从前后七子[8]的复古入手。当前七子的李梦阳、

4. 陈献章，《白沙子》（四部丛刊续编本），卷五，页1，《张内翰廷祥书括而成诗呈胡希仁提学》说：“古人弃糟粕，糟粕非真传，……吾能握其机，何必窥陈编。”卷五，页9，《藤蓑》说：“吾心内自得，糟粕安用那。”

5. 詹景凤，《詹氏小辨》（明万历间王元贞校刊本），卷三〇，页3。

6. 余英时，《从宋明儒学的发展论清代思想史》，见余著《历史与思想》（台北，联经，1976年），页87－119。

7. 罗钦顺，《困知记》（中国子学名著集成本），卷下，页19。

8. 前七子是：李梦阳、何景明、徐祯卿、边贡、王廷相、康海、王九思。后七子是：李攀龙、王世贞、谢榛、宗臣、梁有誉、徐中行、吴国伦。

何景明等人提倡复古时，大部分的读书人都响应了这个运动。然一般人对复古的目的，并没有真正的了解，只要是古的就去追求，而古的东西往往比较稀少，因此形成了一种好古书、好奇书的风气[9]。一般考证家为了炫耀自己的见闻广博，遂把大部分的精力用在考奇事、僻典上，正统的经书反而被忽略了。可见前后七子的复古，对这种博杂考据学的兴起，也有相当的助力。

9. 当时好奇书的读书人相当多，详细情形可参考林庆彰，《丰坊与姚士粦》（作者自印本，1978 年），“绪言”。

10. 胡应麟，《艺林学山引》，见胡著《少室山房笔丛》（台北，世界，1963 年），页 258。

又：杨慎的突起，对明代考据学的发展，也有特殊的意义。杨慎是当时宰相杨廷和的儿子，他的博学是当时人所津津乐道的。因议大礼贬云南永昌后，同情他的人很多。当他的书流传开来后，人们因崇拜加上同情的心理，都以能读他的书为荣，所以胡应麟要说：“用修之言，世方社稷之。”[10] 而一些好胜的学者则以纠正他的错误为乐，陈耀文的《正杨》，胡应麟的《丹铅新录》、《艺林学山》等，就是这样产生的。

此外，江、浙一带刻书业的兴盛，也有助于考据学的发展。考据既是一种书本工夫，自要有大量的书籍供应，当时的考据家，如：胡应麟、焦竑、陈第、张萱、来斯行等，都是大藏书家，有了大量的藏书，作考据时自然较得心应手。

由此可知，明代考据学是由一般人对不读经的反动，理学家之取证于经典，前后七子的复古，杨慎的特起，书籍的流传等几个因素互相促成的。

• 杨慎和他的修正者

明代考据家中以杨慎（1488－1559 年）最为博学，他的著作多达两百余种。有关考据的书，多以“丹铅”二字命名，如：《丹铅录》、《丹铅别录》、《丹铅余录》、《丹铅总录》等。另有《谭苑醍醐》，也多考证的话。神宗万历四十五年（1617 年），焦竑将他的著作编为《升庵正集》、《升庵杂集》、《升庵外集》。其中《外集》即搜罗了不少他的考证著作。

杨慎治学主张博闻。为了搜集考证所需的资料，他主张抄书，他说："自束发以来，手所抄集，帙成越千。"[11] 抄书是考据的基本工作，要言必有征，就不能不博览，不能不抄书。后来明清的考据家，都是走这个路线。杨慎不论考经、考史、考名物制度、考字句训诂、考字音等，每条都有相当多的证据，这就是抄书给他的好处。

这里举一个例子来说明他的考证方法。《诗经·豳风·东山》有"町疃鹿场"一句，"町疃"二字，后人都根据毛公解释为"鹿迹"，杨慎认为应解作"田野"。他的考证过程如下：

1. 先罗列汉人说法：毛苌说："鹿迹也。"《说文》说："禽兽所践处。"

2. 纠正汉人之误：他认为汉人所以误解，是因"町疃"下有"鹿场"字，遂用"鹿迹""兽践"来附会。鹿迹、兽践可以解鹿场，不可以解"町疃"。

3. 推寻诗句之意：诗人之本意是说：征夫久不回家，町疃之地，已践为鹿场，并非町疃就是鹿场。

4. 罗列证据：①《说文》把"町疃"收入田部，可见并非"鹿迹"或"兽践"。②《左传》有"町原防，井衍沃"的句子，干宝注说："町，小顷。"③张衡《西京赋》有"遍町成篁"一句，注说："町，畎亩。"此外，④王充《论衡》："町町如荆轲之庐。"⑤"石鼓文"："原陉既垣，强理疃疃。"⑥"召伯敦铭"："予既疃商。"⑦《庄子》："舜举于童土之地。"成玄英疏说："童，土疃也。"四条都指田野[12]。

这条很能看出杨慎考证的精神，所引的证据，书本资料外，又能兼用金石铭文作为补助工具。《升庵外集》一百卷中，具有这种考证规模的条目相当多，有些条目甚至与清人的考证不谋而合[13]。他也是明

11. 杨慎，《丹铅别录》（丛书集成简编本），序。

12. 杨慎，《升庵外集》（台北，学生，1971 年），卷二七，页22下，"町疃鹿场"条。

代第一个研究古音的学者，所著《转注古音略》、《古音丛目》等，引证也非常地详博；后来的焦竑、陈第多少有点受他影响。

他因贬官，心态上难以平衡，竟把做学问当做一种消遣。这种游戏心理，使他的考订工作错误百出。又因好胜心作祟，不惜伪造证据。有时也因乡土观念，免不了要牵强附会一番，司马迁《史记·太史公自序》说："上会稽，探禹穴。"杨慎是四川人，就说"禹穴"在四川[14]。（图一）陈耀文讽刺他说，如果"禹穴"在四川，"太史公无乃太阔步乎"[15]？

但因为读他的书的人遍及全国，要和他争胜而想纠正他的人也不少。周亮工说："杨用修先生丹铅诸录出，而陈晦伯《正杨》继之，胡元瑞《笔丛》又继之，时人颜曰《正正杨》。当时如：周方叔、谢在杭、毕湖目诸君子集中，与用修为难者，不止一人。然其中虽极辩难，有究是一义者，亦有互相发明者，予已汇为一书，颜曰《翼杨》。"[16]从这段话可知当时人对杨慎的态度如何了。其中，陈耀文的《正杨》纠正了杨慎不少错误。可惜态度流于叫嚣，颇为后人所病。耀文又有《经典稽疑》，辑录经典古注，颇有保存古学的意思。

胡应麟（1551－1602年），自号少室山人，著有《少室山房笔丛》，其中《丹铅新录》、《艺林学山》，也给杨慎不少纠正。杨慎举证不足的，他也有补充，如："弓足"、"履考"两条，就补列了一百多条例证[17]。应麟又有《四部正讹》，考辨一百余部伪书，是我国第一部辨伪的专著。他提出的八种辨伪方法，一直为后人所沿用[18]。

• 梅鷟、陈第

明代考据家中，专门研究经书的是梅鷟、陈第两人。梅鷟是个博闻

13.《升庵外集》，卷二八，页14，"自土漆沮"条，与王引之《经义述闻》所考相合。卷二九，页2，"往近王舅"条，与段玉裁、惠栋之说相合。

14.《升庵外集》，卷五二，页5下，"禹穴"条。

15.《正杨》（台北，学生，1971年），卷一，页23上。

16. 周亮工，《因树屋书影》（台北，世界，1963年），卷八，页220。

17. 胡应麟，《丹铅新录》，见胡著《少室山房笔丛》，页149－165。

18. 八种辨伪方法是："核之七略以观其源；核之群志以观其绪；核之并世之言以观其称；核之异世之言以观其述；核之文以观其体；核之事以观其时；核之撰者以观其托；核之传者以观其人。"见《少室山房笔丛》，卷三二，页423。

强记的学者，他从小就专心研究经书，因受吴棫、朱熹、吴澄等人疑《古文尚书》的影响，著《尚书谱》、《尚书考异》等书，改《古文尚书》之伪。

宋、元疑《古文尚书》的学者，都没有举出坚强的证据，到了梅鷟才用考证的方法，把《古文尚书》文句的来源一一找出来。《大禹谟》中有“人心惟危，道心惟微，惟精惟一，允执厥中”十六字，后人说是舜传给禹的“十六字心传”。梅鷟以为“允执厥中”一句，抄自《论语·尧曰篇》；“人心惟危，道心惟危”两句，抄自《荀子·解蔽篇》所引的《道经》，根本不是圣人之言[19]。又:《胤征》有“火炎昆冈，玉石俱焚。”两句，他引了三个证据：

1.《晋书》袁宏“三国名臣赞”说：“仓海横流，玉石同碎。”

2.《晋书·刘琨传》说：“火炎昆冈。”

3.《后汉书·董卓传论》说：“昆冈之火，自兹而焚。”[20]

证明是晋人的话。清朝的阎若璩也引《陈琳集》和《三国志》“钟会传”，证明是晋人的话[21]。两人所引的材料不同，结论却是一致的。

然梅鷟以汉初出现的《泰誓》和16篇古文是张霸伪作，又以25篇《古文尚书》是皇甫谧伪造，结论都不正确；但以当时的学术水平，有此成就已令人敬佩。后来，阎若璩继承这种精神作更精密的研究，《古文尚书》出于伪作的事，始成定论。

另一位经学考据家是陈第（1541－1617年），他做过游击将军，是个武将兼学者。陈第对当时理学家的高谈心性颇为不满。“书不必读，自新会始也；物不必博，自余姚也。”[22]这是对陈献章、王阳明的批评。他也了解讲学的弊病，所以主张实行，反对讲学。这些都可看出

19. 梅鷟，《尚书考异》（平津馆丛书本），卷二，页13。

20. 梅鷟，《尚书考异》，卷三，页38。

21. 阎若璩，《尚书古文疏证》（《皇清经解续编》本），卷四，页44，第六十四条：“读陈琳集，有檄吴将校部曲文，末云：‘大兵一放，玉石俱碎；虽欲救之，亦无及已。’三国志钟会传，会檄蜀将士吏民曰：‘大兵一发，玉石俱碎。虽欲悔之，亦无及矣。”会与琳不相远，辞语并同，足见其时自有此等语。……则此书之出魏、晋间，又一佐已。”

22. 陈第，《谬言》，页35。引自容肇祖，《明代思想史》（台北，开明，1975年），页273。

他对理学的反动。

陈第以前的人读《诗经》，都把不押韵的句子任意改读，他认为《诗经》中的某些句子读起来所以不押韵，是因为古今音不同的缘故[23]。他著《毛诗古音考》来证成自己的说法。全书共举出四百四十四个字，每字定它的古音，并列“本证”、“旁证”两种：用《诗经》中的句子来证明，是“本证”；用《诗经》以外的韵语来证明，叫“旁证”。例如：“服”字古音读作“逼”。举出“本证”十四条，“旁证”十条，兹节录数条如下：

本证：

1.《关雎》：“求之不得，寤寐思服；悠哉悠哉，辗辗反侧。”

2.《有狐》：“有狐绥绥，在彼淇侧；心之忧矣，之子无服。”

3.《葛屦》：“要之襋之，好人服之。”

旁证：

1.《易·象传》：“鸣谦贞吉，中心得也。劳谦君子，万民服也。”

2.《仪礼》：“令月吉日，始加元服；弃尔幼志，顺尔成德。”[24]

这种归纳的方法，在当时是最进步、最科学的。入清以后，古音学的研究所以能日渐缜密，陈第的观念和他的研究方法有相当大的影响。

陈第的朋友焦竑（1540－1620年）是左派王门的人，他以理学家兼做考证工作。由于当时三教合一的观念很流行，所以他的《笔乘》中，时时用佛、道家的说法来解释儒家经典。《笔乘》中有“古诗无叶音”一条[25]，所讲的道理和陈第一样，又在陈第之前，只因他没有专门论古音的书，一般人把他忽略了。

和晚明其他考据家一样，焦竑的书有不少条目都是从宋人的笔记中抄来的。《四库提要》说：“竑在明万历中以博洽称，而剽窃成书至于如是，亦足见明之无人矣。”[26]这话似乎给他很低的评价。

23. 陈第，《毛诗古音考》（台北，广文，1977年），序说：“时有古今，地有南北，字有更革，音有转移，亦势所必至。”

24. 同上，卷一，页1－2。

25. 焦竑，《焦氏笔乘》（台北，广文，1968年），卷三，页169。

26.《四库提要》，卷一二八，子部杂家类存目五，页13，《焦氏笔乘》八卷提要。

• 方以智、周婴

明代考据家中成就最高的要算方以智（1611－1671年）。他是明末海内四公子之一[27]。明亡后，见事无可为，弃官为僧，专心研究哲学。所以，他早年是个第一流的考据家，晚年又是一个杰出的思想家[28]。

由于家庭环境的关系，以智对当时传入的西学也颇有接触，因此他的观念之新，学问之博大，是当时人所赶不上的。以智对治学方法相当注意，他说："考究之门虽卑，然非比性命可自悟，常理可守经而已也。必博学积久，得征乃决。"[29]所谓"考究"就是"考据"。他认为考据这种学问不能凭主观的经验，必须广搜证据，然后根据证据下判断。为了搜集证据，他随手抄书做笔记，这和杨慎等考据家的路子是相同的。

27. 四公子指桐城方以智、阳羡陈贞慧、归德侯方域和如皋冒辟疆。

28. 方以智的研究，近几年非常热门，余英时有《方以智晚节考》（香港，新亚研究所，1972年）；张永堂有《方以智研究初编》（作者自印本，1973年）和《方以智之生平与思想》（作者自印本，1978年）。外国学者的研究著作也不少，详细情形可参考张永堂，《方以智研究初编》。

29. 方以智，《通雅》（四库全书珍本三集），凡例，页3。

30. 同上，自序，页3说："新都最博而苟取僻异，实未会通，张东莞学新都，窃取尤多，岭南之九成子行也。澹园有功于新都，而晦伯、元美、元瑞驳之不遗余力。以今论之，当驳者多不能驳，驳又不尽当。"

以智认为王学末流所以不读书，是因小学没落，文字本身的价值没受到应有的重视。所以他特别肯定文字的价值，认为是"载道法，纪事物"所不可少的工具。他的考证著作《通雅》（图二），大部分是文字音义的考订，就是为实现其理想的心力结晶。

《通雅》完成于明朝亡国以前，是明代考据学集大成的著作。全书52卷，除了考证文字音义、方言、俗语、天文、地理、名物制度外，还兼及医药等。可见他和杨慎一样都是博学家。以智又能利用金石、方言、古文字来作考证工具，所以成就要比前人高。他认为陈耀文、王世贞、胡应麟等人对杨慎的批驳，都是"当驳者多不能驳，驳又不尽当"[30]。所以《通雅》一书中，对杨慎考证缺失的纠正，不下百数十条。对其他人的讥驳也不少，而都能让人心服口服，这当然由于他"每驳定前人，必不敢以无证妄说"的谨慎态度所致。

以智虽善于疑古，但对同时代文献资料的真伪问题似乎不甚措意。

他把丰坊的《子贡诗传》，王文禄的《申培诗说》[31]，和杨慎的《杂事秘辛》都采入当证据[32]。这也许是他刻意求博的一种反效果。但《四库提要》认为他“考据精核，……穷源溯委，词必有征。”“在明代考证家中，可谓卓然独立者。”可见给他很高的评价。

可惜，以智的考据成就并没有得到清代考据家的认同，他的书也很少人读过。这对以智来说是件很不幸的事，对整个考据学的发展，也不无遗憾的地方。

31. 后人皆误以《申培诗说》为丰坊伪造，实为王文禄抄录丰坊《鲁诗世学》一书之诗序而成。详见林庆彰，《丰坊与姚士粦》，页88－119。

32. 例如:《通雅》，卷七，页18，引《子贡诗传》；卷八，页30，引《申培诗说》；卷九，页33，引《子贡诗说》；卷二九，页9，引《子贡诗传》、《申培诗说》；卷三〇，页2，引《申培诗说》；卷三五，页30，引《申公诗说》；卷四五，页29，引《天禄阁外史》。

和方以智同时的周婴，是个被遗忘的考据家。他不太重理论的发挥，所以没像方以智有他的治学方法论。周婴的著作《卮林》，全在考订古人或当时人的错误。书的体例很奇怪，每卷各若干条，每条都用两字标目，如“难裴”，是在质难裴松之的《三国志注》；“析郦”是在辨析郦道元的《水经注》。对明代考据家杨慎、陈耀文、焦竑、胡应麟等，也都有纠正。

清初的经典辨伪

明代考据学所走的是一条博杂的路，当时的考据家虽也了解读经或读注疏的重要，但总是无法摆脱时代的牵绊，不能把大部分精力放在经典的研究。明亡后，大部分学者已觉悟到空谈的无用，把当时稍萌芽的“经世致用”观念提倡了起来。要“经世致用”，首先要能“明道”，明道就是明圣人之道，而圣人之道就潜藏在经书里。因此，方以智要“藏理学于经学”，黄宗羲也说“学者必先穷经”，顾炎武则提倡“经学即理学”。这些口号都是想借读经来明道，再由明道达成“经世致用”的目的。

然经书中所表现的道并非仅仅一种而已；而且理学家有所谓程朱、

韓退之云周公而下其說長

禹穴

司馬子長自敘云上會稽探禹穴此子長自言徧遊萬里之目上會稽總吳越也探禹穴言巴蜀也後人不知其解遂以為禹穴在會稽而作地志者以禹廟旁小坎如舂臼者當之噫是有何奇而辱子長之筆耶按蜀之石泉禹生之地謂之禹穴其石杳深人迹不到頭巡撫儀封劉遠夫修蜀志搜訪古碑刻有禹穴二字乃李白所書始知會稽禹穴之誤大抵古人作文言簡而括若禹穴在會稽而上云上會稽下又

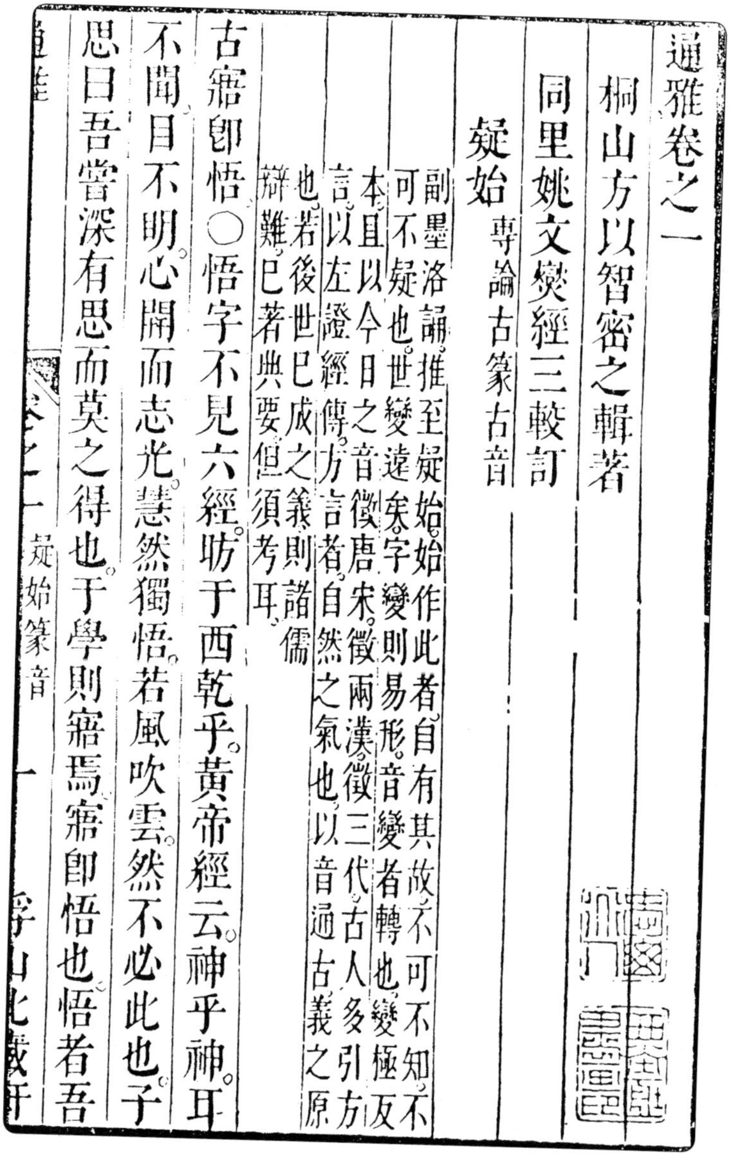

通雅卷之一

桐山方以智密之輯著

同里姚文燮經三較訂

疑始 專論古篆古音

副墨洛誦推至疑始始作此者自有其故不可不知不可不疑也世變遠矣字變則易形音變者轉也變極反本且以今日之音徵唐宋徵兩漢徵三代古人多引方言以左證經傳方言者自然之氣也以音通古義之原也若後世已成之義則諸儒辯難已著典要但須考耳

古籀卽悟○悟字不見六經昉于西乾乎黃帝經云神乎神耳不聞目不明心開而志先慧然獨悟若風吹雲然不必此也子思曰吾嘗深有思而莫之得也于學則寤焉寤卽悟也悟若吾

通雅 卷之一 疑始篆音 一 浮山此藏軒

图一　杨慎撰《升庵外集》（明万历四十四年顾起元校刊本），共100卷，搜罗了不少他的考证著作。

图二　方以智撰《通雅》（清康熙五年此藏轩刊本），共52卷，内容广泛，是作者平日读书考释字词音义积累纂集而成的。

陆王之分，理学的立场不同，对经书的理解自然有差别。清初恰是王学余绪未歇，程朱之学渐兴的时代，理学家为了平息义理的争端，自然要从义理所从出的经典去求解决。如果能找到对方所根据的经典是有问题的，无疑的就打倒了对方。这种由义理的争端转入经典的辨伪，大概表现在《大学》、《周易》、《尚书》三部书上面。

自来王学派对朱子《大学》的格物补传一直不满意，现在，刘宗周的弟子陈确作《大学辨》，认为《大学》不是圣贤的经传，是秦以后的作品。这样快刀斩乱麻，把一切枝节问题都解决了。程、朱一派的宇宙观是建立在易学的“先天图”、“后天图”、“太极图”上面的。黄宗羲著《易学象数论》，他弟弟黄宗炎著《忧患学易》，稍后毛奇龄著《河图洛书原舛编》、《太极图说遗议》等，都以王学派的立场来辨伪。程朱一派所建立的思想体系，经此打击，几乎完全崩溃。又:《尚书·大禹谟》中的“十六字心传”，是王学派建立道统的根据，阎若璩证明它们出于《荀子》所引的《道经》，无异摧毁王学派的根据地，所以王派的毛奇龄要大加反对。

当然，并不是每一个辨伪的例子都存有这种哲学的背景，但大致的趋势是可以这么去解释的。由此可知，当时的经典辨伪仅是一种手段，而解决义理的争执才是最终的目的。这也是清初考据学为何走经典辨伪之路的主因[33]。

33. 本节观念采用余英时，《清代思想史的一个新解释》，见余著《历史与思想》，页142－149。

• 顾炎武

比方以智小一岁的顾炎武（1613－1682年），他本名绛，明亡后改名炎武。晚年远游黄河南北，后坠马死。炎武生当晚明王学末流猖狂之际，为救国经世，他猛烈地攻击那些天天“言心言性”的王学之徒，而提出“博学以文”作为学问追求的方向。“博学以文”的主要对象是通经，所以他提出“经学即理学”的口号。而通经的方法是由知音考文开始，他说:“读九经自考文始，考文自知音始，以至于诸子百家之书，亦莫不然。”[34]他的《音学五书》，就是这

34. 顾炎武,《答李子德书》,《顾亭林遗书十种》(台北, 古亭, 1969年), 页771。

35. 顾炎武,《唐韵正》(台北, 广文, 1966年,《音学五书》本), 卷一一, 页6,“陂”字下; 同卷, 页9,“义”字下。

36. 潘耒,《日知录序》, 见黄汝成,《日知录集释》(国学基本丛书本), 卷首。

37. 顾炎武,《与潘次耕书》,《顾亭林遗书十种》, 页774。

种理想的初步成果。

《音学五书》包括《音论》、《诗本音》、《易音》、《唐韵正》、《古音表》五种。他承袭陈第的考证方法,将古韵分为十部,奠定了古音学研究的基础。这里举一个例,可以略窥他考证音韵的部分成果。《尚书·洪范》有“无偏无颇,遵王之义;无有作好,遵王之道;无有作恶,遵王之路。”唐玄宗以为“无偏无颇,遵王之义”二句不押韵,于是下令改“颇”为“陂”,使与“义”押韵。顾炎武认为唐玄宗的改字并不对,因为古音“义”字本读作“我”,是与“颇”字押韵的。他举证说:

1.《易·象传》:“鼎耳革,失其义也;覆公悚,信如何也。”

2.《礼记·表记》:“仁者,右也;道者,左也。仁者,人也;道者,义也。”[35]

第一例“义”与“何”押韵,第二例“义”与“左”押韵;两个“义”字都读作“我”。所以,《尚书·洪范》的“无偏无颇,遵王之义”是押韵的,并不需要改字。从这里可看出炎武审音的精细。

炎武的著作,除前面提到的《音学五书》外,还有杂记式的《日知录》(图三),未完稿的《天下郡国利病书》、《肇域志》等,分量并不多。而后代所以盛推他是清代考据学之祖,是因他能建立严谨的治学态度,为后人所取法。他的治学精神是:

1. 博证的精神:他一生勤于抄书,就是在搜集考证所需的资料。他的弟子潘耒说:“有一独见,援古证今,必畅其说而后止。”[36] 所以他作《诗本音》,在“服”字下举出“本证”17条,“旁证”15条;作《唐韵正》,在“服”字下举出162个证据。由此可见他的博证精神。

2. 谨慎的精神:炎武治学特别小心谨慎,因此著作并不多。他最反对视成书太易,所以强调:“著述之家,最不利乎以未定之书,传之于人。”[37] 他写《日知录》积一年才得十余条,三十多年才成一编。

3. 负责的精神：为表示负责，引书必注明出处。他说："凡述古人之言，必当引其立言之人，古人又述古人之言，则两引之，不可袭以为己说也。"[38]

4. 创造发明的精神：他最反对蹈袭前人说法，所以他说："愚自少读书，有所得，辄记之；其有不合，时复改定，或古人先我而有者，则遂削之。"[39]

5. 实地考证的精神：炎武自明亡后开始北游，所经过的地方，都能一一深入调查研究，将书中的记载和自己所见的互相对勘[40]。

这五点，是一个成功的考据家所应完全具备的。明代考据家，或仅具备其中的一二项而已，因此他们的考据都不算严谨。到了炎武始全备了这五种精神，所以他被推为考据学的开山祖。

38. 顾炎武，《日知录》（台北，明伦，1970年），卷二一，页589，"述古"条。

39. 同上，页7，"自序"。

40. 以上五点略本黄秀政，《顾炎武与清初经世学风》（台北，商务，1978年），第四章，"顾炎武的博学之教与清初的考据学风"，页122。

41. 杭世骏，《阎先生传》，见钱仪吉编，《碑传集》（台北，文海，1973年），卷一三〇，页11后。

42. 阎若璩，《尚书古文疏证》，卷二，第十七条。

- 阎若璩

跟顾炎武比起来，阎若璩（1636－1704年）的一生显得波澜。他20岁时开始读《尚书》，即疑古文25篇，费三十余年工夫著成《尚书古文疏证》（图四）八卷，证明《古文尚书》是伪作的。

若璩对学问的热忱特别感人，他的儿子阎咏说："一义未折，反复穷思，饥不食，渴不饮，寒不衣，热不解，必得其解而后止。"[41] 此种为学术而牺牲一切的精神，实在难得，而且他也充分发挥了实事求是的治学态度，他说："经真而史传伪，则据经以正史传可也；史传真而经伪，犹不可据史传以正经乎？"[42] 这种只论真不真，不论经不经的精神，无疑地是相当具有革命性的。

他考据的精细，可从下面两个例子看出来。《汉书·艺文志》说，孔安国献《古文尚书》，因遭巫蛊事，未能立于学官；而《史记·孔子世家》却说，孔安国早卒。安国既然早卒，又怎么能见巫蛊之难？阎若璩对这个问题，曾加以考证：

1. 先怀疑：若璩说，安国献《古文尚书》，遭巫蛊之难，则年纪必高，与司马迁所说的早卒不合。如果信《史记》早卒之说，则《汉书》所说献书者必非安国；信《汉书》之说，则《史记》之安国，必非早卒。

2. 立假设：他说，司马迁亲受业于安国，所以《史记》所记安国早卒，必不会有错。献书者，可能是安国家子孙。

3. 采证据：数年后，若璩读荀悦《汉纪·成帝纪》："鲁恭王坏孔子宅，得《古文尚书》，多十六篇。武帝时，孔安国家献之，会巫蛊事，未列于学官。"这段话在安国下，多一"家"字。

就因这个"家"字，证明了若璩假设的正确性。这真是一字千金。另外的一个例子，是《武成》的真伪问题。《古文尚书》的《武成》，亡于东汉光武帝建武年间（25—55年），刘歆作《三统历》时《武成》还没亡佚，所以他引用了82字，其中有一段文字："惟四月既旁生霸，粤六日庚戌，武王燎于周庙；翌日辛亥，祀于天位；粤五日乙卯，乃以庶国祀馘于周庙。"[43]现在将它排比如下：

43. 刘歆《三统历》已亡佚，该段文字转引入《汉书·律历志》中。见《汉书》（台北，世界，1972年），卷二一下，《律历志第一下》，页1015。

四月既旁生霸（十七日乙巳）

粤六日（二十二日）庚戌，武王燎于周庙。

翌日（二十三日）辛亥，武王祀于天位。

粤五日（二十七日）乙卯，乃庶国祀馘于周庙。

东晋出现的《古文尚书》也有一篇《武成》，与上文相关的文字是："厥四月哉生明，王来自商，至于丰。……丁未，祀于周庙，……越三日庚戌，柴望，大告武成。"所说与刘歆所引的内容不同，两者必有一真一假。若璩发现刘歆所引的《武成》，与东晋《古文尚书》中的《武成》，记日方法不同。前者的"粤六日"，是从"乙巳"到"庚戌"；"粤五日"是从"辛亥"到"乙卯"；也就是连首尾两天都算进去。这种记

日知録序

有通儒之學有俗儒之學學者將以明體適用也綜貫百家上下千載詳考其得失之故而斷之於心筆之於書朝章國典民風土俗元元本本無不洞悉其術足以匡時其言足以救世是

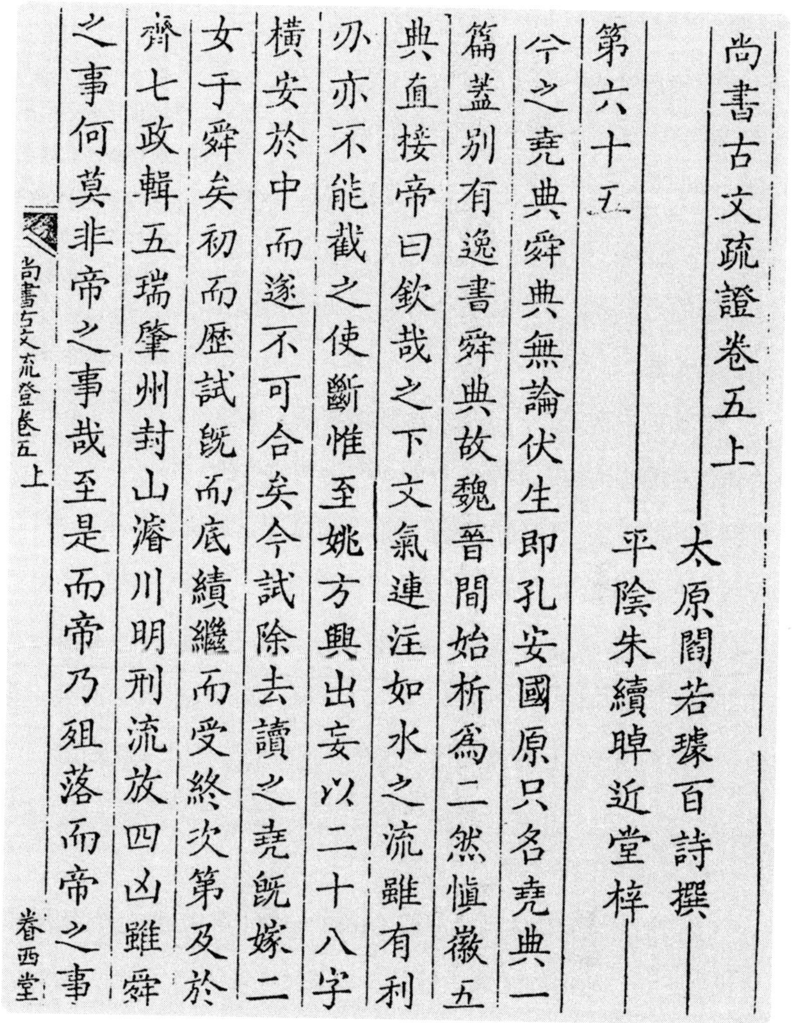

尚書古文疏證卷五上

太原閻若璩百詩撰

平陰朱續晫近堂梓

第六十五

今之堯典舜典無論伏生即孔安國原只名堯典一篇蓋別有逸書舜典故魏晋間始析爲二然慎徽五典直接帝曰欽哉之下文氣連注如水之流雖有利刄亦不能截之使斷惟至姚方興出妄以二十八字横安於中而遂不可合矣今試除去讀之堯既嫁二女于舜矣初而歷試既而底績繼而受終次第及於齊七政輯五瑞肇州封山濬川明刑流放四凶雖舜之事何莫非帝之事哉至是而帝乃殂落而帝之事

尚書古文疏證卷五上　　眷西堂

4

图三　顾炎武撰《日知录》(清康熙十二年刊本)，共32卷，1，009条，内容宏富，贯通古今，大体分经术、治道、博闻三大类的考据杂注，是寄托作者经世思想的一部著作。

图四　阎若璩撰《尚书古文疏证》(清同治六年钱塘汪氏振绮堂刊本)，共8卷，耗时三十多年，以证明《古文尚书》是伪作的，对学术界影响深远。

日法，恰好和《召诰》、《顾命》两篇的记日法相同[44]。而后者的记日却不从本日算起，所以“丁未”越三日是“庚戌”，这和《召诰》、《顾命》的记日法完全不同。因此，若璩判定刘歆所引的是真《武成》；东晋出现的是伪《武成》。这就是科学的判案态度，若璩辨伪方法之细密，也由此表露无遗。

若璩的辨伪工作，不但能客观地求证，也能将作伪者的心理加以推测，更能将作伪者模仿的根源找出来，终于使伪书无所遁形。他这部书对学术界的影响，并不仅限于判定25篇《古文尚书》出于伪作而已；更重要的是，《大禹谟》中的“十六字心传”，若璩证明它出于《荀子》所引的《道经》[45]，非圣人本真。则陆、王一派以尧、舜、禹、汤、文、武、周公、孔子、孟子相传的道统，已根本动摇。这在思想史上是有相当意义的。

44.《尚书·召诰》:“越若来三月，惟丙午朏，越三日戊申。”《顾命》:“丁卯，命作册度。越七日癸酉，伯相命士须材。”所说的“越三日”和“越七日”，都把首尾两日计算进去。刘歆所引的《武成》，记日法与此相同，正表示上古记日法如此。

45.“十六字心传”出于《荀子》所引道经，梅鷟的《尚书考异》已指出，然其时注意的人并不多。

• 其他考据家

当时的另一辨伪大师是胡渭（1633－1714年），他是个老秀才，一生没做过官。胡渭的《禹贡锥指》是清代地理学的名著，但对当时思想界影响较大的，还是《易图明辨》一书。这部书继黄宗羲兄弟和毛奇龄之后，辨宋以来用以说《易》的“先天图”、“后天图”、“太极图”，都是从道教传过来的，跟《易经》全无关系。而以《易经》还之于伏羲、文王、周公、孔子；以易图还之于道士陈抟。

胡渭的辨伪看来似乎没什么伟大，但是我们知道周敦颐是宋代理学的开山祖，他的“太极图”，是宋人宇宙论的根据，邵雍的“先天图”，也有他立论的基础。宋儒所谈的心、性、理、气、数、命，莫不从此推衍而来。现在胡渭直接证明“太极图”本出于道家，则周、邵、程、朱以来所建立的思想系统，几乎完全失去根据。这不能不说是思想史上的一件大事。

阎、胡两人之外，毛奇龄和姚际恒也喜欢辨伪。毛奇龄（1623—1716年）本是个文人，认识阎若璩以后才开始研究经书。他和晚明王学派理学家刘宗周同乡，多少有点王学家的心态。《四库全书》收录他的著作四十种，可说是著作等身的学者。

他的才气很高，见解往往有独到的地方，如《河图洛书原舛编》、《太极图说遗议》，全在辨“先天图”、“后天图”、“太极图”之伪，且在胡渭《易图明辨》之前。另外，《诗传诗说驳议》辨晚明出现的《子贡诗传》、《申培诗说》是伪书，证据确凿。

但奇龄喜欢跟人争胜，阎若璩作《尚书古文疏证》攻25篇之伪，他就作了一本《古文尚书冤词》来反驳若璩。他的反驳带有卫道的立场，也顾不得有许多的错误和矛盾的地方。奇龄的其他著作也有不少错误，全祖望的《萧山毛检讨别传》，举出了一些[46]。但不论如何，谈清初的考据学总忘不得他。

46. 见全祖望，《鲒埼亭集》（台北，华世，1977年），外编，卷一二，页825。

姚际恒也是个老秀才，当时没有多少人注意他。但他是个疑古的急先锋，50岁时开始注九经，经14年全部完成。他的《尚书通论》辨《古文尚书》，《礼经通论》辨《周礼》和《礼记》，《诗经通论》辨“毛序”。可惜各书大多亡佚，仅剩《诗经通论》一书而已。他还有《古今伪书考》，专辨经、史、子、集诸书之伪，是明胡应麟《四部正讹》以后的辨伪名著。

乾嘉时代文字和典制的考订

清康熙、雍正时代的经典辨伪学，到了乾隆时代又折入文字音义的研究，兼及史书的考订。这种学风一直持续到嘉庆年间，后人把这段期间的学术研究称为“乾嘉学派”。又因为这时代的考据学家，都以承继汉儒的治学精神自居，所以也称为“汉学”。

乾嘉考据学风所以和康、雍时代不同，是有其内在原因的。清初诸大师提倡"通经致用",他们认为"致用"的道理全在经书里,为了致用必须读经,但是经书中汉人的注和唐、宋人的疏本有很多缺点,为了寻求经书中真正的意义,自然要从最根本的文字音义去解决问题,顾炎武说的"读九经自考文始,考文自知音始"的话,这时也派上用场。乾嘉考据学家更由此建立了"训诂明则义理明"的基本信念。可知考证学由经典辨伪转入文字音义的研究,完全是考据学内部发展的一种必然趋势。

至于考据学所以成为一种全面性的运动,也有一些外在的因素必须加以考虑。其一,社会的安定:雍、乾时代经济的发展和社会的安宁,使失意的文人可以埋首"故纸堆"中,为考证而考证,为学术而学术。其二,清廷的高压政策:几次文字狱之后,读书人为了明哲保身,大都不谈政治,潜心于学术的研究。其三,上阶层的附庸风雅:乾隆皇帝曾派人实地考察泾、渭清浊问题[47],另敕撰《乐律正俗》,编辑《四库全书》等;高官显宦也请失意文人编书、校书。其四,传教士的关系:有不少学者向传教士请教历法、算学上的问题。这也是清代历算学发达的主因。其五,出版业的蓬勃发展:考据工作必须有大量的书籍,江、浙一带出版业的兴盛,恰好给考证工作提供有利的条件。其六,学人职业的关系:如:毕沅修《史籍考》,曾延聘孙星衍、凌廷堪、武忆、章宗源、邵晋涵等人;秦蕙田编《五礼通考》曾延览戴震、钱大昕等人。这些因素互相配合,遂使考据学达到空前的发展[48]。

47.《诗经·邶风》及《谷风》:"泾以渭浊,湜湜其沚。"毛传:"泾渭相入而清浊异。"毛传是说泾渭二水清浊不同,至朱熹《诗集传》竟说泾浊渭清。乾隆皇帝注意到这个问题,曾派陕西巡抚秦承恩到二水发源地考察,始确定朱熹说之非。详见《御笔泾清渭浊纪实》,《秘殿珠林石渠宝笈续编》(台北,故宫,1971年),第三册,页1457。

48. 本段之叙述大致取材于罗炳绵,《清代考据学渊源和发展之社会史的观察》,《新亚学术集刊》,第2期(1979年),页75—92。

- 吴派考据学家

乾嘉考据学分成两个大派,以惠栋为主的称"吴派";以戴震为主的称"皖派"。吴派的主导人物是惠周惕、惠士奇、惠栋祖孙三代,号称“吴中三惠”。周惕治学虽尊崇汉儒，但并不专主一家。士奇治学则由识字审音开始。他认为汉儒去古不远，注解的可信度大，不可轻言更改。后人说吴派考据家较拘泥，似已肇端于惠士奇。

惠栋（1697－1758年）集其祖、父学问之大成，治学专宗马融、服虔、郑玄。为了表示尊崇汉儒，他拼命地攻击宋儒，甚至说：“宋儒之祸，甚于秦灰。”[49]这种意气之争，实在不是治学的持平态度。他的著作很多，有《易汉学》、《周易述》、《古文尚书考》、《左传补注》、《九经古义》、《后汉书补注》等。

惠栋对学术最大的贡献是汉易的研究。他治《易》的主要目的，是在寻求汉代易学的遗说，并加以发扬光大。其中《周易述》一书，专门尊崇虞翻，并参考荀爽、郑玄等人的注解，加以推演注释，使断绝一千五百多年的汉人易学，恢复原来的面貌。

《九经古义》考订经书的字义，有不少创见。这里举个例做代表。今本《尚书·舜典》有“分北三苗”一句，“北”字一般都作“背”解，是说舜在摄政时，把三苗都赶走了，也就是让三苗分背而去。但是，这句的“分”字已是动词，再把“北”字当动词，总是不妥。三国时，虞翻曾说：“北，古别字。”后来就没有人注意这问题。惠栋认为“北”应读作“别”。

他举证说：

1.“北”字的古文是两人相背，“别”字是两个八相重。[illegible]（北）和𠔁（别）字形相似，容易误认。

2.《说文》八部说：“𠔁，别也。孝经说曰：上下有别。”又：丫部说：“𠔁，古文别。”[50]他认为许慎曾从学于贾逵，而贾逵是传《古文尚书》的，所以《说文》中所录的古文应该不会有错。因此，他断定“分北三苗”的“北”，是𠔁（别）的误字。“分别三苗”也就是把三苗的人和中原民族分开来。这是后人津津乐道的例子，也是惠栋考证的

49. 转引自李集，《鹤征录》（清嘉庆二年，漾葭老屋刊本），卷三，页12下。

50. 惠栋，《九经古义》，《皇清经解》（台北，汉京，1980年），第十九册，卷三六〇，页7。

最佳成果之一。

由于惠氏祖孙较推崇汉儒，一般人每每以“凡古必真，凡汉必好”来形容惠氏之学，以为惠氏只论新旧，不论是非。其实，惠栋虽尊崇汉儒，并没有像汉儒那样地拘泥于家法。例如:《左传》的蔿艾猎，服虔以为即孙叔敖，惠栋不采服虔的说法，而采用《世本》，以为是孙叔敖之兄[51]。又如:《左传》昭公二十五年（公元前517年）说:“将禘于襄公，万者二人。”惠栋采用宋人吴仁杰的说法，以为“人”字，当作“八”[52]。由此可知惠栋的治学仍具有“实事求是”的精神，并不完全为“家法”、“古训”所囿。后人不读惠栋的书，开口就攻击他，也不是治学的好态度。

惠栋的弟子有江声、余萧客、江藩等人。江声著《尚书集注音疏》，好改动经字，有些地方抄袭蔡沈的《书集传》，后人迭有批评。然他是清朝第一个为全经作注疏的人，开创风气之功不可没。余萧客著《古经解钩沉》，采录唐以前各家的注解为一编，对了解古代经书的注解很有帮助。江藩著《汉学师承记》，对考据学派的源流有很详细的叙述。书中所录的考据家，都是确实尊崇汉儒古训的，树立学派的意味很重。

大抵吴派都尊崇汉儒，虽守家法，但已非汉儒之亦步亦趋。梁启超评论吴派考据家之功过时说:“此派在清代学术界，功罪参半，笃守家法，令所谓汉学者壁垒深固，旗帜鲜明，此其功也。胶固、盲从、褊狭，好排斥异己，以致启蒙时代之怀疑精神，批评的态度，几夭阏焉，此其罪也。”[53]梁氏的话已被人沿用数十年，有必要作点修正。

- 皖派考据家

皖派的前辈是江永，领导人物是戴震，杰出的弟子有段玉裁、王

---

51. 惠栋,《左传补注》，卷二，说:“案:《世本》，艾猎为叔敖之兄；又孙叔敖碑云：君名饶，字叔敖，以艾猎为叔敖名，此服、杜臆说,《世本》是也。”见《皇清经解》，第十三册，卷三五四，页19。

52. 同上，卷六，说:“吴仁杰曰：淮南书亦云，祷于襄庙，舞者二人。案：傅氏言四人为列，尚不成乐，况二人乎？当作八，传文误也。”见《皇清经解》，第十三册，卷三五八，页2。

53. 梁启超,《清代学术概论》(台北，中华，1970年)，页25。

念孙、王引之父子。江永（1681－1762年）治学不拘家法，也不复古，表现出一种“实事求是”的精神。后来皖派的各个学者，都能把这种精神发扬光大。江永精通礼学和声韵学，他的《礼书纲目》，纠正朱子《仪礼经传通解》的错误不少；《古韵标准》对顾炎武的古音说也有些修正。

戴震（1723－1777年）是当时声望最高的考据家，也是第一流的哲学家。从小就研究《说文》，兼考《尔雅》、《方言》及汉人的经注，文字学的根柢很深。他的治学方法是“由字以通其词，由词以通其道。”[54] 主张以文字为基础，从训诂、音韵、典章制度等方面去了解经典的大义。所以说：“故训明，则古经明；古经明，则贤人圣人之理义明。”[55] 这几句话，后来成了乾嘉时代每一位考据家的基本信念。

他的治学并不拘泥于一家之说，也不特别尊崇汉儒，他认为“汉儒故训有师承，亦有傅会。”[56] 所以读书应平心体会经文，不可徒逞臆说。他对考证的谨慎，可从下面的例子看出来。《尚书·尧典》有“光被四表”的句子，一般都说“光”是“显”的意思。独伪孔安国传解释为“充”。戴震不但赞同伪孔传的说法，更证明“光”就是“横”字。他考证时的灵感，得自于下列事实：

1.《尔雅》：“桄、颎，充也。”《释文》：“桄，孙作光。”

2.《说文》：“桄，充也。”孙愐《唐韵》：“古旷反。”

3.《礼记·乐记》：“钟声铿铿以立号，号以立横，横以立武。”郑玄注：“横，充也。谓气作满也。”《释文》：“横，古旷反。”

他发现《尔雅》“桄”字，孙炎本作“光”，又发现《说文》的“桄”和《礼记》的“横”，都解释为“充”，又同音“古旷反”，遂大胆地说：《尧典》的“光”字，就是“桄”字，也就是“横”字，并假设说：“尧典古本必有作‘横被四表’者。”过了两年，钱大昕和姚鼐各

54. 戴震，《与是仲明论学书》，《戴震集》（台北，里仁，1980年），上编，页183。

55. 戴震，《题惠定宇先生授经图》，《戴震集》，上编，页214。

56. 戴震，《与某书》，《戴震集》，上编，页187。

为他找了一个证据：

1.《后汉书·冯异传》："横被四表，昭假上下。"

2. 班固《西都赋》："横被六合。"

过了7年，戴震的族弟受堂又为他找到两个证据：

1.《汉书·王莽传》："昔唐尧横被四表。"

2. 王褒《圣主得贤臣颂》："化溢四表，横被无穷。"

后来，他的弟子洪榜、段玉裁又各为他找到一个证据：

1.《淮南子·原道》："横四维而含阴阳。"高诱注："横读为桄车之桄。"

2. 李善注《魏都赋》，引《东京赋》："惠风横被。"[57]

这个考证的例子，不但可看出戴震治学"实事求是，不主一家"的精神，更充分表现了清代考据家为学术、为真理的共同精神方向。

戴震晚年折向义理的研究，对考据家颇有微词，即当时最博学的钱大昕，也只认为"第二人"[58]而已。他所以敢以第一人自居，是因为他的义理兴趣是钱大昕所不及的。他的这种转变，同时的考据家都相当不满，以为耗精神于无用之地。由此可见在考证风气下治义理的困难[59]。

戴震的大弟子段玉裁（1735－1815年），花了30年的时间来注解许慎的《说文解字》（图五）。他的注解充分发挥了广博知识和实事求是的治学精神，这可由下列几点看出来：

1. 批评许慎：当时学者大多尊崇汉儒，玉裁在注中独批评许慎的错误。如："许书言省声，多有可疑者，取一偏旁，不载全字，指为某字之省，若'家'之为'豭'省，'哭'之从'狱'省，皆不可信。"

2. 辨析同义词：他分别"牙""齿"二字说："统言之，皆称齿、

57. 戴震，《与王内翰凤喈书》，《戴震集》，上编，页53－54。胡适曾引此例来说明清代学者的考据精神，见胡适，《清代学者的治学方法》，《胡适文存》（台北，洛阳图书公司，1979年），一集，页409－412。

58. 江藩，《钱大昕传》引戴震的话说："当代学者吾以晓征为第二人。"见江著《汉学师承记》（台北，河洛，1974年），页272。

59. 戴震的治学方向，前后期有相当大的改变，有关他在考据学风下改治义理所受的心理压力，可参考余英时，《论戴震与章学诚》（台北，华世，1977年），第六节，《戴东原与清代考证学风》。

称牙；析言之则前当唇者称齿，后在辅车者称牙。”

3. 注意词义的变迁：《说文》：“代，更也。”他说：“凡以此易彼谓之‘代’，……假‘代’字为‘世’字，起于唐人避讳。‘世’与‘代’，义不同也。唐讳言‘世’，故有代宗；明既有世宗，又有代宗，斯失之矣。”[60]

有这些特点，使他的书成为近代最有名的文字学著作，王念孙说“千七百年来无此作”[61]，实非溢美之言。玉裁也精通古音学，他的《六书音韵表》定古韵为17部，比江永的13部要精密，又与戴震的说法略有不同。这种不苟同师说的态度，正是皖派治学的真精神所在。

当时，能将文字音义之学作更深入研究的是王念孙（1744－1832年）和王引之（1766－1834年）父子。王氏父子都精通文字、声韵、训诂、校勘之学。他们的治学方法仍旧从小学入手，念孙说：“训诂声音明，则小学明，小学明则经学明。”[62]要明训诂，就要先了解经传中的假借现象，如能“破其假借之字，而读以本字，则涣然冰释。”[63]这种利用音义关系来解释古书的方法，使训诂学有了进一步的发展。

由于研究方法的创新，加上严谨的治学态度，王念孙的《读书杂志》、《广雅疏证》和王引之的《经义述闻》、《经传释词》，都成了文字、训诂学上的名著。这里举个例，就可看出王氏父子考证的精密。《老子》三十一章：“夫佳兵者不祥之器，……故有道者不处。”“佳”字，《经典释文》解释为“善”，河上公则释为“饰”。王念孙认为都不对，应该是“隹”的误字。他的考证过程如下：

1. 驳古注之非：他说“佳”字解释为“善”或“饰”都不妥当。因为古代所说的兵，是指五兵说的，所以说：“兵者不祥之器。”如果从用兵来说，仅可说“不祥”，不可说“不祥之器”。

2. 立假设：他说“佳”字应该是“隹”字之误。“隹”是古“唯”字。唯兵为不祥之器，所以有道者不处，上句说“夫唯”，下句说

60. 参考王力，《中国语言学史》（台北，泰顺，1972年），页142－146。

61. 王念孙，《说文解字注序》，见段玉裁，《说文解字注》，页1。

62. 同上。

63. 王引之，《经义述闻序》，《经义述闻》（台北，广文，1963年），卷首。

“故”，两句文义正好相承。

3. 举本证：《老子》八章：“夫唯不争，故无尤。”十五章：“夫唯不可识，故强为之客。”二十二章：“夫唯不争，故天下莫能与之争。”

4. 引旁证：古钟鼎文“唯”字都作“隹”，石鼓文也是。夏竦《古文四声韵》所载《老子》，“唯”字作“[illegible]”。

5. 下结论：他说：今本作“唯”字，都是后人所改。此“隹”字如果不误作“佳”，后人也必定改为“唯”[64]。

这段考证，根据文字形体和全书行文通例，综合比较，然后得出正确的结论。王氏父子的著作中，像这类精彩的例子，可说比比皆是。这当然要归功于他们不拘家法，不为门户所囿的考证态度[65]。

大抵来说，皖派之治学本着“实事求是，不主一家”的精神，虽引用汉人之说，而不为其所囿，所以能纠正不少古人的错误。而且，即自己老师和父亲的说法也不随便苟同，所以段玉裁论古音不同于戴震，王引之在《经义述闻》中的说法，也时时与其父相左。这就是皖派治学的真精神。

64. 王念孙，《读书杂志》（台北，乐天，1972年），余编，卷上，页15，“夫佳兵者不祥之器”条。

65. 王引之说：“故大人之治经也，诸说并列，则求其是；字有假借，则改其读，盖熟于汉学门户，而不囿于汉学之藩篱矣。”同注63。

66. 王鸣盛，《蛾术编》（台北，信谊，1976年），卷五八，页1，郑康成下迮鹤寿按语。

- 王鸣盛、钱大昕

当时与吴派考据家有往来，却倾向于独立治学的是王鸣盛和钱大昕。王鸣盛（1722－1797年）最有名的著作是《尚书后案》、《十七史商榷》和《蛾术编》。他是郑玄的忠实信徒，迮鹤寿说他“于古今一切训诂，一切议论，与郑合者则然之，略有异同即黜之，必欲强天下之人悉归于郑学而后可。”[66]所以他的《尚书后案》，专主郑玄注，郑注亡佚的，才采马融、王肃的注来补充。唐以后诸家的说法，一律不取。可见他治经的态度相当拘泥。

鸣盛治经虽拘泥，治史则比较通达，能择善而从，即使正史有误也能加以纠正。所著《十七史商榷》，大部分在校正史文的错误，辨别史事的异同，对典章制度的考证尤为精细。我们阅读正史，对于不了解的典制，查阅鸣盛的书，往往可得到满意的解答。这是鸣盛功力深厚的地方。

王鸣盛的妹夫钱大昕（1728－1804年），是乾嘉时代最博学的学者。他精通文字、声韵、训诂、典章制度、金石、地理、历算、蒙古文等。所著有《廿二史考异》、《十驾斋养新录》、《金石录跋尾》等，考证之精密，当时无出其右者。

他的治学方法，一如同时代的其他学者，也主张"训诂明则义理明"，他说："穷经者必通训诂，训诂明而后知义理之趣。"[67]文集中这一类的话还有很多。当时的学者研究古音学，都偏重古韵部的探讨，只有大昕能注意到古声纽，他最重要的两项发现是"古无轻唇音"和"古无舌上音"。现在举后一个例子，以见他考证的工夫。在声韵学上，以ㄓ、ㄔ（知、彻、澄）发声音的，叫"舌上音"；以ㄉ、ㄊ（端、透、定）发声的音，叫"舌头音"。钱大昕以为现在读舌上音的字，古音都读舌头音，他举的证据如下：

1."中"读如"得"：《三仓》说："中，得也。"《史记·封禅书》："康后与王不相中。"《周勃传》："子胜之尚公主，不相中。"两个"中"字，司马贞都解释为"得"。

2."直"读如"特"：《诗经》："实惟我特。"《释文》说："韩诗作直。"《檀弓》："行并植于晋国。"郑玄注："植或为特。"

3."猪"读如"都"：《檀弓》："洿其宫而猪焉。"郑玄注："猪，都也。"《尚书》："大野既猪。"《史记》作"既都"[68]。

大昕所举的例子共有一二十个。这里只节录其中三个。他每举个例必先证明那个例，然后再从他所证明过的那些例子归纳出"古无舌上音"的结论。这就是清代学者研究声韵学所惯用的方法。

---

67. 钱大昕，《左氏传古注辑存序》，《潜研堂文集》（四部丛刊初编缩本），卷二四，页216。

68. 钱大昕，《舌音类隔之说不可信》，《十驾斋养新录》，《皇清经解》，第十七册，卷四四一，页19。

由于大昕早年即与王鸣盛、惠栋交游，治学颇受两人影响。他觉得汉儒去古未远，不像后代学者常常支离破碎。可见他的治经态度和吴派很接近。但吴派的学者大都是经学家，大昕则兼治史学，在经学上他崇信汉儒，在史学上则相信较古的记载。他能利用经学、小学、天文、地理、典章制度、金石、避讳、版本等辅助学科来治史[69]。这种方法和现代史家治史的方法极为相合，所以他的《廿二史考异》也成了乾嘉时代最成功的历史考据著作。

- 崔述

乾嘉时代的学者大都致力于文字音义、典章制度之研究，能专心于史事之考辨的，仅崔述（1740－1816年）一人。他的《崔东壁遗书》在道光四年（1824年）刻成后，近百年中几乎没人过问。清末经日本学者的表彰，国人才渐渐了解他的伟大。

他认为战国、秦、汉间的书，大多难以采信，所记载的古事，也都很荒谬。所以，在《考信录》这部书里，把战国、秦、汉间典籍记载的史事，一条条地加以考证，辨其真伪。例如：《论语·阳货》篇有"公山弗扰据费邑叛变，召孔子去，孔子想去"的一段记载[70]，崔述加以辨正说：

1. 根据《左传》，季氏将攻费，公山不狃、叔孙辄率费人袭鲁，孔子命申句须、乐颀下反攻，费人败北。可见弗扰叛鲁，是孔子派人把他打败的。

2. 又根据《左传》，费的叛变，在鲁定公十二年（公元前498年）夏天，这个时候孔子正在当鲁司寇。弗扰只是季氏的家臣，何敢来召孔子？

3. 根据《公羊传》，主张帅师攻费的是孔子[71]。

69. 杜维运有《清乾嘉时代之历史考证学》，对王鸣盛、钱大昕之考证成就有较详细的分析，见《大陆杂志特刊》，二辑（1962年5月），页69－89。

70. 原文如下：公山弗扰以费畔，召，子欲往。子路不说，曰："末之也已，何必公山氏之之也？"子曰："夫召我者，而岂徒哉？如有用我者，吾其为东周乎！"

71. 崔述，《洙泗考信录》（崔东壁遗书本），卷二，页36－37。

从这几点证据，崔述认为《论语·阳货》篇的“公孙弗扰”章出于后人附会，并不可信。这种史事的辨正工作，以前的学者只是零星地做，到崔述才加以全面性的考辨。

既然上古的史事不可信，古书中所说的古代帝王统系当然也难以采信。所以他推翻了《秦本纪》的三皇，《春秋纬》的十纪，削去了世传的上古十七天子，认为庖牺、神农氏卒后，他们的子孙不复再为帝[72]。这种大胆的论断，使中国上古史顿时缩短了一大段。这是他厘清上古史事附会的功劳。

崔述的辨伪，虽然有不少精警之论，但仍有不少错误。他自己攻击汉儒很厉害，却往往自陷于汉儒的弊病中而不自知；而且他迷信孔子太甚，认为“假使无孔子以承帝王之后，则杨墨肆行之后，秦火之余，帝王之道能复有存者乎？”[73]这是他拘泥之处，也使他的成就受到了不少限制。

然不论如何，他那种大胆怀疑的精神，不但给后人留下了治史的典范，对于青年人的思路也有所启发。民国初年钱玄同、顾颉刚等疑古派，就是受崔述影响而产生的。

72. 见崔述，《补上古考信录》(崔东壁遗书本)，卷上，页3—17。胡适对崔述这种辨伪的精神，曾特别加以表彰，见《科学的古史家崔适》，《崔东壁遗书》，《考信录提要上》，页10。

73. 见《考信录提要》，卷下，页14。

晚清考据学的分裂

乾嘉时代以后，整个大清帝国进入了大变动的时代。这时的考据学，由于本身和环境的影响，也渐渐分裂为三派：一是今文学派，以龚自珍、魏源、康有为、梁启超等人为中心。他们以今文学的《公羊传》为立论的根据，来打倒古文经，并达到干政的目的。二是经济事功派，以曾国藩、刘蓉、郭嵩焘等人为主。他们也受过考据的训练，又受同时代考据家的影响。主张“经济之学即理学”，想以理学去经国济世，而将“考证”与“经济”纳入理学之中。三是承乾嘉余绪的考据家，可称为正统派。以俞樾、黄以周、孙诒让、章太炎、刘师培为主。他们由治经史兼及诸子、金石等，给正统派考据学作最光荣的结束。

晚清考据学所以分裂，主要是它本身的问题。乾嘉考据学研究的重点，在文字音义、名物、典章制度等。文字音义经过数十年的研究，已无发展的余地。名物的研究，由于原物不存，各家之说纷纭。典章制度也因时代渺远，难有正确的结论。这些使考据家本身也感到厌烦。段玉裁晚年就有后悔太重考证的话[74]。这时攻击考据学流弊的人越来越多，如：凌廷堪、龚自珍、朱一新、陈澧等都是[75]。方东树更著《汉学商兑》一书大肆批评。有些学者则主张汉宋调和，如阮元、管世铭、曾国藩等。但是这种汉宋调和，仅是消极的调和，在思想上并没有什么突破。此时学者的心理大多彷徨无依，一旦受外力的冲激，即足以让他们的思想转向。

这时候，外在环境有几个大变动，其一是政治的腐败：乾隆末年以后，官吏贪污之事层出不穷，加上乾隆的好大喜功，十次用兵，国力消耗甚大。此时内乱也迭起，如：苗民之乱、白莲教之乱、天理教之乱、回部张格尔之乱。这种接二连三的动乱，已使清廷穷于应付，也大大地影响社会安定。其二是西方势力的入侵：自从英法联军以后，国家危机日渐严重，读书人感于国家的危亡，利用他们既有的西学知识，和旧有的“经世致用”之学相结合，以求振衰起弊。其三是太平天国之乱：咸丰、同治年间的太平天国之乱，考据学的大本营江苏、浙江、安徽一带，受祸最烈，各种文献资料焚毁殆尽，学者流离失所，已无力再从事以大量文献资料为基础的考证工作。才智较高者遂改行转业。

这种内外在的因素杂糅在一起，遂使晚清考据学分裂为三派。

---

74. 段玉裁，《博陵尹师赐朱子小学跋》说：“喜言训故考核，寻其枝叶，略其本根，老大无成，追悔已晚。”见《经韵楼集》（台北，大化，1977年，《段玉裁遗书》本），卷八，页14。

75. 参见钱穆，《中国近三百年学术史》（台北，商务，1980年），第十一至十三章。

• 今文派考据家

今文派的学者都不屑于考证工作，而专言书中的“微言大义”。但是，他们生长在考据学风盛行的环境里，无形中仍旧以考据的方法来著书，仍旧广搜证据来支持书中的论点。他们的考据有时是武断的，甚至不惜抹杀证据，犯了考据学家“实事求是，无征不信”的大忌。然他们的某些著作，纯就考据方法的运用和对后世的影响来说，仍有其可取的地方。其中成就较高的是刘逢禄、康有为两人。

刘逢禄（1776－1829年）著有《左氏春秋考证》，认为《左氏传》本名《左氏春秋》，与所谓《晏子春秋》、《吕氏春秋》同性质，是一本专门记事的书，而非解经之作。到刘歆时，才用它来解经，并改名为《左氏传》[76]。这种说法有相当强的证据，到现在仍为大多数学者所接受。逢禄又有《春秋公羊传何氏释例》，他把何休《公羊传解诂》中一些奇怪的论调，如“张三世”、“通三统”[77]，都用考据家的归纳法加以研究，是很值得注意的一部书。

今文派学者中影响力最大的是康有为（1858－1927年）。他的考据著作有《新学伪经考》、《孔子改制考》（图六）二书，都于出版后不久即遭清廷毁板，可见二书之不寻常。他的弟子梁启超把《伪经考》比喻为“飓风”，《改制考》比喻为“火山大喷火”[78]。

《新学伪经考》的“新”，是指王莽的新朝。有为用考证的方法证明，所谓古文经，都是刘歆为王莽张目而伪造的。既是刘歆伪造就不能称“汉学”，而应称“新学”。这种说法，把刘歆说经的见解和盛行于东汉的古文学，都一笔抹杀了。《孔子改制考》认为周代末年，诸子百家各自创教，并托古改制，但以孔子所创的儒教最为个中翘楚。所谓《六经》全是孔子托古改制之作，当中含有不少孔子的微言大义。

76. 刘逢禄，《左氏春秋考证》，《皇清经解》，第十三册，卷1294－1295。

77. 公羊家以为孔子《春秋》中之微言大义，有所谓“三科九旨”。“新周，故宋，以春秋当新王。”叫一科三旨；“所见异辞，所闻异辞，所传闻异辞。”叫二科六旨；“内其国而外诸夏，内诸夏而外夷狄。”叫三科九旨。而所谓“一科三旨”就是“存三统”，“二科六旨”就是“张三世”。

78. 梁启超，《清代学术概论》，页57。

纂疑當作篹

一右

說文解字第一篇上

金壇段玉裁注

一　惟初大極道立於一造分天地化成萬物漢書曰元元本本數始於一**凡一之屬皆从一**一之形於六書爲指事凡云凡某之屬皆从某者自序所謂分別部居不相襍廁也爾雅方言所以發明轉注假借倉頡訓纂滂熹及凡將急就元尚飛龍聖皇諸篇僅以四言七言成文皆不言字形原委以字形爲書俾學者因形以考音與義實始於許功莫大焉於悉切古音第十二部○凡注言一部二部以至十七部者謂古韵也玉裁作六書音均表識古韵凡十七部自倉頡造字時至唐虞三代秦漢以及許叔重造說文曰某聲曰讀若某者皆條理合一不紊故既用徐鉉切音矣而又某字志之曰古音第幾部又恐學者未見六書音均之書不知其所謂乃於說文十五篇之後附六書音均表五篇俾形聲相表裏因耑推究於古形

一篇上　一第一　一

孔子改制考卷九

南海康有為廣廈撰

孔子創儒教改制考

凡大地教主無不改制立法也諸子已然矣中國義理制度皆立於孔子弟子受其道而傳其教以行之天下移易其舊俗若冠服三年喪親迎井田學校選舉尤其大而著者今採傳記發其一隅以待學者引伸觸長焉其詳別爲專書矣

有非力之所能致而自致者西狩獲麟受命之符是也然後託乎春秋正不正之間而明改制之義繁露符瑞

夫殷變夏周變殷春秋變周三代之禮不同何古之從淮南子氾論訓

以春秋爲變周可爲孔子改制之證且以春秋爲一代當淮南子時已如此蓋莫不知孔子爲改制素王矣

周室既衰諸侯恣行仲尼悼禮廢樂崩追修經術以達王道匡亂世

萬木草堂叢書

图五　段玉裁撰《说文解字注》（清嘉庆二十年段氏经韵楼原刊本），是东汉时期一部划时代的文字工具书，共收字9,353个，另有异体字1,163个，原书现已失落，但大量内容可在引用于其他书籍时看到。

图六　康有为撰《孔子改制考》（万木草堂丛书本），言民权、倡大同，是康有为假托孔子之名来实行变法的一个理论基础。

而孔子时时道及的尧、舜、文王，则为孔子所假托，非实有其人其事。

这些论点有不少牵强附会的地方。梁启超曾批评他说："有为以好博好异之故，往往不惜抹杀证据，或曲解证据，以犯科学家之大忌，此其短也。"[79]可知有为并不纯为考据而考据，而是想借考据来达到思想和政治上的目的。这种以思想为主，考据为奴的方法，正是今文派学者的一贯作风。

然有为这两部书的影响实在太深远，《伪经考》既以诸经中的一大部分为刘歆伪造；《改制考》又以《六经》为孔子托古之作，则数千年来公认为神圣不可侵犯的经典，根本发生疑问，必须重新加以检讨。《改制考》更以尧、舜、文王之盛世为孔子所托，遂启发后人怀疑的精神。民国初年的疑古派史学，除受崔述之影响外，有为的思想必也给他们不少的启发。

• 俞樾、孙诒让

晚清正统派最有名的考据家是俞樾和孙诒让。俞樾（1821－1906年）治学比较接近戴震一派，他对王念孙父子特别推崇[80]，然因受晚清学风的影响，主张汉、宋学兼采。他以为"宋儒于训诂，未必一无可取"，而应当"以汉学治宋学"[81]。又因在江苏时与宋翔凤交游，习知公羊之学，所以他治《春秋》，颇主公羊说。且因受曾国藩赏识，兼与李鸿章同门，所以也很留心时务。他说："余治经不专主一家之学，意在博采众说，择善而从。"[82]最能道出他的治学精神。

俞樾的治学方法，一如前代学者，即由声音、文字以求书中的义理。他认为治经书有三大要点，即正句读、审字义、通文字的假借；能用这三得来治经，经必可通。而三者之中，又以通假借为最重要。这种观念当然得之于王念孙父子。他的《群经平议》不但能运用这三

79. 同上，页56。

80. 俞樾，《上曾涤生爵相书》说："国朝经术昌明，超逾前代，诸老先生发明古义，是正文字，实有因文见道之功。而樾所心折者，尤在高邮王氏之学。"见《春在堂全书》（台北，中国文献社，1968年），第五册，《春在堂尺牍》，卷二，页3。

81. 俞樾，《梁芷林论语集注旁证序》，《春在堂全书》，第四册，《春在堂杂文续编》，卷二，页11。

82. 俞樾，《沈肖严田间诗学补注序》，同上，卷二，页12。

种方法，而且考证细密。这里举一个例来证明。《易经》“乾·九三”有“君子终日乾乾夕惕若厉”一句，不论读“夕惕若，厉”或“夕惕若厉”连读，都未得要领，他考证如下：

1. 先确立正确之读法：俞樾认为应当读作“夕惕，若厉。”

2. 引用证据：他认为“若厉”两字为一句，犹如“夬·九三”的“若濡”；“萃·初六”的“若号”；而且《文言》的“故乾乾，因其时而惕，虽危无咎矣。”“虽危”二字，就是在解释“若厉”两字的[83]。

这条例证就是运用他“正句读”的方法来治经的。除研究经书外，俞樾也兼研究诸子，《诸子平议》就是他研究的成果。他认为诸子“往往可以考证经义”，也就是把治诸子作为辅助经义的工具。清代治诸子学的学者，如：卢文弨、顾广圻、孙诒让、王先谦等人，大概也都是用这种态度来研究的。

俞樾另有《古书疑义举例》，书的前半部归纳古书行文用字的种种例子，后半部将古书中的讹文误字归纳成数十条例。因有这部书，后人对古籍中的种种现象才有个较明确的概念。其后，马叙伦、刘师培、姚维锐、杨树达等人都有续补，内容更加丰富，为阅读先秦古籍所不可或缺。

与俞樾相比，孙诒让（1848－1908年）要来得更博学。他精通经学、诸子、金石、文字、校雠、目录等。所著的《周礼正义》、《墨子间诂》、《札迻》、《名原》、《说文古籀补》、《契文举例》等，都是考据学的名著。

诒让的治学仍旧从文字入手，借文字的校勘，来纠正古书中的种种谬误，并进一步了解书中的义理。他最忌汉、宋学的门户观念，为了消除这种门户之见，他作《周礼正义》（图七）时，就兼采汉、唐、宋以来，以迄于乾嘉时代学者的注解，互相引用参证。这充分表现出他客观的治学精神。

他注《周礼》，认为能明了郑玄的注，即可了解经文，所以他注解

83. 俞樾，《群经平议》，《皇清经解续编》，第十九册，页14914。

经文较为简单，对郑玄注的疏通、补正，却极为详尽。即书中的名物也都能一一考其沿革，辨其形制。梁启超曾说："这部书可算清代经学家最后的一部书，也是最好的一部书。"[84]他的另一部书《墨子间诂》，对墨子身世的考证、墨学传授的探寻、《墨子》一书真伪的考辨、思想的发挥等，都有前人所不及的成就。此后，墨学经梁启超、胡适等人的研究，才使二千余年来沉晦不彰的思想真相大白于世。

84. 梁启超，《中国近三百年学术史》（台北，中华，1969年），页187。

又当时甲骨文刚出土，刘鹗搜集五千片，选较清晰者刊成《铁云藏龟》，诒让得刘书后，即写成《契文举例》二卷。这是研究甲骨文的第一部专书。虽然书中之考证，谬误者居十之八九，但后来甲骨文研究所以能骎骎然盛，诒让筚路蓝缕之功实不可没。

结 语

以上是有关明、清考据学历史发展的叙述。由叙述中导出三个问题：一是明清考据学的异同问题；二是考据学对科学思想和哲学思想的影响问题；三是考据学在文献整理的贡献。本节将讨论这三个问题。

首先，谈明清考据学的异同。自明代中叶起至清末，四百余年间的考据学，虽然每个阶段各有其不同的内涵，然大致来说，他们的工作是一种具有科学精神的运动。而据以支持这运动的，就是"实事求是，无征不信"的精神，就是以实证的归纳或推演以求得客观结论的精神。这是明、清考据学的一种共同精神方向。

然如果细加分析，明代的考据家并没有像清代考据家有个"训诂明则义理明"的中心信念，他们上至天文，下至地理，无所不考，且刻意求快，所以诸家所考都不能深入，论证也流于轻率，更有把前人研究成果掩为己有的。这些都是明代考据家的大缺点。至于清代考据家的治学态度就要谨慎得多。他们下判断时都能从正面、反面、侧面反复推敲，很少做主观的臆测。有这种审慎的态度，研究成果当然要丰硕得多。明代考据的成果也完全为其所掩。

其次，谈到考据学对科学思想和哲学思想的影响。如果我们仔细加以分析，考据学家的研究，一直受一种好古的观念束缚着。这种好古观念坚信古代的一切都是美好的，所以求道要从六经去求，以为通六经就可以通一切的道理。这种观念上的限制，桎梏了学者的思想，以至于无法创造发明，科学思想自然无法萌芽。

另外，考据家对哲学资料辨其真伪或考其谬误等，虽不属于哲学活动的范围，但也是哲学向前发展的一项助力。反过来说，考据家标榜“训诂明则义理明”，以为字义考订清楚即可通贯义理；其实，字义的了解与义理的了解间，还需要有理论的知识做基础。考据家不明白这道理，对文献之整理仅限于文字考订这个层面，而不能对理论作全面性的整理和评估，这当然有碍哲学思想的发展。

其三，纯就各种文献的整理来说，考据学实有其不可磨灭的贡献。考据家把古代的典籍做了种种辨伪、校勘、注释的工作；因辨伪而祛除古籍中的种种附会，并启发怀疑精神；因校勘、注释，使不能读的古书变成可读。此外，亡佚典籍的辑佚，地方文献的整理保存，也都给后人提供了优良的研究条件。

既了解考据学所造成的种种限制，又能明白其对学术的贡献，实已不必再浪费笔墨对它作恶意的批评。学者如能取考证学家“实事求是，无征不信”的求真精神，融入现代的新观念、新方法，来从事学术研究，才能有超乎前人的成就。

周禮正義卷一

瑞安孫詒讓學

天官冢宰第一 鄭目錄云象天所立之官冢大也宰者官也天者統理萬物天子立冢宰使掌邦治亦所以總御衆官使不失職不言司者大宰總御衆官不使主一官之事也 疏 天官冢宰第一者陸氏釋文云本或作冢宰上非餘卷放此案漢書藝文志云周官經六篇此其舊題也漢志箸錄本於劉歆七略是西漢經本皆官別爲篇東漢以後賈馬諸儒爲之傳注每篇析爲二卷至於篇題相承無改鄭君作注楬署亦同故士冠禮賈疏引鄭序云凡著三禮七十二篇蓋合儀禮十七篇禮記四十九篇數之厥後陸音賈釋及唐開成宋嘉祐兩石經錄目並同釋

楚學社本

7

图七 孙诒让撰《周礼正义》（清光绪间武昌楚学社刊，民国二十年湖北笛湖精舍补校本），是疏证周代官制、解释周礼最精审详备的学术巨著。

绛帐遗风

私人讲学的传统

李弘祺

中国知识传统一个很重要的特色是知识分子的自觉[1]。在传统中国，政府力量庞大，君王推动牢笼知识分子的政策，希望读书受教育的人能帮助君王统治天下。但是传统的统治者并不一定尊重知识和学术，也未必一定听从知识分子，反倒常常采行反智的手段。

在政治和学术的依违当中，中国知识分子经常在寻找可以遗世而独立、安心以立命的地方，专业学术，并希望这种不受政治干扰的私人学术工作可以传播下去。这种希望和理想贯穿中国教育史有两千多年，成了中国教育及社会的一个重要的特色。

本文所要讨论的便是这个独立讲学的传统。一讲到这个传统，我们不能不从中国史上最伟大的私人教师——孔子——讲起。

私人讲学传统的勃兴

孔子是公元前6世纪时候的人，距离今天已经有两千五百多年的历史。他生长的时代正是春秋时代的尾声。当时周天子已经感到政令不行，受诸侯的支配，政治上的齐整性衰落了。从孔子开始，许多人对于当时的混乱提出各种解决的方案。其中以孔子所提出的各种看法对后世影响最大。我们甚至可以说他大致决定了中国人在过去二千多年来对人生、社会、政治、历史，甚至于自然的基本想法[2]。

简单说，孔子认为振弊起衰，恢复大同社会的方法只有通过道德教育。这就是说，孔子认为教育是培养道德的最佳途径，而道德的齐整是社会及政治清明的根本。孔子因此以教育家自居，也是中国历史上最伟大的老师。

1. 余英时，《汉晋之际士之新自觉与新思潮》，《中国知识阶层史论》（台北，联经，1980年），页205－372。

2. 研究孔子思想及生平的书或文章汗牛充栋，不能在这里征引。我在写这一段文字时除了参考《论语》之外，主要是采用下面几篇文章：何佑森，《孔子的生平及弟子》，《中央研究院历史语言研究所集刊》，第五十本（1979年），页767－791；梅贻宝，《孔子学说》，同前书，第四十九本（1979年），页101－132；张蓓蓓，《孔子》，王寿南主编，《中国历代思想家》（台北，商务，1978年），卷一，页146－260；钱穆，《孔子与论语》（台北，联经，1974年）。

孔子在教育的学说和实际推行方面有些什么贡献呢?

首先要指出来的便是他“有教无类”[3]的看法。原来封建周朝的教育是受政府控制，由所谓的“王官”主持，教导公子王孙的贵族子弟。不仅很少有私人的教师，一般平民和奴隶都没有接受正规教育的机会[4]。孔子在当时勇敢地提出来这种普及教育或教育机会均等的理想是很了不起的[5]。他不认为教育应只限于社会的统治阶级，而应该让一切能付得起学费[6]、愿意受教育的人都可以就学。

孔子“有教无类”的教育思想打破官学垄断的局面，而替私人兴学奠立了理论上的基础。孔子并且身体力行，推动私人教育，下面我们就要讨论到。

从教育的内容言之，则孔子具体地主张要教“六艺”：礼、乐、射、御、书、数[7]。这种教育的内容用现代人的说法就是“通才教育”。实际上孔子把行为的教育看得比知识的教育更为重要，他说:“弟子入则孝，出则悌，谨而信，泛爱众，而亲仁。行有余力，则以学文。”[8]从这句“行有余力，则以学文”，我们可以看出他教育的最大关心是在于德行。

以上简短的讨论在于把孔子的教育理想作一个交代。这里没有时间也没有必要把他其他的教育主张加以讨论。总之，孔子对于教育至少有两个重要的贡献：第一，他要打破阶级教育的藩篱，认为值得推动私人的教育。第二，他重视道德行为，认为这才是教育的根本，虽然“六艺”的目的，比行为教育还广，但道德必须是教育的根本。

孔子身体力行，把上面两种教育理想实践出来。他教育了许多的

---

3. 见《论语·卫灵公》。

4. 陈槃，《春秋时代的教育》，《中央研究院历史语言研究所集刊》，第四十五本（1974年），页731－812。

5. 我想乘机在这里提出一点个人对于孔子“有教无类”的态度的看法。严格言之，“有教无类”是针对贵族教育而发的，否定血统和教育成就有必然的关联，而其目的便是希望进入社会上层阶级的途径必须依靠教育而不是血统。换言之，孔子的教育理想是公平的政治，以成绩为衡量之标准（meritocracy）。至于孔子是否希望通过教育来造成一个比较平等、没有阶级分别的社会呢？我认为他不仅没有这种想法，甚至于反对这种看法。

6. 孔子说：“自行束脩以上，吾未尝无诲焉。”（《论语·述而》）他没有讨论到公费支持贫寒学生的可能性。

7. 也有主张六艺是六经（《书》、《诗》、《易》、《礼》、《乐》、《春秋》）的。参见注4，页767－777。又参见陈东原，《中国古代教育》（上海，商务，民国二十年），页83－92。陈东原的结论认为“孔子时的教材，只有四艺——礼、乐、诗、书——而没有六艺”（页92）。

8.《论语·学而》。

学生。司马迁说孔子有三千弟子，“受业身通”的有77人[9]。换句话说，孔子一生到处讲学，听过他演讲，向他求学的有三千多人，而其中跟着他，系统求学，有成就的有77人[10]。这是很了不起的成绩。从当时零星的记载，我们可以想象一个栖栖惶惶、旅游四处、勤奋讲学的学者，经常有一些学生陪着他。只要有机会，他就与学生们讨论人生的志向或理想，道德的意义或实践的问题。（图一）当他到一个地方安定下来时，上自诸侯，下到平民都来向他请教，而他也时时乘机向他们宣述他的理想。这便是孔子。

在实践教育中，孔子自己本人确实对“六艺”有相当的了解，他的学生们在德行、言语、政事和文学方面也都有所表现。但这些教育都只能在孔子本人的言行中身体力行。他的学生们未必能完全把孔子的教育方法加以阐扬。但不管如何，对话问答式的教学方法是确立了。这样的教学方法有一个好处，即因时制宜，随境况而设教，不是系统式讲求进度的官立学校所容易办到的。他和学生们趁春日出游时，善用机会谈论人生的旨趣就是一个有名的例子[11]。

孔子这样的实践方法在后代流传了下来，成了私家讲学重要的特点。但是就教育的内容言之，则孔子显然不只是创立了私人讲学的方式，也提供了教育的内容。这些内容也就是后代经书中所说的一切道德教训。基本上后代的私人教育就是希望从这些经书的教训一而再，再而三地重新阐扬、发明的教育。

孔子的思想在春秋时代算是新颖的，他必须通过私人的渠道把他的“新”思想加以宣扬。他遭遇了权势的阻挡[12]，退隐者的讥笑[13]，但是他并不气馁，到头来他的见解、他的学说终于成了思想的主流，成为官府和私家讲学所共同尊崇的根本思想内容。这一个演变正也是孔子之后的两千多年中国私家讲学的精神根本，也是私家讲学的特色。

9. 司马迁，《史记》（标点本），卷六七，《仲尼弟子列传》，页2185。

10.《史记·孔子世家》说“身通六艺”的有72人，见卷四七，页1938。比之注9，72与77的关系是怎样，历来有许多争辩，这里不必加以考虑。

11.《论语·先进》。

12. 孔子曾在宋国的匡邑受到围困，被拘五天，也曾受宋的司马桓魋威胁要杀死他，在陈绝粮，在陈蔡之间“七日不火食”等等。参看何佑森，《孔子的生平及弟子》，页778—780。

13. 同上，页780—782。

孔子以后到秦统一天下，中国的教育又经历了许多新的变化。总的来说，我们可以看到许多思想家都在试验他们的教育理论，但是孔子却仍然是最重要、最具影响力的人。例如史所艳称的稷下之学，有72人或76人，显然是本于孔子门徒七十之数[14]。而这种“立稷下之宫，设大夫之号，招致贤人而尊宠之”[15]的习惯也间接是受到孔子教育理论的影响所及。但把孔子的私人教育加以实践并推广的当然是孟子。孟子在教育思想上最大的贡献当然是他的性善理论，这是大家所熟知的事。至于在教养弟子方面，他和孔子基本上是相同的，都重视与学生的对答[16]，而他更重视知言养气的功夫。换句话说，孟子认为人生有两种修养的功夫，通过知言和养气，我们才能尽人心，把性善的根本彻底加以发扬光大[17]。这种讲求个人的修养的见解[18]，对于后代私人读书进修的风气可能有一些启迪的作用。

但是当时在私人教学上面花心思最多的却可能是墨子。《吕氏春秋·尊师》篇说：“孔墨弟子，充满天下”[19]，可见墨子在当时的影响。他对于学生有着一种近乎宗教狂热的要求。例如禽子“事墨子三年，手足胼胝，面目黎黑，役身给使，不敢问欲。”[20]他的学生们形成了一种紧密的团体，产生相当的力量。墨子死后，他的弟子们更发展了钜子的制度，俨然西方的宗教组织，或类似汉代的游侠[21]，这样的方式显然已超脱了私人教育的根本理想，而带有秘密社团的味道。墨子的思想在后代影响有限，一部分恐怕也是因为他的教育方式太过严格，缺乏弹性吧！

---

14. 有关稷下之学的材料散见于《史记·田齐世家》，徐幹之《中论》，刘向之《新序》及桓宽之《盐铁论》等。严格言之，稷下之学乃齐王所设，《史记》说“七十六人，皆赐列第为上大夫”，可见缺乏私人学校的特质。但《史记》又说：“谈话之士，会于稷下。”则可见它又兼具讲学的特色，有类今日英国之海德公园。

15. 语出徐幹《中论·亡国篇》。

16. 孟子的议论较长、较充实，不若孔子言简意赅。

17. 研究孟子的专书不如孔子的多。我主要是参考一般教育史论孟子的文字以及《孟子》一书。

18. 战国时代，讲修养似乎是一种相当普遍的风气。英哲 Arthur Waley 在 *Three Ways of Thought in Ancient China* (London: George Allen & Unwin, 1963) 中认为庄子思想中有与瑜伽相通的地方。冯友兰认为孟子带有神秘主义的色彩。

19. 吕不韦，《吕氏春秋》（四部备要本），《孟夏记第四》，卷三《尊师》，页40。

20.《墨子·备梯篇》（国学基本丛书本），卷一四，页335。

21. 梁启超在所撰《墨子学案》中认为钜子制度像西方的天主教。引见胡美琦，《中国教育史》，页68。我则认为钜子制度相沿甚短，且很早就分裂，反比较近似回教。

战国时代的荀子是另一位值得我们重视的思想家，但他主张性恶，思想尖锐有余，圆通不足，所以他虽然在教育思想上面有许多独到的见解，却不能开创局面，培养学生。严格言之，我们不能认为荀子在中国的私人讲学传统上面占有重要的地位[22]。

总之，秦统一天下之前，中国已有相当蓬勃的私人讲学的传统。这个传统一方面是情势所造成，有思想的人在面对古代文明解体时，自觉地提出解救的方针[23]，在不得已的情势中，尽一己之力，教授学生，而开创出来一种理想，这种理想又回来塑造现实，遂形成中国数千年绵延不已的私人教学的传统。但正如我在上面讨论孔子时说的，中国私人讲学传统的特色就是在于取得学术和道德的正统地位。它的成功便是它成为正统的学风，而正统之后，便不再是私人了。所幸在中国教育史中有一种当正统衰落时，自觉地从客卿在野的地位，努力用教育的方式来创造，来改良的事实却又间不歇息，遂使得中国的私人讲学永远有生息不已的创造力。熟悉中国古代思想的人不能不感到从孔子以降，先秦的诸子已奠立了这一个基础了。

22. 其他如庄子或法学的学者则更不必说了，因此本文不再论列。

23. 讲参见注1，并参看 Benjamin I. Schwartz ed., "Wisdom, Revelation, and Doubt: Perspectives on the First Millennium, B. C.", in *Daedalus, Spring*, 1975。

24. 司马迁，《史记》（标点本），卷一二一，《儒林列传》，页3116－3117。

25. 同上。

私人讲学传统的奠立

先秦教育的特色既然可以在孔子身上看出是趋向开放私人教育，而孔子更相信通过教育可以形成完美的人格，因此我们可以认为传统中国的私人教育理想在战国结束，秦统一天下时已经确立了。

秦政权十分短暂，戎马倥偬，谈不上有什么教育成就；相反地，秦"焚诗书，阬术士，六艺从此缺焉"[24]，可以说是对传统先秦的教育作了很大的摧残，其中又特别是儒家，因此当时的大史家司马迁要说："陈涉起匹夫，……然而缙绅先生之徒，负孔子礼器往委质为臣。"[25]

由于秦系统地压制当时一切的学问，因此许多书籍和思想要依靠民间私人保存和传播，无形中造成了私自传授的现象，在经学上以“师法”的方式表现出来。汉初学术杂然并存，以道家为盛[26]，受政府重用，但是到了汉武帝，由于儒家适合于汉武帝提倡有为的政府，又由于汉武帝想利用儒家的思想来文饰他集权专制的作风，于是在董仲舒提倡之下，儒家就以一家独尊的身份跃升当时的学术世界。汉代的学术史因此是儒学在因应时代和思潮的变化中，产生了各种面貌的历史[27]。我们常说“罢黜百家，尊崇儒术”，指的便是这一件事。

尊儒的结果造成经学的昌盛，汉初的经学全凭私人记忆传授；但各人记诵不同，造成了许多复杂的问题[28]。简单地说，汉代的经学有几个特色：

1. 门户、派别的观念十分强烈，各宗本师，有时妨害学术的发展。

2. 由于有旧经文出现，以先秦文字写成，与当时用汉人文字写成的经文不同，造成了所谓经今古文之争，争持不下，历两千年而未衰。

3. 政府推重经学，以为可以经世，于是经学成了升官发财的利器，造成奔竞的心理。

经学是儒家教育的中心，但它在发展的过程中，不免掺杂了各种不同的成分，与原始儒家有了距离。经学由政府提倡，设立有所谓“博士弟子”的制度[29]，学习《书》、《诗》、《礼》、《易》、《春秋》五经——是所谓“太学”[30]。

太学在汉代有长足的进步，讲授经学。由此

---

26. 任继愈，《中国哲学史》，第二册，第四章，页37－63。汉初政府希望民众休养生息，提倡黄老无为之术，以窦太后为最有名，其事屡见《史记》。而百家学说在汉初亦受推重，有杂然并陈之势，终以黄老为盛。在哲学思想上，这种情形在陆贾、贾谊和刘安的作品中有充分的反映。

27. 参见顾颉刚，《五德终始说下的政治和历史》，《清华学报》，6卷1期（1920年），页71－286；又同作者，《秦汉的方士与儒生》（香港，一新翻印）。徐复观，《两汉思想史》（香港，中文大学出版社，1975年），第二卷。哲学史方面，请参见劳思光，《中国哲学史》（台北，三民，1981年）。

28. 经学史仍以皮锡瑞，《经学历史》（台北，世界，1962年）为最可用。

29. 班固，《汉书》（台北，明伦，1972年），卷八八，《儒林传》，页3594。

30. 按汉代太学之开始，说法不同，兹录黄以周，《汉太学辟雍考》部分如次：古之所谓辟雍者，太学是也。汉有太学，又有辟雍。晋灼注《艺文志》云：“西京无太学。”其说盖本于《礼乐志》。顾《志》历叙成帝时诸臣奏讲立辟雍，案行长安城南，营表未作。及王莽为宰衡，欲耀众庶，遂立辟雍，因以篡位，则谓西京无辟雍可也。而太学自武帝时已立之。故《武帝纪》有兴太学修郊祀之文。《王褒传》、《鲍宣传》、《儒林传》叙言太学者，史文叠见。晋灼误以辟雍当之，遂谓西京无太学，岂事实哉！《王莽传》

可以说孔子从私人的努力所创造出来的学术规模已经由政府加以肯定，是“官学化”了。在“官学化”的过程中，原始儒家的教育理想不免受到了修正。同时，既然经学可以干禄，私人在追求学术理想、争取政府尊重的过程中，不免要把孔子独立讲学的传统持续下去。私人讲学固然比不上官学的“二百四十房，千八百五十室……游学增盛至三万余生”[31]，但毕竟也相当活跃。

首先从西汉讲起。我们所知道西汉私人讲学的情形比较少，但是从正史所载的零星资料可以看出西汉已有私人开学教授经书的，例如西汉末平帝年间便有徐子盛“以《春秋》经授诸生数百人”[32]。其实，有些官学博士在退休之后，也设立私人学校来教学生。例如西汉时以教授《诗经》有名的鲁人申公，他曾教导楚王国的太子戊，后来太子戊当了国王，劳役申公，因此“申公愧之，归鲁，退居家教，终身不出门……弟子自远方至受业者千余人。”[33] 当时经学大师各有师法，“大师众至千余人，盖禄利之路然也。”[34]（图二）

这种做学问的方法基本上可以说公、私学都是一样的。到了东汉，私人讲学的规模便可以跟政府公立教育的情形相比拟了。范晔的《后汉书·儒林传》便记录了许多相当于太学程度的私立学校，私人的学生可以多到一万六千人[35]。其他不在《儒林传》，而教授门徒的，例子还很多，例如姜肱。历史书说他学通五经，而连天文星象以及星象对人事的影响，他也都有研究。从各地

曰：“莽奏起明堂、辟雍、灵台。”《志》新制也。又曰：“为学者筑舍万区，作市常满仓，制度甚盛。”此谓其因旧太学而式廓之。《三辅旧事》云“汉太学中有市有狱”，辟雍无市狱，故《三辅黄图》亦引王莽建舍起市事属之太学，不属之辟雍，甚为有见……汉立太学，诸臣复请立辟雍者，亦自有故。古者辟雍有五学，中太学者天子之所自学，外四学当入学与太子齿。《学礼篇》曰：“东学尚亲而贵仁，东序是也；南学尚齿而贵诚，成均是也；西学尚贤而贵德，瞽宗是也；北学尚贵而尊爵，上庠是也；太学承师而问道，辟雍是也。”汉之太学，专以造士，而辟雍与灵台、明堂，号为三雍，为天子讲学及祀先师先圣之地。古者大学学礼重，祀礼轻，曰释菜。曰释奠，礼至简也。后世祀礼与学礼并重，故汉分辟雍太学为二处。

31. 范晔，《后汉书》（标点本），卷七九上，页2547。按标点本以《志》卅卷放于书后，故此处卷七九为一般版本（如殿本或开明版）之卷一〇九。

32. 范晔，《后汉书》，卷二七（即卷五七），页944。

33. 班固，《汉书》，卷八八，《儒林列传》，页3608。

34. 同上，页3620。按皮锡瑞，《经学历史》云：“前汉重师法，后汉重家法。先有师法，而后能成一家之言。师法者，溯其源；家法者，衍其流也。”（页28）此处言师法及家法之不同，容或牵强，然经学发达后，由师法而有一家之言，其说亦是。汉末，学风转盛，诸师并备一说，是为家法而不限师法矣。下详。

35. 范晔，《后汉书》，卷七九（即卷一〇九），《儒林列传》列有颇多之经学师，今不列举。

1

2

图一　孔子讲学图，采自《中国历史图说（四）——春秋战国》（台北，新新，1978年）。孔子的教学方法，是因时制宜、因人施教、有教无类，开私人讲学之传统。他采问答式教学，在当时可算是开先河之举。

图二　汉代的讲坛，采自《中国历史图说（五）——秦汉》（台北，新新，1979年）。至东汉，私人讲学之规模已可以跟官学看齐。

来跟他读书的人超过三千多人。有一次有一个贼把他的衣服钱财抢走了，事后这个贼后悔了，竟回到姜肱的“精庐”，叩头谢罪[36]。

另一个例子是刘淑。他也立了“精舍”，教导数百位学生[37]。

从各种资料看来，我们可以说汉代私人讲学有下列的各种特色：

1. 私人教授盛况空前。有的是居官讲授，如伏宫、杨仁或董钧[38]，大多数则是在野身份，辞退官府的或隐居的，如魏应、李膺、檀敷等人[39]。郑玄说：“在位通人，处逸大儒”[40]，指的就是这种公私皆盛的情况。

2. 一般地说，私人教学的地方，常常称为“精舍”[41]。许多学者喜欢隐居在人烟罕至的地方，如东莱山或壶山的[42]：东汉经学大师郑玄，“游学十余年，乃归乡里。家贫，客耕东莱，学徒相随已数百千人”[43]。自己设立学馆，模仿公学的规模及教学内容，寻觅山林密闭之处教授，这种传统可以说从东汉就已经立了下来。

3. 读书的人常常不远千里，负笈寻师。原别的故事很值得引述：

（原别）欲远游学，诣安丘孙崧。崧辞曰：“君乡里郑君（指郑玄），君知之乎？”原答曰：“然。”崧曰：“郑君学览古今，博闻强识，钩深致远，诚学者之师模也。君乃舍之，蹑屣千里，所谓以郑为东家丘者也。君似不知而曰然者，何？”原曰：“先生之说，诚可谓苦药良针矣；然犹未达仆之微趣也。人各有志，所规不同。故乃有登山而采玉者，有入海而采珠者，岂可谓登山者不知海，入海者不知山之高哉！君谓仆以郑为东家丘，君以仆为西家愚夫邪？”崧辞谢焉。又曰：

36. 范晔，《后汉书》，卷五三（即卷八三），页1749。

37. 同上，卷六七（即卷九七），《党锢列传》，页2190。其他见于《后汉书》的例子还有很多，今不一一列举。

38. 并见注35所引。

39. 并见注35所引。

40. 范晔，《后汉书》，卷三五（即卷六五），《郑玄传》，页1209。

41. 见注35及37所引各条。“精舍”一词，最早在《管子》出现（《内业》）：“定心在中，耳目聪明、四枝坚固，可以为精舍。”《后汉书》每用为讲授之所，如前注25所引各条。后竟亦转用为道士传教的地方，如后汉的于吉：“先寓居东方，往来吴会，立精舍，烧香读道书，制作符水以治病。”见陈寿撰，裴松之注，《三国志》（标点本），卷四六，页1110。

42. 见注35所引。

43. 同注40，页1207。

"兖、豫之士，吾多所识，未有若君者，当以书相分。"原重其意，难辞之，持书而别。

原心以为求师启学，志高者通，非若交游待分而成也。书何为哉！乃藏书于家而行。原旧能饮酒，自行之后，八九年间，酒不向口。单步负笈，苦身持力，至陈留则师韩子助，颍川则宗陈仲弓，汝南则交范孟博，涿郡则亲卢子幹。临别，师友以原不饮酒，会米肉送原。原曰："本能饮酒，但以荒思废业，故断之耳。今当远别，因见贶饯，可一饮讌。"于是共坐饮酒，终日不醉。归以书还孙崧，解不致书之意[44]。

原别想去远地游学，先同孙崧道别。孙崧问他说："你家乡的郑先生（按：指郑玄），你认得吗？"原别答道："认得。"孙崧说："郑先生学问渊博，通贯古今，记诵也十分广瀚，思想又十分深刻，可以说是最好的老师了。你现在却舍弃他，奔走那么远。这不是像是说郑先生是东邻那个叫做丘的，似乎不知道他是那么有名，为什么呢？"原别说："先生讲的话真算是良药。但你并不了解在下的志趣，人各有志，所图谋的并不相同。有人上山采玉，有人入海采珠。登山的人难道不知海之深？入海的人又难道不知山之高吗？先生说我把郑先生看成东邻那个名叫丘的，那么您是把我当做是西邻的傻子不识东邻的泰山了！"孙崧听了这话，马上向他道歉，并说："河南、山东各地的学者，我认识的不少，没有人比得上你！我应当替你写信给他们！"原别以孙崧盛意，不好推辞，就拿了他的信走了。

但是原别认为追求学问，向老师请益，只要有崇高的志向就好了，不必非要有交游或介绍。因此不要那些推荐信，把它们摆在家里就走了。他一向颇能喝酒，但去求学之后，有八九年之久，滴酒不饮。他背着一个背包，走路去求学问，全靠自己的体力……[44]

44. 陈寿撰，裴松之注，《三国志》，卷一一，页351－352。

这种千里寻师的苦学情形十分普遍。许多大经师本身都经历了这样的磨炼。上面提到郑玄游学十余年，在马融门下，“三年不得见”[45]，就是一个很有名的例子。

4. 私人讲学规模既如上所述，那么它自然造成极大的势力，《后汉书·儒林列传》说：

> 其耆名高义，开门受徒者，编牒不下万人，皆专相传祖，莫或讹杂。至有分争王庭，树朋私里，繁其章条，穿求崖穴，以合一家之说。[46]

这段话让我们看出当时的规制极为严谨，大家只传自己学派的看法，不敢胡乱创立新说[47]，学派之间竞争更十分激烈，而学生对老师特别尊重，甚至形成君臣的名分[48]，为师长立墓碑[49]、送谥号[50]等等，都说明当时私学的尊严和影响力。

当时的教育既然是“禄利之路”，那么私人讲学的家传和士大夫相互标榜的士族观念不免结合在一起，相互援引，逐渐形成一种在政府和山林之间游移不定的力量。

在知识的发展的立场看来，从师法到家传，从家传到累世经学[51]，这只会造成学术的门禁和藩篱，魏晋以后，情形仍然是这样子。另一方面，从知识的效用言之，东汉以后重视名节的风气便使得士大夫游移于政权的周边，一方面受教育的知识分子必须依赖出仕养廉来谋生，不能只以束脩维持[52]，另一方面他们又希望形成一种“士大夫社会”，造成清流集团，以别于外戚及宦官[53]。这种公私之际进退两难的情况，是东汉士大夫的一大困窘，也是私人讲学的一个大特色。

---

45. 同注40。

46. 范晔，《后汉书》，卷七九（即卷一〇九），页2588。

47. 同上有张玄事云：“张玄……少习颜氏春秋，兼通数家法。……会颜氏博士缺，玄试策第一，拜为博士。居数月，诸生上言：玄兼说严氏、宣氏，不宜专为颜氏博士。”见页2581。

48. 说本余英时，《魏晋之际士之新自觉与新思潮》，《中国知识阶层史论》（台北，联经，1980年），页218。原注引杨联陞、钱穆及吕思勉。

49. 同上。

50. 同上。

51. 赵翼，《廿二史劄记》（台北，鼎文，1975年），卷五，“累世经学”条，页97。

52. 当时私人讲学是有收学费的制度的，但是从各种资料看来，似乎经师们大致都有自己的谋生方式，而以出仕为多。参看陈东原，《中国教育史》（台北，商务，1976年），页74。

53. 余英时，《魏晋之际士之新自觉与新思潮》。

两汉私人讲学的风气奠立了中国私人讲学的制度和传统，从严格历史的眼光看来，当时能受正规教育[54]的人大半本身便是出自所谓的“士大夫”家庭或家族，因此他们若身列太学，那么受的便是官学的教育，但他们如果不曾进入太学，那么受的便是私人讲学的教育了。因此两者之间实在没有严格的区别。这种私学与公学之间的依违关系就如同本节开始时所说的“官学化”倾向一样成了中国教育史上的大课题。而就当时言之，我们又可以说经学教育的组织方式和家法的规模都和汉末逐渐兴起的门第观念及社会有密切的关系。钱穆说：“自东汉以来，因有累世经学，而有累世公卿，于是而有门第之产生。自有门第，于是而又有累世之学业”[55]，就是这个意思。这种情形在下一节谈门第社会的私人讲学时，会看得更清楚。

门第社会的私人讲学

汉魏以降的私家讲学与门第实际上是分不开的，这一点在上一节已经讲过了。魏晋以后中国政治进入了最昏暗的时期：社会由门阀世族垄断了仕进的机会——教育即门第教育，门第教育则限于门第中人。在这种情形之下，教育的内容也许还会跟着时代有所更变，但私人举办教育便十分困难了[56]。魏晋南北朝这种贵族政治造成了中国社会中私人讲学的中衰。但是魏晋以降，特别是在北方，佛教鼎盛，竟不知不觉中在中国私人教育中加进了一些新的元素，这是我们不能不注意的地方。

---

54. 即正式有系统地受收育，而不只在于取得基本识字能力者。王国维谓：“汉时教初学之所名曰‘书馆’，其师名曰‘书师’，其书用《仓颉》、《凡将》、《元尚》诸篇，其旨在使学童识字习字。……汉人就学，首学书法，其业成者，得试为吏。”（见《观堂集林》，卷四，《汉魏博士考》，页6）又，《汉书·艺文志》：“太史试学童，能讽书九千字以上乃得为吏。”（见卷三〇，页1720）足见汉时亦有各类初级之“私塾”式学馆。本文所论以正规教育为中心，故此类蒙学不予论列。须注意者，则即此类小学，稍有规模，莫不以经学为旨归，故王充“八岁出于学馆，……手书既成，辞师受《论语》、《尚书》，日讽千字。”（王充，《论衡》，卷三〇，《自纪篇》，页447）有关汉代之蒙学制度及教学方式，讲参见陈东原，《中国教育史》，页61—68。唯陈氏似未能就门第与经学之间的关系多作发挥。

55. 钱穆，《略论魏晋南北朝学术文化与当时门第之关系》，原刊《新亚学报》，现收入氏著，《中国学术思想史论丛（三）》（台北，东大，1977年），页176。

56. 参看陈东原，《中国教育史》，页121以下。

仍先从传统门第教育讲起。按照胡美琦女士的说法，门第教育以“处世哲学”和“治家礼法”为两种主要内容[57]。前者为一般人所熟知，当时因为社会动乱，不免引起一部分仕人对东汉所倡行的名教发生怀疑，开始批判名教，希望从庄老或一般道家思想寻觅超脱的途径，于是玄学就形成了。它表现在避世思想，提倡养生术及庄老思想，寄身于山水怡情和文学艺术之间[58]。这样的生活方式和做学问的方法必须依附门阀大姓才能建立起来。当时士大夫如马融、孔融或何晏都是家赀富饶的代表人物。马融是汉末人，还教养学生，但已经“达生任性，不拘儒者之节”了[59]。后来的人因此只能把这样的教育限于门第之内。等到玄学正式形成，个体的自由越过群体纲纪的约束，“自然”和“无名”取代了名教，甚至于三玄正式取代了儒家的经学，系统的新教育就产生了。有名的北方学者颜之推记述这事时，说皇帝及大儒都推崇《庄子》、《老子》及《周易》，称为三玄，而都城四周，学者上千，盛况更是空前[60]。

门第教育的中心却是衣冠礼乐。钱穆说：“当时门第制度鼎盛，家族间之亲疏关系，端赖丧服资识别，故丧服乃维系门第制度一要项……南方礼学，除丧服外，并重朝廷一切礼乐与服仪注。”[61]

例如王淮之。他出身世家，从高祖父一路都是政府里的高官。家中的人“博闻多识，练悉朝仪”。他们把政府中的各样礼仪故事都仿写下来，放在一个家传的青色箱子里。大家称他们家人对礼仪的知识为“青箱学”。王淮之本人更兼习礼经，善于文辞，因此出色得很，史书称赞他“究识旧仪，问无不对”[62]。

相同地，会稽山阴（今浙江省绍兴县）的贺玚一家人也是以世家名扬于世，他们专习儒术，传习三礼。到了贺玚更正式设立学馆教导

57. 胡美琦，《中国教育史》（台北，三民，1978年），页212以下。

58. 同上，页65－83。

59. 范晔，《后汉书》，卷六〇（即卷九〇）上，页1972。

60. 颜之推，《颜氏家训》，用周法高，《汇注》本（台北，中央研究院，1960年），卷八，《勉学篇》，页43。

61. 钱穆，《略论魏晋南北朝学术文化与当时门第之关系》，页139－140。有关玄学不一定是完全要推翻名教之说法，请一并参考唐长孺，《魏晋玄学之形成及其发展》，《魏晋南北朝史论丛》，页323－340。

62. 沈约，《宋书》（标点本），卷六〇，页1623－1624。

学生。生徒有数百人，出身的也有数十人。后来他的儿子贺华、贺季，侄儿贺琛也都继续发扬光大贺玚的学问[63]。

衣冠礼乐的学术本来就是儒学，甚至是经学的一大中心，因此我们看得到东汉私家讲学的传统仍在魏晋南北朝沿袭。例如在北魏早期（约5世纪中叶），“天下承平，学业大盛，故燕齐赵魏之间，横经著录，不可胜数，大者千余人，小者犹数百”[64]。可以说鼎盛得很。

门第教育不管是限于家族之内，或编录子弟，严格言之，都跟出仕当官有密切的关系，缺乏为学问而学问的决心或风尚，因此许多略具规模的“私学”都在发展到一定程度之后就被吸收，变成官立学校。例如隐居于庐山的周续之便被延请去替刘裕主持京师的学校[65]。又例如大经师雷次宗也曾被延请去京师，“开馆于鸡笼山（今安徽和县地方），聚徒教授，置生百余人”[66]，后来他虽然退隐庐山，还是被请了出来，住在宋明帝替他盖的“招隐馆”，替皇太子诸王讲丧服经。

更严格的有如北魏在世祖太平真君五年（444年）的命令，规定一切的贵族子弟都只能去政府所设立的学校（太学）读书，一般人就是为了传授百工技艺也不许私立学校，而只许同自己的父兄学习。违者，师身死，主人门诛[67]。相当严厉。依照这个规定，有形的教育都必须由政府来办理，什么私家讲学只能说是理想而已了。

但是理想归理想，它在实际历史中毕竟也落了实。士大夫社会对于私人的教育也许在内容中有了更动，但在形式上却不曾有所改变。因此，这种私家门第传经的习俗在广大的中国推展开来了。魏晋南北朝流行的类似封建庄园的“坞”、“堡”，像是一个与世隔绝的小国家，在那里，我们也常常看到学校的设立。这种学校自然是我们所重视的私人学校了：

田畴便曾在徐无山（现在河北玉田县地方）开辟一个近似陶渊明

63. 李延寿，《南史》（标点本），卷六二，页1507－1508。

64. 李延寿，《北史》（标点本），卷八一，页2704。

65. 沈约，《宋书》，卷九三，页2280。

66. 同上，卷九三，页2293。

67. 魏收，《魏书》（标点本），卷四下，《世祖记》，页97。

所说的“桃源”，“躬耕以养父母”，百姓来投靠的在几年之间竟然多达五千余家。田畴除了定下各种法规，例如制定婚姻嫁娶的礼节之外，并且“兴举学校，讲授之业，班行其众，众皆便之”[68]，这就是当时私人兴学的一个好例子。

从严格教育史的观点来看，在魏晋南北朝这一阶段中，虽然有规模的教育是在门第的理想和现实中出现，我们仍然可以看出受佛教影响所持续的山林教育的特质，这一点过去讨论教育的人很少注意到[69]，但却很值得我们研究。

佛教传来中国以后与中国文化交互激荡，产生了许多新的气象，这是人人都知道的事[70]。在教育方面，佛教的一些信念和做法也和中国的传统做法相互发明。例如佛教的传教方法，所谓“讲经”的制度便曾因适应中国的需要，除经师之外，请了“都讲”，有类今日的助教[71]，这种“都讲”的方法便是学习中国的作风发明出来的。

佛教的僧侣集团以及集团内的纪律对于中国私人讲学有明确的贡献。佛教教义重视持戒修道，很早就发展出结社的现象，特别是在魏晋南北朝时的北方，教团发展极为鼎盛，甚至几乎形成“国中之国”，提出“沙门不敬王者”[72]，威胁世俗的政治权力。僧侣集团有自己的规律，而在正统僧众中的教育方法则重视戒律（Vinaya），寻觅安静，无形中遂与东汉以来山林教育的理想混融在一起。例如佛经中译时，寺院多翻成“精舍”，显然是取精舍聚众讲学的特点[73]，由这一个例子我们就可以看出当时儒释交互影响的情形。第一流的学者也有入山门为僧徒的例子。高

68. 陈寿，《三国志》，卷一一，页340－341。

69. 胡美琦女士可能是第一个注意到这一现象的人，参看氏著，《中国教育史》，页243－245。惜发挥不够。

70. 参看 Kenneth K. S. Ch'en: *The Chinese Transformation of Buddhism*(Princeton: Princeton University Press, 1973)。

71. 同上，页240以下；“都讲”首见于范晔，《后汉书》，卷二六，页901，转为佛家用语，如慧皎，《高僧传》（台北，广文书局，1971年），卷四之十下：“晚出山阴，讲维摩经，（支）遁为法师，许询为都讲。遁通一义，众人咸谓询无以厝难；询每设一难，亦谓遁不复能通。如此竟两家不竭。凡在听者，咸谓审得遁旨。”

72. 慧远，《沙门不敬王者论》，原载《弘明集》五，今收入《大正大藏经》（东京，大正大藏经刊行会，1914－1932年），卷五二，页29－32。

73. 参上注41。按东汉末已有用“精舍”译佛经之vihara，如安士高之《佛说处处经》（收《大正大藏经》，卷一七），或三国吴之支谦所译《佛说孛经抄》（《大正藏》，卷一七）。晋时精舍已用来通指僧众聚居修养的场所。房玄龄，《晋书》，卷九，《孝武记》，页231：“帝初奉佛法，立精舍于殿内，引诸沙门以居之。”可见一斑。

僧的学问常为人所称颂，钦佩不已。例如东晋的学者习凿齿便对当时的大僧人释道安大为折服。他这样描述会见释道安的经过：

来此见释道安，故是远胜非常道士。师徒数百，斋讲不倦。无变化技术可以惑常人之耳目；无重威大势可以整群小之参差。而师徒肃肃，自相尊敬，洋洋济济，乃是吾由来所未见。其人理怀简衷，多所博涉，内外群书，略皆遍睹。阴阳算数，亦皆能通，佛经妙义，故所游刃，作义仍似法简法道。恨足下不同日而见。[74]

像释道安这样的大师，能让习凿齿佩服到这种地步，那么他讲经教学的方法还会不引起广大的影响吗？

当时的佛学大师有很多都是儒释兼通，在学术方面有极大的贡献[75]。例如有名的河西地方在南北朝时曾保留了重要的中国文化传统[76]，而佛教在该地的传布也就是依靠它特有的布教方法：

竺法乘……西到敦煌，立寺延学，忘身为道，诲而不倦。而夫豺狼革心，戎狄知礼，大化西行，乘之力也。[77]

但是最有名的，最令我们不能忘记的当然是释道安的大弟子慧远了。慧远追随释道安十余年。后来北方沦陷，学生四散，慧远带了数十个弟子到了庐山，看见这地方“清静”，“足以息心”，因此就住在那里的龙泉精舍。建立斋舍，修道静养，使庐山成了当时佛学的著名中心。慧远留住庐山三十余年，“影不出山，迹不入俗”，每当送客，一定只走到寺前的虎溪，直到他83岁过世为止[78]。这样的修道与实践的精神真是替中国私学教育的传统留下了不可磨灭的影响。无怪乎后

74. 慧皎，《高僧传》，卷五之5下—6上。

75. 例如因译经而贡献于音韵学之发展，讲参看王力，《南北朝诗人用韵考》，《清华学报》，11卷3期（1936年）。

76. 此事由王船山先发之，陈寅恪于《隋唐制度渊源略论稿》亦论列颇详。最近作品可参看曹仕邦，“论两汉迄南北朝河西之开发与儒学释教之进展”，《新亚学报》，5卷1期（1960年），页49—177。

77. 慧皎，《高僧传》，卷四之5下—6上。

78. 同上，卷六各页。

代许多画家要以虎溪送客作为绘画的题材[79]。

佛教和中国山林讲学的传统因此有相互推波助澜的功用。佛寺甚至于早在魏晋南北朝的时候就开放给俗人作为讲学之所了。例如梁朝有名的隐士何得便曾在佛寺"建讲"[80]。这种情形在中国学术史中终于变成了一个重要的传统，绵延不已。

门第教育毕竟是魏晋南北朝时代教育的主流。因此这一段日子是中国私人讲学中衰的时代。然而，也就在这一个时代，私人讲学中的山林寺院的特质奠立了起来。

寺院教学与习业山林

魏晋南北朝虽然在私人讲学方面不如门第教育的发达，但究竟因为当时政府无力提倡教育，因此山林讲学也算是扮演了一点承先启后的角色。隋唐以后，情形就开始有所改变了。隋唐初期是中国政治及文化发展的高峰，官学教育得到长足的发展，极为鼎盛，因此势倾任何有系统的私人讲学[81]。当时的私学甚至在法律上的地位都不如官学[82]；但至少在唐中叶以后，私学却很快振兴了起来，不是政府所可以压抑的了。

隋唐的私家讲学早已开始，它的规模和理想可以说是自两汉而来，而官私学之间也不容易划分清楚。这种情形实在和门第的社会结构有关系，一直要到中唐以后才逐渐式微[83]。因此隋和初、盛唐时代的私人讲学基本上和两汉以来的习惯没有特别的不同。聚徒讲学，徒众数百人，或由公家征聘私学教师到中央官学去任教的情形十分普遍。当

---

79. 宋、明人俱有画传世，一般题为"虎溪三笑"。台北故宫博物院藏有明，佚名，"虎溪三笑图"。

80. 姚思廉，《梁书》（标点本），卷五一，页732。

81. 研究唐代教育史以高明士先生为最有成绩，所写论文多篇皆足参考。如氏著，《唐代学制之渊源及其演变》，《台湾大学历史系学报》，四期（1977年），页195－219。又氏著，《唐代的官学行政》，《大陆杂志》，7卷11、12期（1968年），页39－53。本节以下所论大致根据氏著，《唐代私学的发展》，《台湾大学文史哲学报》，20期（1971年），页219－289，以及严耕望，《唐人习业山林寺院之风尚》，《唐史研究丛稿》（香港，新亚研究所，1969），页367－424。

82. 高明士，《唐代私学的发展》，页220－221。

83. 有关魏晋南北朝门阀世族衰落的时代，说者不一；一般认为武则天时代是一个重要的转捩点，最近哥伦比亚大学的 David Johnson 著成《中国中古寡头政治》（*The Medieval Chinese Oligarchy*, Boulder, Westview Press, 1977）主张世族在中晚唐时仍在中国政府占有极大之势力。此说较新颖，未必能为一般人所接受。讲参看本人为此书所写书评，刊《东方文化》，19期（1981年）。

时有名的私学教育除了维持经学的传统之外，也旁及其他各种新发展出来的学问。

盛唐之后，政府提倡文教，中央官学有学生数千人，而地方官学在开元（713－741年）时更发展到设置里学的规模，因此私家讲学就逐渐减少，专经教授的风尚大为低落。但是在这一段时间，仍然有相当的私人讲学活动，例如尹知章、王义方、高子贡、萧颖士、李元恺、卢鸿、陈贶、元德秀等[84]。从这些人的事迹我们可以看出私人讲学的几个特征：

1. 私人讲学有集中于深山幽谷，隔绝外界的趋势。庐山仍然是很受人喜欢的地方，其他如卢鸿的“庐嵩山”，元德秀之“爱陆浑（今河南嵩县附近）佳山水，乃定居”，也都是有名的例子。

2. 讲学的内容已从狭窄的经学中大为扩大，特别是所谓的文选学。其他如史记（高子贡）、书法（卢鸿“善篆籀”）、谱系（萧颖士）等也都是教学的内容。

3. 学生的数目日渐减少。

以上几种情形，对于前两节所述的大规模私人讲学来说，已有明显的不同。特别再加上盛唐以来，科举重视文学，而文学“尚情灵，重个性发展，不重师承。时风所煽，人不相师”[85]，于是经师垄断的局面就给彻底打破了。

于是私家讲学的情形就给读书山林的风尚取代了。这种转变有几个意义：

1. 传统私家讲学和门第教育有严密的关系，虽然受山林或佛家的影响，却以贵族出仕为目的。盛唐以后，连这种门第式的教育也无法继续了，因此必然有新的求学方式跟着产生。

2. 唐代以后教育的内容逐渐改变，而科举的重要性也逐渐增加，因此拜读大师的需要逐渐减少，自修的情形日渐普遍，这就影响了大

---

84. 高明士，《唐代私学的发展》，页225－228。

85. 同上，页228。

师聚众讲学的风气。而从前千里负笈寻师的事也就日益减少。

3. 门第教育的式微也是由于受过教育的群众增加。私人在家教育子女自古即有，但唐代以后大为增加。一方面它是门第教育的延长，一方面更是门第教育衰弱之后必然的结果[86]。唐代的家学极为发达，和门第理想的遗传有很密切的关系[87]。

4. 佛教流行中国之后，寺院教学跟着发达。隋唐统一之前已有利用佛寺讲学的风气[88]，入唐之后，其情形更为普遍，佛教是政府以外最强大的社会团体。寺院除了作正规的佛教讲经之外，还提供一般士人学子作读书的场所，有丰富的藏书，甚至供给食宿及旅行应考的费用。例如唐昭宗乾宁时代（894－897）的永安院，在有名的高僧如义领导之下，大力兴学，方便学者。除了缔造精舍，“以《诗》《礼》而接儒俗”（请注意此处的“俗”字）之外，甚至于还提供衣食，“来者安之，终者葬之”。所以在那里待过的学生后来当官成名的很多[89]。

寺院教学是普通人在没有赀财，缺乏家学的情况下寻求教育的极佳途径。严格言之，我们不能说佛教创造了现代人所说奖学金的观念，但是隋唐以降，除了政府之外，能够以雄厚的赀财来大规模支持普通教育的恐怕也只有寺院了。在门第社会解体的过程中，新的家族观念和制度又没有建立起来[90]，佛教的寺院就自然地扮演了重要的私学角色。

以上这四点都指向教育的普及和多元化，从前大规模的讲学，以经师为中心的风气逐渐地衰落，而由重视自修、利用自然山林或佛教

---

86. 同上，页236以下专章论唐代之家学。

87. 重视家法、家风、家训等，与门第教育之重婚丧礼颇有关联。家学之读书环境也极突出。见高明士，《唐代私学的发展》，页238以下。

88. 见上注80。

89. 引自高明士，《唐代私学的发展》，页254。

90. 唐代的家学范围固然扩及所谓“族人”，但就所见材料言之，则似乎大致限于直系亲属。所谓士族的“族”，其定义如何可说是聚讼纷纭，不一而足，致研究魏晋南北朝时代的David Johnson认为它是一个很主观的东西，无法详加定义。孙国栋先生于所撰，《唐宋之际社会门第之消融》，《唐宋史论丛》（香港，龙门，1981年），页211－308则将：一、唐柳芳所述之大家族，二、南北朝以来之旧族，而历世冠冕，至晚唐不衰者，三、父、祖为公卿、节镇者，四、父祖虽非显达而仍以读书仕宦为世业者，五、父祖以军校为世业者，六、家世为地方豪右者列为门阀子弟。则可见孙氏亦直认为直系亲属为门阀之范围。这种情形是和魏晋南北朝不同的。宋代以后新的家族观念才又产生。而跟着也才有宗学、族学一类的东西，利用家族的力量支持教育。唐代时没有这样的风气。

寺院的环境的小规模教育所取代。新的教育常常是一小群读书人相互激励劝勉，在幽静地方进修，而不再千里迢迢，聚众讲学了。如果还有那种“四远承风，成来请谒，门人来去，常数百人，诲诱不倦，达四十余年”[91]的事，反而指的是佛教的教学了。

研究唐代教育有名的高明士教授对于寺院教育有这样的评述：

> 寺观本非正式的教育机构，其由纯宗教知识的传播，扩大而及于普通知识之传授，正足表示唐代社会之转变。安史乱后，魏晋以来的世家大族渐趋式微，平民寒士逐渐抬头，其政治地位亦渐提高。寺观无形中成了为寒士而设的官吏培养所，这是一种在社会激变，教育制度解体的过程中，所产生的现象。[92]

寺院教学虽然只是一种过渡的现象，但毕竟把资助学费的方法大规模加以推行，这是佛教教育对中国教育的另一个贡献。

最后，唐代的私人讲学以习业山林为盛。这是以求学为主体的活动，与从前的讲学略有不同，但一样是属于私人教育的活动。唐人习业山林的风尚是严耕望教授的重要发现[93]。

首先应指出唐人之读书于山林与读书于寺院一样，都在中唐以后转盛。而他们所最喜欢去读书的地方集中于名山古刹。依照严耕望的研究，一共有下面各重要的地区：

终南、华山及长安南郊区，

嵩山及其近区诸山，

中条山、太行山（今太行山脉南段），

泰山及其近区诸山，

庐山，

衡山，

91. 语出《续高僧传》，为释慧壁事，转引自高明士，《唐代私学的发展》，页258。

92. 同上，页264。

93. 见上注71。

罗浮山，

蜀中诸山寺观，

九华山，

扬州寺院及淮南其他诸山寺，

慧（惠）山寺及浙西其他诸山，

会稽剡中及浙东其他诸山，

福建诸山寺，

敦煌诸寺院，

其他。

从上面的情形我们可以说习业山林的风气已经普及于当时唐代比较重要的文化区[94]，而不只限于偏僻地方。他们的志向一般以取得功名利禄为读书的最高鹄的。但是在山林结庐研习的士子，多半是寒士，生活极为清苦，倒也值得我们注意。

崔从和他的二哥崔能便是一个有名的例子。他们在山西的太原山地里头苦心读书，有时连饭都没得吃，必须去捡橡果充饥。但他们一点也不觉得辛苦，仍然讲诵不辍，有十年之久，直到考上进士为止[95]。

读书山林的习惯早在汉世已有，上面已经提到。但是它成为一种风尚，加上佛教"遗世"的信念，而沾染了清高的理想则在这个时代才形成。这一点我们不能不加以注意。贾岛诗说："家辞临水郡，雨到读书山"[96]，给我们一种十分洒脱的清高感；刘轲《上座主书》说："元和（806－820年）初，方结庐于庐山之阳……农圃余隙，积书窗下，日与古人磨袭前心。岁月悠久，浸成书癖。"[97]又不能不让我们感到十分地向往。

习业山林因此不只是形势使然，它似乎代表一种希望由主流超逸，

94. 严耕望先生的分法显系方便使然，并未有特别之深意。高明士先生再旁引其他资料，得出下列的结果：一、严文之一、二、三及五等区为一般士子所喜读书之山区，而嵩山（二区）又为佛、道传法讲学之地。二、佛教讲学集中于严文之二、六及十四等区，又湖北及两浙亦盛。三、道教传法讲学盛于严文中之一、二、三、七及十等区。见高明士，《唐代私学的发展》，页269。

95. 刘昫，《旧唐书》，卷一七七。

96. 贾岛，《送独孤马二秀才明月的读书》，见《全唐诗》，转引自严耕望，《唐人习业的山林寺院之风尚》，页399。

97. 见董诰等，《全唐文》（台南，经纬，1965年），卷七四二，页8ab。

而再返主流的心灵渴求[98]。这样的渴求必须标榜独立，但也因此免不了沽名钓誉之徒的泛滥了。据说，当时这种风气兴盛，使一些利欲熏心的人也不能不假装到名山古刹去读书，弄得路上人潮汹涌，甚至于相传说终南山、嵩山和少室山是特别"神"的地方，要考试成功最好去那些山朝拜。无怪乎历史书说："高尚之节丧焉"[99]。

总之，习业山林的习惯在唐代中叶以后变成了中国私人教育的主流，也成了私人教育的理想，这一个转变不只代表两汉以来经师讲学及门第教育的结束，更代表了山林教育理想的崛兴以及科举制度对教育的影响。要了解中国书院教育的背景和意义，那么我们就一定不可忽视习业山林的私学理想。

书院教育的成形

《全唐诗》有杨巨源《题王老峰下费君书院》诗[100]。换言之，中唐之后，士子读书山林时，已经有人以"书院"为名，来题他们的书斋了。"书堂"则是更普遍的称呼[101]。这些"书堂"、"书院"基本上都是读书或藏书的地方[102]。但是一旦山林读书的地方也有了书院，并且开始聚众读书，进而教书，那么情形就不同了：

> 庐山之阳，有陈氏书堂……合族同处，迨今千人……究以为族既庶矣，居既睦矣……遂于居之左二十里……筑为书楼，堂庑数十间，聚书数千卷，田二十顷，以为游学之资，子弟之秀者，弱冠以上皆就学焉。[103]

98. 汤恩比（Arnold J. Toynbee），《隐退与再出》。此理论所及为个人与文明之关系，今广用以解释私人教育之特质。汤说见所著 *A Study of History* (London: Oxford University Press, 1956), Vol.III, pp. 248 - 332。

99. 欧阳修，《新唐书》（标点本），卷一九六，页5594。

100. 清圣祖，《全唐诗》（台北，明伦，1963年），卷三三三，页3736。

101. 详见高明士，《唐代私学的发展》，页244。

102. 按"书院"之名首见于唐玄宗开元十三年。李林甫，《唐六典》（台北，文海，1962年），卷九，页23："开元十三年，改集贤殿修书所为集贤殿书院。"私人藏书或读书之所虽然比不上这种类似国立图书馆的"书院"，似转用的可能性并不是没有。有关"书院"一语之起源可参考盛朗西，《中国书院制度》（台北，华世，1977年），页1—11。

103. 董诰等，《全唐文》，卷八八八，页3a—4a。

这个故事使我们联想起上面所提到的田畴一家人。这种家族的教育一旦“延四方人士，肄业者多依焉”[104]，那么一种新的教育制度就开始发展了。

五代和宋的私人教育便是书院发展成形的教育。

书院的原始理想自然是上述山林教育的理想。但是山林习业的内容不免与追求仕宦出身的科举教育相同，因此只要社会稍安定，政府力量再扩大，“官学化”的现象便又产生。庐山原是山林习业的胜地，在五代时，特别是白鹿洞更荟萃了许多学者，于是南唐政府就正式把这略具规模的学校改为国学，置田业，请李善遁主持教授[105]。

这种现象在宋初更为普遍，使得当时的所谓四大书院到了中叶就湮没无闻，与官立的地方学校没有差别。庆历年间（1061－1053年），政府大力兴学，凡州皆设州学。我们知道有些州学根本是由宋初书院发展而成[106]。

宋代书院发展成为中国教育史上最伟大的传统，可以说完全是朱熹一个人的功劳。朱熹和其他的理学家们深感当时教育的衰落，功利之心太盛，认为“前代庠序之教不修，士病无所于学，往往择胜地、立精舍，以为群居讲学之所”[107]，因此决心要继承前人读书山林的志气，别立书院，提倡他所带领的理学。

朱熹的教育理想当然是本于孔子的私人讲学。这种理想如上所述已长久以来形成一种重要的传统。北宋时更有胡瑗加以发扬，遂使吕祖谦所说的“依山林，即间旷，以讲授”[108]的理想在知识分子间留下

104. 马令，《南唐书》（台北，商务，1966年），卷一，页7a。

105. 参考盛朗西，《中国书院制度》，页12－15。又高明士，《五代的教育》，《大陆杂志》，43卷6期（1972年），页22－43。

106. 严格言之，宋初书院之官学化过程是接受政府颁赐经书、田产以及教员之接受政府职事名称等。例如宋初之诸书院（白鹿、嵩阳、应天府、岳麓、茅山及石鼓）都曾接受赐书、赐额或赐田，与一般州县学校相同。应天府书院的戚同文孙子就受命为书院的院长，而重修书院的曹诚也被指派为助教。见托托，《宋史》（标点本），卷四五七，页13418－13419。“官学化”因此是实质的，有些“书院”似乎继续沿用其名，虽则在实质上与政府的官立州县学校没有区别。迟至熙宁年间（1067－1076）仍有书院之名。见李焘，《续资治通鉴长编》（台北，世界，1965年），卷二五二，页2。

107. 朱熹，《石鼓书院记》（四部备要本），《朱子大全》（台北，中华，1966年），卷七九，页21下。

108. 吕祖谦，《鹿洞书院记》，转引自盛朗西，《中国书院制度》。

不可磨灭的印象。朱熹自然不能例外，要把这种山林讲学的传统加以落实。

再说，山林讲学和寺院教育本已有相当的关系，不易分开，而寺院的经营方式，僧众的管理及教养在唐末又有了具体的发展，形成有名的丛林制度，因此我们甚至可以认为丛林制度对于书院的兴起和普及有直接或间接的影响[109]。丛林管理僧众的制度对于学校制度本已有些微的影响[110]，但它的讲经及讨论的风气更把久已陵夷的习惯重加发扬[111]。

书院在朱熹的时代能这样地创立起来，除了上述的理由之外还得力于印刷术的发明和普遍应用。宋代是中国官家教育历史上极为重要的时代。其原因就是由于读书的大众比从前增加了许多。而读书人增加的最主要原因就是因为印刷术的普遍使用。政府设立的学校很多，但是总不够收容所有求学的人。北宋末年，由于蔡京大力提倡直接保送地方学校学生去中央太学读书，然后从太学毕业生擢拔优秀者直接任官，于是把地方教育变成准备仕进的场所，破坏了教育的基本理想，所以南宋初年，许多人对于蔡京的各种政策有极激烈的批评、疵议。读书的大众这么多，而官立学校又不能满足一般人求学的理想，因此“书院”就变成唯一的出路了。

朱熹对于书院抱持一种绝不妥协的反对科举败坏教育的理想。书院能成为中国近一千年来绵延不绝的教育传统一大部分是从这种独立的精神而来。他替白鹿洞书院所写下的学规（揭示）传诵至今，不能不在这里加以引述：

窃观古昔圣贤所以教人为学之意，莫非使之讲明义理以修其身，

109. 陈东原撰有《禅林的学校制度》，惜未见。请参考氏著，《中国教育史》，页277。

110. 唐宋政府学校之“学正”、“学录”等职位可能是仿后秦“僧正”、北魏“僧录”而来。讲参看上引陈观胜书（注70）。

111. 唐宋怀海法师创作《百丈清规》，除了系统化禅林教育之外，更特重讲经。日间举行谓为小参，夜间为晚参，另有“普说”、“普茶”等讨论座谈的方式，这些都对于唐末习业山林，只重自修的风气有所矫正，参看陈东原，《禅林的学校制度》，《民铎杂志》，6卷3期（1925年）。

> 然后推以及人。非徒欲其务记览，为词章，以钓声名，取利禄而已也。今人之为学者，既反是矣。然圣贤所以教人之法既存于经，有志之士，固当熟读深思而问辨之。苟知其理之当然，而责其身以必然，则夫规矩禁防之具，岂待他人设之，而后有所持循哉？近世于学有规，其待学者为已浅矣。而其为法又未必古人之意也。故今不复施以此堂。而特取凡圣贤所以教人为学之大端，条列如右，而揭之楣间。诸君其相与讲明遵守，而责之于身焉。则夫思虑云为之际，其所以戒谨而恐惧者，必有严于彼者矣。其有不然，而或出于禁防之外，言之所弃，则彼所谓规者，必将取之，固不得而略也。诸君其亦念之哉。[112]

从这个揭示看来，我们可以说朱熹是希望通过书院的教育来建立一种不同的人生观，一套不同的价值。书院的理想和创制从此就与朱熹和他的弟子们所创立的理学结合在一起，相互发明，相得益彰。

在制度方面，书院最值得称述的无非是所谓“讲学”的制度。宋史里头描述陆九渊（象山）从国子监辞官还乡的讲学盛况最足以代表。当时，他一到都城，总有两三百人要听他演讲，因此常须借用佛寺：

> 每旦，精舍鸣鼓，则乘山篙至。会揖升讲坐，容色粹然，精神炯然。学者又以一小牌书姓名年甲，以序揭之，观此以坐。少亦不下数十百，齐肃无哗。首诲以收敛精神，涵养德性，虚心听讲。诸生皆俯首拱听。非徒讲经，每启发人之本心也。间举经语为证，音吐清响，听者无不感动兴起。[113]

这是他讲学的盛况。史称当时听过他讲学的超过数千人。

陆象山的讲学早为朱熹所敬爱，因此陆象山43岁到白鹿洞（图三）

---

112. 朱熹，《朱子大全》，卷七四，页16b－17b。按，朱熹在此文中详细说明他反对时下公家教育所流行的学规，显然指的是北宋末年以来变法者所讲的各色条例，因此他自称所条列的理想只是“揭示”。这一点必须注意。

113. 陆九渊，《陆九渊集》，页501－502。

拜访朱熹的事就流传久远，成为佳话。

当时朱熹和陆九渊在湖上泛舟。朱熹高兴起来，对陆九渊说："自有宇宙以来已有此溪山，还有此佳客否！"因此就请陆九渊去演讲。当日的讲题是"君子喻于义，小人喻于利"（意思是"君子因义而心动，小人则因利而心动"）（图四）。讲完之后，朱熹大为感动，连忙起来说："熹当与诸生共守，以无忘陆先生之训。"这件事后来陆九渊追述说："当时说得来痛快，至有流涕者。元晦深感动，天气微冷，而汗出挥扇。"[114]

请学者讲学不足为奇，但能讲到令人"汗出挥扇"或甚至"流涕"[115]，那就不容易了。书院讲学的制度所以流传后世，令人歆羡，无非是这种追求学问或道德世界的真诚精神。

其实宋元理学家除了讲学之外，起初是对谈。开创理学的先驱如程颢、程颐兄弟便重视先生与弟子间的问答。问答之后，弟子们谨慎地把内容记录下来，成为"语录"。语录的编撰和传诵成了理学教育的重要传统。例如吕祖谦和朱熹合编的《近思录》到了今天仍然是理学的入门必读书，它便是摘录诸理学家的警句及文字篇章而成。

学生多了，就自然群集而须有讲堂与讲义。前面说陆九渊善讲学，进退如仪。朱子则善身教，与学生作私人讨论。《朱子语类》有140卷，录者99人，可以说光大了私人答问的伟大途径。

朱、陆以后的理学家亦率多能继续他们老师这种对话或讲学的传统。在对书院作进一步评述之前，让我先引朱熹的一首七律《白鹿洞讲会》[116]：

宫墙芜没几经年，只有寒烟锁涧泉。
结屋幸容追旧观，题名未许续遗编。
青云白石聊同趣，霁月光风更别传。
珍重个中无限乐，诸郎莫苦羡腾迁。

---

114. 同上，页492—493。
115. 同上，页493。
116. 朱熹，《朱文公集》，卷七，页7。

3

象山先生全集卷之二十三

講義

白鹿洞書院講義

某雖少服父兄師友之訓不敢自棄而頑鈍踈拙學不加進每懷愧惕恐卒負其初心方將求鍼砭鐫磨於四方師友冀獲開發以免罪戾比來得從郡侯秘書至白鹿書堂群賢畢集瞻覩盛觀竊自慶幸秘書先生教授先生不察其愚令登講席以吐所聞頋惟庸虛何敢當此辭避再三不得所請取論語中一章陳平日之所感以應嘉命亦幸有以教之子曰君子喻於義小人喻於利

此章以義利判君子小人辭旨曉白然讀之者苟不切己觀省亦恐未能有益也某平日讀此不無所感竊謂學者於此當辨其志人之所喻由其所習所習由其所志志乎義則所習者必在於義所習在義斯喻於義矣志乎利則所習者必在於利所習在利斯喻於利矣故學者之志不可不辯也科舉取士久矣名儒鉅公皆由此出今爲士者固不能免此然場屋之得失顧其技與有司好惡如何耳非所以爲君子小人之辯也而今世以此相

4

图三　白鹿洞书院，采自《中国历史图说（八）——宋代》（台北，新新，1979年）。白鹿洞书院享有“海内第一书院”之誉，始建于南唐开元年间（940年），位于今江西九江，是中国首间完备的书院。后由宋朱熹重建，并亲自讲学。

图四　陆象山受朱熹之邀，在白鹿洞讲“君子喻于义，小人喻于利”，令人大为感动，采自《陆象山全集》（明嘉靖四十年德安何氏刊本）。

5

图五　岳麓书院遗址，采自《中国历史图说（八）——宋代》（台北，新新，1979 年）。岳麓书院创建于北宋开宝九年（976 年），位于今湖南长沙，是誉满天下的著名学府，与白鹿洞、嵩山及应天书院，合称中国古代四大书院。

从这首诗我们可以看到朱熹从书院的经验和理想所得到的乐趣和满足。书院在南宋末年已大为兴盛，有势倾官学的迹象。王圻的《续文献通考》就记载了有27个，另外其他可考的还有将近四百个，可以说是遍及全中国[117]。南宋书院的发达主要有四种原因[118]：

1. 官学的败坏[119]；
2. 官学经费的困难；
3. 崇儒的影响；
4. 禁道学的反动。

书院普及之后，寺院教育就开始衰落。朱、陆在鹅湖（今江西铅山县附近）论辩，地点犹是在佛寺，但宋季之世，书院已凌驾佛寺，成为私人教育的主流。同时，在演变的过程中，更多的书院就变成了官立的学校。本来书院的理想是希望能在公众的教育之外另立一个潮流，能遗世而独立。这种精神在朱熹自身屡遭攻击的过程里已经明显地透露出来。但是理想和现实总没有永远契合在一起的事，因此我们不可以把书院和书院的讲学过分理想化，特别是在书院变成了与官学相等或干脆由政府来设立之后，那么至少知识分子希求独立的风骨也就难以保存了。

从另一个角度言之，那么我们甚至可以说沾染有浓厚理想主义（idealism）的理学所借用的书院教育，因为把精神世界和现实世界作了过分的分割，使得从书院里头出来的知识分子常常以退避、畏缩、谦让（孔子所谓的“狷”）为先，缺乏进取（孔子的“狂”）的勇气和决心。因此在

117. 盛朗西，《中国书院制度》，页30—41，共列有52个为王圻所未及。陈东原，《中国教育史》引柳诒徵，《江苏书院志初稿》（刊《江苏省立国学图书馆年刊》第四）及吴景贤，《安徽书院沿革考》（刊《安徽省立图书馆学风月刊》2卷8期）则尚有16间为盛朗西所不载，合计为68。孙彦民，《宋代书院制度之研究》（台北，政治大学，1963年），则列有全国378所书院。美国的John Chaffee从107种方志，再辅以孙书及《大明一统志》的材料共找到425所书院。

118. 采自陈东原，《中国教育史》，页282—285。

119. 严格言之，官学并未大衰，但南宋教育使用所谓“混补”及“待补”的方法，把地方学校和科举混合在一起，毕业生有部分有资格免第一级的考试而直接到京参加省试。这种情形无形中把地方官立学校变成考试机关，以致削弱了它们的教育功能。官学受到疵议，这也是个大原因（此方法是从蔡京所推行地方三舍法沿袭修正而来），因此官学不再能积极负起真正的教育。再加上许多官学旧房舍，“久已浸敝，颓障堕圾，栋扶梁柱，岌岌摇动，如坐漏舟中。”（叶适语，出《瑞安县重修县学记》，《水心集》（四部备要本），卷一〇，页6上，南宋官学之败坏应自此角度看。有关“混补”、“待补”的研究，讲参看李弘祺，《宋代教育及科举散论》，《宋代教育散论》（台北，东升，1980），页97—128，特别是页116—124。

面对越来越专制的政府时[120]，中国的知识分子往往缺乏应对的策略，甚至勇气。这一点过去很少人注意到，但却很值得一提[121]。

同时，我们必须记得的是不管是官学或是私学，它们的教学内容都受到科举的影响，因此基本上不能说两者有太大的区别。宋代书院（图五）伟大的地方是它能成功地把理学的思想播散出来，重新奠立了儒家在中国思想的主导地位；但是从功利的立场言之，书院教育也必然地“官学化”，成为应举仕子追逐利禄的踏脚石。这一点在明清的书院中可以清楚地看出来。

书院教育的承继

书院讲学是近千年来中国私家讲学的唯一显著的制度。它的精神和规模都已经在宋代时大致确立了。因此严格言之，元明之后的私人讲学并没有特别的新内容。但是就是在这数百年的发展里头我们才能更切近地了解和评价这一个重要传统下的重要机构。

元代书院的基本精神是建基于仕子耻已国之辱不仕于外朝的心灵信念，但元代书院的制度却又以“官学化”为其特色。

请先从理学家不仕的退隐精神谈起。汉人之仕于外族可以说到了五代时仍十分普遍，虽然在心情上总有不能完全心安理得的不满足感，但是这种态度至少在理学发展以前并没有集结而成一种思想上的规律和要求。但是宋代的特殊国运终于使不仕外朝的逃避作风变成了知识分子的理想[122]。柯劭忞的《新元史》说熊朋来的故事便是一个例子[123]：

120. 宋代政权视唐朝为更专制，向为学者所注意及之。参阅宫崎市定，《北宋史概说》，《アジア史研究》（京都，京大东洋史研究会，1975），卷一，页228－291。

121. 有关此点，我是从阅读近代德国思想史及教育史得来的。简单地说，近两百年德国的知识分子就是由于过分重视规范式（normative）的思想，鄙视经验哲学（empirical philosophy），以至于与现实脱节。Gymnasium 的教育也只重视抽象的品性行为的调养（Bildung），希望用诗歌及古典学的理想熏陶培育，而忽视实际生活，特别是民主的政治训练，以至于到头来，屈服于专制的淫威，无由抗衡。其等而下之者，甚且粉饰集权，作为帮凶。其卑贱处有不可道者。讲参见 Fritz Ringer, *The Decline of German Mandarins* (Cambridge: Harvard University Press, 1969)。

122. 请参看 Frederick W. Mote, “Confucian Eremitism in the Yüan Period”, 刊 Arthur F. Wright 编 *The Confucian Persuasion* (Stanford: Stanford University Press, 1960), pp. 202-240。

123. 柯劭忞，《新元史》，卷二三四之8b－9a。

熊朋来，字与可，南昌人。宋咸淳中进士。宋亡，隐居教授，从游日众。

其他有名的例子还有刘因、郑思肖和谢枋得等。

这样的退隐精神和实践不免需要依靠山林的支持，元早期的书院当然与亡国之后仕子避居思痛的精神有密切的关联。但是也就是因为知识分子的操守有制度的支持，元政府就愈必加以牢笼控制。至元廿八年（1291年），元统一中国甫12年，政府便颁布教育的政策，规定各地方设立学校，而“先儒教化之地，名贤经行之所”，或有财力愿出钱支持教养学生的地方，则准许设立书院。这是政府支持书院教育的明确指示[124]。

不久，元政府更干脆规定书院的院长应称为“山长”，“受礼部付身”（即由政府委任）[125]，由一般考试下第的人担任[126]。毕业生的优秀者又可以充当教官或属吏[127]。从这些措施我们可以看出政府对书院教育的注意。因此陈东原说“书院官学化了”[128]。

但是在元统治，政府牢笼的环境之下，书院却继续地把宋儒的精神加以发扬光大。例如赵复就曾应杨惟中及姚枢之请，在太极书院讲学，《元史》说“北方知有程、朱之学由复始”[129]。

由此我们可以看出宋儒开创的书院精神，在注入元儒的退隐理想之后，继续充满活力，发展下去。不仅把理学家的学术和理想加以发扬光大，也替元统治下的汉人保存了一份珍贵的遗产。书院就这样绵延下去了，而且似乎比政府的州县学更为活泼，更充满朝气。

与元代相比，明朝初期的书院显得十分地衰落，这是因为明政府对于书院抱持着敌视怀疑的态度所致。特别明中叶以后，书院复兴、鼎盛，政府却一再颁令解散书院，可见问题的严重。但也就是在这种

124. 纪昀等，《续文献通考》（台北，新兴，1965年，影印殿本），卷五〇，总页3243。

125. 同上。

126. 同上。

127. 同上。

128. 陈东原，《中国教育史》，页306。

129. 宋濂等，《元史》（标点本），卷一八九，页4314。按纪昀等，《续文献通考》，卷五〇，总页3243。

困难的局面下，书院讲学的精神表现得最为突出，也最为激昂。

明代政府比宋政府更为专制，太祖废除了宰相制度，实行各种侮辱文人的措施，在思想统制方面，颁行所谓的“大诰”，而在教育方面，更积极推动学校考试的办法，由政府大力兴学，中央国子学到地方的州县学的学生都由政府供养，优秀的每三年考试及格可以参加京师的会试或直接出官。因此明初的政府教育相当发达。相形之下，私人讲学也就没有发展的余地了。

这种情形要到了明代中叶以后才发生改变。王阳明和湛若水是关键的人物，在他们的倡导之下，书院在东南地区大为发达，并且发展成为一种类似于社会教育的机构。讲学变成书院活动的中心，更甚于教育本身。例如王阳明在54岁回故乡浙江余姚时便定期（每月初一、初八、十五及廿三）举行“讲会”[130]。这种作风由弟子们承续下去，像王龙溪、钱绪山等人都有所谓“同善会”、“君山会”、“光岳会”的组织。

《明史》记载罗汝芳之事很值得称述：

> 罗汝芳字维德，南城人。嘉靖三十二年进士，除太湖知县。召诸生论学，公事多决于讲座。迁刑部主事，历宁国知府，民兄弟争产，汝芳对之泣，民亦泣，讼乃止。创开元会，罪囚亦令听讲。入觐，劝徐阶聚四方计吏讲学，阶遂大会于灵济宫，听者数千人。[131]

对于这样的发展，胡美琦这么说：

> 以前书院讲学是学者相集而从师；讲会则由会中延请主讲者，所谓不止一人。会毕，则主讲者又转至他处，如是轮番赴会，渐渐脱离书院性质，而近于社会公开演讲。[132]

130. 钱德洪，《王文成年谱》，《阳明全书》（四部备要本），卷卅五，页2。

131. 张廷玉，《明史》，卷二八，页7275－7276。

132. 胡美琦，《中国教育史》，页458。

胡教授的说法很正确。正因为讲学已扩展成为一种具有号召力的社会机构，政府遂采取废毁书院的行动。

明世宗嘉靖十六年（1537年），有一个御史叫做游居敬的就公开出来指斥湛若水，说他“倡邪学，广收无赖，私创书院”，要求“戒谕，以止人心”[133]。次年，吏部尚书许赞又倡议禁毁书院[134]。但是这两次废毁的运动并不能完全清除书院讲学的活动。

书院所遇到最严厉的挑战莫过于万历七年（1579年），张居正所推动“尽改各省书院为公廨”的政策[135]。其实张居正是希望整顿政府所办的学校，让教育能在政府全权的规划下，达成其任务。从这种角度看书院，不免认为后者“别标门户，聚党空谭”，“群聚党徒，号召地方游食无行之徒，空谈废业。”[136]因此张居正提倡限制书院，但也因此引起一般读书人很大的反动。

张居正对于讲学也有特殊的看法。他认为当时讲学的人，专门互相标榜，聚党邀誉，所讲道德之学，多属虚无浮辞，令得“欲身体力行”的人反受到“虚谈者”的排挤[137]。

张居正的务实精神不是没有道理的。当时的社会已经显出虚无，“满街皆圣人”的倾覆危机，书院对于这种谈心性，以至于浮诞不经的气候并没有振衰起弊的作用，无怪乎张居正要忧心如焚，认为书院讲学“摇撼朝廷，爽乱名实；匿蔽丑秽，趋利逃名”[138]，非要加以禁止了。

张居正所推动的废毁书院的政策很快就因他下台而结束。书院又复兴了。在明朝最后数十年的日子中，以无锡的东林书院（图六、七）为最有名，东林书院原不过是几位学者结社讲学的书院，位在无锡，是南宋有名理学家杨时讲学的地方[139]。

133. 纪昀等，《续文献通考》，卷五〇，总页3246。

134. 同上。

135. 语出《明纪纲目》，转引自盛朗西，《中国书院制度》，页86。

136. 张居正，《请申旧章饬学政以振兴人才疏》，见《张文忠公全集奏疏》（台北，商务，1968年），《国学基本丛书》本，卷四，页57以下。

137. 参看陈东原，《中国教育史》，页373以下。

138. 引见陈东原，《中国教育史》，页374。

139. 张廷玉，《明史》（标点本），卷二三一，页6031。又柳诒徵，《江苏书院志初稿》（引见注117），于所谓之“东林”书院有详细考证。

东林书院一大特点是他们一反王阳明一派不讲政治的流弊，敢面对现实，提出批评。他们把王阳明以来的讲会传统制度化，推行各种类似宗教集会的典礼，设立“门籍”，“稽赴会之疏密，验现在之勤惰”，俨然有相当的规律和规模[140]。这时候正是魏忠贤把持朝政的时候，与东林书院有密切关系的高攀龙敢于指摘魏忠贤的党徒，遂引起魏忠贤的嫉恨，于是书院再一次面临关闭的厄运。

东林书院的学者面对这样的挑战，仍然勇于争持，替书院的精神增加了一层新的意义。今天我们常念诵的：

风声，雨声，读书声，声声入耳；
家事，国事，天下事，事事关心。

就是东林书院所留下来极有名的警句。

回顾明末的政治，那么正如黄宗羲在《明儒学案》所慨叹的，其实东林的几位学者何尝有那么大的本事，让天下人惊动呢！不过是因为小人们把这一切的好坏事迹都加到东林身上去罢了[141]！

书院就这样遭遇了政府教育的竞争、禁止、毁废，而逐渐形成一种奇特的东林讲学或讲会的社会机构，逐渐与宋儒的书院及山林理想脱了节。但是基本上，这种私人讲学的制度仍然是依赖着一种道德教育的理想和关心，因此仍然继承了从汉代以来的私人讲学的特质。既然如此，那么从汉代以来私人讲学所不免的“官学化”倾向在明朝也是免不了的。

明代的书院和州县学经常有密切的合作。例如王宗沐修白鹿洞书院时便把县学的学生带去听讲[142]，又例如李中担任广西提学副使时，也是“择诸生高等，聚五经书院，五日一登堂讲难”[143]。

---

140. 顾宪成，《东林会约》，见《东林书院志》，引见盛朗西，《中国书院制度》，页119。

141. 黄宗羲，《明儒学案》（四部备要本），卷五八之1ab。

142. 时王宗沐为江西提学副使。见张廷玉，《明史》，卷二二三，页5876。

143. 同上，卷二〇三，页5362。

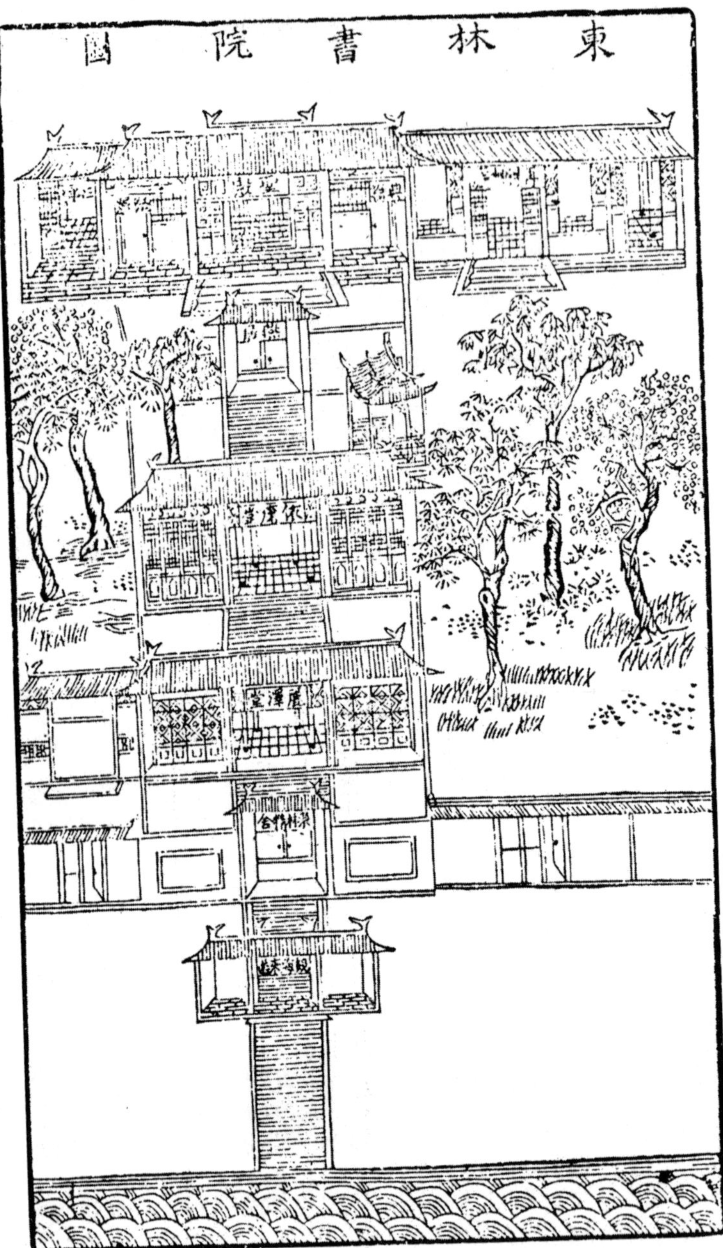

6

東林書院志卷之二

院規

大匠之有規矩學者知守之吾儒之有規矩學者乃不知守之則前賢之條列者爲虛設矣東林會約一宗朱子白鹿洞學規而加詳焉聖人復起無以易也相與遵守而服行之則前賢之意也志院規

顧涇陽先生東林會約

按東林落成於萬歷甲辰之秋十月徧啓諸同人始以月之九日十日十一日大會東林講堂涇陽先生爰作會約以諭同志而景逸先生爲之序首列孔顏曾思孟明統宗也次白鹿洞學規定法程也申之以飭四要辨二惑宗九益屏九損衛道救時周詳懇到其問闡提性善之旨以闢陽明于天泉證道之失尤見一時障川廻瀾之力是時海內論學諸賢各有宗旨亦每有會約而莫如此約之醇正的實者舊志與有異同今則謹照原刻紛定

愚惟孔子萬世斯文之主凡言學者必宗焉善學孔子則顏曾

图六　东林书院图，采自高廷秀编《东林书院志》（台北，广文，1971年）。东林书院创建于北宋政和元年（1111年），位于无锡，是北宋理学家程颐长期讲学之所。

图七　东林会约，采自高廷秀编《东林书院志》（台北，广文，1971年）。东林会约乃东林学者制定的，明确规定其学术宗旨为“躬修力践”、“先行后言”，一反王阳明不讲现实，只谈心学（致良知）的流弊。

但是明代科举鼎盛，考试又一般须经过学校，于是相形之下，一般的书院因没有科举的名额，很快就沦为州县学校的附庸，根本谈不到做学问了，连有名的白鹿洞书院有一段时间也沦落到“祠殿荒凉，门庑零落，往来皆牛羊之迹，前后俱蔬稼之圃。书籍散亡，田亩浸失。无人综理，只有门子二名轮流看管”的地步[144]。

一般书院对于教育的贡献因此十分有限。后来政府允许提供科举名额给书院，这是“书院科举”的开始。但是书院发展成这个样子，实际上已经成了政府学校了，这是书院“官学化”的重要关键[145]。

书院发展到了这个阶段大致已经把它所可能发展的途径都摸索过了，而书院也就成了实现传统中国私人讲学的理想必然采用的机构。它所代表的是孔子所提倡的私人独立兴学的理想，是从现实政治分别出来，向政治或社会批评的知识良心；但在它成为一个正式的教育机构或进而成为社会机构之后，不免也要和现实的考虑低头。在实际的教学中，它又不能不面对科举的压力和政府的控制，有时变成政府教育的附庸，或干脆完全接受政府的资助，接受科举的名额，与官学无异。总之，书院之成为普遍的私人教学的方式自宋而奠立，到东林书院时可以说已经发展完成，清代书院并没有能替书院加进新的构想或规模。

现在就清代的书院作简单的交代以结束本节。

清代书院的发展一般认为有三个阶段[146]：清初因以异族统治中国，引起汉人极大反动，因此东林的讲学结社遗风颇为发达，引起清政府的忌刻和压抑，同时学者之间又因学院各异，互相抨击，使书院不能发达。这种情形维持到雍正十一年（1733 年）通令各省设立书院为止。这是清代书院的第一个阶段。

144. 语见唐龙，《题请主洞官疏》，刊李应升，《白鹿洞书院志》（天启二年南昌官刊本），卷四，页1。

145. 参考陈东原，《中国教育史》，页367－369。

146. 陈东原，《中国教育史》，页444以下分为四阶段：“清初之抑制书院”、“康乾时之提倡书院”、“乾嘉时之提倡经学”及“清末书院之重科举”。胡美琦，《中国教育史》，页495以下分为三阶段：“继东林讲学遗风之清初书院讲学”，“雍正后为科举准备之书院教育”及“嘉庆以后之清代书院”。两相比较，知陈氏之前三阶段与胡氏之三阶段相同，而陈氏所特别标明之第四阶段为清末之现象，论列与否并无关系。

雍正十一年谕内阁通令各省城设立书院，由政府提供经费供养学生[147]，于是全国各地相继设立书院，但是这种书院如同明之“科举书院”，已经完全官学化，谈不上传统私人讲学的理想了。乾隆时更通令“（书院）诸生中材器尤异者，准令荐举一二，以示鼓舞”，则书院与官学已无不同[148]。这段时间书院设立甚多，但因为它的官学性质，我们可以不加考虑。这是清代书院发展的第二阶段。

清代书院到了嘉庆之后有比较有意义的发展。这正是清代学术转向所谓汉学的时候，许多致力于经学训诂考证的学者常常利用书院作为他们传播学问的场所。例如江苏的钟山书院便曾有经学大师先后主持，成了当时的重要学术中心。钱大昕在钟山4年，有名的《廿二史考异》就是在那里写成的[149]。

阮元在嘉庆初年巡抚浙江所创立的诂经精舍则把当时的新学术的兴趣正式贯入书院的工作里头，把汉学作为教学的内容，请了有名的经学大师孙星衍和王昶来主讲。这是清代学术史上重要的关键，也是书院教育内容敢于不理科举的要求的大更动。后来清代学术能转成考证学风，书院实在也做了相当的贡献。

阮元后来出任广东巡抚，更积极提倡经学，创立有名的学海堂书院，在规制上有相当的创新[150]，并且大量印书，刊刻有名的《皇清经解》、《揅经室集》、《学海堂集》等。后面这种刻书的风气远过于宋元的书院，可以说是清代书院对于中国学术的重大贡献。以后各种书院像南菁书院、广雅书院等也都承续了阮元的理想，印刷许多经籍、丛书[151]。

这一段书院的发展是清代书院教育璀璨光明的好日子。但是这已是西潮东渐，传统学术式微的时刻，书院是传统学术理想的产物，这个旧皮囊似乎无法承受新酒的刺激了。就这样，当书院正开始振兴，

147. 原敕文载刘锦藻，《清朝文献通考》（上海，商务，《万有文库》本），卷七〇，页5504。

148. 乾隆敕文载刘锦藻，《清朝文献通考》，卷七二，总页5510。

149. 柳诒徵，《江苏书院志初稿》，转引自孟宪承等编，《中国古代教育史资料》，页280。

150. 参考陈东原，《中国教育史》，页454。

151. 以上参看陈东原，《中国教育史》，页452—457；孟宪承，《中国古代教育史资料》，页280—284。

产生活力的那一瞬间，它也面临了倾覆的命运。清代书院的第三期结束了[152]。

回顾元朝以来书院的发展，我们可以看见书院从私人讲学的理想开始，逐渐受科举的影响，变成官学的附庸，扬弃原有山林讲学的理想；这是中国知识分子要求独立自主的主观意志必然遇上的客观命运。但不管如何，明清书院在极大的限制中仍然努力把传统私人讲学的传统体现出来。等到中西海运大通，这种旧体制就承受不了山雨欲来前的风雷了！

结 语

中国一向是单线社会流动的社会，不管是察举孝廉或科举取士，在政府当官（特别是文官）可以说是唯一的职业，其他职业所产生的社会流动，横的固然不少，直的则一点也不显著[153]，与应举出仕不能相比。

进入政府当官服务，按照原始儒家的理想依赖的是德行而不是知识，但是德行的考察并不容易，于是经学知识就变成了入官的评选标准。政府又因为相信经纶天下的基本知识都可以在经书里找到，这就造成了其他知识不受重视的结果。

私人讲学从一开始也逃不离这种对知识的偏见，再加上一元化社会流动的职业现象，于是私人讲学更不得不以经学教育为根本，以求禄利。所能争取的只是在大一统的知识传统中求“同主题的变奏”（variation on the same theme）罢了！

但即使如此，中国传统的私人讲学至少扮演了两种积极的角色：

一、私人讲学提供了一个比较不受政治之直接干扰的场所，让学术可以得到滋长。汉代经学历史和私家讲学所以分不开，就是这个原

---

152. 清末有西学书院之设立，但这种书院很快被新式学堂所取代。

153. 最近研究明清社会史的日本或西洋学者非常注意当时的横的流动，发现由于市场的复杂及职业的分化，社会产生相当多的横的流动，又按照何炳棣的研究，明清社会（至少在清中叶以前）有相当多的直的社会流动。我对于这些看法不完全赞同。首先，横的流动多确使一个社会具有相当高的“现代性”（因社会开放，准许多量自由迁徙），或许明清社会在横的流动方面颇多，但就上升途径言之，则因为出仕当官是唯一有意义的社会上升，而这种上升的机会虽然理论上是开放的，因为位置太少了，所以不能在社会上造成平等开放的结果。所以归根究柢，直线的社会流动并不显著。有关此问题请参看我的，《公正、平等与开放》，《宋代教育散论》，页23－34。

因。理学或王阳明的心学也相当倚靠书院的施教。清代汉学发达又与中叶书院的复兴有密切的关系。

二、私人讲学代表的精神虽然有时是遗世而独立的逃避心理，像佛教影响下的山林讲学或元时部分的书院，但是它更代表了知识分子追求道德及知识独立的理想。基本上，中国传统思想对知识本身缺乏兴趣，大家都集中于经学或道德世界的探求，但就是在这样一元化的知识境界里头，知识分子才越发觉得知识和道德需要独立自主，不能受外在政治利害的干扰。私人讲学是这种理想落实的表现，特别是到了明代东林讲学的时候，知识分子希求独立自主的欲望更具体地在书院教育中显露无遗。

从以上两点看来，私人讲学在中国文化方面确实扮演了相当重要的角色。但这种角色在传统反智的政治下也是十分辛苦的角色，因此我们一再看到中央政府的力量不断地要控制私人讲学，不断地要把私学纳入官学的体制。这是中国知识传统很大的特色，也是私学教育的内容经常不外是官定意识的“变奏”的原因。

这一现象从儒家变为学术的正统那一天就存在了，它是私学所以会兴盛的“理想”因，但也是不断限制私学真正独立，另辟蹊径的“实践”因。这是中国私人讲学传统受中国传统对学术的看法定义束缚的地方。因此，从现代人的教育史或学术史的观点来看中国历代的私人讲学就又不能觉得它是有相当的限度了。

人杰地灵

历代学风的地理分布

王明荪

河汾房杜有人疑，名位千秋处士卑。

一事平生无齮龁，但开风气不为师。

清代学者龚自珍这首诗，表达了他想开创风气的抱负。风气随时代而有不同，春秋战国时，游学、养士是种风气；秦汉时“山东出相，山西出将”的说法，也与风气有关；魏晋南北朝时的门第观念，仍与风气有关；唐代好胡服、胡食等，是种风气；宋朝士大夫好言义理，也是风气；明代的士子用功于八股制义，清代的学者勤于考据，仍是一种风气。风气有关于政治、社会、学术者，学风即为其中之一，而学风是为民族文化导先路的，不得不特别重视它。

我们又常说在那个时代、那个地方有无人才，也常说在那个时代、那个地方有无学术风气等。人才除了极少数“天纵英明”外，大多数是由学习而来；即使是“天纵英明”，也多少要由学习来充实（广义的学习，并非只靠读书）。所谓“非天之降才尔殊”，每个时代、每个地方都有各种的人才，能不能有所成就，格局如何，受风气的影响很大。就学术而言，一个时代、一个地方学风盛，易造就出人才，而学风之盛，往往又靠少数人的提倡，这些人大都是学术中人。学术上有开创风气之人，有追随风气之人，有主持风气之人，有矫正风气之人；尽管各有不同，都有功于学术风气。

大概来说，学术因风气而发展，也随风气而转变，故而学术有盛衰，人才有起伏。通过学术的盛衰，人才的起伏，可以看出在中国历史上，学风的地理分布是由北而南，而且有渐向东南的倾向。

北方学术的江山

《左传》昭公十八年（公元前527年）记载周大夫原伯鲁不谈学术，而鲁大夫闵子马对此很有感慨；他认为周室衰乱，此种不谈学术的风气必会影响于社会各阶层，这似乎指出了在此前官方对学风有绝大的影响力[1]。同样地，昭公十七年（公元前528年），孔子也说："吾闻之：天子失官，官学在四夷，犹信。"[2] 在春秋战国诸子百家兴盛之前，中国的学术似乎重在官方，学风分布亦以官师所在为主，所谓王官之学，《周礼》的记载应可供作参考。有关诸子之学是否出于王官，议论极多。此处要指出的是：虽然不能确定某家必出于某官，但刘歆所说的九流十家，一则追溯各种学术思想的大概源流，与官方学术有密切的关系；二则指出王室衰微，各家崇尚其说，来取合诸侯。故说："易曰：'天下同归而殊涂，一致而百虑。'今异家者各推所长，穷知究虑，以明其指，虽有蔽短，合其要归，亦六经之支与流裔。"[3]

章学诚对于王官与诸子之学，有清楚的分析，说明六艺是周官旧典，学术的根源，强调"官守学业皆出于一"[4]。又说明了官师治教的合分，与诸子纷纷以道自任的关联[5]。而《庄子》中所论的"道术将为天下裂"[6]，也可以看出诸子王官之学，与学术的分合。这些都透露了由先秦学术总结的王官之学，到后来学术分裂，诸子并起的消息，其中的转变与关系，不论就"特殊的职业"[7] 来看，或"哲学的突破"来看[8]，《汉志》所记刘歆的说法，是有所指谓的。

有了上述极简要的说明后，且看先秦学风的地理分布。《庄子·天下篇》说："古之道术有在于是者，墨翟禽滑厘闻其风而说之……古之道术有在于是者，宋钘尹文闻其风而悦之；……古之道术有在于是者，彭蒙田骈慎到闻其风而悦之……古之道术有在于是者，关尹老聃闻其风而悦之……古之道术有在于是者，庄周闻其风而悦之……"[9] 可知学风各有不同，而分布亦有不同。大抵学术分裂由周天子畿内分至各国，诸侯各国有学，又渐转为私学。

司马迁对于学术的分散各国，说得极清楚："……至于夏商，故重

1.《左传注疏》（台北，东升，1980年，《十三经注疏》本），卷四八，页18。
2. 同上，页9。
3.《汉书补注》，卷三〇，页51。
4. 章学诚，《校雠通义》（台北，世界，1968年），《原道第一》，页228。
5. 同上，《原道中》，页26。
6. 郭庆藩，《庄子集释》（台北，河洛，1974年），卷十下，页1065－1069。
7. 傅斯年，《战国子家叙论》，《傅斯年全集》（台北，联经，1980年），第二册，页90－99。
8. 余英时，《古代知识阶层的兴起与发展》，《中国知识阶层史论》（台北，联经，1980年），页30－38。
9. 郭庆藩，《庄子集释》，页1072－1098。

黎氏世序天地，其在周，程伯休甫其后也，当周宣王时，失其守，而为司马氏，司马氏世典周史，惠襄之间，司马氏去周适晋……自司马氏去周适晋，分散或在卫，或在赵，或在秦。"[10]

至于私学的发达，在各地都极普遍，就如孔子弟子，散游各地诸侯，有的为官师傅卿相，有的友教士大夫，有的则隐居不显，《史记》记载那时的盛况是："子路居卫，子张居陈，澹台子羽居楚，子夏居西河，子贡终于齐，如田子方、段干木、吴起、禽滑厘之属，皆受业于夏之伦，为王者师。"[11]

各国有学，而私学又盛，学风自有不同；例如："卫国之教，危傅以利，鲁邑之教，好迩而训于礼，楚国之教，巧文以利。"[12]这还是就教化风气的大体来看，若就各家学风而言，那真是百家争鸣，各显神通。各地学风的分布与盛衰，由各家的分布可略知梗概[13]。

儒家：以孔子及其弟子，与再传弟子等为中心，鲁国是学风最盛之地，当时弟子都由各地来求学，孔子仕宦于鲁、卫，游学至东方的齐国，西方的周，北方未过河，南方至陈、蔡之地，似乎没有过淮河。儒家学风也都以这一带为流行。以孔门传人来看，有名可查者，鲁国有45人，齐国有12人，卫国8人，魏国4人，陈、赵、楚等国各3人，宋、秦、吴等国各2人，燕仅1人[14]。鲁国无疑的是儒家学风最盛之地，其次是东、西相邻的齐、卫。秦国隔三晋而有受学者，但后来似乎也没有增加。鲁国到后来也减少，齐国反而渐增加，就汉初学术的承传来看，传自齐人的要

10.《史记》，卷一三〇，《太史公自序》，页1－2。

11. 同上，卷一二一，《儒林列传》，页1－2。

12. 参见张佩纶，《管子学》（台北，商务，1971年），上册，页751－752。

13. 以下资料系根据严耕望，《战国学术地理与人才分布》，《新亚书院学术年刊》，18期，以及陈磐，《春秋时代的教育》，《中央研究院历史语言研究所集刊》，第四五本，第四分，两文综合而成。另外亦参酌钱穆，《先秦诸子系年》（台北，自印本，1975年）。

14. 鲁四十五人为：颜渊、闵损、冉耕、冉雍、冉求、仲由、宰子、曾参、澹台灭明、宓不齐、原宪、南宫括、曾蒧、颜无繇、商瞿、有若、公西赤、颜幸、冉孺、冉孝、漆雕哆、商泽、公夏首、颜祖、申党、颜之仆、县成、左人郢、秦非、颜哙、乐欬、颜何、邦巽、孔忠、公西箴、孔伋、漆雕子、孟轲、左丘明、谷梁赤、桥庇、颛孙子莫、乐正子春、公扈子、孔鲋。齐十二人为：公冶长、公哲哀、梁鳣、后处、步叔乘、芊子婴、鲁仲连、公羊高、孙虞、田何、浮丘伯、伏胜。卫八人为：端木赐、卜商、奚容箴、句井疆、廉洁、吴起、吴期、北宫子。魏四人为：侯文侯、李克（悝）、田子方、段干木。陈三人为：颛孙师、公良儒、世硕。赵三人为：荀况、宁越、虞卿。楚三人为：任不齐、铎椒、陈良。宋二人为：司马耕、徐子。秦二人为：秦祖、坏驷赤。吴二人为：言偃、骈臂。燕一人为：周丑。

多于鲁人，可知到战国晚期齐国的儒学之风，当不在鲁之下，这与齐国礼尊稷下学士有关。魏、赵、燕等地的学风后来渐渐兴起，则与子夏教授西河（邺，今临漳西四十里）和魏文侯礼贤下士以收人望有关，但战国中期后，三晋之地儒学风气又衰息下去。

道家：知名的有楚地7人，齐地3人，魏3人，宋、郑各1人[15]。楚为道家学风的中心，这是指淮北旧陈国之地，应为陈楚，而非荆楚，荆楚可能是这学风的附庸地区。老子为楚国苦县人（今河南鹿邑县东10里），是淮北的陈楚，庄子是宋国蒙人（今河南商丘东北20里），两地不过六七十里之地，都属同一地区。道家学风中心大抵在淮水以北，陈蔡故地，北至于宋，就是今河南东南、安徽西北地区一带。齐、魏等地则是学风发展所及之地。

墨家：墨家学风范围似乎很广，有不少为齐人、楚人，亦有郑人、秦人，而游学所及另有宋、卫、越等地。学风的中心多在宋、楚、秦。尤其在秦国，除法家外，要以墨家与之关系最深，而为其他各家所不及，可能学风尚功利济世，纪律严明，与法家为近，而节俭薄葬又与秦地风俗相合。

法家：法家学风兴起的先声似发自郑国，而晋人学之，韩灭郑后，自然承袭这种学风，故成为中心之地。据史书上记载的10个代表人物中，韩有3人，赵、魏、卫各2人，陈楚1人[16]，除李斯为楚北上蔡人外，法家的代表人物不但全为三晋人，且籍居之地南自阳翟（禹县）、新郑，北至濮阳、邯郸，纵距不过250公里，横距更为狭窄，即使李斯亦距离不过百余公里之地，如此集中在中原核心的狭小地带，颇值得注意。法家与儒、道两家学风有关，李悝、吴起、韩非、李斯皆出于儒学，三晋地方的社会、政治、历史传统促使儒学学风稍有转变，使得法家学风兴起。另外，《史记》以韩、老同传，而申、韩皆学本于黄老，慎到亦学黄老，可知道、法两家又关系密切。然则三晋地区的条

15. 楚七人为：老子、环渊、长卢子、老莱子、鹖冠子、曹羽、詹何。齐三人为：田骈、黔娄子、捷子。魏三人为：列御寇、公子牟、子华子。宋一人为：庄周。郑一人为：郑长者。

16. 韩三人为：申不害、邓析、韩非。赵二人为：处子、慎到。魏二人为：李悝、尉缭。卫二人为：商鞅、吴起。陈楚一人为：李斯。

件，使儒、道学风转为法家之学了。

名家：以5个代表人物来看，赵（公孙龙、毛公）、宋（惠施、兒说）各2人，韩（邓析）1人。墨子论辩谨严，开名家学风之先，故宋可与韩、赵相比，原因大约在此。

阴阳家：以邹衍倡导为主，又有邹奭，此两邹即为《史记》中阴阳家的代表人物，都是齐人。加上《汉书·艺文志》所举代表人物综合之，齐、韩的阴阳家各有3人，鲁、楚、魏各有1人[17]。阴阳之学传至三晋之地，并不兴盛，反而在燕有不少弟子，齐、燕之地阴阳学风所以容易盛行，与临海空阔，易生虚幻缥缈的心理有关，又与燕王个人喜好，礼聘邹衍有关。方术神仙、五德终始等说，都可说是阴阳学的转变与附和，尤其德运之说，对秦汉的政治、思想有极大影响。

17. 齐三人为：邹衍、邹奭、周伯。韩三人为：杜文公、韩公子、冯促。鲁一人为：公孙发。楚一人为：南公。魏一人为：闾丘快。

纵横家：大约以三晋地方为盛，北方稍及燕，南方稍及楚。

农家：大致兴起于南方楚地，往北传到宋、齐等地。其学风与生活态度，似乎与道家为近，而学风所及也与道家相当。

其他：杂家的分布要以三晋为多。兵家以齐国稍盛，次为三晋与楚，这些地区论兵之风很盛。术数之学似在各地都有，但资料不很齐全，宋、郑、齐、楚、赵、魏皆有代表，也可知这种学风的普及，但并不特别兴盛。方技以医学为主，有名的扁鹊、仓公都是齐人，也曾到郑、赵、秦等地行医，大约齐地医学风气较盛。诗赋学风主要分布在南方荆楚之地，是当地特有的一种文学风气，有名的屈原、宋玉都是文学史上深受重视的对象。大约在战国时代尚未传到北方，而北方文学则以散文见长，如荀、孟、庄、韩等散文，以及《左传》等又是另一特色，似乎南、北文风略有不同。

综合观察先秦的学风，大约早期学风兴起之地是在黄淮平原中部、东部地区的鲁、宋、陈等地。鲁受周礼浸润最深，民有殷商六族。宋即在其西南方，为殷商故都，商人后裔的中心居地。陈在宋南方，为舜裔之地，宋北之杞为夏裔。可知这些地区多为前代故地，居民都有较悠久的传统文化与历史背景。再就地理上看，这是个平原地区，为古代重要的农业富庶之地。学风之兴盛应与历史文化传统及自然地理环境有密切关系。

至战国初期以后，鲁宋陈地区学风四播，各国争相养士、尚贤求富强，各地学风都普遍发达起来。学风盛地，有大河中游的南北、河淮平原中北部，东北逾泰山至海滨一带，也就是三晋核心地区与宋陈鲁齐地区。南方长江流域，只在荆楚较小的核心地区。东南方吴越之地，东北的燕、太行山以西的赵境、渭水流域的秦等，学风都较差，唯燕国晚期阴阳学风颇盛，秦国则法墨学风亦盛。

秦统一中国后，并非不尚文教。原来战国之际，秦虽偏僻，学风自不可与三晋齐鲁相比，但亦不可谓无学风，就《吕氏春秋》之作，说明秦地学风盛集于都城咸阳。秦始皇统一天下，划一了法度衡石丈尺，车同轨、书同文，对文物制度作统一的整理与规划，学术上的政策则是恢复旧法，也就是“以吏为师”，好像有学习周代“王官之学”的意思，这个政策的重要决定人物是李斯，他早年上书谏逐客，使秦地保留东方来的各国人才，成为秦国成功的原因之一，也保留了相当水准的学风[18]。

但是在始皇三十四年（公元前213年），李斯提出了有名的禁私学、焚书、除博士之制与以吏为师等政策，这些都大大影响了秦代的学风。

秦代的焚书是禁民间之学，官方仍保有《诗》《书》等，但民间的《易经》是属卜筮之书，《诗经》之讽颂不必刻写于竹帛，故而都有流传[19]。

秦廷设有博士70人，《汉书》中以博士为秦官，掌通古今，属于奉常（太常）之下[20]，可知职守学术的博士，已是制度上的官吏了，而且更配合了“以吏为师”的政策。

18.《史记》，卷八七，《李斯列传》，页3－5。

19.《汉书补注》，卷三〇，《艺文志》，页5、10。

20.同上，卷一九上，页7。

"以吏为师"若专以法令为学，学术途径自然狭隘，如此学风当然不盛。不过"以吏为师"还能通知当世之务，比专读古书而不知时事者，犹有可取之处，周、汉也都使人民学法令，大概也是这意思[21]，况且秦律还多在汉律之中，而汉初学风之兴也多赖秦之博士。

汉初大收篇籍，广开献书之路，但挟书禁律，要到惠帝四年始除[22]。两汉学风以儒家为盛，经学为主流，武帝时虽尊儒术，但诸子百家之学亦未废，成帝时曾派陈农求天下遗书，以刘向校定经传诸子诗赋，任宏校兵书，尹咸校定数术，李柱国校定方技，再加上刘歆继其父之职，所谓《七略》的完成即如此[23]。另外，众所周知，汉代亦盛行黄老、刑名之学。

两汉学风分布大约与先秦有相同之处，以齐、鲁之地为重镇，汉初尤其如此；"言诗，于鲁则申培公；于齐则辕固生；于燕则韩太傅（婴）。言尚书，自济南伏生（胜）。言礼，自鲁高堂生（伯）。言易，自菑川田生（何）。言春秋，于齐鲁自胡毋生（子都）；于赵自董仲舒。"[24]其中韩、董二人为燕、赵人，但传授渊源上却可上溯至齐鲁，故董氏之学可谓齐学。

汉代经学立官，设博士及博士弟子，自然对学风之盛有影响，长安、洛阳的太学自是学风盛地、官家学术中心，不但藏书丰富、帝王提倡，而且游学聚集、太学生增加、匈奴子弟亦入学，可知两京为汉代学风分布之要地。地方官学方面，郡国乡邑都普遍设立学校庠序，学风虽够普遍，但看不出其兴衰，且东汉初地方官学，虽有制度而无学生[25]。学风较盛的地方，在西汉除齐鲁外，有东方的梁、沛、东海诸郡，即徐、豫两州境内，大约即今河南、安徽、江苏之地，其次为燕、赵一带。东方诸郡近鲁地，燕赵则接受齐学之风。

西汉学风分布仍以齐鲁或接近齐鲁为中心[26]，除了传统学风兴

---

21. 柳诒徵，《中国文化史》（台北，正中，1979年），上册，页390－391。
22.《汉书补注》，卷二，页5。
23. 同上，卷三〇，页1－2。
24.《史记》，卷一二一，页3。
25.《后汉书集解》，卷三六，《范升传》，页8。
26. 可参见马宗霍，《中国经学史》（台北，商务，1979年），页37－38。

盛的影响外，亦有人大力提倡，如河间献王刘德，他修学好古，四方人士不远千里而来，广求书籍之多，可比于长安，故“山东诸儒从而游”[27]。可知当地学风之盛，也非只靠传统背景即可的。另有两个地区在学风的分布上有些特色：其一是淮南，淮南是楚地，本为道家地理之中心，淮南王刘安在当地也广求图书，但得书“率多浮辩”[28]，大约就是道家、杂家之类的，而从《淮南王书》中来看，似乎也可以看出此点。其二是蜀地，景帝时文翁为郡守，奖励兴学，在武帝之前，首创全国的地方学校，蜀地学风乃起，历东汉不衰[29]。

27.《汉书补注》，卷五三，《河间献王传》，页1—2。

28. 同上。

29.《汉书补注》，卷八九，《文翁传》，页2—3。

30.《后汉书集解》，卷六〇上，页13。

31. 同上，卷三五，页11。

至于东汉学风的分布，则受到私人讲学的影响，当然中央官学所在的洛阳一如长安，学风亦盛。因私学而学风盛的地区相当多，就《后汉书》所载，在司隶的有河南（张玄、牟长）、京兆（宋登、杨政）、扶风（马融、李育、法真），大约在关、洛一带。在兖州的有陈留（杨伦、楼望、刘昆）、济阴（曹曾）、东郡（索卢放）、山阳（丁恭）等，大约在开封、滑县、聊城、济临一带。在豫州的有颍川（张兴）、汝南（蔡玄）、沛（桓郁）等郡及梁（夏恭）、鲁（孔长彦、曹褒），大约在河南东部与安徽北部，以及江苏、山东西部一带。在并州的有太原郡（郭泰、刘茂），大约在山西中部。在青州的有北海郡（甄宇、周泽、郑玄），大约在山东潍县一带。在徐州的有彭城（姜肱），大约在徐县地区。在益州的有广汉（杨厚、任安）、犍为（杜抚、董钧），大约在成都、重庆与广元、宜宾之地。在扬州的有九江（桓荣）、豫章（程曾），大约在江西、安徽之地。在凉州的有敦煌（张奂）。在两湖地区的有荆州（颍容、刘表）等。

私学促成东汉学风的地理分布，且略举数例来看其状况：马融当时“为世通儒，施养诸生常有千数”[30]；郑玄则游学十余年回乡，学徒相随有数百千，晚年时弟子自远方来者亦有数千[31]；牟长在河内

32. 同上，卷七九上，页9。
33. 同上，卷七九下，页2。
34. 同上，卷三七，页1—9。
35. 同上，卷七九下，页16。

讲学，弟子常有千余人，而著录前后达万人之多[32]。弟子有百人、千人地方的学风，在《后汉书·儒林传》中比比皆是，不必一一列举。伏恭为常山郡守，敦修学校，教授不辍，故北州（河北西部）有伏氏学风[33]，这是经师提倡的学风。又如桓荣是沛郡人，却在长安、九江求学，后来到九江为其师朱普奔丧，因之留在当地讲学，弟子数百人，在新莽末年天下大乱，桓荣与弟子逃匿山谷，犹讲学不辍，又曾到江淮间讲学，不唯如此，他的子孙后人，也都能守其家学，续于地方教学[34]。汉代以师法、家法传业授经是个相当普遍的现象，桓荣的家业只是一例而已，而正唯如此，始有慕名求学者众，声气日广，造成学风之盛，所谓“经生所处，不远万里之路，精庐暂建，嬴动有千百，其耆名高义，开门受徒者，编牒不下万人，皆专相祖传，或莫讹杂”[35]。

东汉学风分布之地，还有其约略的原因，如陈留、汝南、河内等郡，本为中原文化之区，北海、鲁国等系齐鲁之源，皆有其传统背景，与先秦、西汉不异。京兆、扶风，地居关内，为长安遗风所被之故。蜀地学风受文翁之倡而起。荆州学风为时稍晚，汉末中原兵燹，刘表于荆州保境安民，学者避难而至，况刘表本为经学名士，更能引聚学者，学风冠盛。西北之敦煌，江南之九江，地虽略偏，但王莽乱时反较安定，未及兵祸，学者亦避难其地，学风自盛。

由北而南的趋势

春秋战国时期是中国史上第一次大分裂时期，而魏晋南北朝时代则是第二次大分裂时期，分裂时期对民族、文化而言，都是正处于融合的过程中，各方面都是相当紊乱复杂的。

就历史的发展来看，先秦与秦汉时代，黄河流域的中、下游，是中国古代文化经济主要的重心，其他地区都还不能与之同比。到三国时代，长江流域正式走上历史的舞台，与北方能有相当的抗衡力量，当时魏、蜀、吴三国，蜀吴两国在南方建立，虽说人才还是北人南下，但他们在南方的扩充与经营已开了南方兴起的嫩芽。

三国时期魏较吴蜀要强，及西晋并三国，乃是黄河流域统合了长江流域，南并于北。但统一之局不久，晋室南渡为东晋，似乎到此时中国的正统朝廷始出现在南方，不过仍是北人南下之势，为偏安之局。此下北方有各国各朝的兴亡嬗递，是胡汉杂糅而胡人势盛的天下，南方亦有各朝的起废替代，是侨郡相合而门第倨高的社会。南方的繁荣，由三国时代的吴，以至东晋、宋、齐、梁、陈，所谓“六朝金粉”的世界。北方则自五胡乱华，人民四向流动，黄河流域破坏甚重，除向长江流域逃亡之外，有往东北逃出热河关外，移往辽东，有往西北逃往黄河西岸五凉之地（甘、宁一带）。北魏曾集结这两支而建都平城（山西大同），再到洛阳，不久魏分东、西，各以长安与邺（河南临漳）立国，再转为齐、周二朝，及隋代周，南下平陈，中国再度统一，开隋唐之局。

就学术思想而言，此一时期是玄学大盛时期，大体上是儒、法、道、佛四种主要思想的阵营，尤以前三者的交互影响，造成学术界的最大特色，故而在谈论学风的分布时，不计其学术思想所属派别，只就地区学风的兴衰来看[36]。

魏的学风分布，主要以邺（临漳）与洛阳二地为中心。三国时代对人才的争取是不遗余力的，由曹操的“魏武三令”可知。政治中心极易成为人才的聚会之所，邺是魏前期的政治中心，在许昌的朝廷有名无实，实际要以魏国公曹操的首府邺县为主，曹家父子皆好文才武略之士，亦重名流，此固承东汉遗风，亦是时势之需要有以促成，北方也仍是学术主要重镇，故而学风要较南方为盛。所谓“建安七子”前后聚集于魏，又

36. 关于魏晋南北朝的学术思想的派别与内容，可参看汤用彤，《魏晋玄学论稿》（台北，庐山，1972年）；贺昌群，《魏晋清谈初论》（台北，三人行，1974年）；刘大杰，《魏晋思想论》（台北，中华，1973年）；何启民，《魏晋思想与谈风》（台北，中国学术奖助委员会，1967年）；钱穆，《中国学术思想史论丛》（三）（台北，东大，1977年）；牟宗三，《才性与玄理》（台北，学生，1975年）。

37.《三国志集解》，卷二一。

38. 同上，卷一一，页31。

39. 同上，卷二二，页4—7。

40. 同上，卷一一，页9。

41. 同上，页25。

42. 同上，页30。

43. 同上，卷一五，页21。

44.《晋书斠注》，卷九一，页3。书中并记载说："门人以（文）立为颜回，陈寿、李虔为游、夏，罗宪为子贡。"是知蜀中以谯周比孔子矣！

有二十余才学之士于此，学风不谓不盛[37]。但许昌（河南许昌）为颍川郡治，当地学风亦盛，颍川似为当时人文荟萃之所，汝南、陈留、河南等郡亦复如此，可知河南学风颇盛。江苏东部的广陵、东海二郡学风显著，与关中地方的弘农、京兆、扶风一样。齐鲁之地以北海、鲁、平原、乐安等四区学风最盛，山东学风至此未衰，仍有盛名。河北则常山、涿郡有学风。

此外颇值注意者为偏远的东北、西北二地区。辽东学风的兴起，始于学者的避难聚集，如邴原、管宁、国渊、王烈等大儒，他们将北海、颍川之学风带至辽东，如王烈是颍川名儒陈寔的弟子，与荀爽、贾彪、李膺、韩融等同学，又与陈寔的两子（陈纪、陈谌，俱受家学）友善，同学辈见王烈"器业过人，叹服所履，亦与相亲，由是英名著于海内"，他的名声与邴原、管宁相当[38]。陈寔之孙即为著名的陈群，"九品官人"之法即出于他手[39]。国渊是大儒郑玄弟子，郑玄对之甚为赞美，推之为"国器"之才[40]。邴原在辽东，追随者数百家，游学之士、教授之声不绝[41]。管宁亦往辽东，与前述诸人颇受公孙度礼遇，"虚馆以候之"[42]。

西北为凉州地区，主要是受刺史张既所提倡，他礼聘扶风的庞延以及在凉州附近的学者，杨阜、胡遵、庞淯、张恭、周烈等人，使得凉、雍河西之地学风亦成气候。另外也可看出酒泉、敦煌地方本亦有学风分布，前述的后三人即为当地的学者[43]。

西晋统一三国后，南北学风的分布较明显，蜀地以巴郡学风为盛，原来两汉时蜀地学风即形成，三国时亦以巴郡为盛，谯周可为代表，晋初学者如陈寿、文立、李虔、罗宪等皆出其门[44]。东南吴国之地，以吴郡的钱塘学风为盛，范平开此学风"研览坟素，遍该百氏，姚信、贺邵之徒皆从受业……吴平，太康中屡征不起……三子奭、咸、泉，并以儒学至大官……家世好学，有书七千余卷，远近来读者，恒有百余人。"[45]另外，号为"东南之宝"的褚陶[46]，号为"江东步兵"的张翰[47]，以才名著称的蔡洪等[48]，皆可显见吴郡的学风之盛。除上述江苏东南之地外，浙江的会稽、临海两郡亦有学风，余姚的虞喜，及临海的任旭受召博士而不就，朝廷屡加表扬，甚至朝廷因"内外博议不能决，时喜在会稽，遣就喜谘访焉，其见重如此。"[49]安徽的庐江郡又有杜夷的儒学，杜氏为当地著名门户，家世以儒学出名，杜夷本人曾到河南闭门读书十年，而后返乡教学，学生有千人之多[50]。

西晋南方学风分布之地，大约在江苏、浙江、江西、四川等地，北方并无改变，山东、关中、河南等地为盛，山西地方学风此时也可媲美。如济南东平的刘兆"博学洽闻，温笃善诱，从受业者数千人"[51]。构思十年写《三都赋》，而使洛阳纸贵的左思是齐国临淄人，家世宗儒学[52]。高密的徐苗，也承累世家学，都有博士之名，开门授徒而成儒学宗师[53]。山西地方的学风兴盛，如上党的续咸，求学于杜预之门，专长为郑氏易，教授生徒[54]，另有同郡的崔游亦好儒学而显名[55]，刘渊、朱纪、范隆皆为其弟子[56]。雁门的范隆，博通经籍，无所不览，亦有著作，虽未授徒而有名声[57]。

东晋时期，大批北人南渡，南方学风分布自是较前普遍。然北南两方已分裂，各自有其历史发展，现先言北方学风之分布：

据《晋书》"载纪"各卷[58]知北方各国君主率多提倡兴学，本身亦好学术者不乏其人。如前赵刘渊父子等皆好学术，刘曜在长安立太学于长乐宫东，小学于未央宫西，一时文教称盛。后赵石勒，在都城襄国（河北邢台）立十余小学，称赵王后，又大倡学术，并命郡国立学官召弟子。前燕慕容氏，本以尊晋室号召，北方世族与知识分子受召甚多，立学校召子弟，学徒盛至千余人，而慕容廆、皝、俊等，本

45. 同上，卷九一，页2—3。
46. 同上，卷九二，页17。
47. 同上，页20。
48. 同上，页19。
49. 同上，页4—6。
50. 同上，页10。
51. 同上，页6。
52. 同上，卷九二，页8—11。
53. 同上，卷九一，页8。
54. 同上，页13。
55. 同上，页9。
56. 同上，卷一〇一，页5。
57. 同上，卷九一，页9。
58. 同上，卷一〇一至一三〇，分别记载北方各国可供查阅。

身即好学术，极重学风之盛兴，尤以俊之好学，为北方十六国中仅见。后燕慕容垂、南燕慕容德亦尚学崇儒。南凉秃发乌孤地处河西，受史皓建议兴学，并以田玄冲、赵诞等学者任教。北燕冯跋营建太学，以刘轩、张炽、翟崇为博士任教。西凉李皓，本身即博通经史，尤善文艺，称王后，更立学官广教化，颇有盛名。前凉张轨，征九郡弟子，立学校，置崇文祭酒以教之。前秦符坚，博学多才，广修学官，奖崇儒术，并亲临太学督劝，复得王猛之助，政理学兴，开北方一时盛况。成汉李雄，地在巴西，亦兴学校、置史官，以处士谯秀为宾客。后秦姚苌父子，立太学，地方诸镇亦置学官，又礼聘耆儒硕德教授门徒，如张龛、淳于岐、郭高等于长安讲学，诸生自远地而来者万数千人，学风大盛，时洛阳又有名儒胡辩讲学，弟子千余人，关中诸子有往请益者，是知关、洛学风相当而又相通。

上述北方各国学风，不因分裂战乱之世全息，也不因外族胡人而不彰。综观之，北方学风分布的几个重镇，大约在长安、洛阳、临漳、邢台、朝阳、大同、武威、定县、敦煌、临淄等地，西南有重庆、成都、乐都等地。

南北朝对峙之时，地方官学在南、北方都不够水准，故而除中央太学外，唯有地方私人讲学之地始有学风可言。

根据《魏书》及《北史》的记载[59]，北朝私人讲学流行，因之造成学风兴盛，大体上要以燕赵间最盛，渤海、河间、范阳、武邑、中山、渔阳、长乐、真定、博陵等地皆在河北，在山西的有新兴、太原、上党、河东等地。至于学风兴盛情形，如太原中都人张伟，学通诸经，讲授乡里，受业者常数百人，教学殷勤不懈，并教以孝悌，弟子们受他感化，事奉如父[60]。渤海人李铉，不只在家乡附近求学，还结同好往外地访求名师，学成后回乡任教，生徒经常有几百人，而且“燕赵间能言经者，多出其门”[61]。河间人马敬德，少好儒术，受学于大儒徐遵明，尤长于《左氏春秋》，

59. 参看《魏书》，卷八四、八五；《北史》，卷八一至八三。

60.《魏书》，卷八四，页3－4。

61. 李延寿，《北史》，卷八一，页23。

也教授于燕赵之间，生徒颇众[62]。在河北地方开馆授徒较著名的除徐遵明外，另有刘献之、张吾贵等人。

另外，北方山东西部、南部及江苏、安徽的北部，尊慕儒学的学风也很普遍，豫西的南阳学风亦值重视。

南方除都城建康（南京）学风兴盛外，学风较盛之地多在江、浙两区，在浙江的有东阳（金华）、会稽（绍兴）、钱塘（杭州）等地，江苏地区的有京口（镇江）、吴兴、吴县、晋陵（武进）等地。另外在江西地区的有豫章（南昌），安徽地区的有庐江（六安），湖北的有江陵、秭归，四川的有建平（奉节东方、长江北岸）等地[63]。由上可知，大体南方学风分布要略偏东方一带。

南方的私人讲学，如东阳徐伯珍，少贫好学，随听叔父讲学，而后又与兄弟三人共同讲学于乡中九岩山，时人称之为“四皓”，受业学生凡千余人，可知家业、家学的传统在南方已盛行[64]。

就学风而言，南北都有其分布之地，而就学术言，南北学略有不同，《北史·儒林传》记载了这点：在南方，《周易》宗王弼、《尚书》尊孔安国，《左传》则杜预；在北方则《周易》、《尚书》都尊郑玄，《左传》尊服虔。《诗经》南北同以《毛诗》为主，《礼》则皆尊郑玄，但南人约简，得其精华，北学深芜，穷其枝叶[65]。皮锡瑞以为南学不如北学，北学纯正，不杂玄学，南学王弼玄虚、孔氏伪撰、杜氏臆解，故存汉学宜在北方[66]。

文学方面，《北史》亦同样说明南北之别：南方是宫商发越，贵于清绮，有文过其意的文华，宜于歌咏；北方是词义贞刚，重乎气质，理胜于词，便于时用[67]。

另外尚需注意的是两晋南北朝之际因佛教的流播所产生的佛学学风，分布地点大部分都位在宏法讲经或译经之地，北方以长安、南方

62. 同上，页26—27。
63. 参见《南史》，卷七一至七二；《宋书》，列传各卷；《南齐书》，卷三九、五二、五四；《梁书》，卷四八至五〇等；《陈书》，卷三三至三四。
64.《南齐书》，卷五四，页20。
65.《北史》，卷八一，页7。
66. 皮锡瑞，《经学历史》（台北，河洛，1974年），页170。
67.《北史》，卷八三，页6。

以庐山为中心。长安自鸠摩罗什以迄道安以后，佛学渐盛，庐山则是因慧远的白莲社而出名[68]。

其他如道安曾弘法于襄阳，又有其余弟子往建康、江陵、长沙、成都等地，这些都是南方佛教学风的所在地。靠北方的有彭城、寿春，以至洛阳、长安等地[69]，从广的方面来看，北方幽、燕、辽西等地佛法颇盛，学风亦应不弱，凉州地方近西域，佛法接触必频。敦煌、天水学风很盛，如玄高居于天水的麦积山，从学者有百余人[70]。其他如平城（大同）、泰山、嵩山等地也有学风分布。

《广弘明集》中记载北魏孝文帝提倡义学，北魏诸帝秉承之，学风随之大盛，而人才也大增。自魏分东西后，东方以邺（临漳）、彭城、辽阳等地为中心，学风颇盛，有“山东、江表，乃称学海”的说法，可知与南方相匹。在西方仍旧以长安为中心地区[71]。

隋唐统一时代又恢复以洛阳、长安为中心的帝国，虽复周汉之旧，但其中亦有诸多不同，即南方的开发已有基础，文化上如此、经济上尤如此，自隋通运河后更是显著。唐中期以后，南方物资北运以支持经济崩溃的北方，故中国史上经济的比重，在安史乱后，开始有南重北轻之势[72]。经济的重心逐渐南移，刺激了人文情势的转变，再加上政局的变动，南方的学术文化也渐重于北方了。

隋唐时代的学术似乎已看出个中端倪。虽然在政治上南并于北，但学术上，北学反并于南。学术统一后，有南学而无北学[73]。

隋唐的官学颇为发达，中央太学有专科学术如律、算、医、书等学的设立，地方上府州都设立官学。贞观时期是“国学之内八千余人，国学之盛，近古未有”[74]。大抵唐代学校较发达的时代有贞观（太宗）、永徽（高宗）、开元、天宝（玄宗）、大历（代宗）、建中、贞元

68. 蒋维乔，《中国佛教史》（台北，史学出版社，1974年），页26－32。

69. 同上，页43－45。

70. 汤用彤，《汉魏两晋南北朝佛教史》（台北，史学，1974年），页491。

71. 同上，页525。

72. 全汉昇，《唐宋帝国与运河》，《中国经济史研究》（台北，坊印本，1976年），上册。

73. 皮锡瑞，《经学历史》，页193，于此有详要之说明。

74.《唐会要》（上海，商务，民国二十四年，《万有文库》本），卷三五。

（德宗）、元和（宪宗）、大中（宣宗）等朝，余皆不振[75]。

隋代学风的分布与南北朝时代略似，但以河北、河南两地要稍盛于其他，在河北的有恒山（真定）、武安（永年）、信都（冀）、清河、河间、范阳等地。在河南的有河南（洛阳）、颍川（许昌）、梁（商丘）、邺（临漳）、南阳（邓）等地。山东以琅玡（临沂）、平原（陵）为著，陕西则西城（安康）、京兆（长安）为主。另外古凉州之地，亦始终有其学风保持，甘肃地方的天水、陇西等是。南方以江、浙为主，如浙江的会稽、余杭（杭州），江苏的吴县、丹阳（南京）。另外安徽以东海为主，湖北以江陵为主，这与前朝类似。在河南邺郡的杜正玄，其家学由他的八世祖杜曼开始，杜氏在当地世代讲授文学，杜正玄兄弟三人以文学才辩闻名当时，连恃才傲物的杨素也叹服说："此真秀才，吾不及也。"[76]可知邺郡的文风是由杜氏家族数百年经营而成。

唐代学风分布很广，北方以河北、河南、山东、山西等地较盛，南方则以江、浙为盛，其他各地亦有可述者，今综合观之[77]：

在河北的有十余地如：大名、河间、涿县、赵县、赞皇等地。在河南的有巩县、新乡、安阳、内黄、商丘及其他数地。在山东的以聊城、临沂、益都、荷泽等地为盛。陕西地方除长安外，以万年、华阴最盛。山西学风较前代为高，主要分布在龙门、翼城、井陉、汾阳、虞乡等地。

南方的学风分布，江苏地方有吴县、江都、昆山、镇江、吴兴等地。在浙江有会稽、山阴、杭州、义乌等地。安徽（编者按：原文如此，疑为江苏。）地方则分布在徐州、彭城、沛县等地。福建的莆田亦有学风兴起。两湖地区，则为江陵、襄阳、长沙等地。四川地方则以成都、重庆为主。

---

75. 参看刘伯骥，《唐代政教史》（台北，中华，1974年），页114。

76.《隋书》，卷七六，页19。

77. 据《唐书》，卷一九八至二〇四等所载资料，综合统计而出，其地名直接写为今地名。参考石璋如等，《中国历史地理》（台北，华冈，1968年）；王恢，《中国历史地理》（台北，学生，1978年）；张其昀《中华民国地图集》（台北，国防研究院，1961年）；程光裕、徐圣谟，《中国历史地图》（台北，文大，1980年），上册。

西北地方仍以天水为学风重镇。

唐代文化思想的主流似乎佛学要较儒学为重，故佛学学风之地理分布值得注意，同时亦可由此看出唐代文化中心有南移趋势[78]。

以现在的省份来说明，隋唐占十五个省份。佛学的分布以禅宗为各派之冠。律宗占九省，天台占六省。华严则只占晋、陕、浙三省。净土分布于晋、浙两省。密宗为豫、甘两省。三论分布于川、浙、鄂、苏四省。三阶分布于晋、冀两省。涅槃分布于晋省。地论分布于陕、晋、豫三省。摄论分布于晋、豫、苏、鄂、川、赣、粤七省。毗昙分布于晋、豫、鲁、苏、川五省。俱舍分布于川省。成实分布于苏省，唯识则没有记载。

若以南、北的地理分布来比较，北方15个宗派都有，流行于南方的有禅、律、天台、华严、净土、三论、涅槃、摄论等八宗。在省份上，分布于北方的有10省，南方5省，形成北十南五之局。律宗与华严盛于北方，南方较弱；禅与天台则南方较盛。但是禅宗在南方省数却逐渐增加。若每十年一计，北方各省有渐减之势，南方则有渐增之势。

佛教之外道教亦有分布，北方以嵩山、中条山、终南山为中心，四川为青城山，江南为天台、衡山、罗浮诸山等，大体亦是唐中期后南盛于北。

五代时各地势力纷纷割据，中国又成分裂之局，学风自然也不如统一时代的普遍与兴盛。除后唐建都洛阳有较健全的国学外，其余各朝各国都只设一个单独的国子学，并且大多虚有其表，各国的“弘文馆”也由学术机构转变成刊校图书的单位了[79]。此因当时各国只想争权夺利，自无暇顾及学术，以后晋出帝石重贵的话来说，就是学术“此非我家事也”[80]。因此当时学术不得不在私人讲学中去找寻了，不过南方的南唐，倒是官学较为发达。当时大体以庐山、嵩山、中条山、

78. 颜尚文，《隋唐佛教宗派研究》（台北，台湾师范大学历史学研究所，1980年），页20。以下所述隋唐佛教之地理分布亦本此书。

79.《五代会要》（台北，九思，1978年），卷一八。

80.《五代史记》，卷九，页1。

终南山、少室山等地学风较著，在城镇乡里讲学者亦有，如五代大儒戚同文，讲学于宋州（商丘），请益之人常不远千里而来[81]。高汉筠在长白山（山东）讲学[82]，山东临淄的石昂，家中藏书多，四方之士无论远近皆来就学[83]，这些都是较著的例子。

81.《宋史》，卷四五七，页1－2。
82.《旧五代史》，卷九四，页12。
83.《五代史记》，卷三四，页4。
84. 以上所综合统计之资料，参考何佑森，《两宋学风的地理分布》，《新亚学报》，1期。本文有关宋代部分亦多参考该文。
85. 黄宗羲，《宋元学案》（台北，广文，1979年），卷六，《士刘诸儒学案》。
86. 同上，卷一一，《濂溪学案》。

南方的兴起

宋时，若照《宋史》的《道学》、《儒林》、《文苑》三传的记载，北宋真宗、仁宗之际学者最多，次为哲宗时，再次为南宋高、孝之时。以地理而言，南方学风要盛于北方（燕云十六州属辽国所有，不在北宋之内），其中以浙、闽为盛，其次为江西一带的江南西路，再次为北方的京西北路，在河南一带。据《宋元学案》的记载，两浙是初期宋学的中心，并成为宋学的发源地。宋初南方学风最盛，北方仅以山东学风为盛，大约近中期时，北方学风受南方影响，渐次兴盛起来，反成为全国学风分布的重心，这也可见初期宋学是由南而北的趋势，至少在师友渊源上可以看出无疑。南方的学风，主要是受范仲淹以及浙东明州的杨杜五子、永嘉的王开祖、丁昌期等人的提倡。而胡瑗讲学浙西廿余年，杭州吴师仁与之相应，更使学风大盛。北宋时代，似乎福建学风要较两浙略盛，而南宋则两浙渐超过福建了[84]。

宋初北方学风以山东为盛，主要因泰山孙复的讲学，又有士刘诸儒继起而渐盛[85]。

北方京西北路学风渐盛后，也渐成为向四方流播的学术中心。主要人物为二程子，但二程出生于江西，读书于江西（南安），是受南方学风之教，在形成洛学后，河南学风大盛，又渐次传回南方，也使南方盛行洛学[86]。

北方学风除河南地区外，又有以开封、长安两地为中心的学风，此由张载讲学而形成，然后亦影响及闽、浙二地。其实张载之学还是与南方有关，他受学于范仲淹，可知其间的关系。而宋初申颜、侯可实已开关中之学风[87]。

四川地区以成都府路为中心的学风，主要是三苏父子所确立，大致偏重于文史之学。又有以潼川府路为中心的理学。而早在宇文之邵开蜀地学风后[88]，四川整个学风已独树一帜，不与汴、洛、长安等相通，这固与北宋党争有关，恐怕还是地域观念所致。

河北的学风以朔学为主，刘挚等人倡导。南方不盛行朔学，这与洛学南盛于北不同，故而南宋以后，河北学风渐衰，要到元初才再渐兴起。

福建学风之盛是受朱熹影响，他虽是安徽人，但生长与讲学都在福建，形成所谓闽学之中心。但自北方洛学南传后，福建学风最盛的是洛学，闽学反次之，在两浙路则闽学盛于洛学。此外，由于古灵四、章望之、黄晞等人的倡导，也促使闽地学风大盛[89]。

南宋时，荆湖南、北路（约在两湖一带）的学风，受学者避难南迁影响，逐渐兴盛，但当地主要的贡献，还是在于沟通东、西学术，使福建与四川两地学风相互影响。

南宋浙东学风最为发达，瓯江、灵江、钱塘江与甬江等流域，都是重心地区，学术以史学最盛，如吕祖谦、王应麟、黄东发等。他们与四川的三苏及李焘父子、北方涑水司马光等，都是宋代史学重镇。

在宋代中期（神宗）以前，学风盛地为关中、关东、浙西三地，学术中心在洛阳、开封、长安、泰山、湖州五地。宋中期以后，闽、浙、川蜀等地学风渐兴盛，及至宋室南渡，北方学术不得不移至江南。

南宋学风有钱塘江流域的浙学，闽江流域的闽学，眉江、资江流域的蜀学，湘江流域的湖南学，赣江流域的陆学，这五个学风最盛地区都与河流有关，大致水陆交通发达之地，不止为人文荟萃之所，也是经济繁荣之区。北宋则许多地区是政治性都市，如汴、洛、长安等。

---

87. 同上，卷六。

88. 同上。

89. 同上。

还要一提的是南宋时期在中国北方（以淮水、大散关为界）金朝的学风。辽所占中国北方之土较小，金国则大得多，因此许多汉人都曾在外族政权统治之下，汉人的文化、学术不致全部湮没或丧失，更因为统治上的需要，汉文化虽未见有蓬勃发展，但还是有些承传。大约燕京（今北京）附近学风最盛，主要是燕京为人文荟萃之处，从五代时辽国据有燕云开始，直到金国皆如此，自然也就成为学术中心。

蒙古人统一中国建立元朝，是外族首次完全统治中国，因为是外族政权之故，加上对汉文化认识有限，所以学风自不如前朝。

元代学风的开创可以说是始于北方，像赵复、姚枢、窦默、郝经、许衡、刘因、王鹗、刘祁等人，都在北方倡研学术，有功于北方学风之起。由于蒙古灭金后，治理中原之地多用汉人，故而对汉地学者的征聘召引为当时急务，北方经这些学者们的相互援引与共事，学风渐起[90]。“有元之学者，鲁斋、静修、草庐三人耳”[91]，这是指较突出的学者，即河南许衡、河北刘因、江西吴澄3人，其中有两人在北方，学风影响初亦在北方，但在学术源流上又受南方影响，赵复就是将南方朱子学带到北方燕京的，许衡受学后，更成为北方大儒[92]。刘因受学于南方学者砚弥坚，也得到北传的朱子之学，成为北方高明学者[93]，但他所创之学风，范围与影响则不及许衡，大抵在山西、河南一带[94]。许衡在魏3年，辉、燕4年，秦、怀6年，皆在河北、河南、山西等地，学风所及“枢衣其门，所在林立”[95]，弟子显达者即百余人，可知他对北方学风的影响。

北方另有一个学风兴盛的中心，即元遗山所创的东平学风，可知山东学风至此仍在[96]。南方除江西的吴澄外，就是金履祥在浙江所开的金华

90. 参见姚从吾，《忽必烈对于汉化态度的分析》，《东北史论丛》（台北，正中，1968年），下册。关于元代学者对汉文化之努力与影响等问题，可参见孙克宽，《元代汉文化之活动》（台北，中华，1968年）。

91. 此为黄百家按语，见《宋元学案》，卷九一，《静修学案》。

92. 参见《宋元学案》，卷九〇，《鲁斋学案》。另见《新元史》，卷二三四，《赵复传》。

93. 见袁桷，《安先生墓表》，收在苏天爵所编，《元文类》（台北，商务，《国学基本丛书》本），卷五六。在墓表中，袁桷以刘因受朱子学，比之于南宋真德秀传朱学之功。

94. 见孙克宽，《元儒刘静修学行述评》，《蒙古汉军与汉文化研究》（台中，东海大学，1970年）。

95. 许衡，《古今儒先议论》，《许鲁斋集》

学风，和王应麟的深宁之学等[97]。

元代学风之分布，大体上仍是南盛于北，这是宋代已渐形成的趋势[98]。南方江西学风很盛，经学仍是源于福建，以吉水、庐陵、安福、德兴、鄱阳等最盛。史学上元则不如宋，而地理学颇发达，江西史学学风是源于安徽与福建。子学则以崇仁、临川为盛。文学在元代中期较盛，是承宋代学风，仍以庐陵、临川、安福、吉水为盛。

（台北，商务，《丛书集成简编》本），卷六。

96. 见孙克宽，《元代汉文化之活动》。

97. 见孙克宽，《元代金华学述》（台中，东海大学，1975年）。

98. 以下所根据之资料，系参考何佑森，《元代学术之地理分布》，《新亚学报》，1卷2期；《元代书院之地理分布》，《新亚学报》，2卷1期。

浙江在经学上与宋代相似，以浙东为盛，永嘉、金华、东阳、鄞县为要地。浙江的子学也是浙东较盛，不过浙西的钱唐倒很特出。文学以钱唐最盛，其次为湖州、吴兴等地，但浙东的鄞县、义乌、金华、奉化等文风也盛，大体言之，浙东学风要盛于浙西。

安徽的经学、子学、文学皆以婺源（编者按：今江西）、歙县、休宁等地为盛，又与福建地区相互影响，这也是宋元以来的一种风气。史学方面略差，次于浙江、江西、河北等地。

江苏经学以吴县、昆山、嘉定、吴江等地最盛，吴县最为特出，这是承北宋胡瑗讲学苏州的学风而来，历四百年不衰。江苏的经学盛于河北、安徽，但史学则次之。子学以吴县、常熟学风为盛，次于浙江、江西，而盛于河北、安徽，文学亦如此，其中以吴县是元代最盛之地，很值注意。

北方学风以河北为主，保定、真定、大名、顺德等为盛，河南次之。元初北方学风虽盛，但为时未长，不过河北学风有其特色，即科学相当发达，医学、历算等是全国之冠。至于河南与山西的经学则出自江西，史学亦盛。陕西的经学与史学皆是北方学风所及，也有相当地位。山东则史学与文学之风较盛，经学倒不盛。

湖南等地的学风，因南宋的交通关系，使东西学者荟萃而渐开风气，元代则影响及广东。湖广学风已露曙光。

综观宋元两代四百余年学风的分布，初期以南方两浙、北方的山东为中心，不久由南而北，北方学风大起，关中、关东为盛，南方除旧有的两浙外，江西、川蜀学风兴起。南宋时湖南学风渐次造成，而福建、安徽学风颇盛，南方成为当时学风分布之中心。元初则河南、河北学风为盛，较宋代有复起之势，南方仍以江西与两浙最盛。而后的大势，是东南较重，换言之，宋元以来学风之分布，不论如何都明显地呈现由北而南的定局了。

明代学术以理学最盛。宋学尊崇四书，元代中期以后的科举试士，经书皆以宋儒为主[99]，宋儒之说，夺取汉唐诸儒的席位，明代制义考试，也专主宋儒之说[100]，永乐年间所颁定的《四书大全》、《五经大全》及《性理大全》等三大全书，更造成明代士子学术思想的根柢[101]。因此有“经学非汉唐之精专，性理袭宋元之糟粕，论者谓科举盛而儒术微，殆其然乎”这样的看法[102]，但黄宗羲的看法是文章事功不及前代，独于理学则为前代所不及[103]。

明初学术承元代许衡、刘因、吴澄诸儒，亦不过朱陆之学，元中期以后程朱之学更盛，故明初亦谨守程朱之学，如曹端、薛瑄、胡居仁、吴与弼等人。但再传之后，学风乃变，吴与弼传学娄谅，娄传王守仁，开阳明之学，吴氏又传学陈献章，成为白沙之学，湛若水受献章之学，又有甘泉之派，明代学术分途而各有学风，其中以阳明之学最为广大，几摄明代学术思想，史称“王学”[104]。

王学遍布明代后期的天下；浙中王学是传姚江之教者，如徐横山（爱）、钱绪山（德洪）、王龙溪（畿）。江右王学谓得阳明之传，又能破越中王学之流弊，如邹东廓（守益）、聂双江（豹）、罗念庵（洪先）、刘两峰（文敏）等。又有南中王学，如黄五岳（省曾）、朱近斋（得之）等，当时各种读书讨论会，如泾县的水西会、宁国的同善会、江阴的君山会等等都属南中之学。又有楚中王学，是自泰州流入的耿天台一派。又有北方王学，在齐鲁之间，由张后觉所开。又有粤闽王

99.《元史》，卷八一，页4。

100.《明史》，卷七〇，页1。

101. 柳诒徵，《中国文化史》，中册，页342。

102.《明史》，卷二八二，页2。

103. 黄宗羲，《明儒学案》（台北，河洛，1974年），凡例，页1。

104. 以上参见黄宗羲，《明儒学案》，诸儒之学案可知。

学，东南岭海受其教者，如薛侃、周坦等。别出王学者，如止修李材、泰州王艮等，明末的东林（顾宪成、高攀龙等）、蕺山（刘宗周）亦出于王学而求能济其流弊[105]。

明代学风之盛又由其图籍可知；明代一朝的著作达105,974卷之多。而北京文渊阁藏书近百万卷，至于地方私人藏书更不胜指，如朱睦㮮万卷堂藏书，仿唐人四部分类，有12,560卷，昆山人叶盛，藏书有二万余卷，吴人杨循吉有书十万卷，为购书而至晚年贫穷。华亭人何良俊藏书四万卷。太仓人王世贞的小酉馆，有书三万卷。婺州兰溪人胡应麟，有书四万余卷。泉州人黄虞稷的千顷堂，家世藏书，达六万余卷。闽人徐𤊹也是家世藏书，有五万三千余卷。常熟人毛晋藏书有84,000册之多。邵武人谢兆申，以家产购藏书，达五六万卷。鄞人范钦的天一阁藏书，在两浙为第一。虞山人钱谦益的绛云楼，藏书几可与内府相比。而当时藏书最富之地，大约在燕京、金陵、姑苏、临安四地。学者文人都有藏书风气，差在多寡而已，列名可知者不下六十余人，则各地的藏书也自然要影响到学风了[106]。

刻印书册也能对学风有所影响，明代官方刻书很盛，南、北两监藏版至多，于历代正史一再雕印，工匠刻书，价钱颇为便宜，而书坊之多，以燕京、吴、越、闽等地为盛，蜀地也有名声[107]。

学校制度亦与学风有关，明代虽有为人诟病的八股取士，以重科举、试制义为标准，实则明初立法，恐怕并非完全如此，顾炎武的《日知录》中对此有所说明[108]。明初极重视学校，科举必由学校，而学校出身的，可不由科举[109]，明初国学之制及国子生的盛况，要远过于唐宋时代，除读书外，学子还负责一些行政庶务，如整理田赋、兴修水利、清查黄册、写书、翻译、分部历事，又能随时任官等，地方学校又负风化之责。国学如同储材之地，没有固定的毕业日期，以学者教学，

105. 同上。

106. 以上据柳诒徵，《中国文化史》，中册，页351－354。另参看陈登原，《古今典籍散聚考》（台北，河洛，1979年），页310－318。

107. 参见柳诒徵，《中国文化史》，中册，页354。

108. 同上，页359。

109.《明史》，卷六九，页1。

而以世务历练其才，随时选任，不拘资限，可说是历代以来，对学校人才少有如此重视者[110]。

学制渐坏，科举产生流弊，私人讲学风气乃兴。原来宋元书院最盛，明初书院并不兴盛，到中期以后才又大兴。私人讲学所在自然与学风分布有重大关联。

明初太祖时设洙泗、尼山二书院，英宗时南康知府翟溥福倡修庐山的白鹿书院，长沙通判陈钢修岳麓书院，进士刘观筑养中书院于虎丘山，宪宗时，又将江西的濂溪、白鹿洞书院修建，以及重建象山书院，孝宗时，修常熟的学道书院等，而武宗时阳明学大盛，书院讲学之风大行，阳明先在龙场（龙冈书院）以及贵阳（贵阳书院）讲学，后到江西（濂溪书院）、浙江（稽山书院）讲学，学生来自湖广、广东、直隶、江西的南赣、安福、新建、泰和等地，真可谓四方学子聚集。阳明到两广时，主讲敷文书院，与此同时各地书院亦起，如邹守益在广德建复古书院，湛若水建白沙书院以祀祭他的老师陈献章。阳明所到之处，都建有书院讲学。阳明死后，各地也有纪念性质的书院出现，如越城书院、天真山精舍、安福的复古书院、青田的混元书院、宣城的志学书院等等，在世宗一朝这种祭祀阳明性质的书院至少有13处之多，书院学校性质转变为祭祀性质，故而朝廷有禁毁书院之举，但亦禁亦建，民间社会有足以抗衡之力。明末最著名的书院，有无锡的东林书院与京师的首善书院。

明代的会社亦是学风所在之地，如著名的复社，余杭的小筑社而后成为读书社，松江的几社是应社的支派，杭州的登楼社为读书社的支派，读书社后入于复社。这些社都是以读书讨论、学术研究为主要目的，后来黄宗羲在鄞县讲学，有五经会（讲经会），即承此种会社之风。大约会社分布以南京、浙江为盛。其次有类似书院、会社的集会，尤其以阳明门人最为盛行，他们多集会于寺观祠宇之中，讲学或讨论学术，如徐阶在太湖的灵济宫讲学大会，听众有数千人之多就是最好的例子[111]。

110. 参看柳诒徵，《中国文化史》，中册，页362－364。

111. 同上，页368－373。

就《明儒学案》及《明史》的记载，再加上前面所述综合，明代学风的分布情形大致如下：

在南方以江、浙、赣三地学风最盛。江苏地区有东南濒海的太仓、长洲、吴县、昆山等地，其余又有无锡、苏州、南京、江都等，全省至少有十六处。浙江地区，浙西有杭州、钱塘、德清等，浙东有鄞县、会稽、余姚等，全省至少有二十处。江西地区则有九江、南昌、崇仁、金溪等约有十五处地方。

另外闽、粤地方学风渐起，分布亦多，大约在福建地区的有福州、漳州、莆田、福清、侯官、古田、晋江、邵武、海澄等地，在广东的有新会、增城、香山、顺德等地。在安徽的以合肥、休宁、祁门、婺源等地学风较盛。在两湖地区的，以江陵、黄冈、黄梅、公安、襄阳、长沙等地为盛。四川则以成都、梁山为盛。贵州有贵阳为代表。

北方的学风以北京为盛，其他河北地方以邢台、定兴、容城、河间为主，河南则以洛阳、安阳、新安、信阳、武陟、宁陵等地为盛。山东以济南、历城、曲阜、寿张、茌平、临清等地学风较著。陕西以西安、三原、武功、鄠等地为盛。山西则以太原、山阴、河津为著。

大体而言南方学风比起北方，分布较广较盛，而南方又以江、浙较盛，这开启了清代学风的分布情形。

清初学风与中期乾嘉之学有所不同，清初诸儒为明代遗民，学术思想有反明代理学末流之意，学问要求广博，又必知耻躬行，以书明心，而不玩物丧志。所以转移人心、整顿风俗是清初诸儒的共同精神，他们是江苏昆山的顾炎武、浙江余姚的黄宗羲、湖南衡阳的王夫之，以及北方河北博野的颜元、蠡县的李塨，稍早还有孙奇逢在河北、河南讲学，关中有盩厔的李颙等。而清初的学风又承明末东林学风，尚多在山林、书院，到乾嘉之际，就鼓吹于庙堂、翰林之间，这其间还是意趣不同的[112]。

112. 同上，下册，页78。并参见钱穆，《中国近三百年学术史》（台北，商务，1976年），上册，页20。

清代学风分布以南方江、浙最盛，除前节所说受本地藏书丰富及明末东林学风之影响外，或与满清在江浙一带的屠杀有关；所谓扬州十日、嘉定三屠等，使得民族思想激扬浓烈，学术上乃有所旨趣。此外，又与明末遗民抗清之最终基地亦在东南角隅之地有关。学风其次以河南、河北，关东、关西等地区为盛。

长江下游两岸及浙江东西两岸，是清代学风分布密集之区，其学风所及又辐射各地，大体上这区域又可分为几个小区域，江南的苏常松太、浙西的杭嘉湖等为一区，江宁淮扬为一区，皖南的徽宁广池为一区，浙东的宁绍温台为一区，这是东南精华聚集之地[113]。

江苏地区的学风早期兴盛于东南濒海，即苏常松太区，包括苏州府、松江府、太仓州一带[114]。二十几个县中有一半的学风很盛，分别是苏州府治及长洲、元和、吴县等。此地学风以渊博出名，其中以元和惠栋的“汉学”、洪钧的元史学、长洲黄丕烈的目录学、彭绍升的佛学、吴县吴大澄的金石学、汪缙的佛学等为著。昆山、常熟、吴江等素为吴下才士聚会之所，如钱谦益为江南祭酒、徐乾学的礼学、经学，顾祖禹的地理学，陈景范、陈启源、朱鹤龄的经学，沈彤的三礼学等等，学术气象甚为博大。松太地方如太仓陆世仪、陈瑚两理学家、吴伟业的文史、青浦王昶、上海陆锡熊、嘉定钱大昕、王鸣盛、镇洋的毕沅等人亦如苏州，学术赡博。

常州地方分两支来看，无锡是吴学的发源地，东林学风的中心，在清初有顾枢、高世泰接此薪传，荆溪的汤琦以阳明学教授学子，任启运则以礼学闻名。江阴的是镜有程朱之学、缪荃荪的图书版本最为出名，金匮的华蘅芳以数学名冠当时。另一支即阳湖、武进二地，学风极盛，阳湖县有孙星衍的经学、子学，洪亮吉、赵翼等的史、地学。而武进县有名的恽进，开创了“阳湖派”文学，两地文学之风均极盛，

113. 以上参见梁启超，《近代学风之地理的分布》（台北，中华，1971年）。梁任公此书谈有清一代学风之分布，是笔者所见较完全且简要之作，故以之为本文主要依据。

114. 清代之地理区划，参见《清史稿》（台北，关外本），卷六一至八七，《地理志》。

然武进学风不止文学，经学中有自庄存与至刘逢禄所开之“公羊学”，几代表所谓常州之学，武进又有史学名家屠寄，专治蒙古史。

江宁、镇江二府，在乾隆以后，学风始盛，金坛的段玉裁，以小学出名，丹徒的柳兴恩治《谷梁传》出名，江宁的谈泰以算学出名，句容的陈立治公羊学，上元的汪士铎治地理学。

江北地方的淮安、扬州二府，在淮安以山阳学风为盛，而开发者为阎若璩，阎本太原人，然而生长及讲学皆在山阳，而后又有丁晏，颇为博学，鲁一同则以古文出名。扬州学风兴盛，而以世学家传闻名，如江都汪氏（汪中所传）、仪征阮氏（阮元所传）、宝应刘氏（刘台拱、刘宝楠、刘恭冕，以《论语正义》为家学）、高邮王氏（王念孙、王引之，以语言、小学等号为高邮父子之学）、仪征刘氏（刘文淇与刘台拱齐名，号为扬州二刘，文淇之后毓崧、寿曾、光汉等以《左传新疏》为家学）。江都焦循学术渊博，通《易》与《论语》，史学、数学、医学、剧曲等皆通晓。甘泉江藩治学术史与佛学，薛传均治音韵学，兴化刘熙载亦精音韵学，又精于数学及陆王理学。

浙江地区分浙西（杭州、嘉兴、湖州等府）与浙东，大约浙西学风宗程朱而多经学，浙东学风宗陆王而多史学，愈往腹地（严、衢、处等州）则学风愈差。

浙西如秀水县朱彝尊之博学，德清县胡渭之地理学、易学。仁和县有赵一清、丁谦的地理学，杭世骏之博学与全祖望齐名。卢文弨、孙志祖治校勘学，龚自珍治经学又治佛学。钱塘县有冯景的经学，厉鹗、梁玉绳、张采田等的史学。海宁县有陈世琯的理学，张廷济、蒋光煦的校勘学，李善兰则精算学、译西书。嘉兴县有王元启精通算数之学，嘉善县有钱仪吉、泰吉兄弟长于校勘之学。归安县有郑元庆的水利学、沈炳震的史学、严元照的小学、姚文田的音韵学、陆心源的板本学、沈家本的法律学。德清县有徐养原的典章乐律学，许宗彦的礼学，戴望的经学、理学（与戴震号为“前后戴”），又有俞樾的训诂博览等，乌程县有严可均、周中孚的图书学，程庆余的金石学及数学等。

浙东学术虽多史学，然经学亦不弱，余姚本阳明之源，明末又出黄宗羲（黎洲）、朱之瑜（舜水）两大家，黄氏亦有世传，其弟宗炎、其子百家等光大学风。另有承明末之邵曾可家传的邵廷鲁、邵晋涵等，皆是光大余姚学风。鄞县有万泰万氏家学，皆为黄宗羲弟子，万斯选精于理学、万斯大精于经学、万斯同精于史学，此兄弟三人最著，又有二侄子万经、万言亦能传其家学，并精于史学。仇兆鳌的广博、全祖望的史学等都闻名当世。其他如慈溪县的潘平格、萧山县的毛奇龄等皆博学，汪辉祖的史学、图书学亦有名望。天台县的齐召南，长于地理学。临海县有洪颐煊、震煊兄弟的经学，金鹗的礼学，定海县有黄式三、黄以周父子的经学。会稽县的章学诚，在经学、史学方面更有心得与新解，而瑞安县的孙诒让，为清末学术大师。

安徽地区北部学风多在沿江一带，合肥与桐城是为代表，尤其桐城学派最为有名，明末方以智、钱澄之开本地学风，方以智诸子继续发扬之，其中方中通又精研数学、物理等。清初有方苞、戴名世、刘大櫆、姚鼐等继之，此下桐城学风日益张显，方东树、马瑞辰、曾国藩、吴汝纶等皆持续这种学风。

安徽南部学风一向不弱，歙县黄生治文字、训诂。黄曰瑚将北方颜李学风带入，程瑶田、金榜、汪龙等为大儒江永之弟子。洪榜、凌廷堪为大儒戴震之弟子，汪莱精通算数之学，程恩泽以史学闻名。休宁县程廷祚与黄曰瑚同有功于颜李学之南传，汪绂则遍治诸经，又通音乐、医方等学。戴震之学术众所周知，闻名当世。当涂县徐文靖治史、地学。宣城县梅文鼎，为历算学第一大师，其兄弟及子孙均能传此家学。婺源县江永以经学教授乡里数十年，而其治学博通旁科，发为大师学风。绩溪县由胡匡衷治经学始，传于其孙胡培翚、培系，此二人承其家学，又与由泾县迁来绩溪的胡承珙齐名，号称“绩溪三胡”。泾县包世臣、黟县俞正燮等学识渊博，而石埭杨文会为佛学复兴之大师，声名卓绝。

其余各地学风皆有兴衰之别，但终不如前述江、浙、皖三地。就其大者而言，南方其他较盛的学风分布，约在江西、福建、广东、四川及两湖地区，北方有河北、河南、山东、山西、陕西等地[115]。

115. 以下所述学风之分布地区，据梁启超，《近代学风之地理的分布》，加以集中整理而成。

江西之学风分布在南昌、临川、瑞金等近十处地方。福建则在闽县、莆田、同安、汀州等8处。广东分布在新会、南海、番禺、顺德等7处。四川分布在新繁、井研、绵竹等5处。湖南分布在衡阳、长沙、湘乡、湘潭等11处，湖北分布在天门、黄冈、宜都等5处，而广西有临桂、象州2地，贵州有独山、遵义二地，云南有宝宁学风之分布。

北方河北学风之分布在北京、新城、清宛、博野等15处。河南则分布在洛阳、安阳、中牟、偃师等12处。陕西在西安、华阴、盩厔、富平等8处。山东在曲阜、淄川、诸城、胶州等14处。山西在阳曲、闻喜、绛州等六处。甘肃亦有学风分布于武威，此承西北凉州学风之传统。

结 语

中国土地广大，历史悠久，在每一个时代里，都可看出学风分布的盛衰转变。大体而言，学风分布约略受到下列几个因素的影响：

1. 政治：政府中央若重视学术，官方的学术机构可以造成较盛的学风，如两汉中央太学学风很盛，长安、洛阳自然是学风分布的重点。换言之，一个重视学术的时代，大体上学风分布就较广、较盛。

2. 战乱：例如汉末三国时，因避战乱之祸，北方学者有迁往西北甘、宁一带的凉雍之地者，有迁往辽东地方者，有迁往南方荆州之地者，结果使这些地区的学风兴起。战乱因使学风不振，但对某些地方而言反能兴起学风。

3. 交通：交通冲要利便之地，易造成人文的荟萃，例如九江，为通衢之镇，学风便始终不弱。宋代荆湖南路，不但学者云集振发学风，而且介于福建、四川之间，还沟通两地的学风。

4. 都邑：主要是指各朝或各国的都城，因为是政治中心，自然人才云集，易成为学风分布之重点，这与前面所说政治一项有关，但前者重在中央太学，后者重在朝廷人物。

5. 经济：经济发达之地，物质条件较佳，而且社会也较安定，自然易于繁荣，这对文化学术提供了良好的环境，学风也易盛行，如五代十国之际，南方学风较北方为盛，应与此有关。

6. 文化传统：一地的文化传统可以蔚为学风，如北方齐鲁之地，始终有学风的分布即为一例。当然，许多地方的学风是逐渐开发而成的，或不与传统有关，但一旦开发成学风分布之地，若能保持下来，则又成为该地的传统了。

7. 人物：学风之兴盛总不离人物，有人物始有一地之学风，如朱熹，他虽是安徽人，但贡献于南宋福建地方的学风。如黄宗羲，贡献于清初浙东之学风。有时人物的行止，若止于某地，讲学于某地，也会造成当地之学风。甚而经师大儒之所在，学子不惜千里而至，或在城镇、或在山林，或为乡里子弟、或为远道而至，都与此人物为中心而相随，学风于是兴盛。佛家与道家的学风可能更是如此。

从历史的发展变迁来看，大约在先秦时期，学风的兴起是在河淮之间的平原，而偏于中部、东部地区，这些地区是周文化的中心所在，承受夏、商文化的遗产。战国初期，其余地方渐趋普及，除河淮之间以外，东方到山东滨海区、东北到河北北部、北方到山西中部、西方达渭水流域、南方至长江流域，都有学风分布，东南太湖及钱塘江一带，则略见学风，但未能发展下去。北方学术的传统背景，使两汉学风盛在北方，齐鲁之地与关洛之地为中心地区，此外东北的辽东、西北的敦煌、西南的四川都有兴盛的学风。南方九江及长江中游荆州地方也渐萌芽成为有长期学风分布的基点。到三国时南方有国家力量的开发，如同播种灌溉一样，发出嫩芽，使得魏晋南北朝时期，南方的学风如雨后春笋般普遍茁长，江浙东南地区、长江中游、江西、四川等地都是学风分布明显之区。南方已有与北方竞美的趋势，不过北方凭着丰厚的传统，加上北方各朝代的注重，至少并不稍让于后起之秀的南方学术，学风分布直到隋唐，似乎并未衰于南方，就佛学与道学的学风来看，也应是如此。

宋元以后的学风分布渐有改变的趋势，唐末五代北方长期战乱，相反地，南方经济发达、城市兴起、海外贸易繁荣，这些有利条件，使南方学风更趋普遍与兴盛，北方除保有旧时传统的地区外，并未扩展范围。宋初已明显的是南方略盛于北方，随后南北融合，又渐次形成南盛于北，并渐有偏向东南的趋势。明清两代，虽然北方承袭传统，但较之南方的长期蓬勃发展，学风的分布确实已不如，尤其东南一区，为近三百年来学风最盛之地，而闽、粤两地自宋元以后也逐渐成为分布之要地了。这些发展都足以使人明了中国学风分布的普遍，以及由北而南的转变，但我们必须了解，北方的传统并未断绝，南方的兴起则是为中国的学术发展带来了新的气象。

贝叶传经

佛书的翻译

蓝吉富

在我国历史上，外来文化与本土文化相接触的最重要事例，当是佛教输入一事。由于佛教的输入，使我国文化在经历一连串的挑战与回应后，终于产生崭新的文化成果。这是中国历史上，有关文化接触现象，最值得后代学者瞩目的问题。

佛教在中国的传播，与其他宗教有一显著的不同。印度与西域南海各国的高僧学者们到中国来，没有任何政治背景与意图，没有雄厚的财力与庞大的组织做后盾，更奇特的是大都不在中国建立寺庙；他们只是零星地、单独地东来，所携带的只是一箧箧贝叶（Pattra，贝多罗叶）梵典。到中国的主要任务不是开宗立派，而是将他们所携带的梵典或记忆在脑海中的佛经译成中文。

在另一方面，我们历代高僧如法显、玄奘、义净等人，以无比的毅力与冒险精神西行到印度等地求法，所求的也是这些梵（胡）文字的贝叶佛书，千里取经的目的也是想把这些经论译成国人能够诵习的语言。显然地，佛教文化之传入中国，主要便是经由这种方式而达成的。所以，我们可以这么说：翻译，是佛教在中国文化中生根结果的主要关键。

本文的目的，便是在剖析这段翻译事业的过程与内容，从这件史实中，我们不唯可以发现佛教徒传教方式的特色，也可以觉察到古代中国人对一种异质文化的容受态度与方法。由于佛书的翻译事业，基本上是一种文字性与学术性的工作，所以，从其中也可以窥见先民的学术态度与热忱。

本文所探讨的只是外文佛书之译为中文，而不涉及中文佛典的外译。在我国历史上，中文佛书译为外文的例子也有一些，如北魏昙无最所撰的《大乘义章》，曾被译为胡书而流传西域各地；北齐刘世清曾译《涅槃经》为突厥语，唐玄奘也曾翻译《大乘起信论》为梵文。此外，译成西藏文的佛书也有若干种，例如《楞严经》、《楞伽经》、《梵网经》、《大悲咒》等书都曾自中文译为藏语[1]。但是就数量及影响上看，颇为有

1. 有关中文佛书之译为外文，本文所列取自下列三书：《续高僧传》，卷四，《玄奘传》；日本东北大学出版的《西藏大藏经总目录》；以及汤用彤，《汉魏两晋南北朝佛教史》，第十二章。

限，远不能与佛书之译成中文相比拟，所以不拟赘述。

译经史鸟瞰

我国传译佛经的事业，如果依几位主要译师所处的时代来分，大约可以分为下列四期：

第一期：从汉末的安世高起，到鸠摩罗什来华以前。

第二期：从鸠摩罗什起，到玄奘回国以前。

第三期：从玄奘起，到开元三大士来华以前。

第四期：从开元三大士起，到北宋末期为止。

第一期是指鸠摩罗什以前的译业而言。时间约从公元1世纪中期到4世纪下期。这是我国佛经译事的奠基期，又称为古译时代[2]。此一阶段之主持译事者，有史可稽的大约有五十人。这些人多半来自西域，印度译师不多。其中最早的两位重要译师，是汉末的安世高与支娄迦谶。安、支二师，是我国佛典翻译的拓荒人物。安公所译以小乘上座部的禅法典籍为主，支氏所译则偏重大乘禅法与般若系经典。这两位译家，为我国佛教扎下大小乘教法的重要根柢。此外，住在敦煌的月支后裔竺法护，则是此一时期最有成绩的译师。法护译经四十余年，译出一百多部三百余卷。内容以大乘典籍为主。其中之般若与法华类，对当时都有不小的影响。我国大乘教义的最初轮廓，可以说是法护规划出来的。

除此之外，支谦在南方（东吴）传译。帛尸梨蜜多罗初译密乘典籍，僧伽提婆译出阿含及小乘论书，凡此诸公，在传译史上都各具历史地位。华人方面，朱士行是西行求法的最初典范，曾经到西域觅取《般若经》原本，送回我国译出。道安是早期中国佛教的重要传播者，他虽然不通梵文，不曾译书，但却是大力襄助译事甚有劳绩的比丘。至于法显，则系第一位到印度取经回国的中国译师，其历史地位也不

2. 小野玄妙，《佛典总论》（东京，大东，日本昭和五十二年），第一部，第三章。

可忽略。

大体而言，这一期的译事是零散的。原典少，译师们找到什么经就译出什么经，对经典缺乏比较深切的认识，也没有详细的译经计划。有时原典残缺不全，译师们就只译出那些残存的部分。译师们在翻译原典时，如果遇到他本人也不了解的文句，则往往略而不译。由于当时玄学开始流行，因此在译语方面也常采用玄学术语（例如以“本无”译“真如”）。这种格义式的译法后来也逐渐蔓延到经典的解释范围里，终于蔚成“格义佛教”的时代风气。

第二期是我国译业的中坚时期。时间从4世纪初到7世纪初。从鸠摩罗什开始的这一阶段，相对于前此竺法护等人的“古译”而言，算是新译时代。但是与玄奘的译事相比，又算是旧译时代。这一期的译师大约有八十余人，其中，印度人约占半数。在这三百年间，译业名家辈出，重要经论也逐渐地逐译出来。

这一期的译师，显然应以鸠摩罗什（图一、二）居冠。罗什的译事，不论就质就量来看，都明显地开出译经史上的新纪元。其所译典籍，现存约四十部，三百余卷。在译笔上，他改正甚多前此的误译；在取材上，他译出不少般若系经典与龙树系著述。印度大乘空宗思想之能在我国流行，主因便是罗什的传译。此外，他所译的其他不少经典也都甚为国人所爱读，即使后来的玄奘另有新译，也无法全然取代。在佛典传译史上，他的影响力是无与伦比的。他可以说是我国文化史上以译事创造历史的重要人物。

罗什而外，此期的译经名师尚有许多。北魏时，菩提流支译出《十地经论》等书，在6世纪的中国北方，曾经促成地论学派的产生。稍后的真谛，也是我国有数的译经大师之一。他在我国一直居无定所，抑郁不得志，然而见识不凡，所译四十几部书，大都为法相唯识系之思想要典，其中《摄大乘论释》（图三）一书，对当时佛教思想界影响颇大。另外，佛陀耶舍译出的《四分律》，是我国律宗的思想根据。昙无谶所译的《大乘涅槃经》，开启了南方涅槃佛性一派的研究学风。佛陀

1

金剛般若波羅蜜經

姚秦三藏法師鳩摩羅什奉　詔譯

梁昭明太子加其分目

汝水香山無聞思聰註解

金剛 釋曰金剛寶也西天中印土靈鷲山如來寶座金剛所成深八萬四千由旬至金輪水際安立然以金剛也執金剛神寶杵尖三楞三寸之長是金剛餘皆不是堅固不壞能摧銅鐵玉石萬物萬物不可當其鋒也香水海中無邊世界皆是金剛保持擎載國土如此之功力喻衆生本性修行成道見諦解脫超越色聲香味觸法明暗色空之外入息不拘陰界出息不攝萬緣心非境感一真獨妙湛然常住號曰金剛上士爲人天眼目入紅塵裏轉大法輪善能分别諸法相第一義諦而不動拔衆生之苦也堅固勇猛精進行道僧中那吒法門梁棟尔

般若 釋曰梵語西竺鄉談此云智慧也世間之火能燒萬有性空智火能燒自己無始劫來無明貪嗔癡黑暗凡愚習氣之心此煩惱若不歸依三寶發菩提心從

图一　佛经翻译家鸠摩罗什，采自《佛祖道影》（台北，新文丰，1975 年），是中国佛教史上四大译者之一，十六国时期的高僧。

图二　鸠摩罗什译《金刚般若波罗蜜经》（元至正间资福寺刊朱墨套印本）。鸠摩罗什翻译的经卷准确，对后世佛教影响深远，并留下“色不异空，空不异色；色即是空，空即是色”的名句。其独特的四字句为主的行文，把译文臻至完美。

跋多罗在建业译出的六十卷《华严经》，也奠定了我国华严宗的义理基础。此外，求那跋陀罗的《胜鬘》、《楞伽》等经，阇那崛多的《佛本行集经》等，也都是佛学名著。

这一期译籍的影响力相当大。大抵我国佛教界所比较重视的佛书，大部分都是在这一期内所译出的。以各学派或宗派之所据典籍而言，摄论、俱舍、地论、成实、三论、天台、华严、戒律、禅、净土等宗要典，大都译自此期。这一时期的译事由于名家辈出，因此在翻译上的技巧、选择经论的见识以及翻译制度上，都比前期大为进步[3]。其能成为我国译经史上的中坚时期，自是理所当然。

3. 见汤用彤，《汉魏两晋南北朝佛教史》（台北，史学，1973 年），第十二章。

其次的第三期，是指初唐的译业而言。时间是在七八世纪之间的七十几年。译师有二十余人。其中，印度人约有十位。这一期年代短、译师少，然而由于译事成绩丰硕，因此笔者以为可独立划为一期。而在全期之中，则以玄奘（图四、五、六）的译业为重心。正如鸠摩罗什之迈越前代，玄奘一生的翻译成绩，论质论量也都前无古人。其人在译经史上的地位，颇有“一夫当关，万夫莫敌”之势。关于他的翻译风格，当在下文详述。玄奘而外，初唐的名译师也不乏其人。其中，义净则为华人之中地位仅次于玄奘的译经名家。

在我国译经史上，法显、玄奘、义净是三大华人译师。这三位译师都曾到印度取经，都有翻译成绩，也都曾以史地著述名扬中外。法显的《佛国记》、玄奘的《大唐西域记》（图七），以及义净的《南海寄归内法传》，都是当代世界研究印度古代史地的重要文献。这三人之中，义净是我国西行求法运动的殿军人物。他虽然不是最后到印度的中国出家人，但是在他之后赴印度求法的人，则皆无若何贡献可言。

义净在武则天时代回国。他曾与实叉难陀、菩提流志共译《华严经》（80 卷本）。在700 年以后，他开始主持译事，先后译书56 部，230 卷。其中以“说一切有部”律典一类的书最多，共有18 部，约二百卷。其次，有关法相唯识类与因明类典籍也译出不少。

初唐译师之中，另有数人也声名甚著。实叉难陀译出《八十华严》与《入楞伽》等经，菩提流志译出《大宝积经》等书，地婆诃罗译出《方广大庄严经》等书，凡此诸家也都颇有贡献。而在佛教史上影响甚大而被认为是伪书的《圆觉经》、《楞严经》、《起信论》三书，依据旧有传说，也都是此期译师所传译的。

这一期的译事，虽然为期较短，但是由于有玄奘、义净、实叉难陀与菩提流志这四大家在，因此成绩也相当辉煌。不但在翻译内容方面，曾矫正前此的甚多误译，而且在取材方面也颇能补充前此译业的不足。尤其玄奘译笔的精审，所选经论之重要性，都为前人所不及。但是由于第二期的旧译本已流行甚久，前此未有的新译经论（如唯识典籍及说一切有部律典）又不甚适合中国人的趣味，加上其他种种原因，遂使这一期译籍的影响力，仍然不如第二期。

第四期，是从中唐起，到北宋灭亡为止。时间有三百多年，译师约有四十余人。全期所译典籍有五百余部，大体以密教类为主。今传大藏经中的密教要典，大部分都是在这一期中译出的。密教以外的书较少，但也有若干要典，如《四十华严》、《大乘集菩萨学论》、《大乘中观释论》、《菩萨本生鬘论》等书也都出自此期。

这一期的主要译师以唐代来华的开元三大士——善无畏、金刚智与不空为最重要。善、金二师为将密教系统地输入我国的主要人物。二师所传的胎藏界、金刚界两部大法是我国密教的基础。善无畏译出《大日经》等二十余部，金刚智译出《金刚顶瑜伽中略出念诵法》等25部，皆为密教要籍。而光大此二师之学的另一大师，则为不空其人。不空译出《金刚顶经》等110部，包含143卷，也大都是密教典籍。这些为数甚多的密典，在我国昙花一现、稍盛即衰。但是稍后东传日本，促成日本真言宗的诞生。对东瀛的影响反较我国为大。

唐代而外，宋代在太宗朝来华的天息灾、法天（法贤）、施护，与真宗时的法护，也都在译业上有很不错的成绩。宋代在太宗时颇奖励译事，当时官设的译经院组织也相当严谨，参与译事的华人助手也大

3

图三　真谛译《摄大乘论释》(宋绍圣元年福州东禅寺刊大藏经本)，采自《中国历代图书展览目录》(台北，中央图书馆，1981年)。《摄大乘论释》是佛教大乘瑜伽行派的理论基础，此译本流传广、影响大。

图四　我国历史上最伟大的佛典翻译家玄奘大师画像，采自《中国历代佛教书画精粹》(台北，华宇，1975年)。玄奘是汉传佛教史上最伟大的译者之一，是中国佛教法相唯识宗的创始人，曾历经艰辛远赴天竺(印度)取经，经16年始回国，专注译经，译笔精审，多用直译。

5

图五　玄奘译经10年之久的慈恩寺大雁塔，采自谢敏聪编《中华历史图鉴》(台北，联经，1978年)。玄奘译经数量之多，无人能及，此与其佛学素养好、语言能力强(梵文精准可与印度人并驾齐驱)，以及气魄大是分不开的。

图六　玄奘取经路线图。

图七　玄奘口述、门人辩机笔录《大唐西域记》，采自吕澂撰《佛典泛论》(台北，三人行，1974年)。《大唐西域记》为玄奘游历印度、西域19年间的游历见闻录。

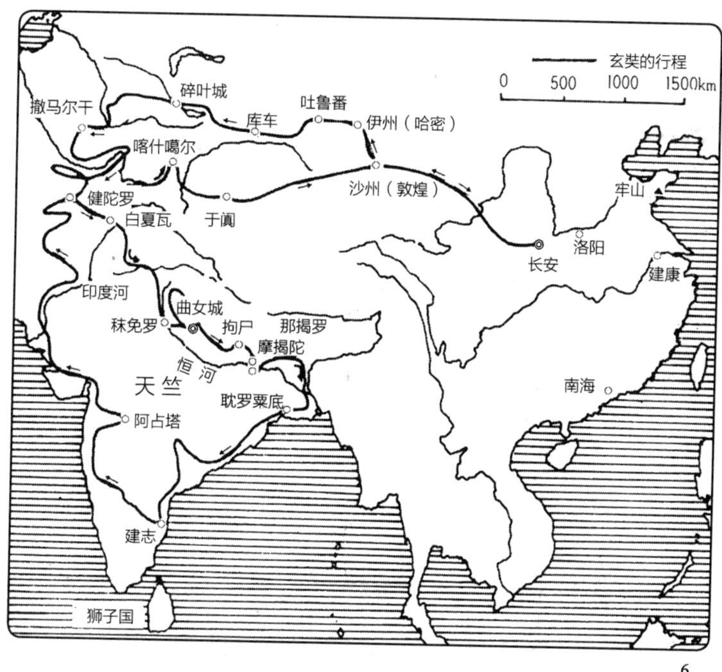

6

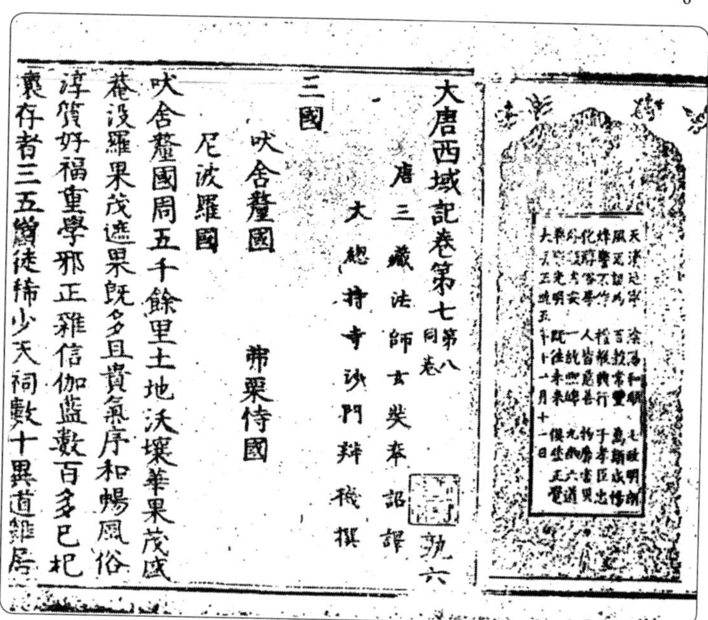

大唐西域記卷第七 同卷第八

唐三藏法師玄奘奉詔譯

大總持寺沙門辯機撰

三國

吠舍釐國 弗栗恃國

尼波羅國

吠舍釐國周五千餘里土地沃壤華果茂盛菴沒羅果茂遮果既多且貴氣序和暢風俗淳質好福重學邪正雜信伽藍數百多已圮壞存者三五僧徒稀少天祠數十異道雜居

7

都能通梵文。可惜当时我国佛教已经不如南北朝时代之重视新译佛典，因此影响力都甚小。

译师与原典的地理分析

我国历代的佛典译师，其来源并不单纯。以译师的出身地点来分，大约有印度人、西域人、南海人与中国人四类。以国别来看，除了印度与中国之外，另外有大月氏、安息、康居、于阗、龟兹、罽宾、扶南（高棉）、师子国（锡兰）等地的译师[4]。由于各地传承的佛教偏尚并不一致，所用的语言也并不相同。因此，他们的翻译方向与成果，彼此之间自有若干差异。这种差异对我国佛教的发展，当然也会有不同的导引。所以分析译师及原典的来源，是探讨中国佛书翻译事业时不能忽略的。由于南海一带的译师及译籍在数量及影响上都不大，因此，此处仅拟就印度、西域、中国三处的译师作一分析。

从印度来的翻译家，重要人物相当多。所译佛典在全体译籍中所占的比例也大，当然是我国佛书译事中的主力。此中人物，譬如东晋的佛驮跋陀罗、北凉的昙无谶、南朝梁陈间的真谛以及唐代开元三大士等诸大家，都有相当程度的影响。

依常情推断，印度译师出身于佛教祖国，所用的是纯正梵语，所携带的是道地的佛教圣典，人数又多，其在中国译业上的地位，应该不是其他诸国的译师所能比拟的。然而奇怪的是，对我国佛教影响最大的两位大译家却都不是印度人。两大译家中，早期的鸠摩罗什来自龟兹，后期的玄奘则是我国比丘。这两大译师对我国的影响力，历久弗替，迄今未衰，远非上述印度各大译师所能比拟。个中原因，牵涉甚多。译笔、所携梵本、我国人之接受态度与民族性等皆是重要因素，篇幅所限，兹不详论。

4. 见谷响，《古代来华讲学的西方译人》，《现代佛教学术丛刊》（台北，大乘文化，1978 年），第三十八册。

印度以外，影响我国译业最大的地区是西域。“西域”一词所指的范围，在我国历史上并不固定，通常是指玉门关以西之地。在佛教史上比较重要的西域诸国，有葱岭以西的大月氏、安息、康居、罽宾以及葱岭以东的于阗、龟兹等国。尤其于阗，更是西域大乘典籍的传播中心。这些国家，距印度较近，佛教之兴盛较我国为早。距我国也不远，到我国弘法比来自印度要容易得多。因此在隋唐以前，西域译师对我国的影响力，并不逊于印度译家。

兹举若干著名译师为例，以见西域诸国对我国佛教的影响。后汉的支谶、三国的支谦是大月氏人，后汉的安世高是安息人。曹魏的康僧铠是康居人。竺法护虽然世居玉门关以东的敦煌郡，但却是月氏后裔，且其学养皆在西域所得。凡此诸家都不是印度人，但却都是佛教初入我国时在译业上的奠基人物。尤其是竺法护，所译诸书之原典，即皆自西域搜求得来。

在所译佛典方面，《四阿含》为原始佛教之根本圣典，其中除《杂阿含经》为印度求那跋陀罗所译之外，其余3部《阿含》都出自西域译师之手。般若系方面，《大般若经》600卷为唐代玄奘所译，而早期流行之《大品般若》、《小品般若》则为鸠摩罗什所译，其同本异译也大都出自西域人手笔。迄今流行不衰的《金刚经》、《法华经》、《维摩经》，也都是鸠摩罗什译本。净土三经也无一是印度人所译。至于戒律方面，五部广律中，除了《摩诃僧祇律》出自印度的佛驮跋陀罗外，其他有三部为西域人所译，一部为唐僧义净所出。

论藏方面，重要典籍之为印度人与我国人所译出者虽不少，但如《成实论》、《中论》、《百论》、《十二门论》、《十住毗婆沙论》、《大智度论》等书，则都是鸠摩罗什所译。可见印土译师虽然人数多，译书数量也大，但是若从重要译籍的比数与对中国佛教的影响力方面来衡量，并不见得比西域译师重要多少。

从汉末以来，佛教在西域诸国一直甚为盛行。这些国家的文化基础，虽然有些与印度相当接近，但是也有差异甚大的。即以语言为例，大月氏用的是睹货罗文与梵文，安息用粟特语，康居用窣利文，于阗用梵文变体的于阗文，龟兹用的也是接近印度文字的龟兹文。这些国家的译师在翻译时，有时用的是梵本，有时则用胡本（西域传本）。胡本是从梵本辗转译成的，从学术上看这是二手货。即使这种二手货不一定不好，但无论如何，总与取自印度的原典有差别。譬如传颂在中日两国千余年的《法华经》，存佚总共有6种不同译本。而千余年来，中日两国所流传的则是鸠摩罗什译自龟兹文的胡本，并不是取自印度梵文的译本[5]。

此外，佛教的传播分派与地域有很大的关系，印度南北各地所传的佛教往往各有不同。西域佛教的分布也是如此。所盛行的佛法，所传录的佛典，其偏尚常与印度本土或锡兰等地有别。而且，印土佛法在西域盛行过后，多少总会加上西域佛教的色彩。印度的佛典，传到西域以后也有可能被重新编辑或增减内容。如果我国所译的原典是取自西域而不是印度，则自有受西域佛教文化影响的可能。

兹以《华严经》为例，传说印度的《华严经》有上中下3本。上中2本卷帙之大，非人类所能忆持。而下本的内容，也有十万颂之多。但是从印度的佛书传播史及各种史料看，在印度本土的历史上从来就没有出现过完本的《华严经》，不要说上中2本，即下本之10万颂也不曾出现过。所曾出现或曾被征引过的，只是今本《华严经》中的一些零星部分而已（如“入法界品”、“普贤行愿品”、“十地经”等）。

至于今传较完全的中译本《六十华严》（36,000颂）与《八十华严》（45,000颂），其原本都不是来自印度，而系取自于阗。唐代译《四十华严》（即“入法界品”的广本）的般若三藏也是罽宾人。可见在《华严》传译史上，西域对我国的影响，远比印度为大。近代有人认为《华严经》是在西域编集而成的，印度本土本来就没有编好的完本[6]。这种说法如果正确，则更能证成西域佛教具有不同于印度

5. 见《添品妙法莲华经序》，《大正藏》，第九册，页134。

6. 见吕澂，《华严宗》，《现代佛教学术丛刊》（台北，大乘文化，1978年），第31册。

的特质。

另有一例也可看出西域传来的佛教与印度传来的佛教之差异。观世音菩萨是我国家喻户晓的大菩萨。但是对“观世音”一词的译法，在中国则有不同的意见。鸠摩罗什译之为“观世音”，而唐代玄奘法师则以为该词的梵文为Avalokītesvara，是由Avalokīta（观）加上īśvara（自在）而组成，所以应该译为“观自在”，不应该译为“观世音”。所以依照他的看法，罗什的译法是错的。

但是到了1927年，学者在新疆所发现的古抄本梵文残卷中，“观世音”一词出现了5次。但该词原文与玄奘所据的原本稍有不同。所出现之该词为Avalokītasvara，这个词是由Avalokīta（观）与Svara（音）所组成的[7]。虽然只差一个字母，但意思与玄奘所据者大为不同。玄奘的原本取自印度，鸠摩罗什则来自西域的龟兹，即今之新疆境内。可见西域传来的该词原义有“音”的意思，而印度传来者则否。而我国历代一向流传的是来自西域的“观世音”一词，知道“观自在”的反而较少。

兹再举一个最通俗的译例：大家都知道，“和尚”一词是佛教内最常见的称谓之一。该词是音译，但是所取的原语读音并不是印度语，而是西域（于阗）语。如果依照梵语音译，该词应该是“邬波驮耶”（Upādhyāya）。这两个词汇同样是音译，但是历代习俗相传，都是沿用来自西域的“和尚”二字，大概很少有人知道译自梵语的“邬波驮耶”是什么意思。从上述这些小例子，大致可以看出西域佛教对我国的影响力，确有不逊于印度佛教之处。

译师中的另一类是中国人。中国人之参与译事者共有两类，一类是主译人员，如法显、玄奘、义净等人。一类是助译人员，即襄助中外译师从事翻译事业的佛教界人士，这类人是翻译事业的幕后英雄，人数较多，但名誉多为主译者所掩，较不为人所知。

如以人数论，华人译师自不能与印度、西域译师的人数相比论。

7. 郑僧一，《观音——半个亚洲的崇拜对象》，《内明》，第94期。

其中最重要的当然是唐代的玄奘与义净。义净所译主要是“根本说一切有部”的律典，但这一部派的律典在盛行四分律的我国，并不受重视。其余所译的因明要典等书也都未能产生应有的影响。相传他曾译出陈那的《集量论》，然而由于乏人问津，终告佚失。到了20世纪，俄国的因明学者Stchebatsky与奥地利的Frauwallner则盛推此书，认为是印度思想史上之知识论名著，几可媲美西哲康德的《纯粹理性批判》。可见义净之选译该书，也是颇具学术见识的。大抵义净的时代，我国佛教思想已经可以独立，对翻译原典的重视已大不如前，加上他的译笔稍嫌质朴，文字不易读，因此，虽然他所译的数量不少，但却没能发生恰如其量的影响。

至于玄奘，不论就求法精神、治学态度与翻译成绩等各方面看，他都足以光辉千古。即使仅看他一个人的译业，也可以取之以与那些西域、印度译师的群体成绩相抗衡。单以数量来说，他一生总共译出一千三百余卷（共为75部书），这数量比鸠摩罗什、真谛与不空这三大译师所译卷数的总和，还多出六百余卷[8]。

译书数量多，只是玄奘译业的特点之一，并不是造成其历史地位的充足条件。历史上的玄奘，其卓绝地位的形成，至少还有下列几项条件相配合。

其一，玄奘的佛学素养好，在佛教研究上具有过人的洞识力。他在国内时已经奠定下研究基础，对当时我国佛学界的缺陷相当了解。到印度后，在那烂陀寺随戒贤学《瑜伽师地论》及大小乘经论达5年之久。此外，又周游印土各地，在南桥萨罗国学《集量论》，在驮那羯磔迦国学大众部诸论在钵伐多罗国学正量部诸论，在杖林山与胜军居士学安慧一系的学说……几乎每到一处，即尽可能从学于当地的善知识[9]。

这种游学经历，使他对当时印度佛教的主要思潮有够水准的了解。

8. 吕澂，《慈恩宗》，《现代佛教学术丛刊》，第三十一册。

9. 参见慧立，《大唐大慈恩寺三藏法师传》，卷三至五，《大正藏》，第五十册。

有了这种理解，才能在众多的佛书中研判出何者是最重要的，何者是中国佛教徒所最急需的。这当然不是某些见识不足的中国译师所能比肩的。而且，也与那些受本身学派所拘囿的外国译师不同。外国译师大都为传播本身所擅长的法门而来，所翻译的并不一定能符应中国佛教的需要。因此，在取材选本方面，玄奘所具有的能力，比其他中外译师都要高，不至于盲目滥译。而且，他本身虽然信仰唯识宗，但是翻译时并未含有宗派偏见。空宗的经典照样译出。此外，他的原典都取自印度，比起西域译师的胡本，当然要纯正得多。这些都是玄奘在取材方面的优点。

其二，玄奘语言能力强，梵文水准已可与印度人并驾齐驱。他曾受其师戒贤之命，在那烂陀寺开讲《摄大乘论》与《唯识抉择论》，并且常与外道论辩。临回国以前，戒日王曾为他举行大法会。以他为论主，向印土论师作学术挑战，经过18日，在论辩风气甚盛的当时印度，并没有人能加以摧破[10]。可见他的梵文能力是足可信赖的。至于中文能力，在所有华梵译师中，恐怕无人能与比肩。这种熟谙双重语言的能力，在所有译师中，当以玄奘为第一，即使鸠摩罗什也无法比拟。

鸠摩罗什的梵胡文字当然很好，但是中文并不甚佳。与他同时代的僧睿，即说他“于秦语（华语）大格”[11]。在这种情形之下，与玄奘相比，在翻译功夫上，当然要稍稍逊色。罗什如此，其他中外译师更不用提。所以，华梵两种文字的精通，是玄奘译事能够冠绝群伦的主要原因。

其三，玄奘气魄大，且精进不懈，下半生的精力几可谓全部投在翻译事业上，因此成绩斐然。所谓“气魄大”，是指他在选择译本的大手笔而言。在他所译的各书之中，《大般若经》600卷，卷数之多居中文译本佛书之冠。此外，《大毗婆沙论》200卷，《瑜伽师地论》100卷，《顺正理论》80卷，像这类大书，毕生之中能译出一两部已经足以名垂

10. 见前注慧立所撰书卷四、卷五所载。

11. 僧睿，《大智度论序》，《大正藏》，第五十五册，页75。

千古，然而他却译出4部之多。此外，现存中文的说一切有部及唯识、因明诸论，几乎都出自玄奘之手（义净译的说一切有部典籍以律典为主），至于编译的《成唯识论》与《大唐西域记》，影响也都极其深远。前者促成我国唯识宗的产生，后者使现代的世界学术界，对中古时代之西域与印度的历史、地理，有较翔实的了解。凡此都可以看出他见识的不凡。

从上面几点，大体可以看出玄奘在翻译史上所以能卓绝千古的主要原因。这种成就，加上其开创唯识宗，并且培植不少佛教学术人才，这些贡献在我国佛教史上是无法掩抑的。近人陈观胜先生在其名著 *Buddhism in China* 一书上，对这么伟大的翻译事业居然仅用平淡的语气数语带过，对玄奘一人的叙述篇幅，竟然比叙述法显的还少。这位名学者的这种安排，委实令人费解[12]。

译经方式与译场组织

在我国的佛书翻译史上，有一种奇特的现象，即译事只由一人担任的事例相当少。主要原因是，在古代的学习环境里，一个人要兼谙中文、外文及佛学是很不容易的。而要翻译佛书，这三项条件当然必须完全具备。外国沙门懂得佛学与梵胡文字的虽然为数不少，但是能兼谙中文的就不多。这就是一人独译事例稀少的原因。不过，这种情形虽然很有限，我们还是可以在佛教目录学典籍上找到若干例子。兹举数例如次：

西晋译师竺法护的助手聂承远，在襄助法护译事之余，曾经自译《超日明三昧经》等2部。其子聂道真也曾自译24部佛典。同时代的法炬，也曾译出《优填王经》等40部。此外，姚秦竺佛念、北齐万天懿等人都有同样的经历[13]。

然而，在古代译经史上，像现代人这样只有一人综揽全盘译事的

12.Kenneth K. S. Ch'en: *Buddhism in China*, pp.235-238，台北翻印本，出版社及翻印年代不详。

13.有关自译之诸例，见《开元释教录》，卷二、四、六、九所载。

例子，究竟是少数。通常的外国译师，最起码总还有个“笔受”的助手。在早期的译经事业里，最常见的是一个译主，配上两三名助译。译经场所多半在寺院里，支持者也是佛教寺院。东晋以后，支持译事的帝王渐多，才逐渐有由政府设置而规模较大的译场。隋唐以后的翻经馆、翻经院、译经院等，都是政府专门设置的译经机构。所请的译主，大都是名重一时的高僧，译场人员的编制，也比普通译事要大。

由于印度人有用背诵传承经论的习惯，所以古代外国译师到中国来时，并不一定全都携带梵（胡）本，在这种情形下的译事，第一道手续便是须将原文诵出，而由担任笔受的人记录下梵胡原文。

有了原本佛书之后，主译便开始进行翻译工作。如果主译不谙华语，则由一位“度语”做口头上的传译，再由担任笔受的人将中文记录下来。如果译主懂中文，则不置度语一职。一般小规模的译事，多半只是译主、笔受与度语三种人的工作而已。

至于大规模的译场或官设的翻经院等机构，则组织较为严密。历代大规模译场的组织，虽然有开合粗细的不同，但主要职司则相差不多。兹依《宋高僧传》与《佛祖统纪》二书所载[14]，择要略述如次：

1. 译主：《宋高僧传》说此职由“赍（贝）叶书之三藏，明练显密二教者充之”，这是译事的灵魂人物。按道理，这个职位应该由通晓佛书义理、中文与原典文字的人充任。但是由于中文难学，外国译师之能具备这个条件的为数甚少。中国人方面，由于梵（胡）文的学习环境不好，也不容易具足这三项条件。历代充任译主的人，以玄奘的条件最好，鸠摩罗什、昙无谶与义净等人也不错。至于一般外国译主，中文素养多半不佳。甚至于有自命不凡、故意不学中文的[15]。这一点可以说是历代佛典翻译事业上的最大缺陷。

此外，《宋高僧传》所谓“赍叶书之三藏”云云，如前所述，贝叶原典并不是每位译师都携带的，用背诵的方式记下原典的也不少。因

14. 此下所载，大体取自《宋高僧传》，卷三；及《佛祖统纪》，卷四十三，太平兴国七年六月条。

15. 东晋时西域译师帛尸黎蜜多罗即是一例。慧皎《高僧传》卷一居然还说他“性高简，不学晋语”。

此，译主因记忆力减退而遗忘文句的事便曾发生过。东晋的僧伽跋澄在诵出《鞞婆沙论》时，就遗忘了一大部分[16]。由此可以推知，背错或增减文句的机会也一定会有。这也是译主可能发生的问题。

16. 道安，《鞞婆沙序》云："僧伽跋澄讽颂此经四十二处。……经本甚多，其人忘失。唯四十事。"见《出三藏记集》，第十；《大正藏》，第五十五册，页73。

由于译主大都是精通佛学的高僧，因此，有些译主在翻译一书之时，往往随即宣讲译文的义理。在这种情形之下，译场也就可能成为佛学研究中心与佛学人才的培植场所。姚秦鸠摩罗什主持译事时，译场经常有数千人参加，并不是当时的译场组织庞大如此，其实大部分都是来听罗什讲经的。罗什之所以能成为我国佛教史上最伟大的僧教育家之一，原因之一便是当时有这种在译场宣讲的习惯。此外，佛驮跋陀罗、昙无谶、玄奘等人，也都曾在译经时培养义学弟子或助长当时的研究风气。这是译主在翻译事业以外可能有的一种贡献。

2. 笔受：这是译事中相当重要的助手。分为两类。一类是笔录译主所背诵出来的梵（胡）文，这一类通常由外国人充任。如果译主已有原本，则不设此职。另一类是笔录译主所译出的华语，以撰成中文译本的初稿。这一类笔受都由中国人担任。在古代的佛教目录学书里，在各书名之下所载的译事人员，除了译主之外，往往只载笔受一人而已。可见此一职位是译主以外最重要的助译人员。

3. 度语：《宋高僧传》谓"（此职）正云译语也，传度转令生解，亦名传语"。这是口头翻译人员。主要任务是将译主的意思用华语表达出来给笔受等助译人员。如果译主能兼通华、梵，则此职可以不设。譬如在鸠摩罗什与玄奘的译场里，都没有这一职位。宋代天息灾在译经院中译经，也直接由通梵文的中国比丘笔受，而未置度语一职。历代担任此职的人大约有三类：其一，西域人及其后裔；其二，曾到外国、通外文的华僧；其三，久参译事或曾受语言训练，因而能通梵胡文字的中国人。

4. 证梵本：依照《宋高僧传》所载，此一职位，担任的是梵文原典文字及内容的检查工作。如系职司检讨梵文义理的内容以作为华译用字的参考，则此职称为“证梵义”。依《佛祖统纪》所载，宋太宗时的译经院内，与此职类似的，有“证义”一职，坐在译主左侧，职司为与译主评量梵文义理内涵。另有“证文”一职，坐在译主右侧，职司为“听译主高读梵文，以验其差”。主要任务是审查梵文文字的正误。

5. 润文：这是译出为中文后，所作的文字润色工作。《宋高僧传》谓：“员数不恒，令通外学者充之。良以笔受在其油素，文言岂无俚俗，傥不失于佛意，何妨刊而正之。”这段话对“润文”一职的设置意义，有清楚的说明。

6. 证义：《宋高僧传》谓此“盖证已译之文，所诠之义也。”这是对译出的中文，在文字上或义理上所作的检查工作。前引《佛祖统纪》所载的证义、证文二职，都是在检查梵文原典，而此处《宋高僧传》所述，则是中文译本的检核。

除上述六职之外，另有较次要的职位多种，兹举数例如次：“梵呗”是译经开始时的佛曲歌唱，唐代永泰中始置此职。“校勘”为译成之后的校阅工作。“监护大使”是总监督的职位，通常由大官兼任。“刊定”职司删削重复冗长的译文。此外，又有“正字”等职，文繁不赘。大抵这些职位的增删开合，随时代、制度之更迭，而有不同。

从译场职位之众多，可以看出古人译经态度之慎重，与对学术分工之重要性的深切认识。至于其求真求实的精神，到今天仍然值得我们赞叹。这是古代佛教徒在学术事业上的不凡表现，值得推崇。

然而，从另一个角度看，态度的慎重与学术分工的习惯，固然出自对此一学术工作之幕后对象（宗教）的虔敬，但是，不可否认的，一个技术上的先天缺陷——译师大都不谙两种语言，也是形成此种制度的原因之一。

一个不谙中文，甚至于普通中国话都不会讲的外国人，居然可以将外文书译成中文，这是现代人所难以想象的。有这种缺陷而要能有所成，当然必须在技术上尽量加以克服。“度语”、“笔受”等职，便是在这种情形之下产生的。目的之一便是在补充这些外国译主的不足。

当然，并不是没有例外。唐代的玄奘便是其中之一。玄奘的华、梵语文都臻上乘，大可以自己译。但是他的译场里，还是有严密的组织。这一事例，并不足以推翻笔者所作的推测。玄奘之所以仍沿旧例，一则是译场分工的历史习惯，早已养成。二则是唐太宗对他相当赏识，愿意大力支持他。这种助缘，是大部分译师所没有的。三则是译场的人手，可以使他的译事速度加快。玄奘在十几年中，译出一千三百余卷。如此庞大的卷帙，如果是个人承担译事，是绝对无法办到的。而这些书，只不过是他所携回之贝叶原稿的十分之一左右而已。可见如果情势许可，他必然希望能够多译。所以他当然乐于承袭这种能使速度加快的制度。

但是，在中国佛教史上，译主几乎有九成以上是外国人，而能通华语如鸠摩罗什者又相当少，因此在译经的过程中，势必要多出几层“度语”、“笔受”等转折，译出的中文经典虽然在译场中有证义等职可加校核，但是这些不谙华语的外国主译高僧们，却无法看得懂所译出的中文。更何况小规模的私人翻译，并不一定有证义、校勘诸职？这就是中文佛典颇多晦涩难解之文字，甚至义理并不尽符原典的主要原因。

从《般若心经》译本看历代译事

《般若心经》，具云《般若波罗蜜多心经》，略称《心经》，这是我国极为脍炙人口的佛经。本节拟以该经为例作一项个案解析，并拟透过这一解析，兼论古人译经的方法、习惯，以及前此诸节所不暇论及的问题。

《心经》的中文译本，据目前所知，存佚至少有16种之多[17]。其中经文现存的有14种。以姚秦鸠摩罗什的译本最古老，民国以后的两种译本最新。民国以后的这两种译本，其中之一是民国37年西康的贡噶活佛从藏文译出的。另一种是1980年台大教授叶阿月据梵文本以白话文译出的。从原本的不同来看，《心经》的译本有广本、略本两种。（另外有一种对音本，是用汉字将梵语逐字音译出来的本子。）广本的文字较多，除了正宗分以外，另有序分与流通分。略本的文字比较少，只有正宗分而已。

17. 有关《心经》之研究，国人之中当以霍韬晦《般若心经汉译研究》一文（香港，《中国学人》，第3期）及叶阿月《超越智慧的完成》一书所收之资料最多，最值得参考。不过这二位先生的大作，皆未论及自藏文译成的中文本。按：从藏文译成的《心经》有两种，一为清代康熙年间的译本，一为民国贡噶活佛所译。

按：佛书同本异译的事例极多，但是像《心经》这么多异译的例子则不曾见过。其他如《金刚》、《法华》、《楞伽》、《俱舍》等重要经论，也都有不同的译本。在这些不同的译本之中，形态有多种。其一是摘译，即摘取书中的一部分单独译出。像大正藏的阿含部，共包含151种中译本。实际上，其中只有4部《阿含经》比较完整，其余几乎都是摘译，所以篇幅都很小。其二是节译，即浓缩全部经文，删繁就简而成的节本。鸠摩罗什所译的《大智度论》100卷，第35卷以下便是节译本。其三是全译，如玄奘译《大般若经》600卷。但是，同样是全译本也可能有各种异译。原因之一是前人所译不佳，后人改译。其次是二者虽然是同一本书，但原典在内容上不尽相同（如《心经》之有广本、略本）。所以持有不同原典的人乃重新译出。

在这些不同的译本之中，大抵只有一本较为后人所爱读，其余诸本往往乏人问津。以《心经》为例，在十几种译本之中，玄奘所译一直是后世最热门的本子。大部分佛教徒都以为《心经》只有这个译本，而不知道还有十几种异译。唐代玄奘的译本出现之后，后代还有新译本8种之多，但都不流行。可见后出者并不一定能为世人所接受。

在书名的翻译方面，同本异译的经题，常有极大的不同，因此一般读者往往不能从经题上辨识出它们原是同一本书。如《心经》现存的14种译本之中，有些译本叫做《摩诃般若波罗蜜大明咒经》，有些叫做《薄伽梵母智慧到彼岸心经》，像这么不同的译名，读者是不容易看出它们的关系的。其他佛典中，像罗什的《维摩诘所说经》，玄奘改译为《说无垢称经》，外行人看了也一定无法将它们联想在一起。

依玄奘译本，《心经》全文只有260字。罗什译本稍多，但与玄奘本都同属略本类。如果仔细对照各种译本，则我们将可在这短短的一篇经文之中，发现不少翻译方面的问题。

如前所述，原典的广本与略本的不同，起因于原典之传承上的差异。至于同属略本（或广本）一类而中译本仍有差异的，除了系由不同的译笔及翻译态度所引起之外，也有可能仍是在传承上，原典本身也有差异而引起的。譬如第一段经文，鸠摩罗什与玄奘这两位最著名译师的译文分别如次：

罗什本：观世音菩萨，行深般若波罗蜜时，照见五蕴空，度一切苦厄。舍利弗，色空故无恼怀相，受空故无受相，想空故无知相，行空故无作相，识空故无觉相，何以故，舍利弗，非色异空，非空异色，色即是空，空即是色，受想行识亦如是。

玄奘本：观自在菩萨，行深般若波罗蜜多时，照见五蕴皆空，度一切苦厄。舍利子，色不异空，空不异色。色即是空，空即是色。受想行识，亦复如是。

鸠摩罗什与玄奘是我国两位最伟大、影响最深远的佛书翻译家。但是二者的翻译风格有很大的差异。罗什的译经习惯，往往在不违背原典义理的前提下，喜欢删繁就简，甚至于更动原文体制或变易原文，以便中国读者容易接受[18]。现代学者在核对梵汉佛典时，发现罗什常常喜欢增加原典所无的词句。站在读者的立场，有了那些增加的词句当然更能帮助我们了解经文，这是罗什传译时的一片婆心。但是在从事学术研究时，这些文句则

18. 参阅陈寅恪，《童受喻鬘论梵文残本跋》，《陈寅恪先生论文集》（下）（台北，三人行，1974年），页683。陈先生此文所论罗什之译经风格甚为精辟，然文中以为今日流行之《心经》亦为罗什译本，当系一时笔误。

必须加以澄清。严格地说，在这些地方，罗什所做的几可视为“译注”，但他却将这译注化为本文。

以《心经》译文为例，玄奘本在“舍利子”一词下面，立即接上“色不异空”之句，但是罗什本则多出“色空故无恼怀相”等5句，这是今传梵文原本及其他各种译本所没有的，但是却可以诠释“五蕴皆空”的义理。顺着这五句下来，再去读“色即是空”诸文，自能较易理解。据近代研究者的推测，罗什这5句话当系采用《大品般若》的经文所加上的[19]。《心经》本来是《般若经》的义理精华，因此，用《般若经》的话来编译《心经》，在义理上当是顺理成章之举。而以罗什在般若学上的涵养，这种编译在义理上也必不致有过错。但是在学术研究上，却不能不加分辨。

19. 见霍韬晦，《般若心经汉译研究》，《中国学人》，第3期（香港，新亚研究所，1971年）。

除此之外，“度一切苦厄”一句在今传梵本也找不到。两种藏文汉译本及玄奘自己另外翻译的音译本也都没有。在各种译本之中，罗什本最先有这一句，流行的玄奘本也有。个中原委目前尚无足够的史料可资了解。然而从这些事例看，我们对古代译本与原典之间的异同与关系，当多少可以有点认识。

有关名词的翻译，这段经文中问题最大的是罗什所译的“观世音菩萨”，玄奘改译之为“观自在菩萨”。依据《法华经》普门品所载，此一菩萨有一特性，即众生受苦时，如果一心呼唤他的名字，“观世音菩萨即时观其音声”，使众生获得解脱。因此，罗什所译的名称恰能符合这种特性，而玄奘所译则否。玄奘改译的原因是梵语原文只有“观自在”的意思，绝不能译成“观世音”，但是，如笔者在前此之第三节中所论，罗什所据原典为西域传本，该词梵文是可以译成“观（世人）音声”的。可见在这里罗什并未擅改，而是传本不同所致。在各种译出的佛书里，这种因传本不同而译文有异的例子相当多，这并不是翻译态度的问题。

关于这两段经文的文笔，很明显地，玄奘本简洁有力，文字要比罗什本好。譬如罗什所译的“照见五蕴空”、“受想行识亦如是”，玄奘改译为“照见五蕴皆空”、“受想行识，亦复如是”。每句只加了一个字，读起来不只顺口，而且整齐有力。而罗什的“非色异空，非空异色”二句，玄奘改译为“色不异空，空不异色”，显然也比罗什的句子要顺畅清楚得多。

依照一般性的看法，罗什的译经方法一向多用意译，而玄奘所采的则是直译。这是相对性的素朴说法。比起罗什之喜欢增删文句而言，玄奘的译笔可以说是直译，但比起某些不知变通、固执梵文格式的译者而言，则玄奘的有些经文也可以视为意译[20]。历史上诘屈聱牙令人难以卒读的直译本并不少见。比较起来，玄奘本并不是最直译的。所以，直译与意译二词在中国佛教史上是比较出来的名词。事实上，这两个名词显示的是“译师更动原文之程度”的问题，并不一定有绝对客观的标准。

《心经》的各种译本，论文笔的简洁顺畅，无疑地，当以玄奘本为第一。但是单看文笔的好坏，并不足以评断译事的优劣。在上举经文中，有一句极为重要的话——“照见五蕴皆空”。这句话是全经的核心义理。把握住这句话的意思，则能把握住全经大义。然而玄奘的这种译法，并不贴切，而且容易招人误解。

按“照见五蕴皆空”一句，依梵文原义，应译为：“照见五蕴它们的自性都是空的。”换句话说，代表精神（受想行识）物质（色）的五蕴，并没有哲学上所谓的“本体”。但并不是说五蕴的缘起相状也完全空无。

关于这点，后出的各种译本，大部分都译得比玄奘本更清楚，如法月本是：“照见五蕴自性皆空。”清代以后两种自藏文译出的本子也译为：“照见五蕴自性皆空。”可见以玄奘的梵汉俱佳与养学丰赡，其译笔也并不是必然十全十美。最有趣的是，鸠摩罗什所译也是“照见五阴（蕴）空”，也没有点出所空的只是自性。两位最权威的翻译大家，在

20. 此处所述，据吕澂《慈恩宗》一文，同注8所引。

这一句的译笔上表现得都不如二流译师。可见单凭一种译本，往往不易百分之百地把握经文的意义。

为了把握正确的经义与防止误读，古代曾有会合各种译本于一书的“合本”“会译”产生。在梵语学习风气不盛的环境，要把握佛教原义，这种比较佛典的研究方法应该是很实用的。

会合各种译本来作研究的方法，不只可以弥补某一译本的错误，而且有其他不少用途。兹再举《心经》经文为例，说明如次。

依前引玄奘本，在“度一切苦厄”下，忽然就冒出“舍利子，色不异空……”的句子，这一段突如其来的文句，颇令读者难以理会。然而，如果能参考广本，则此一问题立可迎刃而解。譬如藏文之汉译本，在“色即是空”句前，就有几段文字，叙述舍利子向观自在菩萨请示修习智度妙行的方法，然后观自在告诉舍利子，谓“应以五蕴亦从自性空真实观”，然后才接下“色即是空”等句，这样读下来，自然豁然开朗，不至于扞格难解。

其次，在玄奘本的后半段经文中，有“以无所得故”句，单看上下文，很难决定这句话是前文的结语，或后文的开头。但是如果参看广本，则意思马上清晰地显现出来。如法成译本即谓：“是故舍利子，以无所得故，诸菩萨众依止般若波罗蜜多，心无障碍……”我们马上可以判断该句是开启下文的重要文句。

此外，不同译本中的某些术语，有些是音译，有些是意译。音译的术语，如果能比较异本的意译，则该词语意立可明白。譬如玄奘本的“阿耨多罗三藐三菩提”，如果对勘法成译本，则立可核知该词的意译为“无上正等菩提”。

在经咒的读音方面，经由各种译本的比较，也可以得到译音较为准确的一种。以《心经》文末的咒语为例，玄奘本译为“揭谛揭谛，波罗揭谛，波罗僧揭谛，菩提萨婆诃。”此译为国人诵习最久，最为流行。但是，如果对勘各种译本，则会发现各本的译音有很大的差异。以“揭谛”二字为例，智慧轮本译为“诐帝”，法成本译为“峩帝”，贡噶本译为“噶得”。用现行的国音念，4 种译法的第一个字的差别显然可见。如果咒语读音之准确与否与修行效果有关的话，则这4 种译法的效应一定不同。如果了解前三译用的是唐代的古音，贡噶本用的是现代北京音，则当可了解“噶得”一译才是现代人最正确的读法。

从上面征引的《心经》译例，可知想从华语译本去理解佛教，不只要注意很多由翻译引起的问题，而且译籍本身的功能也有一定的限度。东晋时来到中国的鸠摩罗什，曾经发现旧有译本“义多乖谬”，原因是“皆由先译失旨，不与胡本相应。”[21] 此后，经过他的努力，加上后来的觉贤、昙无谶、真谛等无数译师的辛苦耕耘，按理说译本应该逐渐圆满的。可是到了唐代，译经大师玄奘对前代译本的译法还是颇有微词[22]。玄奘之立志西行求法，原有译本的不够完善也是原因之一。可是对于他回国以后所译的佛典，我们还是觉得并非十全十美。像前述“五蕴皆空”、“色即是空”诸例，即都容易引人误解。可见这是翻译功能的限度问题，是无可如何的。

关于佛书翻译的困难，古人曾多所慨叹[23]。鸠摩罗什一生虽然以译经为专业，但是他本人对翻译的功能却相当低估。他曾说：

> 改梵为秦（华语），失其藻蔚。虽得大意，殊隔文体。有似嚼饭与人，非徒失味，乃令人呕秽也。[24]

将翻译比为“嚼饭与人”，可谓千古妙喻。对一个没有能力读原典的人来说，翻译是必要的，但却是不得已的。能得“大意”则目的已达，“失味”当系必然的结果。

与罗什同时的道安，毕生襄赞不少译事，对佛书翻译之甘苦，也

21.《出三藏记集》，卷一四《鸠摩罗什传》，《大正藏》，第五十五册，页101。

22.《续高僧传》，卷四，《玄奘传》云：“自前代已来，所译经教，初从梵语倒写本文，次乃回之，顺同此俗。然后笔人观理文句。中间增损，多坠全言。今所翻传，都由奘旨，意思独断，出语成章。”卷末作者道宣又云：“世有奘公，独高联类。……故唐朝后译，不屑古人。执本陈勘，频开前失。”见《大正藏》，第五十册，页455、459。

23.《出三藏记集》卷七《法句经序》云：“天竺言语，与汉异音。……名物不同，传实不易。”《大正藏》，第五十五册，页50。

24. 同注21所引。

颇为内行。他盱衡当时的译界情况与译籍之后，曾慨叹地提出“五失本、三不易”之说[25]。所谓“五失本”，是说在外文文法、行文习惯、内容组织等方面，原典与中国写作惯例全异，然而译师们却总是依照中国人的行文习惯去译经。这样的成果，当然不容易与原典完全切合。“三不易”则是指以今人去逡译古代典籍所可能遭遇的3种困难。译事既然困难如此，所以道安主张直译。他反对依中国习惯去改易原文，也不赞成多修饰文句，他要求的只是“信”与“达”而已。他的主张，与鸠摩罗什一向所采行的方法刚好相反。

隋代一位学僧彦琮，曾参与23部佛典的译事，对译事的难易，了若指掌。他对翻译的可靠性也持怀疑态度。他曾说：

> 若令梵师独断，则微言罕革。笔人参制，其余词必混。……凡圣殊论，东西域隔。（译事）难之又难，论莫能尽。[26]

在这种情形之下，如果勉强要译，还是以直译为佳。“宁贵朴而近理，不用巧而背源”是他提出的翻译态度。但是依他的理想还是希望华僧都能直接读原典，不必假手于翻译。他本人就是连日常诵经都要诵梵语原典的一例。

彦琮这种理想当然不切实际，但是却反映出译事的困难及其所隐含的问题。一部260字的《心经》都问题重重，更何况那些数逾百卷的大书！因此，如果不了解佛教文化的输入就是以这种译事为基础的话，将不容易把握形成中国本土佛教的某些线索与原因。

25. 道安，《摩诃钵罗若婆罗蜜抄经序第一》，《出三藏记集》，卷八，《大正藏》，第五十五册，页52。

26.《续高僧传》，卷二，《彦琮传》，《大正藏》，第五十册，页439。

历代翻译佛典的数量及内容

从东汉末年到民国，历代大都有译事存在。长达千余年的翻译事业，成绩当然是可观的。如果佚失的不包括在内，单以现存的翻译佛书计算，从古到今译成中文的佛书有两千部左右。以字数计，大约有六千万字[27]。

现存的这两千部左右的佛书，有全译本，有浓缩式的节译本，也有单译一部分的抽译本。有原本部帙较大的广本，也有原本篇幅较小的略本，因此各书内容长短不一。长的像《大般若经》有600卷，约有五百万字。短的有少到二百余字的。由于佛书与其他宗教的神学类典籍并不一样，其内容也包含不少各种知识与智慧性的记录，因此，如果全部含混地视之为神学式的宗教典籍，显然并不恰当。所以，粗略地了解这些佛书的内容与性质，对有意探讨其翻译问题的人而言，是必要的。

在各种大藏经中，大正藏是目前学术界公认为最好的一部中文大藏经，该藏内容分类之学术性，也为其他各藏所不及[28]。此处即拟依其分类，将历代所译佛书作一简介。

在现存的两千部左右的翻译佛典之中，大正藏所收的约有一千七百部。属于经律论三藏的书，分为16部，依次为阿含、本缘、般若、法华、华严、宝积、涅槃、大集、经集、密教、律、释经论、毗昙、中观、瑜伽与论集部。三藏以外的书，则分别散布在史传、外教等部之中。其他版的大藏经或未入藏的译籍，大体也可以归入上述这些部类里。

在这16部之中，属于三藏中之经藏类者，为阿含部到经集部的九种。依照传统的看法，“经”是释迦牟尼的说法记录。实则依据现代学者的研究，佛书的形成有其复杂曲折的过程，现存这些佛经之确实为释迦牟尼说法之忠实记录者并不多。比较接近这一标准的，也不过是阿含部诸经与本缘部一小部分而已。

---

27. 这是笔者以《大正藏》所收为基础，加上其他藏经所收的不同译本计算而成。这数字不含标点。总数虽然不敢说精确，但大体依此字数，自可得到历代译经数量的粗略印象。

28.《大正藏》的优点大约有下列几项：(一)对印度重要佛典收集甚备；(二)分类系依据现代学术标准而非古代之宗教标准；(三)每页有校勘栏；(四)每页分三栏，读来较不费眼力。但是该藏的缺点也不是没有，显然可见的是：断句错乱不堪，及中国人的著述收集太少。

9种经部诸书中，阿含部所收，是4种《阿含经》及其异译、节译本。内容大体以释迦牟尼一生的教法及传教过程为主，并兼及当时印度思想界宗教界的概况。这是原始佛教的根本史料，也是后代大乘典籍的思想基础。本缘部所载，为释迦牟尼及其弟子的各种传记，是佛传文学的宝库。由于有些是后代印度人所撰的，因此也含有不少印度民间流传的神话与寓言。其中有一部分典籍，如《佛所行赞》（*Buddhacarita*），在印度梵文文学史上即有极高的地位。

般若部所收是以揭橥佛家超越的智慧及性空原理为主题的大丛书，是大乘佛教教义的根本典籍。法华部收辑的是《妙法莲华经》的同本异译，主题为释尊久远成道、小乘回向大乘等事。此部经典对我国及日本都有极大的影响。华严部所收为《华严经》及其异译本，为阐述释尊离迷成道之开悟内容的大丛书。涅槃部所收为以大乘《涅槃经》为主。主题为佛身常住、众生皆有佛性、极恶众生如一阐提（icchantika）之类也能成佛等项。

宝积部系以《大宝积经》为核心的大乘佛典。《大宝积经》为49种独立经典之集成，缺乏一贯的色彩。大集部以《大集经》及有关的某些零星经典，近数百年在我国民间甚为流传的《地藏本愿经》也在这一部。大体而言，宝积部与大集部所收，都不如般若等部之具有明显的主题。此外，密教部所收，系佛教在吸收印度教教义以后所产生的经典，属大乘后期，内容较具神秘色彩，在宗教实践方式上颇具“法术”意味。经藏的最后一项——经集部，所收为不能归入上述诸类的经典。共四百多部，大小乘都有，然篇幅都不很长。其中也有不少是在我国佛教界中相当热门的，如《维摩诘经》、《楞伽经》、《解深密经》、《四十二章经》、《圆觉经》，有关药师佛、弥勒菩萨的经典也都收在此部。

律部方面，包含八十几部书，为印度5个小乘部派的律藏及有关戒律的典籍。这是记载印度佛教徒之生活规范的书，除了戒条及制戒缘起之外，关于僧团生活起居的规定、戒律的原理，以及较晚出的大乘戒本等都收罗在内。其中，5部律藏，各载有详细的戒条制定的原因及佛弟子持戒、犯戒的情形，并涉及当时社会对佛教徒的态度，不只是研究早期佛教教团的重要史料，也是研究古代出家人心理状态的珍贵典籍。

论藏方面，包含有大小乘论书。在印度的三藏要典里，“经”所记载的大都只是一些简单的原则、理念，或佛菩萨之宗教情操与境界的陈述。而“论”则是对这些理念、境界等主题的深入探讨，或作进一步的分析整理与推演引申。后代印度佛教各学派思想的同异，从这些论书中最可以发见端倪。

依照大正藏所收，论藏共分5部。释经论部所收诸书，皆为对某一部经所作的解说。毗昙部所收则以印度说一切有部论书为主。中观部为龙树著作及相关典籍的汇集，所收大都为大乘初期佛教思想的代表作品。瑜伽部则系法相唯识系论典的丛刊，是印度初期有宗思想的总汇。此外，论集部则收集一些不能归入上述四类的大小乘论典及新著，因明学著作、《成实论》、《解脱道论》、《大乘起信论》等要籍都收在此部。概括地说，论藏类诸部，是印度佛教学术的集成，是各派思想体系的具体表现，要研究印度大小乘的佛教义理，非深入这些论典不可。

除了上面的三藏典籍之外，另外还有一些译籍也颇为重要。譬如史传部的《大唐西域记》，是唐玄奘采用印度等资料编译而成的地理书，迄今仍为世界学术界所重视。外教部的《金七十论》、《胜宗十句义论》、《摩尼光佛教法仪略》等书则为印度哲学及摩尼教的要典，也值得比较宗教的研究者注意。

综上所述，我们大体可以为两千年来佛书翻译的粗略内涵及其大致方向作一鸟瞰。中国佛教的成立、佛教对中国文化的影响，主要便是这些书所导引出来的。

华译佛典在世界佛教及中国文化上的地位

当前的世界佛教，仍然有3个系统保存有古代传自印度的大量佛典。其一是锡兰的巴利文佛教三藏；其二是西藏大藏经中译自梵文的佛书；其三是华译佛典。印度本土的梵文原典，从19世纪以来在尼泊尔等地曾陆续出现了一些，但数量有限。日本是20世纪以来的佛教大国，拥有南北传各种佛教资料，但是其南传大藏经译自锡兰的巴利文，北传大藏经则是我国佛书的重编，都比较没有独特价值。因此，此处拟就上述三系统略作比较，以彰显出华译佛书的特质。

锡兰是南传小乘佛教的大本营，也是中南半岛诸国（越南除外）佛教的根源地。该系所保有的佛典，是阿育王时代传自印度的上座部三藏。但是该国完全没有大乘佛书。比起锡兰这个系统，我国所传译的佛典规模要大得多。除了卷帙浩繁的大乘佛典为锡兰所无之外，小乘三藏的数量也非锡兰可比。但是这南北两种小乘三藏有一项显著的差异，即锡兰所保存的是印度上座部一派的完整三藏，而我国所拥有的是不同部派之佛典的零星组合。

尽管我国也有小乘的经、律、论，但是经部方面的四阿含并不是同一个部派所有的，而是4个不同部派的传本。虽然与锡兰上座部的五尼柯耶（Nikāya）同是小乘经藏，而内容略有不同。律藏方面，我国有5部律藏，分属5个部派，而锡兰则只有上座部律一种。论书方面，锡兰有七论，而我国则有说一切有部的大量论典及其他部派的论书，数量为锡兰的若干倍。至于西藏所传的小乘译籍，比锡兰更少，自不能与我国并驾齐驱。因此，就小乘佛典的保存数量而言，当以华译为最多。虽然华译文字的可信性不如巴利佛典，但是其多样性的参考价值与存有大量他处所无的译本，都是锡兰系统所比不上的。

在大乘佛典方面，以华译与西藏译保存最多。这两大系统的佛典也各有其不同的特色。兹分条比较如次：

其一，华译开始的时代相当早，公元2世纪中，我国已经有译事存在。而西藏则到7世纪才开始译经。因此，我国的译事大约比西藏早500年。这500年间印度与西域佛教的发展，从我国赓续不断的译业中可以窥见大略。西藏的译事在大乘佛教步入晚期时才开始，在选本上、译法上当有后出转精之处。但是若从历史观点看，与大乘初中期佛教平行发展的华译典籍，自有其不可忽视的历史意义。

其二，般若、华严、大集、涅槃、宝积之五大部大乘要典，华译与藏译都有，但是华译本异译多，具有比较研究的价值。藏译本所保存的是后来的修正本，虽然译得比较接近原本，但是不能像异本繁多的华译本那样，可以作“会译”式的参考研究。

其三，华译与藏译都各自保存有举世仅存的译本。在梵本已佚的现代，价值当然高。以印度大乘瑜伽系唯识典籍为例，华译保存护法系统的思想，藏译则偏重安慧系[29]。而护法与安慧则是印度解释世亲唯识思想最重要的学者。可见在这方面，两种译本都各有其独特的价值。

其四，藏译本大都译自梵文（一小部分译自中文），在传译技巧上，采用机械式的直译法，较忠实于梵文原典。华译的来源有梵有胡，译法有直译、意译与编译，较不忠实于印土原文。

其五，华译除有大量的小乘三藏之外，大乘方面以初中期之大乘教典为主。西藏则恰恰相反。佛教传入西藏时，已届大乘中期，所以藏译包含颇多中后期中观、唯识、因明及无上瑜伽的秘密典籍。

从上面的比较，大体可以看出，三系之中以华译与藏译收集较广，范围较大，远非巴利系统所可比拟。而华、藏二译之间，则各有其偏尚与特色。在印度原典大缺的现代，这两种译本的配合，大体仍可恢复印度大小乘佛教的旧有风貌。华译诸书在世界佛教中的地位，由此约略可以想见。

其次，我们也必须知道在这些译籍之中，哪些书是中国佛教所重视的，以及影响中国文化较大的是哪一些典籍。

29. 见印顺，《华译圣典在世界佛教中的地位》，《以佛法研究佛法》，《妙云集》（台北，作者自印本，1972年），下编，第三册。

与西藏译业不同的地方，不只是华译早出五百年。更重要的是中国人曾对这些佛典，作过吸收消化、陶铸化裁的功夫。如果把现存大藏经中的中国人注疏与著作加起来，以字数计，有两亿字左右。这个数目字是所译佛典的三倍有余。换句话说，一万字的印度佛典传译为中文后，中国人由之可再产生三万多字的作品。这三倍多的文字产品，不只代表中国人对佛书的阐释，也象征中国人吸收佛教以后的文化融贯。不论阐释也好，融贯也好，这都是长久以来译业的直接或间接结果。

当然，并不是对每一部译籍，中国人都有兴趣。一部书译出之后因乏人问津旋告佚失的例子也很多。但是，一部译籍有上百部注释书的情形也有。下面我们再稍稍检查一些历史上比较盛行的译本，借以显出中国吸收佛教文化的大致趋向。

众所周知，我国是大乘国家。小乘佛典虽然译出甚多，但是研习的风气一直不曾普及。南北朝时曾有部分人研究《阿含经》，但人数不多，未能蔚成风气。小乘论方面，《俱舍论》、《成实论》都曾在南北朝成为一时显学，阿毗昙诸论也有一些人钻研，但都维持不久。

小乘律藏译成中文的共有5部，其中只有《四分律》在中国成为戒律方面的显学，该书不只是唐代南山律宗的根本律典，而且成为后代出家人受戒的准绳。至于其他4部律藏，除《十诵律》曾稍稍流行之外，其余则乏人问津，不曾产生较大的影响。

大乘经论中，有很多书在中国都曾流行过。东晋时《般若经》的研究形成了六家七宗的不同学派。鸠摩罗什来华以后，般若学一新耳目，三论（《中论》、《百论》、《十二门论》）也研究甚多。《涅槃经》的研究，经过竺道生的弘扬，在南朝也曾风行一时。北朝则以《十地经论》为一时显学。其他方面，禅法典籍也是修行者所经常应用而容易被后代研究者所忽略的。

隋唐以后，中国佛教的大宗派逐渐形成。各宗派在成立时，大都有其所依据的印度佛书。天台宗以《法华经》为主要教义根据，但是也重视《涅槃》、《般若》、《维摩》等经与《中论》、《大智度论》二书。此外，印度禅法典籍也是该宗的实践根据之一。

唐初的三论宗，以《中论》、《百论》、《十二门论》为所依佛典。唯识宗以《楞伽经》、《瑜伽师地论》及《成唯识论》等书为主要思想根据。此外，对《摄大乘论》、因明典籍及《瑜伽师地论》的那些分支论典也甚为重视。三论与唯识二宗，相当于印度大乘佛教的空、有二系，印度味较浓，盛行于我国的时间都不长。

华严宗依据的当然是《华严经》，另外，《大乘起信论》也是该宗的重要思想成分。净土宗以三经一论为教义根据，此即《观无量寿经》、《无量寿经》、《阿弥陀经》与《往生论》。其中，《阿弥陀经》流行最广，迄今不衰。而在后期甚为反对研究经典的禅宗，早期则重视《楞伽经》与《金刚经》。

此外，宋以后的佛教界，《楞严经》也相当普及。该书与《起信论》被学者视为中国人所造，并不是来自印度。尽管如此，在一般读书人之中，该经与《维摩诘经》、《金刚经》、《法华经》等书，都极受欢迎。

结 语

上面所作的只是对某些重要译籍之影响力的粗略陈述，当然会有遗漏。但是笔者主要在指陈一件史实，那就是中国人对这些译籍的吸收，是有选择性的，是随时代而不同的。一本书自译出之后即历久不衰的例子虽然有，但为数甚少。以时代论，义净以后历代译师所译的书，大都不甚受我国佛教徒重视。从义净到清末所译的七百部左右的佛典里，真能流传一时的书，并不多见。从这一点，可以看出译事影响我国佛教的时代限度。

比起印度来，中国人对佛书的接受态度是大异其趣的。印度小乘20部派曾经盛行过一段时期，其中，只有说一切有部在我国南北朝稍稍流行过，其余各派都不曾为国人所热衷。大乘空有二系思潮，是印度中晚期大乘的主流，但是这两系思想，在中国都盛行不久。

还有一个有趣的事实是，我国最主要的三大宗派——天台、华严、禅宗（南宗），它们所依据的主要典籍（法华、华严、金刚）在印度都不曾成为显学，也没有成为任一学派的根本思想依据。此外，印度佛教本来是以小乘为主流，大乘是旁流。即使大乘盛行时，小乘教团也并未灭亡。然而，我国在译书时虽然大小乘都兼容并蓄，但是大乘译典，一直是中国人的主要研讨对象，迥非小乘译典可比。后代天台、华严宗在判教时，更明显地贬抑小乘为最低层、肤浅的教法。在实践方面，印度的禅法典籍，译成华语的也为数不少。但是中国人最后所最流行的禅法——南宗禅，则另辟蹊径，与印度禅大异。

由此可见古代中国人在接受佛教时，有其独自选择的标准，并不一味地接受印度模式。如前所述，中国人在应用这些翻译佛典，在接受这些佛教文化时，事实是一种“再创造”的历程，并不是照单全收的承袭。这一点，与近代中国人之接受基督教，在形态上可谓完全不同。

知识的水库

历代对图书文献的整理与保藏

林庆彰

文字是记载人类思想活动的工具。人类文化进展到某一程度时，就得靠文字记载来保存活动的内容。当记载人类活动内容的文献多到某一限度时，文献整理与保藏的问题也就跟着产生。

我国自西汉以来，对图书文献的整理与保藏，不论在图书采访、文字校勘、分类编目、建阁庋藏等，已有相当完备的制度。当时对文献的保存，不论是政治原因，或纯粹个人兴趣，目的虽有不同，但在不知不觉中，或多或少已保存了人类的知识，并延续了中华文化的命脉。

在两千多年文献整理与保藏的过程中，大体地说，即由密闭的藏书楼进步到公共图书馆的过程。图书文献由密闭到开放利用，虽仅是个观念问题，但促使人们一念之转变的历程，竟要两千余年之久。本文所要讨论的，就是这两千余年中，官方或私人对图书文献整理与保藏的种种运作过程和这种运作过程对整体文化的贡献。

先秦、两汉时期

在我国书籍发展史上，春秋末年恰好是上古至汉末的一个分界点。春秋末年以前是我国书籍的形成期，当时书写所用的材料，如：甲骨、铜器、石头、竹签、木条等都有，形式并不固定。所谓书籍，或许仅是一些文献档案而已。春秋末年各家著作陆续出现，竹木简（图一）和缣帛成为主要的书写材料，纸也于后汉出现。这阶段可说是书籍开始发展的时期。此时，书籍的最大特色，就是单篇流传。至刘向校书时，始将各书之篇数、书名固定。所以，刘向之校书在我国文化史上有很深远的意义。

上古的典籍告诉我们，夏、商时代已有典、有册[1]；且夏代的太史终古载图书奔商，殷代的太史向挚载图法归周[2]。但现在还没有足够的文献来证实这说法。倒是商朝时刻在龟甲、兽骨上

1.《尚书·多士》："惟女知，惟殷先人有册、有典，殷革夏命。"

2.《吕氏春秋·先识》："夏太史令终古出其图法而泣之……夏桀迷惑暴乱愈甚，太史令终古乃出奔如商。……殷内史向挚见纣之愈乱迷惑也，于是载其图法，出亡之周。"

的甲骨文已大为通行。民国初年的考古工作，发现殷人已将甲骨文完整地保存在一个洞穴里[3]。这可说是最早保存文献资料的实物记录。

到了周代，中央政府有所谓的史官。史官掌记事的工作，必保存有不少文献资料。诸侯国中的鲁国，与王室的关系最密切，必藏有不少文献的副本。《尚书》中的周诰诸篇，可能是当时流传在鲁国的文献而保存下来的[4]。东周以后，中央政府管图书的有守藏史（柱下史），哲学家老子就曾做过这工作。此时，鲁国的文献资料最为齐备，所以吴公子季札要到鲁国观乐[5]；韩宣子也要说："周礼尽在鲁矣。"[6]

春秋时代以后，封建制度逐渐崩溃，学问已不再是王室的事。私人讲学的风气也逐渐兴起，为了讲学，将古代的文献加以整理也是必然的。其中最著名的例子，要算孔子的删定六经了。但根据考证，删定六经的事，或许不可靠，他曾编定《书》、《诗》、《礼》来教学生或有可能。至于鲁国古史《春秋》，也因孔子的整理而寓有褒贬的意义[7]。由于孔子对这些文献的重视，加上儒家后学的推阐，使这些文献成了数千年来每一位读书人必读的书。

秦始皇统一中国后，因为猜忌心作祟，除了颁布"挟书律"，禁止民间携藏书籍外，更于始皇三十四年（公元前213年）接受李斯的建议，焚毁大部分的图书文献，仅留下医药、卜筮、种树的书。这是我国文献史上的一次大浩劫。

汉继秦兴，高祖入关后，萧何首先接收秦国的图籍。这些图籍对高祖的统一天下曾发挥了不少作用。此时，由于"挟书律"给人的压力，民间所藏的书，大多不敢献出来。到了惠帝时解除禁令，各种书

3. 中央研究院于民国十七年（1928年）秋，至民国二十五年（1937年），先后发掘殷墟（河南安阳）十五次。其中民国二十五年（1936年）三月十八日至六月二十四日，由郭宝钧和石璋如主持的第十三次发掘，在小屯村北地一二七窟发现有一完整无缺，储藏甲骨的窖穴，存完整的龟甲二百余版，残片约二万余。

4. 屈翼鹏，《尚书释义》（台北，中华文化出版事业社，1968年），"叙论"，页3。

5. 鲁襄公二十九年（公元前544年），吴公子季札到鲁国观乐。

6. 鲁昭公二年（公元前540年），韩宣子聘鲁，观书于太史氏，见《易象》与《鲁春秋》曰："周礼尽在鲁矣，吾乃今知周公之德，与周之所以王也。"

7. 孔子整理《春秋》的态度相当谨慎，即使有阙文，也不随便替它补上。例如：昭公十四年"夏五"二字，实应作"夏五月"。但孔子宁可让它阙文。卢文弨，《抱经堂文集》（国学基本丛书本），卷八，《春秋尊王发微跋》说："夏五之下，其为月也无疑矣。而圣人不益者，谓其文或不尽于此也。"

籍才慢慢地出现。景帝子河间献王刘德鼓励民间献书，所得图书竟与朝廷相埒[8]。但文帝、景帝时，因行黄老之术，对图书文献的收藏或许较不留心，所以武帝时才有“书缺简脱，礼坏乐崩”[9]的现象。武帝重儒术，曾搜访图书耆儒，并派人抄写各种书籍。

图书文献搜集来以后，最重要的是能加以整理。高祖和武帝时代，曾有两次校理图书的工作[10]，但规模都很小，也没有编纂目录。这种粗略的整理，对那些凌乱又重复的简策，并没有多大的作用。

当时，影响最深远，到现在仍为后人整理图书之准则的，就是刘向、刘歆父子的校书工作了。汉成帝河平三年（公元前26年）八月，刘向领衔在天禄阁开始校书，成帝绥和二年（公元前7年）刘向去世，由其子刘歆入替，至哀帝建平元年（公元前6年）始全部完成，前后延续二十多年。刘氏父子的工作，所以受到推崇，是因他们给那些散乱的简策作了定性的工作。他们整理图书的过程如下：

1. 搜集图书：成帝时曾派陈农到各地访求图书。这是校书前的基础工作，也是广储副本，以便对勘文字所不得不做的工作。

2. 分工整理：刘氏父子校经传、诸子、诗赋；步兵校尉任宏校兵书；太史令尹咸校数术；侍医李柱国校方技。也就是由专家校自己专长的科目。

3. 广储副本：校书时副本越多越好。当时所储备的本子，有“中书”、“外书”、“太常书”、“太史书”、“臣向书”、“臣参书”、“臣某书”等。

4. 比勘文字：当时校勘的方法是两人合作，一人念书，另一人拿着本子仔细核对，遇有讹字误句，便不放松地仔细校订。刘向的《战国策叙录》说：“所校中战国策书……本字多误脱为半字，目‘赵’为‘肖’，目‘齐’为‘立’，如此字者多。”

8.《汉书》，卷五三，《景十三王传》。

9. 同上，卷三〇，《艺文志》。

10. 同上，卷一，《高帝纪》说：“天下既定，命萧何次律令，韩信申军法，张苍定章程，叔孙通制礼仪。”这是第一次整理图书。卷三十，《艺文志》说：“迄孝武世，书缺简脱，礼坏乐崩。圣上喟然而称曰：‘朕甚闵焉。’于是建藏书之策，置写书之官，下及诸子传说，皆充秘府。”这是第二次整理图书。

5. 辨别真伪：所校图书中有可疑的，就辨其真伪。如《晏子叙录》说："又有颇不合经术，似非晏子言，疑后世辩士所为者。"

6. 厘定篇次：刘向之前的古书，大多没有一定的篇次，且当时官府所藏者，篇章颇多重复，经刘氏父子之校定，各书之篇次才固定下来。《列子叙录》说："内外书凡二十篇，以校，除复重十二篇，定著八篇。"

7. 订定书名：篇次固定以后，写定正本，并为各书命定书名。如《战国策叙录》说："或曰国策，或曰国事，或曰短长，或曰事语，或曰长书，或曰修书。"[11] 刘向认为该书记载战国游士的策谋，故定名为《战国策》。可见他决定书名时的态度是相当谨慎的。

8. 写定叙录：每一种书整理完成后，就写一篇叙录，奏给皇帝。叙录的内容，约有：著录书名与篇目、叙述校书之原委、介绍作者之生平与思想、辨别书之真伪、叙述学术源流、判定书之价值等项。

9. 分类编目：刘向卒后，刘歆将所校的书编成《七略》一书。全书分为辑略、六艺略、诸子略、诗赋略、兵书略、术数略、方技略七类。这部《七略》是我国第一部图书目录，而后班固的《汉书·艺文志》大抵根据这书的体例编纂而成。

大体来说，刘氏父子的校书，是寓有"辨章学术，考镜源流"的作用的。后人校书时，喜欢引用其事做例子，原因也在此。然刘向所得副本既多，各本中之异文，必有可两存者，刘向却全部加以删削，如比之唐陆德明之《经典释文》和清代考据家之多存异文，实不无逊色[12]。

其后，经王莽末年的大乱，所有的图书几都亡佚了。光武帝迁都洛阳后，即开始访求图书的工作。当时有不少读书人为了避乱，都携书归隐山林，如能把这些读书人请出来，不但任用了贤能，同时也访

11. 以上所引刘向诸书叙录，见严可均，《全汉文》（东京，中文出版社，1975年），卷三七，页1—9。

12. 乔衍琯，《辑印别录、七略、汉志补注及四史儒林、文苑列传序》，《书目三编叙录》（台北，广文，1969年）。

求到了不少珍贵的图书。光武帝看准了这点，开始奖掖儒术，尊崇读书人，于是郑兴、杜林、卫宏、桓荣等人都群集京师[13]。官方的藏书也较以前多了3倍。

至安帝永初年间又开始校书的工作，当时由邓太后下令谒者仆射刘珍和校书刘骎駼、马融，及一些五经博士参加，将官方图书馆东观的书，全部校订过一遍。整理的过程并没记录下来，也没编纂目录。这是东汉时代规模较大的校书工作[14]。

然有一次较特殊的图书整理工作，在灵帝熹平四年（175年）展开了，就是刊定石经。石经的刊刻是有其原因的。当时的国定教本是儒家经典，由于这些经典都靠传抄流传，字句难免有所不同，但依照当时学术界的惯例，研究经书的人都必须遵照自己老师的本子，因此各派之间难免有所争执。解决这种争执的方法，是以官方所藏的本子为标准。有些人为了证明自己的本子最正确可靠，不惜贿赂官方图书馆员改动所藏的本子，使它符合自己的传本。这种弊端给学术界带来很不好的影响。解决的方法就是刊刻石经。

灵帝命令当时的书法家蔡邕领导一批学者，把《易》、《书》、《诗》、《仪礼》、《春秋》、《公羊传》和《论语》七种经书的文字加以校订，刻在石碑上（图二）。刊刻的过程如下：

1. 选定版本：根据后代学者的考订，当时七种经书所用的本子，大都是今文本。例如：《易》用的是梁丘氏本，《书》用的是小夏侯本，《诗》用的是鲁诗[15]。

2. 比勘文字：虽以今文家中的某一家为准，但仍将其他各家的异文异字，作成“校记”，列在每一经的后面。

3. 镌刻：刊刻前先计算字数、行款和碑数，然后书丹。参加工作

13.《后汉书·儒林传》说：“先是四方学士，多怀挟图书，遁逃林薮，自是莫不抱负坟策，云集京师。范升、陈元、郑兴、杜林、卫宏、刘昆、桓荣之徒，继踵而集。”

14.《后汉书》，卷八〇上，《文苑列传·刘珍传》。

15. 有关汉石经《周易》所用的本子，可参阅屈翼鹏，《汉石经周易残字集证》（台北，中央研究院历史语言研究所，1961年），卷一，“汉石经周易为梁丘氏本”。《尚书》所用的本子，可参考屈翼鹏，《汉石经尚书残字集证》（台北，中央研究院历史语言研究所，1963年），卷一，“汉石经尚书为小夏侯本”。

1

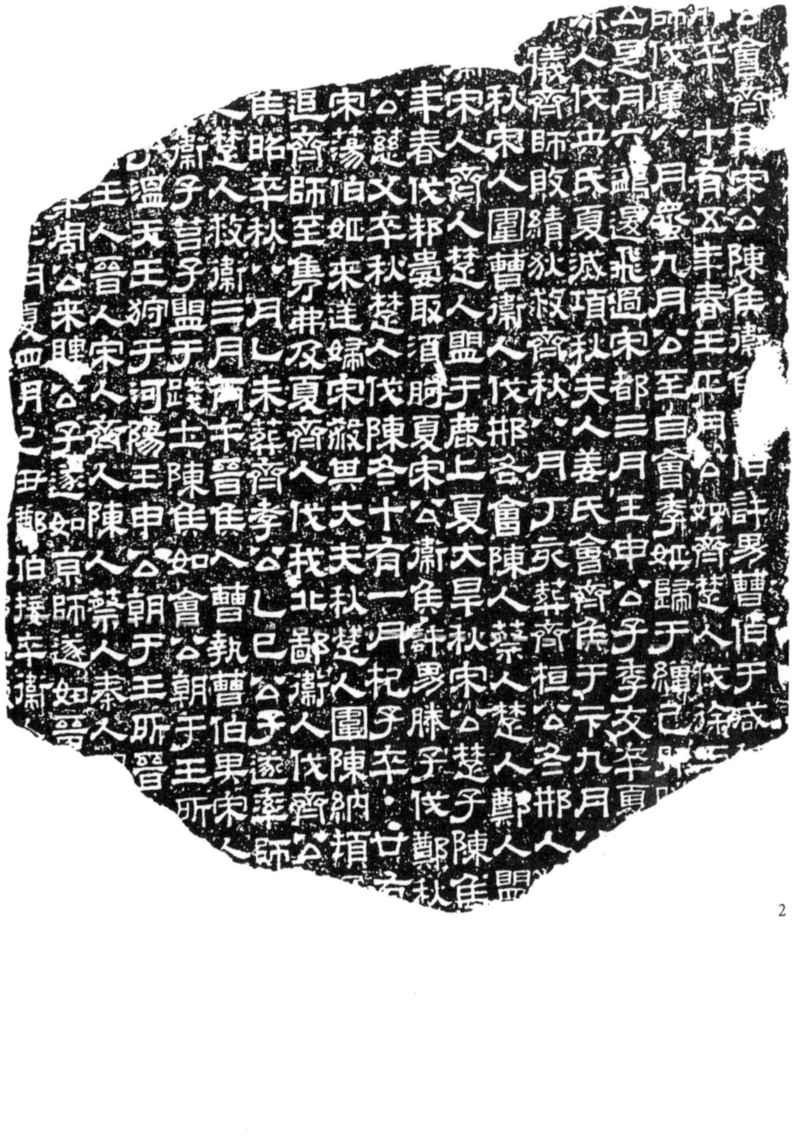

2

图一　木简，采自小山天舟编《居延木简》（日本教育书道联盟，昭和四十七年）。木简是春秋末年书籍书写的主要材料，其他还有缣帛，而纸要到后汉才出现。

图二　汉石经《春秋公羊传》残字，采自钱存训《中国古代书史》（香港，中文大学，1975年）。汉石经的刊刻是在东汉灵帝熹年间展开的，主要是解决儒学各家各派手执不同版本而引起的争执，于是以官方所藏本子为准，刊刻石上，前后历时8年。

的人员有蔡邕、堂溪典、杨赐、马日磾、张驯、韩说、单扬等人。全部用了46座碑，碑的正面和背面都有字。所用的字体是当时流行的隶书。

4. 立碑：将石碑立在洛阳太学东边，排成U字形，开口处向南。经文的顺序是碑碑相接，各碑正面之文相连，然后背面之文相接。起自正面首碑，迄于背面末碑。

石经的刊刻前后历经8年。由于是官定的经书范本，当时每天由全国各地来抄写的多到数百辆车子。后来，这些石经因战乱迭有残损，又随政治权力中心的转移而迁徙流离，遂逐渐亡佚[16]。近代有不少残石出土，很可以帮助我们解决一些学术上的问题。

16. 有关汉石经亡佚的情形，可参考马衡，《汉石经集存》（排印本），“概述”，页1—2。

魏、晋、南北朝时期

魏、晋、南北朝是我国历史上大动乱的时代，也是我国学术发展的另一高峰。由于新的学术不断地发生，新的著作陆续出现，书籍的需求也大大增加。此时，书籍的形式也因纸张的广泛使用，由简册、缣帛逐渐过渡到以纸为主的卷轴（图三）时代。改用卷轴后的书籍，已不像简册那么繁重，整理起来也较方便，所以这个时期大大小小的图书整理竟有数十次之多。但由于政局的动荡不安，加以整理人员本身能力的限制，各次的成效都不大。

卷轴流行后，保藏图书的方法也跟着改变。当时的卷子都平放在书架上，轴端向外，以便于抽出或插入，叫“插架”（图四），轴头上挂有识别何书或何卷用的“签”。每五卷或十卷用一块布包起来，叫“帙”。这种保藏图书的方法，一直沿用到唐代中叶，才被经折装、旋风叶所取代。

魏代汉以后，曾经征访遗书，藏在秘书省、中阁、外阁三个官方图书馆。秘书郎郑默根据这些书作了一次校订工作，所编成的图书目录叫《中经》。

除了这次图书整理工作外，魏明帝时也学东汉灵帝，刊刻了几部石经。熹平石经根据的是当时太学所习用的今文本，但到了魏代，读今文经的人已大为减少，诵习古文经的却日日加多。明帝为了迎合当时的需要，就刊刻了《尚书》、《春秋》、《左氏传》3部古文经。其中《左氏传》没刻完，因此只能算两部半。共用了35座碑，每个字分别以古文、篆文、隶书三种字体书写，所以叫做“三体石经”（图五）[17]。

这次刻经工作，一方面公布古文经的正确本子，另一方面也校正当时的字体。这对经学和文字学都有很大的影响。这部石经在唐以前就被破坏了，现在所能发现的残石比“熹平石经”要来得少。

17. 有关魏石经的详细情形，可参考张国淦，《历代石经考》（台北，鼎文，1972年），“魏石经考”部分。

西晋司马炎篡魏而立，仍都洛阳。武帝咸宁年间秘书监荀勖，又依照魏郑默所编的《中经》，编成另一本目录叫《新簿》。荀勖的校书工作，并没有什么特出的成就，倒是这部目录，将所有图书分成四部，是我国图书四部分类法的先河。荀氏的书分类如下：

甲部：登录六艺和小学的书。

乙部：登录古诸子、近世诸子、兵书、兵家、数术等书。

丙部：登录史记、旧事、皇览簿、杂事等类的书。

丁部：登录诗、赋、图赞、汲冢书等。

这部目录共收书29,945卷，是当时官方藏书的总卷数。后来的《隋书·经籍志》就是根据荀氏的分类略加变通，以乙部录史书，丙部录子书，并订经、史、子、集的类名。这种四部分类法，一直为后世官方图书目录所取法。

此外，汲冢书的发现和整理也是件大事。晋武帝咸宁五年（279年）十月，汲郡人不准盗发魏襄王冢，挖得竹简小篆古书十多万言。盗墓的人目的本在窃取宝物，竹简自不为所爱惜，加以年代淹久，断简残篇自属必然。这些竹简被发现后，随即送秘书省请求学者考订。参

3

4

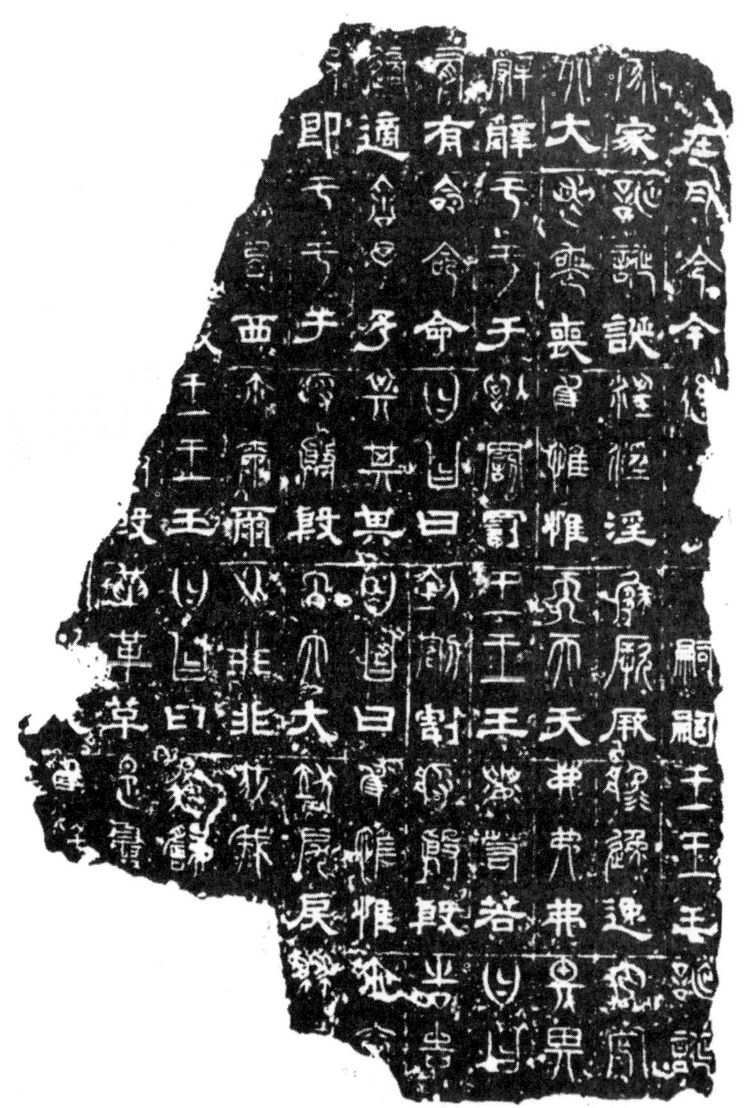

5

图三　卷轴，采自中央图书馆善本图书明信片（台北，该馆，1981年）。随着纸张的广泛使用，以纸为主要材料的卷轴流行于魏晋南北朝后，保管收藏图书的方法也跟着发生变化。

图四　卷轴插架，方便卷轴抽出或插入，轴头上挂有以资识别的“签”。这种藏书方法，直至唐中叶，才被经折装或旋风叶取代。

图五　魏三体石经《尚书》(《多士》)残石，采自邱德修《魏石经古文释形考释》(台北，学生，1977年)。魏明帝仿效东汉灵帝，也在石上刻经，并用了古文、篆文及隶书三种文字，故称“三体石经”。

加校订工作的是荀勖、卫恒、束晰等人。他们把竹简中的科斗文改为当时通行的文字，并为每一书写了叙录。全部整理出来的图书有76篇[18]。

这次整理出来的图书，虽然大部分都亡佚了，但是在我国学术史上却有相当大的贡献。例如：《穆天子传》可帮助我们了解周穆王的事迹；《竹书纪年》可补先秦史料之不足；《师春》可证明《左氏传》、《国语》本来不是一部书[19]。

晋愍帝被俘后，西晋灭亡，典籍损失颇多。元帝即位建康，曾有搜访图书的工作。穆帝时著作郎李充，以荀勖的《新簿》核对见存的书，仅有3,014卷而已。李充曾将这些图书略加整理。到了孝武帝时，秘书桓石绥建议校订图书，采分工合作的方法，由郎中四人，每人校定一类。后人徐广再校书时，馆中的书已增加到36,000卷。

除了一般书籍的整理外，必须特别加以叙述的是，道安的整理佛经。佛教自东汉传入后，译经日多。但当时并非有系统的翻译，也没有人将所译的经加以搜集整理。时间一久，对经文的内容颇多曲解，甚至译经者之姓名，时代也日渐湮没。道安有见于此，遂发愿整理佛书。他将整理过的佛典，编成《综理众经目录》一卷。这部目录虽已亡佚，但我们从梁僧佑《出三藏记集》的记载，可知他整理佛书的态度相当地谨慎，成就也是空前的。

1. 搜集诸经译本：有的是亲自搜集，有的由他人赠送；例如：他在河北时，竺道护送来《十二门经》；在襄阳时，慧常送来《光赞》、《渐备》、《首楞严》、《须赖》四经。

2. 考定译人姓名：某一译本不载译者之名时，则借同经的其他写本所载之译者来补足。如果所有的本子都不载译者之名，则就译本的文体，以定其译人。慧皎《高僧传·支娄迦谶传》说："又有阿阇世王、

18. 根据《晋书》，卷五一，《束晰传》，计有：《纪年》十三篇、《易经》二篇、《易繇阴阳卦》二篇、《卦下易经》一篇、《公孙段》二篇、《国语》三篇、《名》三篇、《师春》一篇、《琐语》十一篇、《梁丘藏》一篇、《缴书》二篇、《生封》一篇、《大历》二篇、《穆天子传》五篇、《图诗》一篇、杂书十九篇，另有简书折坏，不识题目者七篇，合计七十六篇。《束晰传》误计为七十五篇。

19. 近人康有为《新学伪经考》、廖平《古学考》、崔适《史记探源》、钱玄同《春秋与孔子》（见《北京大学国学门周刊》第一期）等，皆以《左传》析自《国语》。汲冢书《师春》一篇，载《左传》筮辞，"其上下次第及其文义，皆与左传同。"按：《左传》、《国语》，皆有筮辞，《师春》一篇既独载《左传》筮辞，而不及《国语》，可见作《师春》时《左传》、《国语》确为二书。

宝积等十余部经，岁久无录，安公校定古今，精寻文体，云似谶所出。”[20]无法判定者，才列入失译录。

3. 严定真伪：经鉴别为伪造之经，则列入疑经录，《众经目录》中列入疑经录的有26部30卷。

4. 一经有数译本，则录各译本之首句，以免张冠李戴[21]。

道安的工作，不但展示了我国早期佛教译经之内容，也为后来的佛教目录提供了可遵循的方向。所以唐朝的道宣说：“众经有据，自此而明，在后群录，资而增广。”[22]

刘裕篡东晋而立，是为宋武帝。他登基后，曾广求书籍，但“府藏所有，才四千卷，赤轴青纸。”[23]文帝元嘉时，秘书监谢灵运仿效荀勖的《新簿》，编成《四部目录》，这是当时藏书的总目录，收书仅14,582卷[24]。后来王俭任秘书丞，上书请求校勘书籍，他先为官方编撰《元徽元年四部书目录》，又以四部分类法不能统括群书，所以又依照刘歆《七略》的体例，编成《七志》。这部目录，把图书分为七类：

经典志：登录六艺、小学、史记、杂传等书。

诸子志：登录古今诸子的书。

文翰志：登录诗、赋方面的书。

军书志：登录兵书。

阴阳志：登录阴阳、图纬的书。

术艺志：登录各种技术的书。

图谱志：登录地域和图画的书。

另外，目录后还附有道教、佛教的书。刘歆的《七略》虽号称分图书

20.《高僧传》(台北，广文，1971年)，卷一，页7。

21. 有关道安整理佛经之情形，可参考汤用彤，《汉魏两晋南北朝佛教史》(台北，鼎文，1976年)，页207－212。

22. 道宣，《大唐内典录》，卷一〇，《大正新修大藏经》(台北，新文丰，1975年)，第五十五册，页336。

23.《隋书》，卷三二，《经籍志》。从这段记载可知纸已是普遍流行的书写工具。

24. 同上，说：“秘书监谢灵运造四部目录，大凡六万四千五百八十二卷。”据姚名达，《中国目录学年表》(台北，商务，1971年)考证说：“六万”之“六”字，当是“一”字之讹，据《古今书丛》则“六”字正作“一”字，观于后来王俭、王亮所定书目，皆仅有一万五千余卷，可知应作“一万”。《唐志》仅作四千五百八十二卷，当系脱去“一万”二字。

为七类，其实前头的“辑略”，是辑各类序文而成，并不能算一类。王俭的《七志》才是名实相符的七分法。[25]

齐武帝永明时，秘书丞王亮和秘书监谢朏，又编有《四部书目》，收书18,010卷。入梁以后，把图书藏在文德殿，另有华林园则收藏佛教经典。秘书监任昉因感图书太凌乱，亲加校雠，并与秘书监殷钧同编《梁天监六年四部书目录》。到了梁元帝平侯景之乱，命王僧辩将建业文德殿所藏的书籍七万余卷，全部运到江陵。这样，连元帝自己所藏的，就有十五万多卷了。这是历来藏书的最大数量，可是，当西魏的军队包围江陵时，元帝见势不可为，遂下令将图书焚毁，自己也投入火堆中，有宫人拉住他的衣服，把他拖救出来。此时，元帝拔出宝剑，击倾了宫殿的柱子，悲愤地说：“文武之道，今夜穷矣。”[26]而南朝以来，百余年的收藏，也都付之一炬。

和南方对峙的北朝，一直受战乱威胁着，但对图书文献的搜集、整理，仍旧相当注重。天兴二年（399年），道武帝曾问博士李先说：“天下何物最善，可以益人神智？”李先说：“莫若书籍。”帝说：“书籍凡有几何，如何可集？”先答说：“自书契以来，世有滋益，以至于今，不可胜计。苟人主所好，何忧不集。”道武帝遂命令群县大加采访书籍，全部送至平城[27]。

至孝文帝时，迁都洛邑，颇行华化政策，为充实图书，曾向南齐借书。这是图书馆馆际互借之始，而且是国际性的互借。此种采访图书的方法，甚为特殊，不但前代所没有，以后也未曾出现过。

宣武帝时，秘书丞孙惠蔚因感典籍久未整理，烂坏太甚，于是进行大规模的校书工作。惠蔚请当局依照前秘书丞卢昶所编的《甲乙新录》来补图书的缺脱，并校定书中字句。馆内所缺的书，即加以搜访补足。并要求当局令四门博士和在京城的儒生40人，专任校勘工作。这

25. 王重民，《七志与七录》，对《七志》一书有较深入的研究，见刘家璧编，《中国图书史资料集》（香港，龙门，1974年），页283－298。

26.《太平御览》（台北，新兴，1959年），卷六一九，页7，引《三国典略》。

27.《资治通鉴》（台北，世界，1970年），卷一一一，《晋纪》，三十三，安帝隆安三年，页3488。

次校书的规模相当大，但不曾编有目录。后来，尔朱荣作乱，秘府所藏的书也就散失了。

北魏后来分裂为东西魏，东魏迁都邺（河南临漳）。北齐代东魏而立，颇致力于搜集图书。文宣帝天保七年（556年）下令尚书樊逊领衔校理图书。樊逊为慎重起见，特请各州有学问的秀才、孝廉共11人参加工作[28]。这次校书工作也没有编定目录。此后，校书工作仍未中辍，一直延续到后主天统、武平年间（565－575年）。

北周代西魏而立，建都长安。周明帝元年（557年）曾召集当时有学问的大臣元伟等八十多人，在官方图书馆麟趾殿，校勘经史图书[29]，并讲论学术。武帝保定初年（561年）麟趾殿的图书才八千卷而已，经不断的搜集，才增加到一万卷。

以上是魏、晋、南北朝时期，对图书整理与保藏的大致成果。如以南方各朝和北朝比较地看，其间最大的不同是：南方重在编目录，北方则重在校勘。南方所编的目录，或用四部分类法，或用七部分类法，颇不一致，可说是四分和七分互相竞争的时期。但就我国图书整理的历史来说，这段时期并没有什么特殊的成就。

28. 参加校书者有冀州秀才高乾和，瀛州秀才马敬德、许散愁、韩同宝，洛州秀才傅怀德，怀州秀才古道子，广平郡孝廉李汉子，渤海郡孝廉鲍长暄，阳平郡孝廉景孙，前梁府主簿王九元，前开府水曹参军周子深11人。见《北齐书》（台北，鼎文，1978年），卷四五，《樊逊传》，页614。又见《北史》（台北，鼎文，1979年），卷八三，《樊逊传》，页2789。

29.《周书》（台北，鼎文，1978年），卷四，《明帝纪》，页60。又：卷三八，《元伟传》，页688。

隋、唐、五代时期

隋、唐两代的政治局势比较安定，各朝皇帝也较能重视图书文献的价值。其中，隋文帝和唐玄宗是最特出的例子。这两代也是卷轴最发达的时代，卷轴已不仅仅用于保存图书而已，且兼有装饰之作用，所以对卷轴质料及各种附属品之讲究也非前代所能及。唐中叶后，因卷轴之缺点不少，遂慢慢由经折装（图七）和旋风叶所取代。雕版印刷术也于此时发明，至五代时逐渐兴盛。这对图书文献的整理、保藏，都有不少影响。

隋统一天下后，在文帝开皇三年（583 年），曾因秘书监牛弘的建议派人到各地搜访图书，每献书一卷，就赏绢一匹，征求来的书，由秘府请人校写，完成后再归还本主，于是书也逐渐多起来。再加上灭陈所得的书数量已不少。但是陈所留下来的书，书品并不好，开皇九年（589 年）下令请书法家韦霈、杜頵等，在秘书省开始校写，每一书都抄两份。当时的图书约有三万多卷。开皇十七年（597 年）秘书丞许善心以为秘府藏书尚多淆乱，遂仿阮孝绪的《七录》，编成目录书《七林》。这是隋开国以来第三次编目录。此后又编2次，总计编了5 次目录[30]。

当时隋的东西都各有图书馆，西都长安有嘉则殿，藏书多到三十七万卷。东都洛阳有修文殿和观文殿。观文殿的书都是从秘阁来的。炀帝即位后，把秘阁的书，各写50 副本，分为上、中、下三品，上品用红琉璃轴，中品用绀琉璃轴，下品用漆轴。在观文殿东西厢建屋典藏，东屋藏甲、乙部，西屋藏丙、丁部。又在殿后建两所博物馆，东边的叫妙阶，藏古物；西边的叫宝台，藏名画。此种合图书馆、博物馆为一的建筑，颇为后代的官方图书馆所沿用。

嘉则殿、修文殿的建筑设备，今已无可考。至于观文殿，则已豪华奢侈到了极点，不但“窗户褥幔，咸极珍丽”[31]，而且更有自动窗帘和自动门。《文献通考》说：

> 每三间开方户，垂锦幔，上有二飞仙，户外地中施机发。帝幸书室，有宫人执香炉前行，践机，则飞仙下收幔而上，户扉及橱扉皆自启，出则复闭如故。[32]

30. 其他四次所编的目录是：第一次，开皇四年（584 年）牛弘所编的《开皇四年四部目录》；第二次，开皇八年（588 年）之《四部书目录》；第四次，开皇二十年（600 年）所编的《隋开皇二十年书目》；第五次，隋炀帝大业元年（605 年）之《大业正御书目录》。

31.《玉海》（台北，华文，1964 年），卷五二，页16，引《北史》说：“其正御书，皆装翦华绮，宝轴锦褾，于观文殿前为书室十四间，窗户褥幔，咸极珍丽。”

现在距离隋炀帝时已一千多年，我们已可看到自动门，但自动窗幔、自动橱扉，仍未曾见过。于此，我们不得不赞叹炀帝时图书馆设备之精巧，也为他的奢侈感叹不已。

隋代还得一提的是，静琬的刊刻佛教石经。佛教经北魏太武帝和北周武帝两次法难，僧人们恐佛经遭断灭，遂有刊刻石经之举。其中规模最大的，就是静琬在河北房山小西天所刊刻的“房山石经”（图六）。静琬自大业年间（605－616年）起发愿刻经，至贞观十三年（639年）去世为止，前后30年，约刻有《法华经》、《无量义经》、《金刚般若经》、《胜鬘经》等十数种。此后，刻经工作一直持续到明代，始全部完成。这一历经千年的刻经工作，虽没发挥预期的效果，但在佛教文献的保存上，也有其不朽的地位[33]。

唐高祖代隋有天下后，接收隋图书。其后，又平王世充，也搜得不少图书。另外秘书监令狐德棻也奏请派人购募遗书，并请人抄写。唐官方图书馆的藏书也就逐渐加多。武德九年（626年）宏文殿[34]之藏书有二十多万卷。此后数十年因管理不当，书籍凌乱不堪。玄宗开元三年（715年）褚无量、马怀素陪玄宗饮宴，谈到宫内图书馆的藏书，玄宗说：

> 内库书皆是太宗、高宗前代旧书，整比日，常令宫人主掌，所有残缺，未能补辑，篇卷错乱，检阅甚难，卿试为朕整比之。[35]

可见官方图书馆的藏书相当凌乱。开元五年（717年）十二月，玄宗任马怀素为秘书监，并下令全国各地的官员数十人参加工作[36]。但马怀素的学术修养不够，工作进行得并不顺利。次年怀素就病卒了。玄宗

32.《文献通考》（台北，新兴，1958年），卷一七四，《经籍一》，页1506。

33. 有关“房山石经”的刊刻情形，可参考云音的《房山石刻大藏经记略》，林元白的《唐代房山石经刻造概况》、《房山辽刻石经概观》、《房山石经初分过目记》等文。均见张曼涛编，《大藏经研究汇编》（台北，大乘文化出版社，1977年），页1－114。

34. 唐高祖武德四年（621年）设修文馆，武德九年（626年）改为宏文馆。此后馆名屡加更改。详见姚名达，《中国目录学年表》，页25－33。

35.《唐会要》（台北，世界，1960年），卷三五，页644。

36. 当时整理的情形：①分部撰次：参加者有国子博士尹知章等二十人。②是正文字：由秘书丞殷丞业、武陟尉徐楚璧二人负责。见《新唐书》（台北，鼎文，1979年），卷一九九，页5681，《马怀素传》。

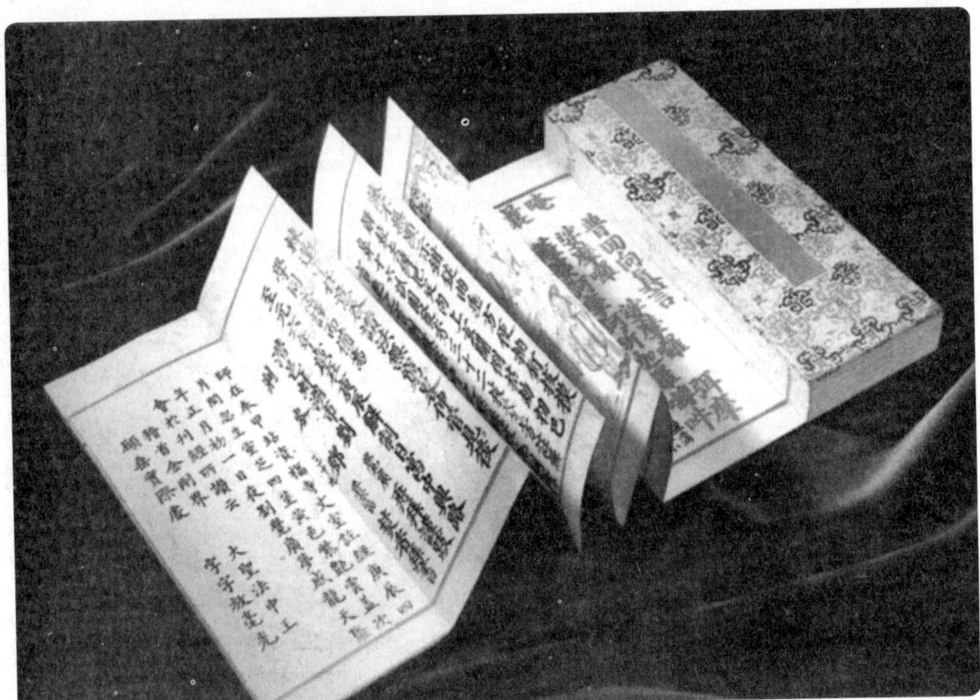

6

图六 经折装，采自中央图书馆善本图书明信片（台北，该馆，1981 年），比卷轴更便于阅读及收藏。

图七 房山石经，采自钱存训《中国古代书史》（香港，中文大学，1975 年）。隋代僧镜琬恐北周、北齐灭佛之灾再生，遂于今北京房山山麓开凿岩洞，并在石室四壁刻上经文。其志生前未毕，后门人继之，经千年至明代始告终，为我国现存规模最大的石刻大藏经。

又下令草编四部书目，但人人各自为政，卒无所成。

在东都乾元殿也同时进行校书工作。开元五年（717 年）玄宗派褚无量在乾元殿东厢开始整理。无量为了强调校书工作的重要性，曾上奏玄宗皇帝说：

> 贞观御书皆宰相署尾，臣位卑不足以辱，请与宰相联名跋尾。[37]

这种请求宰相同署名的建议，对图书整理并没有实际的帮助，玄宗当然没答应。开元六年（718 年）八月，图书整理完竣，玄宗“令百官入乾元殿东廊观书，无不叹骇。”[38] 可见无量的工作效率是相当高的。他和工作人员也都得了布帛的赏赐。

37.《新唐书》，卷二百，《儒学传下》，页5689，《褚无量传》。

38.《玉海》，卷五十二，页22，引《集贤注记》。

开元六年（718 年）十月，玄宗由东都洛阳回京后，就把秘书省的书移到丽正殿，诏请在东都乾元殿修书有成的褚无量来整理。但是成效仍旧不大。玄宗下令辞退工作不力的人员，并改由元行冲接任，行冲在开元九年（721 年）编成《群书四部录》，共收书2,655 部，48,169 卷。分经、史、子、集四部，前有序例。当时分工的情形如下：

总辑部分：相当于叙录的工作，由毋煚、韦述、余钦负责，韦述总其成。

经部：由殷践猷、王惬负责。

史部：由韦述、余钦负责。

子部：由毋煚、刘彦直负责。

集部：由王湾、刘仲丘负责。

虽然分工相当细密，但由于选任的人员并不适当，所以目录完成后就发现不少缺点。当时参加整理工作的毋煚，就提出五大缺失[39]，并自己另编了一部《古今书录》。他的书是就《群书四部录》增删而成，可说是针对《四部录》的缺点来编的。

这时东西都各藏有四部图书，共125,960卷，以甲、乙、丙、丁为顺序，列经、史、子、集四库，所有藏书都有正副本。集贤院[40]的书，经库用钿白牙轴、黄缥带、红牙签，史库用钿青牙轴、白缥带、绿牙签，子库用紫檀轴、紫带、碧牙签，集库用绿牙轴、朱带、白牙签。这种颜色上的分别，主要用于装饰，但对图书之分类与典藏也有帮助。

玄宗天宝十五年（756年）发生安史之乱，东西京都沦陷了，乾元殿的图书也亡佚殆尽。代宗广德二年（762年），元载当宰相，因当时集贤殿的图书缺佚太多，所以下令献书一卷的赏千钱，又命左拾遗苗发等人到江、淮等地采访图书，馆藏也日渐充实。

文宗开成元年（836年）七月，御史台分察使上疏弹劾秘书省荒废职务，说：

> 秘书省管新旧书五万六千四百七十六卷，长庆二年已前，并无文案，太和五年以后，并不纳新书。[41]

且要求秘书省将每月补写新旧书和校勘的情形，向御史台报告。这件事情充分表现御史对图书文献的关心。文宗遂下令搜访遗书，并派人抄写。后来又令秘书省和集贤院将所缺的图书45,261卷，分配给地方各道抄写。这件工作一直延续到宣宗大中年间。

从这里也可看出唐朝皇帝对图书文献整理工作的重视，可惜，僖宗广明元年（880年）的黄巢之乱，所有的典籍又都亡佚了。

五代十国的短短数十年间，兵连祸结，内外相戕，实无力从事图书校理的工作。但此时印刷术已大行，得书较易，所以后唐庄宗同光

---

39. 毋煚说："曩之所修，诚惟此义，然礼有未惬，追怨良深。于时秘书省经书，实多亡阙，诸司坟籍，不暇讨论。此则事有未同，一也。其后周览人间，颇睹阙文，新集记贞观之前，永徽以来不取；近书采长安之上，神龙以来未录。此则理有未弘，二也。书阅不遍，事复未周，或不详名氏，或未知部伍。此则体有未通，三也。书多阙目，空张第数，既无篇题，实乖标榜。此则例有所亏，四也。所用书序，咸取魏文贞，所分书类，皆据隋经籍志。理有未允，体有不通。此则事实未安，五也。"见《旧唐书》（台北，鼎文，1979年），卷四六，页1964，《经籍志》引毋煚《古今书录序》。

40. 玄宗开元十三年（公元725年），改丽正殿书院为集贤殿书院。

41.《旧唐书》，卷一七下，《文宗纪》，页566。

年间（923－925年），曾命民间献书，凡献三百卷的，都授以官职。

至唐明宗长兴三年（932年）令国子监校定九经，并雕版印行，这是我国官刻经书之始。诸经以唐开成石经[42]为蓝本，再加入注文。从事校订的都是专业的博士或儒生，缮写刻镂的；也都是当时的能手。这项工作，在后周光顺三年（953年）完成，凡经唐、晋、汉、周四代，历时22年。在战乱纷扰之际，能完成此项大工作，实在值得赞赏。

后周世宗时，以史馆的书嫌少，下令访书。凡献书的人都加以赏赐。但民间献来的书错误很多，所以选常参官30人加以校勘。每一校勘者，都要在卷末署名，表示负责。

南唐的李后主，雅好儒学，藏图书、墨迹尤多。当宋太祖开宝八年（975年）派曹彬南下攻城时，后主对掌管图书的保仪黄氏说："此皆吾所宝惜，城若不守，尔即焚之，无使散逸。"城陷时，黄氏即将大部分的图书焚毁[43]。曹彬所得的二万多卷，仅后主藏书的一部分而已。此事一如梁元帝之焚书，皆图书文献史上大不幸的事。

两宋时期

两宋享国三百余年，政局一直在杌陧不安中渡过，然各种学术却有空前的发展。这一方面由于印刷术的发达，书坊林立，学者得书更易；另一方面则因统治者对学术的提倡。各朝皇帝除能时时搜访、校写图书外，更能多设图书馆，并利用所藏文献资料，编纂类书，以保存文献。这时期，书籍的装订已由经折装和旋风叶变为蝴蝶装（图八）。蝴蝶装用的是硬封面，可以立着排架，将书口向下，书脊向上，而于书根上写上书名。这是此期书籍典藏的一大特色，故一并叙及。

---

42. 唐石经始刻于唐文宗太和七年（公元833年），开成二年（公元837年）完成，所以又称"开成石经"。计刻有《周易》、《尚书》、《毛诗》、《周礼》、《仪礼》、《礼记》、《春秋左氏传》、《公羊传》、《谷梁传》、《孝经》、《论语》、《尔雅》十二经。又附刻《五经文字》、《九经字样》二书。石经立于唐首都长安太学内，至今尚存。详细情形可参考张国淦《历代石经考》，"唐石经考"部分。

43. 陈彭年，《江南别录》，见曹秋岳辑，《学海类编》（台北，文源，1964年），第二册，页1018。

北宋建国后，有相当充裕的图书来源，其一是得亡国的遗书，如：得后周书一万三千多卷，得后蜀孟氏书一万三千卷，得江南李后主书二万余卷。另外，荆南高氏、吴越钱俶、北汉刘氏，也有不少遗书[44]。宋初得了这些书，都变成日后崇文院的基础藏书。其二是各朝皇帝的搜访募求。各朝皇帝或下诏募求，或公布缺书目录，或派人到各地搜访。对图书之征集可说不遗余力。此外，新撰的书籍，和好几次大规模的补写，对馆藏也有帮助。

当时最重要的图书馆是崇文院。宋朝初年嫌五代的三馆过于狭隘，于太宗太平兴国二年（977年）新建崇文院。完成后，东廊为昭文书库，南廊为集贤书库，西廊将藏书分经、史、子、集四部，叫史馆书库。六库书籍，计正副本八万卷。可知崇文院是昭文、集贤、史馆三个书库的总称。真宗大中祥符年间，荣王宫失火，延及崇文院，书籍几乎全部焚毁。后来在右掖门外另建筑崇文外院，借太清楼藏书募人重写。祥符九年（1016年）新的崇文院建成，才取消外院。神宗元丰五年（1082年）用王安石变法，改崇文院为秘书省。崇文院的名称至此虽废，但三馆、秘阁的工作仍然继续进行，直到北宋灭亡为止。

另一重要的图书馆是秘阁。秘阁在崇文院中，是个特藏书库。收藏有：内殿的书画真迹、原来藏于三馆的真本、天文方术的书籍等。所谓“真本”，就是“善本”。秘阁除了藏善本图书外，也是古本图书、法物的收藏地点[45]。五代以前的古书藏在秘阁，五代以后的则放在崇文院的下库[46]。这种根据一定时间为断限的收藏办法，正是善本书库藏书的标准之一。天文、方术的书，是宋代的禁书，因怕人民利用这些书来造反，所以才加以查禁，并移到秘阁收藏。

皇宫内也有不少皇帝的御用图书馆，规模较大的是太清楼（图

---

44. 见《宋会要辑稿》（台北，世界，1964年），《求书》；《麟台故事》（四库珍本别辑），卷二，《书籍篇》。

45.《麟台故事》，卷一，《储藏篇》，页8下，说：“至道元年六月，内品监秘阁三馆书籍裴愈使江南、两浙诸州，寻访图书。……愈还，凡得古书六十余卷，名画四十五轴，古琴九，王羲之、怀素等墨迹共八本，藏于秘阁。”

46.《宋会要辑稿》，《职官十八》，说：“又江南、西川、荆南、两浙等书并是祖宗初年僭伪收取入馆，可惜散失将尽，今欲不拘全与不全，并于下库收贮。内有唐朝零碎旧书，仍乞别藏于秘阁。”

九），该楼建于太宗太平兴国四年（979年），楼上藏太宗著述，楼下设经、史、子、集、天文、图画六阁。真宗咸平五年（公元1002年）发觉太清楼的藏书颇多错误，且未加校勘的有两万多卷，于是甄选刘均、聂震等7人，派在崇文院校勘。景德四年（1007年），太清楼藏书已达32,725卷[47]。

另有专收皇帝御制文集和图书宝物的图书馆，如：太宗的龙图阁、真宗的天章阁、仁宗的宝文阁、神宗的显谟阁、哲宗的微猷阁，合称"六阁"。龙图阁于真宗咸平初年建成后，真宗曾派人抄写崇文院的藏书一份入藏。其后真宗屡次召大臣入阁观书，可见对此阁之重视。景德二年（1005年）时藏书有二万九千多卷。真宗得意地说："龙图阁书屡经雠校，最为精详，已传写一部置太清楼。朕求书备至，放奇书秘籍无隐矣。"[48]

由于藏书的地点多，又都藏有四部书，一旦某一处馆舍的图书受损，马上可取他馆所藏加以抄补，因此图书也就不怕亡佚。这种典藏的方法，也是北宋保藏文献的最大特色。

崇文院除典藏图书文献外，也是个图书编校中心。太宗端拱年间（988－989年）起开始校勘的《五经正义》，每一部经都经过校勘、详勘、再校等三次校对，每次又各有数人校过[49]，然后再雕版印行。仁宗景祐元年（1034年）九月，秘书监余靖建言，《前汉书》错误甚多，应加以校正。因下诏请余靖及王洙取秘阁古本对校，次年上《汉书刊误》30卷。后又校勘《史记》、《后汉书》。据《崇文总目》所录《三史刊误》的提要说：

余靖等悉取三馆诸本及先儒注解、训传、六经、小说、字林、说文之类数百家之书，以相参校。凡所是正增损数千言，尤为精备。[50]

47.《玉海》，卷五二，页22。

48. 同上。

49. 同上，卷四三说："易则维等四人校勘，李充等六人详勘，又再校，十月版成以献。书亦如之，二年十月以献。春秋则维等二人校，王炳等三人详校，即世隆再校，淳化元年十月版成。诗则李觉等五人再校，毕道升等五人详勘，孔维等五人校勘，淳化三年壬辰四月以献。礼记则胡迪等五人校勘，纪自成等七人再校，李至等详校，淳化五年五月以献。"

由这两个例子，可见崇文院的校书态度是相当严谨的。所校的书，范围相当广，经、史、子、集等都有。崇文院的校书所以成就高，主要是有不少大学者，如沈括、苏颂等，都在里面工作。

除了校书外，也编有不少书目，最重要的是仁宗庆历元年（1041年）王尧臣等所编的《崇文总目》66卷[51]，和徽宗政和七年（1117年）孙觌所编的《秘书总目》66卷。这些书目都是当时图书馆实际藏书的目录，目录中皆附有提要，可考察一代典籍流传的情形。

另外，北宋初年也利用崇文院的藏书，编过不少类书，对知识的传播和文献的保存也有不少贡献。这些书中最有名的是，太宗太平兴国年间（976－983年）完成的《太平御览》一千多卷（图十）、《太平广记》五百卷，雍熙三年（986年）完成的《文苑英华》一千卷，真宗大中祥符六年（1013年）完成的《册府元龟》一千多卷（图十一）。这四大类书因为大量保存了宋初以前的图书文献，从清代以来，已成为校勘、辑佚的最重要资料[52]。

南宋一代，除刚南迁的数年因戎马倥偬，无力顾及文事外，百数十年间，几乎无时不在访书。当时求书的方式，有民间进献、抄写等。其中高宗绍兴二年（1132年）贺廪献上藏书五千卷；同年，曾温夫献上藏书二千卷；绍兴五年（1135年），诸葛行仁献《册府元龟》等一万一千多卷，是较著名的例子[53]。

南宋主要的藏书地点是秘书省、秘阁等。自北宋神宗时，改崇文院为秘书省，秘书省遂成为国家图书馆的通称。南宋初年的秘书省本没有固定的处所，高宗绍兴十三年（1143年）才在杭州怀庆坊北建筑新馆舍。于次年完成。秘书省的建筑相当考究，又兼可藏书画、古物，可说是兼有博物馆性质的文化中心。而且，它的防火设施也相当周备，

50.《文献通考》（台北，新兴，1958年），卷二百，《经籍二七》，页1675。

51. 在《崇文总目》之前，已编有：《史馆新定书目》四卷、《皇朝秘阁书目》一卷、《太清楼四部书目》、《龙图阁四部书目录》等四部目录。详见周骏富，《北宋馆阁典校图籍考》，《文史哲学报》，二二期，页305－346。

52. 宋代四大类书之详细资料，可参考郭伯恭，《宋四大书考》（台北，商务，1971年）。

53.《宋会要辑稿》，《崇儒四》，《求书篇》。

8

图八　蝴蝶装，采自中央图书馆善本图书明信片（台北，该馆，1981 年）。蝴蝶装大抵始于唐末，流行于两宋，是把书页依照中缝，将印有文字的一面朝里、对折起来，再以此中缝为准，将全书各页对齐，用浆糊粘附在另一包装纸上，最后裁齐成册的装订形式。由于翻阅书籍像蝴蝶飞舞，故称“蝴蝶装”。

图九　太清楼，采自《中国历史图说（八）——宋代》（台北，新新，1979 年），乃宋太宗年间兴建的御用图书馆，楼上藏太宗著述，楼下设经、史、子、集、天文、图画六阁，规模较大。

太平御覽卷第一

宋翰林學士承旨正奉大夫守工部尚書知制誥上柱國隴西縣開國伯食邑七百戶賜紫金魚袋　李昉等奉

勅纂

皇明　順　天　解　元　海　虞　周光宙重校

天部一

元氣　太易　太初　太始

太素　太極　天部上

元氣

三五曆紀曰未有天地之時混沌狀如鷄子溟涬始牙濛

太平御覽　卷一卷　一

朱按校正閩游氏仝

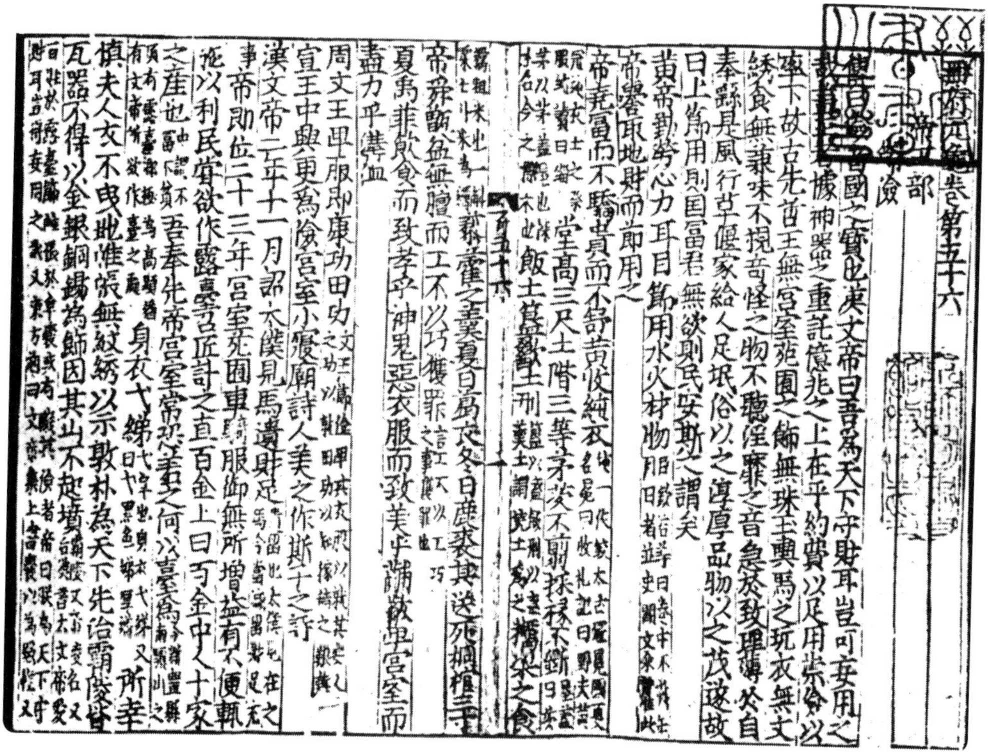

图十 《太平御览》（明隆庆间闽人饶氏等铜活字本），采自《中国历代图书展览目录》（台北，中央图书馆，1981年）。《太平御览》是宋代著名的类书，乃宋太宗年间所修，全书以天、地、人、事、物为序，分55部，包罗万有，引用古书一千多种，其中十有七八今已亡佚，故弥足珍贵。

图十一 《册府元龟》（南宋蜀刊小字本），采自《中国历代图书展览目录》（台北，中央图书馆，1981年）。《册府元龟》乃史学类书，宋真宗年间所修，用编年体与列传体相结合，共一千卷。“册府”是帝王藏书的地方，“元龟”是大龟，古代用以占卜国家大事，意即作为以后帝王治国理政的借鉴。

从这里我们约略可看出古代图书馆防火措施的情形。兹叙述如下：

1. 设高墙以与民房隔绝：秘书省本设有围墙，后来又在西北方墙外，再筑外墙，以免因民房失火而波及。

2. 预留空地：秘书省初建时，已在围墙外预留空地五步，以防火灾。

3. 在空地上设杈子以防侵占。

4. 在秘阁书库后设潜火司[54]。

由此可见当时政府对图书文献保存的重视。

高宗时，也在秘书省内设秘阁书库。所藏除善本、书画真迹、天文、方技外，更加入日历、圣政、会要等书籍和碑刻器物。所藏的图书，或比不上北宋，但书画的收藏，可能要超出很多。此外，天章阁、敷文阁、焕章阁、宝章阁等皇帝御用图书馆，也都保存有一些图书。

南宋的校书工作，已不如北宋兴盛，所校的书籍并不多。但高宗绍兴六年（1136年）史馆修撰范中，秘书少监吴表臣，曾订定当时史馆校书的条例六条，重要的，如：

1. 字句有误的，用雌黄涂去；别字或多字，用雌黄圈起来；缺字就在字侧添入，字侧不能容纳时，用朱圈出，在本行上下空纸上标写；倒字则在两字间书乙字。

2. 人名、地名、物名等，应细分的，即于中间细点。

3. 点有差误，应即改正。

4. 点校完毕，于每册末，各书“臣某校正”[55]。

这些规则和现在的校对方法并无两样。当时对校对工作的重视也可从这里看出来。

南宋时也编有藏书目录两种，一是孝宗淳熙五年（公元1178年）陈骙等所编的《中兴馆阁书目》，收书四万多卷，另一是宁宗嘉定十三年（1220年）张攀等所编的《中兴馆阁续书目》，收书一万四千多卷。这两本目录所收的近六万卷图书，就是南宋一代国家图书馆藏书的

---

54. 参见《南宋馆阁录》（四库珍本别辑），卷二，《省舍》；卷六，《故实》。

55. 同上，卷三，页2下。

总数目。

南宋一代，私人藏书浸多，对后世影响较大者，有晁公武和陈振孙两人。晁氏藏书两万多卷，编有《郡斋读书志》，所录各书皆有解题；陈氏藏书五万多卷，仿晁书之例，编有《直斋书录解题》。晁、陈二氏所藏的书，早经散佚，但所编的目录，考订精详，对后人考订图书源流、真伪，甚有帮助[56]。

元、明时期

元、明两代，虽然种族不同，但就图书文献的整理来说，却有一共同的特点，就是善于搜访图书，而不善于校书，即使图书的保藏也不尽理想。所以，三百余年间，官方之校理图书，较可述者仅编纂《永乐大典》一事而已。但私人藏书家即时发挥作用，负起保存文献之重任，这种风气一直流传至清代。此时，书籍的装订又由蝴蝶装变为包背装（图十二）、线装（图十三），典藏时也由竖着放，改为平放。这是了解本期图书校理情形时，所应一并述及的。

元建国后，一面灭金，接收金人的藏书；一面搜刮宋人的馆藏。在刮取宋人的图书时，曾设有专人负责其事。元太宗八年（1236年）接受耶律楚材的建议，在燕京设编修所，并设有经籍所于平阳（山西临汾），召请学者编修经史，于是元代的学术才逐渐发展起来。但民间藏书的风气还是不普遍。元顺帝至正六年（1346年），下诏求遗书，献书者给一官，但江南藏书多者仅庄肃、陆友等三家而已[57]。

明太祖建国后，文渊阁的藏书竟有数百万卷之多。所以如此，是因为包括了宋、金、元三朝的藏书所致[58]。虽然文渊阁已有那么多的藏书，但成祖仍不断地搜求。永乐四年（1406年）四月，成祖问：“文

56. 晁公武的详细资料，可参考刘兆祐，《晁公武及其郡斋读书志》（台北，嘉新文化基金会，1969年）。陈振孙的资料，可参考乔衍琯，《陈振孙学记》（台北，文史哲，1980年）。

57. 松江庄肃藏书八万卷，书目分甲乙等十门，危素购得其遗书五百卷。陆友有《陆氏藏书目录》。见姚名达，《中国目录学年表》，页83。

58. 元代掩有金、宋的图书，明太祖又接收元代的图书，所以说，文渊阁的藏书包括了宋、金、元三代所藏。详细情形可参考杨家骆，《明文渊阁藏书考前纪》，《学　粹》，13卷6期（1971年10月）。

12

图十二　包背装的《永乐大典》，采自中央图书馆善本图书明信片（台北，该馆，1981年），始于南宋后期。包背装将书页背对背地正折起来，使文字向外，然后将书页的两边粘在书背上，再用纸捻穿订，最后用整张的书衣绕背包裹。此法装订及翻阅时比“蝴蝶装”便捷。

图十三　线装，采自中央图书馆善本图书明信片（台北，该馆，1981年），始于明代中叶。装订时，纸叶折好后须先用纸捻订书身，上下裁切整齐后再打眼装封面。线装书一般只打四孔，较大的书，也有打六孔的。线装因装订更便捷而取代包背装，一直沿用至近现代。

渊阁藏书备否？”解缙答说：“经史粗备，子集尚多阙。”成祖说：“士庶家稍有余赀，尚欲积书，况朝廷乎？”遂命礼部派人四出购求遗书。永乐中，成祖已有迁都北京的计划。十七年（1419年）北京宫殿完成，成祖下令凡南京文渊阁所藏的书，各取一部送至北京。

然明初以来仅知收藏图书，并无校书之工作，也不曾编有目录。明英宗正统六年（1436年），才由杨士奇编了一本《文渊阁书目》，但谬误百出，颇为目录家所讥[59]。到了正统十四年（1449年），宫内大火，文渊阁所藏的书，多半被毁。孝宗弘治五年（1493年）大学士邱浚曾上疏请将《文渊阁书目》与现有的藏书加以比对，并将图书加以整理。这是一次整理图书的大好机会，但竟未能施行[60]。

明武宗正德四年（1509年），文渊阁又失火。阁中藏书经几次大火，损失綦重。此后，馆中的管理人员，大多不尽职责，而且监守自盗的情形也不少[61]。至神宗万历三十三年（1605年），张萱和孙能传等人始将阁中的藏书检校一遍，编成《内阁藏书目录》，然和杨士奇所编的《文渊阁书目》相较，已十不存二三。而所增加的都是近世的文集和方志，珍贵的唐、宋本书，都已被馆臣乾没了。

到了明末，阁中的藏书烂坏更甚，太监刘若愚说：“库中见贮之书，屋漏浥损，鼠啮、虫巢，有蛀如玲珑板者，有尘霉如泥板者，放失亏缺日甚一日，若以万历初年较，盖已什减六七矣。”[62]一个国家图书馆的藏书毁损到这种程度，实令人

59. 昌瑞卿曾举出该书分类之错误，如：《方言》、《释名》入子杂；《崇文目》、《书录解题》、《博古图》、《大事记通释》、《李梅亭四六》入类书；《洞天清禄集》入道书；《钱谱》、《泉志》入算法；《国老谈苑》入农圃；《天原发微》入性理之类。又许氏《说文》四部，二入法帖，二入韵书，一书而分入二类。其他，若史、史附、史杂、子杂诸门，杂乱而无序，部次既非循义，亦非按体。见《中国目录学讲义》（台北，文史哲出版社，1973年），页172。又清周中孚说：“如此著录，从来官撰、私著所未有也。”见《郑堂读书记》（台北，世界，1960年）。

60. 孝宗所以未接纳邱浚之建议，原因颇不可考。《明史·艺文志》仅说：“其事不行。”倪灿《明史艺文志》（抱经堂丛书本）“序”说：“上纳之，而究未能行。”

61. 孙承泽《春明梦余录》（四库珍本六集），卷一二，页3下，说：“正德间，阁学士杨廷和请令中书胡熙，典籍刘伟，与主事李继先查校书籍，由是盗出者甚多。”又《明会要》（台北，世界，1960年），卷二六，页43，引《明实录》说：“正德十年，大学士梁储等请检内阁，并东阁藏书残阙者，令原管主事李继先等，次第修补。从之。由是，其书为继先等所盗，亡失者多矣。”

62. 刘若愚，《酌中志》（海山仙馆丛书本），卷一八。

欷歔不已。

明代图书整理工作，唯一可述的是编纂《永乐大典》。永乐元年（1403年）成祖命令翰林院学士采辑经、史、子、集四部之书，按韵编集，次年完成，赐名《文献大成》。但成祖认为资料搜集还不够完备，于永乐三年（1405年）再命姚广孝、刘秀篪和解缙一同监修，参加的工作人员有2,169人。永乐六年（1408年）全书完成，凡22,877卷，凡例和目录60卷，共11,095册，改赐名为《永乐大典》。

《大典》编纂的体例，是按韵分列单字，然后将以这字为名的各种资料依次抄录，所引的书经、史、子、集等无所不包，约八千种。但由于当时工作人员的态度并不严谨，所引的各书，有照录全文，一字不改的，也有一书的内容被分散在数百处的，体例相当不一致。但它是资料的宝库，保存了不少亡佚的书籍。清乾隆年间修《四库全书》时，曾从其中辑出385种已亡佚的书，其后又有些学者也辑出不少，合计有五百多种。可见该书在文献上的价值。

《大典》在南京编成后，因卷数浩繁，无法刊版。后来成祖迁都，《大典》藏于文楼。世宗嘉靖三十六年（1557年）宫内失火，延及文楼，幸经亟力抢救，才得保全。有了这次教训，当局对这部书之保存耿耿于怀，于嘉靖四十一年（1562年）令阁臣徐阶遴选儒生100人，重抄一部，至隆庆元年（1567年）完成，别藏于皇史宬。明亡时，原本亡佚。清朝时，重抄本藏在翰林院，但已遗失不少。乾隆时存九千多册。光绪二十六年（1900年）八国联军攻陷北京，文物多遭破坏，《大典》也被摧残殆尽[63]。这又是图书文献史上的一次大浩劫。

明代的官方图书馆虽然无法负起保存文献的责任，但私人藏书楼却弥补了这方面的不足。明中叶以后，私人藏书之风渐盛，如：杨循吉、文徵明、焦竑、陈第、胡应麟、范钦、毛晋、钱谦益等，都是著名的藏书家。然影响最大的，要算范钦的天一阁（图十四）。

63. 有关《永乐大典》的详细情形，可参考郭伯恭，《永乐大典考》（台北，商务，1967年）。

天一阁在浙江宁波，为明嘉靖年间范钦所建。该阁吸收丰坊万卷楼的藏书，加以范氏叔侄之勤于搜访，故当时浙江之私人藏书以天一阁之规模最大。阁纯用砖甃建成，阁下有池，取“天一生水，地六成之”之义。书藏在阁之楼上，阁通六间为一，而以书橱隔开。阁中列有书橱28座，以与天上28星宿相应。

该阁藏书所以能保存百余年不坏，相传所藏书的书叶内夹有芸草以避蠹，书架底下放有浮石，可免潮湿。且范氏子孙，例在黄梅时节后聚集一齐晒书，此也是可免蠹鱼的一种方法。藏书的管理更是严格，阮元《宁波范氏天一阁书目序》说：

> 司马没后，封闭甚严。凡各橱锁钥，分房掌之。禁以书下阁梯，非各房子孙齐至，不开钥。子孙无故开门入阁者，罚不与祭三次。私领亲友入阁，及擅开橱者，罚不与祭一年。擅将书借出者，罚不与祭三年。因而典鬻者，永摈逐不与祭。[64]

有这么严格的管理制度，阁中藏书当然不易遗失。

由于范氏一家对图书的观念是保存重于利用，所以要一窥阁中书，实非易事。据缪荃孙说：“余欲登阁观书，闰枝于八月间与范氏订约，至次年始得复。司马后人一百有二家，须均允乃得登，旧例也。”[65]看了这段话，想一睹阁中秘籍的兴致，或已减少大半。

然使天一阁名传海内外者，固不仅其建筑之宏伟、管理之完善而已。清乾隆年间修《四库全书》，范氏后人献书六百余部[66]。乾隆皇帝曾赏赐《古今图书集成》一部。后来藏《四库全书》之七阁，也仿天一阁之建筑而成。可见范氏天一阁不仅保存图书文献有功，其建筑

64. 见阮元，《揅经室二集》（台北，世界，1964年），卷七，页515。

65. 见缪荃孙，《艺风堂文漫存》（民国初年江阴缪氏刊本），卷三，《乙丁稿》，《天一阁始末记》。闰枝为荃孙之内兄。

66. 有关范懋柱进呈图书之总数，各家之统计颇有出入。详细情形，可参考陈登原，《天一阁藏书考》（附《天一阁见存书目》后），第五小节，《天一阁与四库全书》。又：许文渊，《清四库全书之目录学》（作者自印本，1975年），页39—40。

更被引为清代图书馆建筑之标准形式。则天一阁在我国文化史上之地位于此可见。

满清时期

清代268年，是我国学术文化变动最剧烈的时期。这段期间，全国上下都忙着为数千年的文化做个总整理，以迎接新时代的来临。前期的编类书、丛书、校书、辑佚书，就是这方面成果的表示。末期受西方思潮的影响，新的学术出现，新的印刷取代旧式的雕版，洋装书也逐渐增多。此时新的图书馆观念传了进来，旧式的藏书楼已不能适应需求。图书之分类、典藏也都起了大变革。

满清入关后，接收明代文渊阁的藏书和《永乐大典》的重抄本，官方图书馆的藏书一时多起来。但康熙皇帝仍不忘访求遗书，康熙二十五年（1686年）曾下令各省督抚采购遗书。乾隆即位后，也仿照康熙，大量搜访图书。书籍收藏足够了，就有编纂图书的计划。康熙朝曾编有《渊鉴类函》、《骈字类编》、《分类字锦》、《子史精华》、《佩文韵府》等类书。雍正朝完成的《古今图书集成》和乾隆朝的《四库全书》都是震古铄今的大事业。虽说，康、雍、乾三朝的编书工作，都有其特殊的政治目的，但不论如何，在我国图书文献史上的贡献是空前绝后的。

《古今图书集成》（图十五）是一部大类书，始编于康熙三十九年（1700年），由陈梦雷总其事。初稿完成后，康熙又命大臣重加审订。雍正初，陈梦雷得罪谪戍，由蒋廷锡继续校订，雍正四年（1726年）全书完成，并由武英殿用铜活字印行。

这部书是按类编辑的，与《永乐大典》之依韵编辑的不同。全书一万卷，分历象、方舆、明伦、博物、理学、经济六编，六编下分32典，再细分为6,109部。一部之中，又含下列诸项：

汇考：辑录事情之大纲。

总论：辑录议论纯正的资料。

艺文：辑录议论虽偏而词藻可采的资料。

选句：丽词偶记入于此。

纪事：辑录事情虽琐细而可传的资料。

杂录：虽系经典之言，而非正论此一事，仅旁引曲喻及之的；或集部所载，有考究未真，难入汇考；议论偏颇，难入总论，文藻未工，难入艺文的资料，全入于此。

外编：百家及释、道之书所记，有譬喻寄托，难以采信，录之无稽，弃之又可惜的入此。

图表：疆域、山川、禽兽、草木、器物等，须图才能明白的，就绘图。星躔、官度、纪元等，没表不能究其详的，就立表。

列传：列举与此部有关的名人。

可见各种资料都经过详细的分类，然后才辑入。这当然不是仅按韵抄书的《永乐大典》所可比拟的。《古今图书集成》的编纂，等于为我国数千年的学术活动作一次分类总整理，其有功于文化，自不待言[67]。

《四库全书》（图十六）可说是一部巨大的丛书。内容包括经、史、子、集四部，分44类，共辑录古今之著作3,457种，79,070卷。从乾隆三十八年（1773年）开始设馆编辑。最初拟缮写四部。乾隆四十六年（1782年）第一部完成，次年其余三部也次第完成。后来又加写三部，于乾隆五十二年（1787年）六月全部完成。兹将其编纂方法叙述如下：

1. 征集图书：当时图书的来源有三：其一，政府固有的藏书：包括前代皇帝的敕撰书，内府所藏的图书，和自《永乐大典》中辑出的已佚图书。其二，私人进献的书：以江南所进最多，如：马曰琯、范懋柱、鲍士恭等都献书数百部。其三，各省采进本：由各省巡抚、盐政等所采进的。进书最多的是浙江，因该省人文荟萃，刻书业特别发达。

2. 选择版本：在征集图书之前，版本已略加选择。图书采进之后，

67. 有关《古今图书集成》的资料，可参阅蒋复璁，《古今图书集成的前因后果》，《珍帚集》（台北，大西洋图书公司，1970年），页109－123。

四库馆臣大抵依照足本、精选精校本的原则来选书。然就所录诸本观之，缺点亦不少。

3. 文字校勘：四库馆中设有总校官负责校订之事，其下又有分校官，大抵就各家所进呈的本子，互相参校，而后拟成初写本，更由初写本复核，直至精确无误才写成定本。馆臣校书的成果，全部见于《四库全书考证》一书中。

4. 辨别真伪：四库馆臣整理图书时，对每一部书的真伪，都作了详细的考辨。辨伪的方法，大抵从核对原书、核对佚文、核之旧志、核之授受家法等方面下手。

5. 撰写提要：各书书前之提要，由各科专家负责撰写。《四库全书总目》中之提要，是将书前提要加以汇编，然后由纪昀加以删削改正，因此与书前提要互有详略。

6. 著录与存目：著录的书，大抵是价值较高的，存目的，当然价值较低。《四库全书》中，著录与存目之比率是一比二。有些书为了严格分别著录与存目，不惜加以割裂。如：明陆深的《俨山外集》本来40卷，删除6种为存目，仅著录34卷。然著录与存目，并非严格地依照各书本身内容的好坏，有时作者之人品和对世道人心之影响，也是衡量的因素。

7. 分类编目：分类采用四分法，以经、史、子、集为纲，经部分10类，史部分15类，子部分14类，集部分5类。分类的原则是：一、因书立类：有某一种书，前代所无，而不能归类的，就为它另立一类。二、卷帙不足，因类归并：即把卷帙少的类，附于他类，如：附起居注于编年；合名、墨、纵横为杂家；并妇人小儿诸科，医方、医理为医家。此外，大抵都能依书之体裁和内容来分类。

以上七点是《四库全书》编纂时所使用之方法。至于编纂完成之典藏、利用也有加以叙述之必要。该书前后共抄写七部，分藏在七阁：

文渊阁（图十七）：在北京宫内。乾隆四十六年（1782年）十二月第一部书缮写完毕，即藏于此。该书现藏台北故宫博物院。

14

图十四　范钦的天一阁图，采自钱大昕纂《鄞县志》（清乾隆五十三年刊本）。天一阁乃私人藏书楼中最负盛名者，规模最大，位于浙江宁波，建于明嘉靖年间。相传所藏书叶内夹有芸草以避蠹，书架底下放有浮石以避潮，又有严格管理，故藏书可以百年不坏。

图十五　《古今图书集成》（中华书局影印本），乃康雍年间编成的一部大类书，共一万卷，分历象、方舆、明伦、博物、理学、经济六编，都是经过详细分类校订辑入，比仅按韵抄书的明《永乐大典》，价值不可同日而语，等于是数千年的学术文献总整理。

人居地四圍各以天頂日輪爲時早晚圖

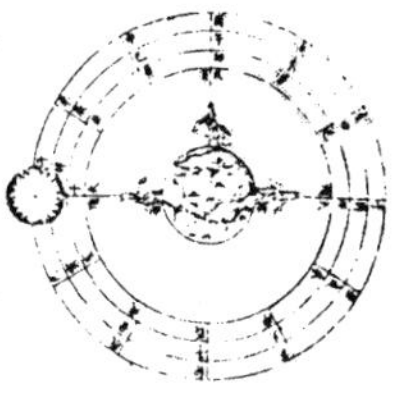

人居地四圍各以天頂日輪爲時早晚圖說

如右圖地爲圓體懸於空際上下四旁皆有人居四方之人各以所居子午線爲午時太陽在東方中居東方者爲午時日輪在其天頂故也乙居西方者卽爲卯時日輪至天頂須三時故也丙亦居西方者卽爲子時日輪以至天頂須六時故也諸地由去自東而西莫不皆然地球自南而北三百六十度一周每一度二百五十里日輪每刻平行天度三度四十五分如兩地相去九百三十七里半則盡隔爲一刻相去七千五百里則相隔爲一時因卯至東方者若得午時自此逐漸往西卽爲巳爲辰爲卯爲寅爲丑爲子天下自東而西時刻各異各以日輪到本處子午線爲午正初刻晝夜長短區同者蓋以北極出地多寡定爲時刻多少所以自東而西一帶但經度相同地方其離北極皆同則晝夜長短亦同

南北緯度自赤道至極下晝夜時刻逐地各有長短蓋居赤道下者以赤道爲天頂而其南北二極正與地面相平地平之交於諸節氣線皆當正中故其晝夜長短恆平也北極出地則地平之交節氣非其正中矣故所分上下亦非平分夏至則其線大分在上而晝長夜短冬至則其線小分在上而晝短夜長今欲知赤道之下晝夜常平後圖詳之

以赤道爲天頂晝夜常平圖

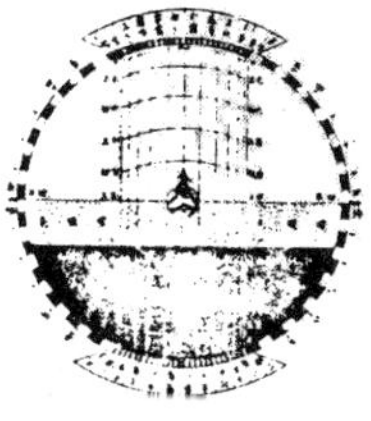

以赤道爲天頂晝夜常平圖說

如右圖卽見人居此地以赤道爲天頂又南北極不出入地只見地平線相交於諸節氣之線正當中而六時在地平上六時在下故太陽或行夏至或冬至或春秋分線上必六時在地面上而爲晝六時在下而爲夜其諸節氣日出必卯正初刻日入必酉正初刻卽晝夜常平可知也但其朦朧影稍異冬夏二至略長於春秋分之時北有別論今不詳之自赤道北行二千二百五十里見北極出地一度赤道離天頂南亦一度若行二千五百里卽北極出地南極入地赤道離天頂南俱差十度自赤道下至北極下每行二百五十里皆差一度其赤道與天頂南卽諸節氣線亦偏於南不與地平線相交於正中以爲平分故晝夜時刻各有長短焉凡夜長短皆從北極出地而生今以北極出地四十度作法餘可推焉

北極出地四十度晝夜長短圖

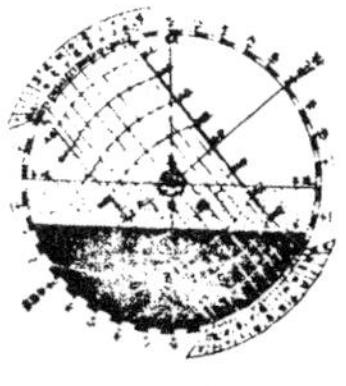

北極出地四十度晝夜長短圖說

如右圖北極出地南極入地四十度赤道在天頂南亦四十度地平線交於諸節氣線非其正中其交夏至線也於寅正二刻四分故晝長五十九刻七分每日九十六刻其餘三十六刻八分爲夜甚短因其線大半在地平上故自春分經夏至至秋分皆爲晝長而夜短地平線交冬至在辰初一刻十一分故夜長五十九刻七分其餘三十六刻八分爲晝其短因其線大半在地平下故自秋分歷冬至至春分皆爲夜

文溯阁：在盛京（辽宁沈阳）。该书现藏辽宁省立图书馆。

文源阁：在圆明园。八国联军时全部烧毁。

文津阁：在热河避暑山庄，即清朝皇帝避暑的行宫。民国初年，该书移归京师图书馆，现藏国家图书馆。

文汇阁：在江苏扬州。太平天国时为清军所毁。

文宗阁：在江苏镇江。太平天国时为清军所毁。

文澜阁：在浙江杭州。太平天国时受劫大半。当时藏书家丁申、丁丙兄弟曾自力收集了一部分。后来又出资陆续抄补了一些。民国以后，由浙江省立图书馆接收保管，并陆续派人到北京抄补，到民国十四年全部补齐。

谈到《四库全书》之利用，七阁中以江南三阁的开放公开阅览，最为人所称道。江、浙两地本为人文荟萃之区，学者云集，三阁的开放，每一读书人都可到阁中阅览，不但促进当地学术的发展，也使我国图书馆事业进入新的纪元。除了江南三阁外，根据乾隆四十一年（1776年）的谕旨，文渊阁的《四库全书》，也可以公开阅览，唯仅以朝中的王公大臣为限。

此外，翰林院的四库底本可公开阅览。本来四库底本是要发回本家收藏的，后来因馆臣的请求，除存目及复本书九千余部准予发还外，其余的底本，全部收藏在翰林院。又因文渊阁阅书仅以王公大臣为限，一般读书人仍不得其门而入，于是乾隆皇帝乃示意开放翰林院底本，以嘉惠北方的读书人[68]。

前面说过《四库全书》的编纂，有其特定的政治目的，所以某些民族意识较强的宋、明人著作，字句都遭到删改，已失本来面目。所收的书版本、校勘也非尽善尽美，且该收而失收之书亦不少。尽管《四库全书》本身存有不少缺点，但从它编成后到现在又将两百年，书籍遭战乱而亡佚的又不少，有些书幸因有《四库全书》才能孤本流传。故不论其有多少缺点，对图书文

---

68. 本节有关《四库全书》之叙述，大抵参考郭伯恭，《四库全书纂修考》（台北，商务，1972年）；刘国钧，《中国古代书籍史话》（香港，中华书局，1973年）；许文渊，《清修四库全书之目录学》（作者自印本，1975年）。

献之保存，自有其不可磨灭的功劳。

当时对保存文献也出过不少力量的，要算私人藏书家了。清代私家藏书以江苏、浙江两省最盛。清初藏书家，除明代保存下来的范氏天一阁、毛氏汲古阁外，有黄虞稷的千顷堂、徐乾学的传是楼、马曰璐的丛书楼、鲍廷博之知不足斋；乾嘉以后，有黄丕烈的士礼居、瞿绍基的铁琴铜剑楼、杨以增的海源阁、丁丙的八千卷楼、陆心源的皕宋楼等。其中，瞿氏、杨氏、丁氏和陆氏，号称"清季四大藏书家"[69]。各藏书家都能将所藏加以校勘、题跋、分类、编目，有些更以所藏提供学术研究之用，促进了学术的发展。他们对图书文献之贡献，约有下列三点：

69. 清代藏书家之资料，可参考杨立诚、金步瀛合编，《中国藏书家考略》（台北，新文丰出版社，1978 年）；洪有丰，《清代藏书家考》（香港，中山图书公司）。

1. 保存宋元本：清代各藏书家大多不惜巨赀，收集宋、元孤本。此可从他们藏书楼的命名看出来。如：黄丕烈自称佞宋，特设藏书室"百宋一廛"，专藏宋版，二十余年间，所获宋版书约两百种；吴骞自号有元刻本千部，设十架庋藏，所以称"千元十驾"；陆心源自称拥有宋版两百种，称其楼为"皕宋楼"。在这种风气之下，孤本自较易保存。

2. 进献图书，乾隆修《四库全书》时，献书之藏书家有范懋柱、马曰琯、鲍士恭、汪启淑、朱彝尊等数十家，各家献书数十至数百种不等，所献有不少是海内孤本。《四库全书》所以能成为庞然巨帙，私家藏书的帮助不小。

3. 校刻丛书：藏书家大多熟习校勘之学，他们将所校过的书，刻成丛书，如卢文弨的《抱经堂汇刻书》，吴骞的《拜经楼丛书》，毕沅的《经训堂丛书》，孙星衍的《平津馆丛书》、《岱南阁丛书》，丁丙的《武林掌故丛书》，陆心源的《十万卷楼丛书》等都是。孤本文献也因丛书而保存下来。

私家藏书保存文献之功虽不可没，然私人财力毕竟有限，加上子孙无意经营，诸家藏书不消数十年，已云消雾散。像陆心源"皕宋楼"

16

图十六 文渊阁《四库全书》，采自《故宫图书文献选粹》（台北，故宫博物院，1971 年）。《四库全书》在乾隆年间编辑而成，共有近十二万卷，比《古今图书集成》的一万卷又丰富了不少，是我国有史以来最巨大的一部丛书，分经、史、子、集四部。除了编选版本、文字校勘、辩别真伪外，更为每部书编写提要、分类编目，并抄写七部分别存放，以保万一。文渊阁《四库全书》即为其中一部抄本，原藏紫禁城宫中，现藏台北故宫博物院。

图十七、十八 文渊阁外观及其内部陈设。

17

18

所藏，售予日本的岩崎兰室，成为“静嘉堂文库”；丁丙“八千卷楼”所藏，售予“江南图书馆”（后改名“江苏省立国学图书馆”），实不幸中之大幸。由此可见私家藏书实有其条件的限制，其藏书之归公家图书馆亦不得不然之趋势。

清光绪末年以后，新式的图书馆渐次成立[70]，新学科的书籍也日渐加多，从清初以来为公私藏书所用的四部分类法已不敷需要。故当时或新旧书混合典藏，或别立西书部，各图书馆漫无标准，可说是图书分类典藏最混乱的时期。至民国初年西洋杜威十进分类法传入后，国人将其修改增补成各种分类法[71]，图书之分类、典藏始较有标准可循。在清末新旧思潮交替中，国人已渐了解图书馆并不仅是个藏书楼而已，而是个启迪民智、造就人才、输进文明的“知识水库”。这种观念的转变，已为民国以后图书馆之发展奠定良好的基础。

70. 有关清末图书馆发展情形，可参考张锦郎，《清末的图书馆事业》，《中央图书馆馆刊》，新6卷2期（1973年9月）。

71. 当时仿杜威之意编制分类法的甚多，大抵可分成三派：其一，遵杜威之成法而略加增补的，以王云五的《中外图书统一分类法》为代表；其二，仿杜威十分十进之意，而变更其部类之名称次序，以何日章、袁涌进的《中国图书十进分类法》为代表；其三，师杜威之数序法，但不全采用十分十进者，以刘国钧的《中国图书分类法》为代表。详见昌瑞卿，《中国目录学讲义》，页258－260。

作者简介

王国良

1948 年生，政治大学中文研究所硕士，东吴大学中国文学研究所博士。曾任东吴大学中国文学系讲师、副教授、教授。现任台北大学古典文献学研究所教授。多年来从事文学史、古典小说、民间文学、古典文献学的教学与研究工作。著有《魏晋南北朝志怪小说研究》、《神异经研究》、《冥祥记研究》等；编有《中国通代文学论著集目正编》、《魏晋南北朝文学论著集目续编》等。

宋淑萍

1942 生，台湾大学中文所硕士。现任台湾大学中文系兼任副教授。著作有《中国人的圣书：论语》等。

洪安全

1941 年生，编著有《中国历代思想家》、《清宫月折档台湾史料》、《清宫谕旨档台湾史料》、《清宫廷寄档台湾史料》、《清宫洋务始末台湾史料》、《清宫宫中档奏折台湾史料》、《清宫台湾巡抚史料》等。

黄俊杰

台湾大学历史研究所硕士，美国华盛顿大学历史系博士。现任台湾大学共同教育中心特聘教授、台大人文社会高等研究院院长等。著作有《东亚儒学史的新视野》、《德川日本论语诠释史论》、《东亚儒学：经典与诠释的辩证》、《东亚儒学视域中的徐复观及其思想》、《东亚文化交流中的儒家经典与理念：互动、转化与融合》、*Humanism in East Asian Confucian Contexts* 等书。

陈郁夫

1941 年生，台湾师范大学国文系硕士，曾任台湾师范大学国文系、东吴大学中文系教授，1995 年退休。研究领域为中国思想哲学，兼及儿童文学。著作有《邵康节学述》、《邵康节学记》、《江门学记——陈白沙及湛甘泉研究》、《人类的终极关怀——宗教世界概说》、《陆九渊·陈亮》、《邵雍·周敦颐》等。

林庆彰

1948 年生，东吴大学中国文学研究所硕士、文学博士。曾任《国文天地》杂志社社长、日本九州岛大学文学部访问研究员。现任台湾中央研究院中国文哲研究所研究员，东吴大学中国文学系、台北大学古典文献学研究所兼任教授。专研经学、日本汉学、图书文献学。著有《明代考据学研究》，编有《经学研究论著目录》，译有《经学史》、《论语思想史》等。

李弘祺

1945年生，台湾大学历史系毕业、美国耶鲁大学攻读博士，随即往香港中文大学任教。1991年出任美国纽约市立大学城市学院历史系教授兼亚洲研究课程主任。2003－2005年任台湾大学讲座教授。2006年任台湾交通大学讲座教授。研究对象为中国教育史及思想史。著作有《西洋史学名著选》、《理性、学术与道德的知识传统》、《中国教育史英文著作评介》等。

王明荪

1947年生，政治大学硕士，中国文化大学史学研究所文学博士。曾任淡江大学历史系、中兴大学历史系教授，现任文化大学史学系教授。研究范围包括宋辽金元史、中国史学及思想史、中国北方民族史及近古社会文化史。著作有《早期蒙古游牧社会的结构》、《宋辽金元史》、《蒙古民族史略》、《元代的士人与政治》等。

蓝吉富

1943年生，东海大学历史硕士。历任东海大学、成功大学、文化大学、辅仁大学讲师、中华佛学研究所研究员、佛光山中国佛教研究院研究部主任，并出任第一届现代佛教学会理事长。现任佛光大学人文社会学院宗教系副教授。多年致力于佛教文献的汇集与佛教史的研究，编有《世界佛学名著译丛》、《大藏经补编》、《中华佛教百科全书》、《禅宗全书》等。

本书为台湾联经出版公司授权出版发行简体字版

图书在版编目（CIP）数据

中国人的思想历程 / 林庆彰主编. — 合肥：黄山书社, 2011.12（文化中国丛书）
ISBN 978-7-5461-2473-5

Ⅰ. ①中… Ⅱ. ①林… Ⅲ. ①思想史－中国－古代 Ⅳ. ①B2

中国版本图书馆CIP数据核字(2011)第275292号

中国人的思想历程　**林庆彰 主编**
出版人： 左克诚　**责任编辑：** 刘翔 石雅如 郑实
责任印制： 李磊 赵彬　**装帧设计：** 范晔文

出版： 时代出版传媒股份有限公司（http://www.press-mart.com）
黄山书社（http://www.hsbook.cn）
合肥市翡翠路1118号出版传媒广场7层　邮编：230071
策划： 香港三联书店北京工作室
发行： 北京时代联合图书有限公司　**电话：** 010-65513628
经销： 全国新华书店
印制： 环球印刷（北京）有限公司　**电话：** 010-61202350

开本： 710×1050　1/16　**印张：** 25.25　**字数：** 328 千字
版次： 2012年5月第1版　2012年5月第1次印刷
书号： ISBN 978-7-5461-2473-5　**定价：** 51.00 元

版权所有　侵权必究

（本版图书凡印刷、装订错误，可向承印厂调换）